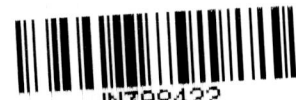

すらすら覚えられる

小学漢字博士(1006)

はじめに

漢字をただ丸暗記するのは要領の悪い人の勉強方法です。
時間がもったいないと、思いませんか。
今回、漢字が簡単に暗記できる小学漢字博士の本が出ました。
この本は、全ての漢字を絵で表現して、各字ごとに書き順を字の中に書き入れました。そして、その字の活用単語の例をあげておくことで、誰でも簡単に漢字が暗記できるように編集しました。
さらに絵による説明や単語を日本語とハングルで表記したので、日本語と韓国語の勉強にとって、とても良い道しるべになると思います。皆さん、この小学漢字博士の本で漢字博士になりましょう。

クィーン出版社

머리말

한자를 그냥 암기하는 것은 곰같은 사람이 하는 공부 방법입니다. 시간이 아깝지 않으십니까?
여기 한자를 쉽게 암기하는 '소학한자박사' 책이 나왔습니다. 이 책은 모든 한자를 그림으로 풀이하였고, 각자마다 필순을 글자 안에 써 넣었으며, 또한 그 자의 활용 낱말을 예를 들어 놓아 누구나 쉽게 한자를 암기할 수 있게 편집되었습니다.
더욱이 그림설명 및 낱말을 일본어 및 한글로 표기하여 놓아, 일본어 및 한국어 공부에 아주 좋은 길잡이가 되리라 믿습니다. 우리 모두 이 '소학한자박사' 책으로 한자박사가 됩시다.

퀸 출판사

もくじ

1年でならう漢字80字

もくじ

♥本文の漢字の音読みはカタカナで、訓読みはひらがなで示してあります。訓読みの細字は送りがな、(　)は中学以上で習う読み、——はとくべつな読みです。(1年~6年同一)

0001 部首 一(いち) 総画 1画 ことば **one**

木切(きぎ)れが一(ひと)つある形状(けいじょう)。

一度(いちど)(1도)・同一(どういつ)(동일)・一人(ひとり)(1인)・一人前(いちにんまえ)(1인분)

나무토막이 **하나** 있는 모양. (**한 일**)

おん イチ イッ　くん ひと ひとつ

0002 部首 口(くち) 総画 5画 ことば **right**

両手(りょうて)のうち、はしを持(も)つ方(ほう)が右側(みぎがわ)である。

右岸(うがん)(우안)・右折(うせつ)(우회전)・左右(さゆう)(좌우)・右側(みぎがわ)(우측)

손 중에 **입**에 수저질 하는 쪽이 **오른쪽** 이다. (**오른쪽 우**)

おん ウ ユウ　くん みぎ

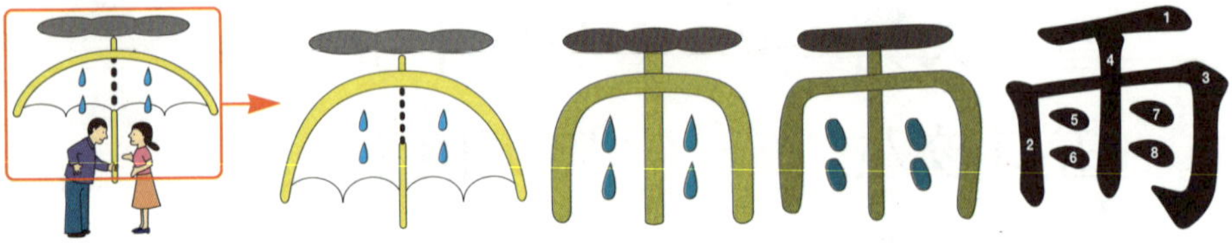

0003 部首 雨(あめ) 総画 8画 ことば **rain**

空(そら)から傘(かさ)に雨(あめ)が落(お)ちる形状(けいじょう)。

雨量(うりょう)(강우량)・雨季(うき)(우기)・大雨(おおあめ)(큰비)・雨戸(あまど)(덧문)

하늘에서 **우산**에 **비**가 떨어지는 모양. (**비 우**)

おん ウ　くん あめ あま

0004 部首 冂(どうがまえ) 総画 4画 ことば **round**

円柱(えんちゅう)が丸(まる)い。

円熟(えんじゅく)(원숙)・円周(えんしゅう)(원주)・半円(はんえん)(반원)・円(まる)み(둥근모양)

원기둥이 둥글다. (**둥글 원**)

おん エン　くん まるい

0005

部首　玉(たま)
総画　4画

座(すわ)った王様(おうさま)の形状(けいじょう)。

おん　オウ
くん　—

ことば
王子(おうじ)(왕자)・王様(おうさま)(임금님)・王朝(おうちょう)(왕조)・国王(こくおう)(국왕)

king
앉은 **임금**의 모양. **(임금 왕)**

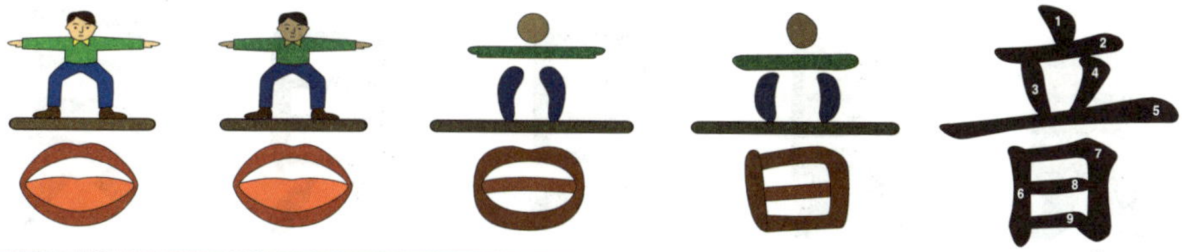

0006

部首　音(おと)
総画　9画

立(た)って口(くち)で音(おと)を出(だ)す。

おん　オン
(イン)
くん　おと
ね

ことば
音楽(おんがく)(음악)・福音(ふくいん)(복음)・物音(ものおと)(소리)・音色(ねいろ)(음색)

sound
서서 **입**으로 **소리**를 내다. **(소리 음)**

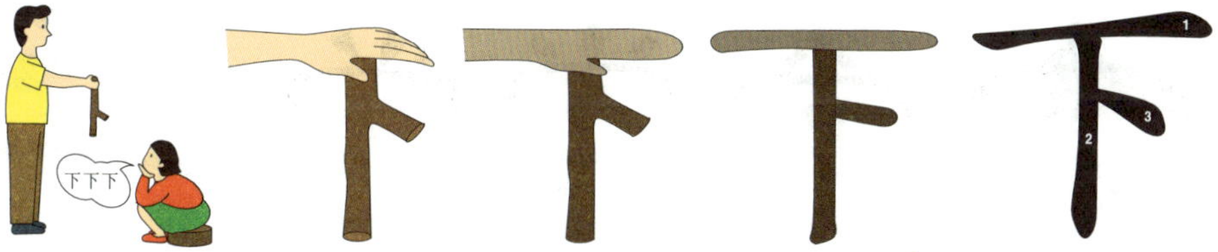

0007

部首　一(いち)
総画　3画

手(て)の下(した)で木(き)の枝(えだ)を握(にぎ)っている形状(けいじょう)。

おん　カ・ゲ
くん　した・しも・(もと)
さげる・さがる
くだる・くだす
くださる・おろす
おりる

ことば
下流(かりゅう)(하류)・下水(げすい)(하수)・足下(あしもと)(발밑)・下着(したぎ)(속옷)

lower
손 아래 나뭇가지를 쥐고 있는 모양. **(아래 하)**

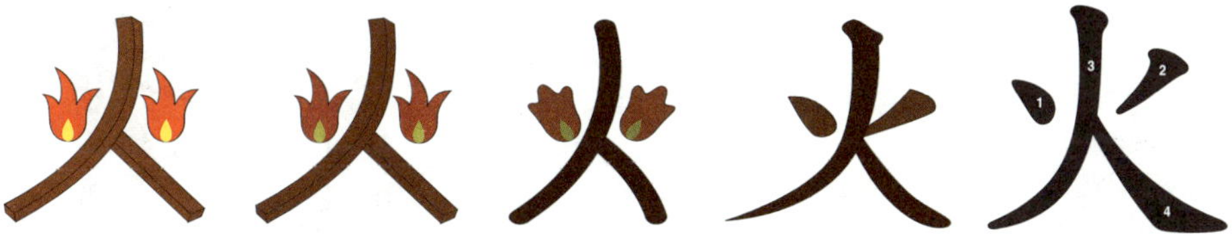

0008

部首　火(ひ)
総画　4画

薪(まき)の火(ひ)が燃(も)える形状(けいじょう)。

おん　カ
コン
くん　ひ
(ほ)

ことば
火災(かさい)(화재)・点火(てんか)(점화)・火花(ひばな)(불꽃)・火(ほ)かげ(불빛)

fire
장작 불이 타는 모양. **(불 화)**

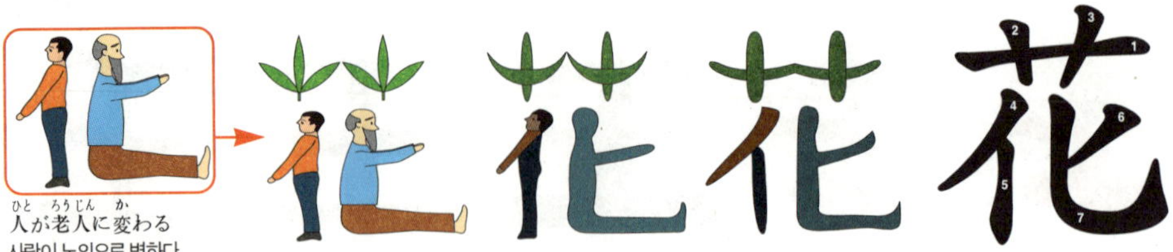

人が老人に変わる
사람이 노인으로 변하다

0009
部首 艹(くさかんむり)
総画 7画
草が変わって花になる。
ことば
落花(낙화)・開花(개화)・花火(불꽃)
flower
풀이 변하여 꽃이 되다. (꽃 화)
おん カ
くん はな

0010
部首 貝(かい)
総画 7画
青貝の模様をした金庫の形状。
ことば
貝がら(패각)・貝柱(패주)・ほら貝(소라고둥)
shell
자개 모양을 한 돈통의 모양. (조개 / 돈 패)
おん —
くん かい

0011
部首 子(こ)
総画 8画
家で息子が文を学ぶ。
ことば
学年(학년)・科学(과학)・学校(학교)・新学期(신학기)
learn
집에서 아들이 글을 배우다. (배울 학)
おん ガク
くん まなぶ

0012
部首 气(きがまえ)
総画 6画
水蒸気が破れた隙間から漏れて暖かい空気になる。
ことば
気体(기체)・気候(기후)・火の気(불기운)・湯気(수증기)
air
수증기가 찢어진 틈으로 새어 훈훈한 공기(기후)가 되다. (공기 / 기후 기)
おん キ ケ
くん —

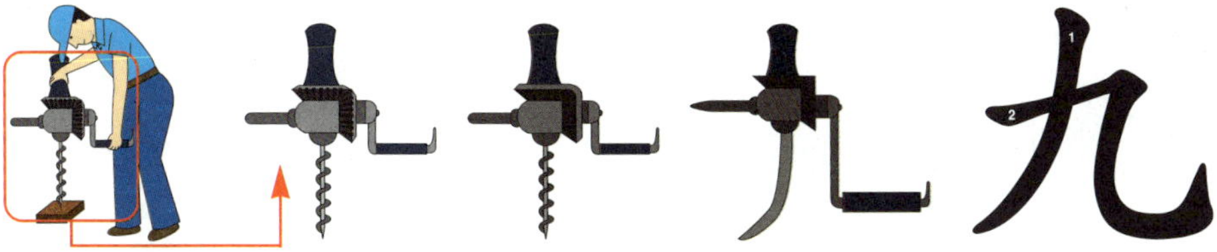

0013

部首 乙(おつ)
総画 2画

ことば
nine

けいじょう なんかい く かい まわ い み
ドリルの形状。何回(九回)も回すという意味。

きゅうひゃく く がつ ここのか ここのえ
九百(구백) • 九月(구월) • 九日(구일) • 九重(아홉겹)

드릴의 모양. 여러 번(아홉 번) 돌린다는 뜻. (아홉 / 여러번 구)

おん キュウ
ク

くん ここの
ここのつ

0014

部首 亻(にんべん)
総画 6画

ことば
rest

ひと き した やす
人が木の下で休む。

きゅうよう きゅうじつ き やす
休養(휴양) • 休日(휴일) • 気休め(일시적 안심)

사람이 나무 밑에서 쉬다. (쉴 휴)

おん キュウ

くん やすむ
やすまる
やすめる

0015

部首 玉(たま)
総画 5画

ことば
jade / gem

おうさま こし お たま
王様が腰に帯びている玉。

ぎょくざ ほうぎょく め だま みず たま
玉座(옥좌) • 宝玉(보석) • 目玉(안구) • 水玉(물방울)

임금이 허리에 차고 있는 구슬. (구슬 옥)

おん キン
コン

くん たま

0016

部首 金(かね)
総画 8画

ことば
gold

かね あつか か じ や けいじょう
金を扱う鍛冶屋の形状。

きん ぞく おうごん(こがね) かね も かな もの
金属(금속) • 黄金(황금) • 金持ち(부자) • 金物(금속제 기구)

쇠를 다루는 대장간의 모양. (쇠 금)

おん キン
コン

くん かね
かな

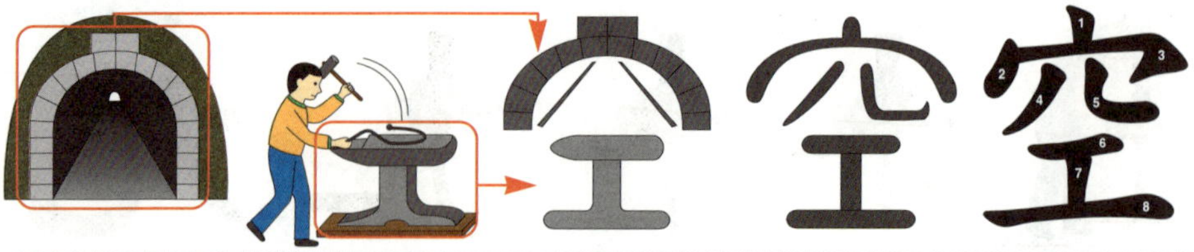

0017	部首 穴(あなかんむり) 総画 8画	洞穴を作ったら(空けたら)中が空く。	おん	クウ
	ことば	空想(공상)・空色(하늘색)・空回り(공전)・空き家(빈 집)	くん	そら・あく
	empty	굴을 만드니(뚫으니) 속이 비다. (빌 공)		あける から

  月 月 月

0018	部首 月(つき) 総画 4画	雲に遮られた半月の形状。	おん	ゲツ ガツ
	ことば	正月(정월)・月曜日(월요일)・月給(월급)・毎月(매월)	くん	つき
	moon	구름에 가린 반달의 모양. (달 월)		

  犬

0019	部首 犬(いぬ) 総画 4画	(鈴をつけた)犬の形状。	おん	ケン
	ことば	愛犬(애견)・名犬(명견)・子犬(강아지)・飼い犬(애완견)	くん	いぬ
	dog	(방울을 단)개의 모양. (개 견)		

 見 見 見 見

0020	部首 見(みる) 総画 7画	目で人が見る。	おん	ケン
	ことば	見学(견학)・意見(의견)・下見(예습)・顔見せ(데뷔)	くん	みる
	see	눈으로 사람이 보다. (볼견/뵐현)		みえる みせる

1年

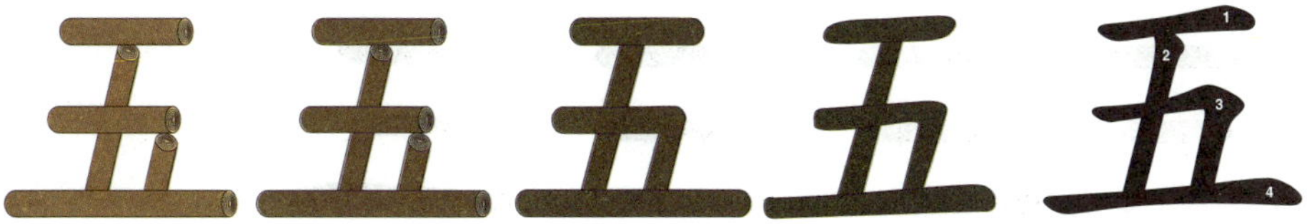

0021

部首 二(に)
総画 4画
ことば
five

五つの木切れ。

五穀(오곡)・五色(오색)・十五夜(십오야)・五日(오일)

다섯 개의 나무토막. (다섯 오)

おん ゴ
くん いつ
いつつ

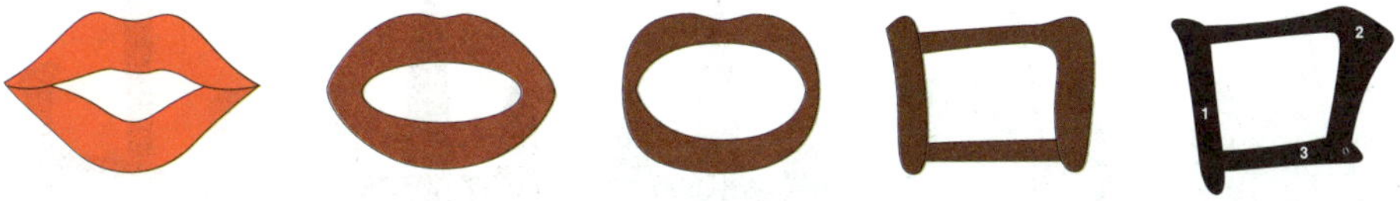

0022

部首 口(くち)
総画 3画
ことば
mouth

口の形状。

人口(인구)・口調(어조)・出口(출구)・早口(말이 빠름)

입의 모양. (입 구)

おん コウ
ク
くん くち

0023

部首 木(きへん)
総画 10画
ことば
school

木のように伸びて交わりながら勉強する所が学校である。

校長(교장)・校庭(교정)・母校(모교)・校歌(교가)

나무처럼 자라고 사귀며 공부하는 곳이 학교다. (학교 교)

おん コウ
くん —

0024

部首 工(こう)
総画 5画
ことば
left

(昔(むかし)には右手(みぎて)では字(じ)だけ書(か)いて働(はたら)く時(とき)は左手(ひだりて)を使(つか)った。)

両手のうち、作る時(働く時)に使う手が左側である。

左右(좌우)・左折(좌회전)・左手(왼손)・左側(좌측)

(옛날에는 오른 손으로 글씨만 쓰고 일할 때는 왼 손을 사용하였음.)

손 중에 만들(일할)때 쓰는 손이 왼쪽이다. (왼 좌)

おん サ
くん ひだり

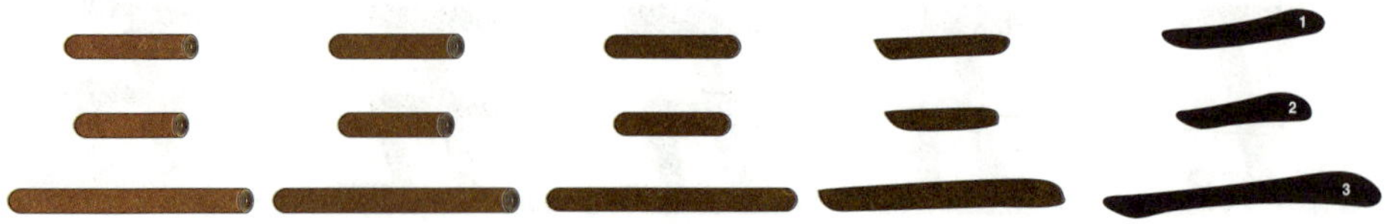

0025

部首　一(いち)
総画　3画
ことば
three

三つの木切れを象った字。

三角(삼각)・三味線(샤미센, 일본의 현악기)・三日(삼일)

세 개의 나무토막을 본뜬 자. (석 삼)

おん　サン
くん　み
みつ
みっつ

0026

部首　山(やま)
総画　3画
ことば
mountain

山の形状。

山林(산림)・登山(등산)・山登り(등산)・山寺(산사)

산의 모양. (메 산)

おん　サン
くん　やま

0027

部首　子(こ)
総画　3画
ことば
son

息子の形状。

女子(여자)・様子(모양)・親子(친자)・子供(아이들)

아들의 모양. (아들 자)

おん　シ
ス
くん　こ

0028

部首　囗(くにがまえ)
総画　5画
ことば
four

四面を分けると(東西南北)の四つの方位になる。

四季(사계)・四日(4일)・四人(4인)・四回(4회)

사면을 나누면(동서남북) 네 방위가 된다. (넉 사)

おん　シ
くん　よ・よつ
よっつ
よん

0029

部首 糸(いと)
総画 6画

糸巻(いとま)きの形状(けいじょう)。

ことば
綿糸(めんし)(면사)・金糸(きんし)(금사)・糸車(いとぐるま)(물레)・毛糸(けいと)(양모)

실타래의 모양. (실 사)

おん シ
くん いと

0030

部首 子(こ)
総画 6画

家(いえ)で息子(むすこ)が字(じ)を習(なら)う。

ことば
letter
漢字(かんじ)(한자)・数字(すうじ)(숫자)・点字(てんじ)(점자)・大字(おおあざ)(일본의 행정구역의 하나)

집에서 아들이 글자를 익히다. (글자 자)

おん ジ
くん (あざ)

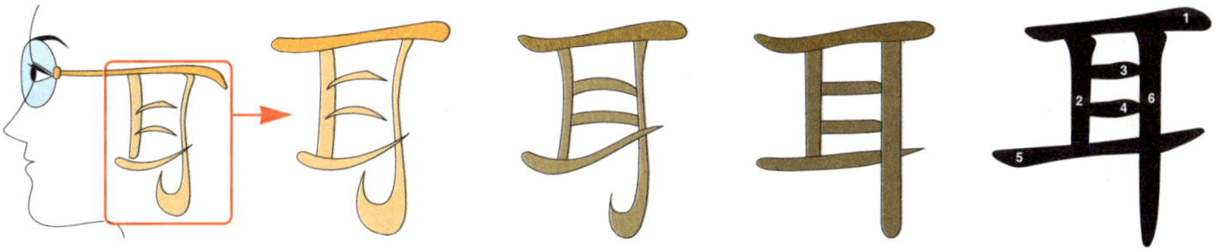

0031

部首 耳(みみ)
総画 6画

耳(みみ)の形状(けいじょう)。

ことば
ear
耳打(みみう)ち(속삭임)・耳鳴(みみな)り(이명)・耳(みみ)たぶ(귓불)・初耳(はつみみ)(초문)

귀의 모양. (귀 이)

おん (ジ)
くん みみ

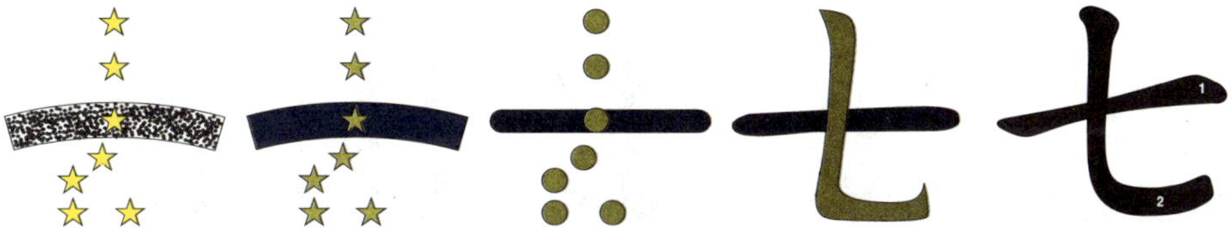

0032

部首 一(いち)
総画 2画

北斗七星(ほくとしちせい)の形状(けいじょう)。七(しち)を意味(いみ)する。

ことば
seven
七五三(しちごさん)(남자는 3,5세, 여자는 3,7세 되는 해의 11월 15일에 행하는 어린애의 성장을 축하하는 행사)・七草(ななくさ)(봄의 7가지 채소)・七日(なのか)(7일)・七夕(たなばた)(칠석)

북두칠성의 모양. 일곱을 뜻함. (일곱 칠)

おん シチ
コン
くん なな・ななつ
なの

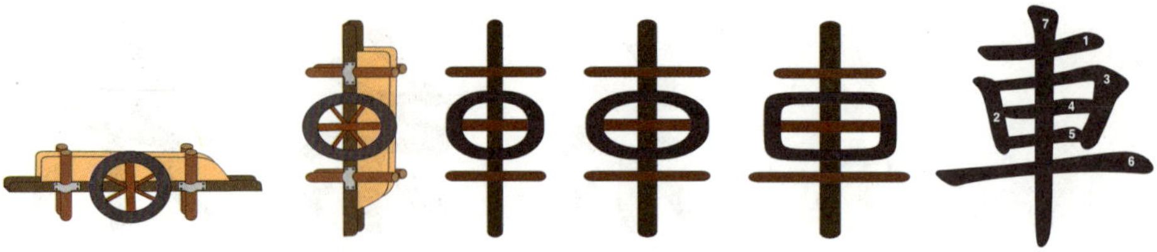

0033

部首 車(くるま)
総画 7画
ことば
car

車を止めておいた形状。

電車(전차)・汽車(기차)・歯車(톱니바퀴)・風車(풍차)

수레를 세워 놓은 모양. (수레 거/차 차)

おん シャ
くん くるま

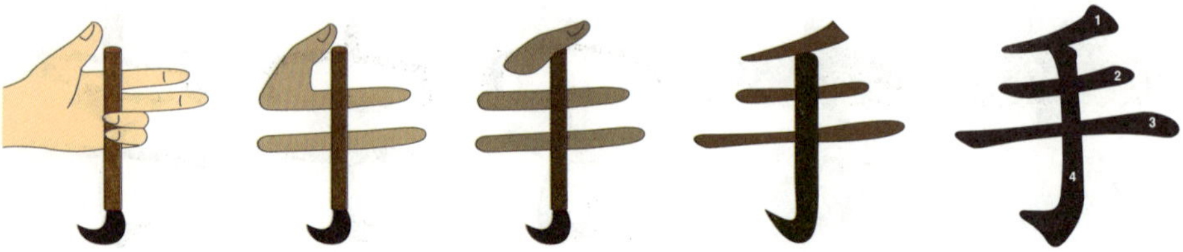

0034

部首 手(て)
総画 4画
ことば
hand

手に筆を持っている形状。手を意味する。

選手(선수)・手話(수화)・手間(수고)・手づな(고삐)

손에 붓을 들고 있는 모양. 손을 뜻함. (손 수)

おん シュ
くん て
(た)

0035

部首 十(じゅう)
総画 2画
ことば
ten

(交差させた)両腕の指の数が十。

赤十字(적십자)・十回(10회)・十日(10일)・十色(10가지색)

(교차시킨) 양 팔의 손가락 수가 열. (열 십)

おん ジュウ
ジッ
くん とお
と

0036

部首 凵(うけばこ)
総画 5画
ことば
come out

草木がだんだん上に伸びていく形状。

提出(제출)・出発(출발)・出納(출납)・遠出(장거리 여행)

초목이 차차 위로 뻗어 나오는 모양. (날 출)

おん シュツ
(スイ)
くん でる
だす

0037

部首 女(おんな)
総画 3画

ことば

female

女の形状。

女王(여왕)・女房(아내)・女心(여자의 마음)・女神(여신)

여자의 모양. (계집 녀)

おん ジョ・(ニョ)(ニョウ)

くん おんな め

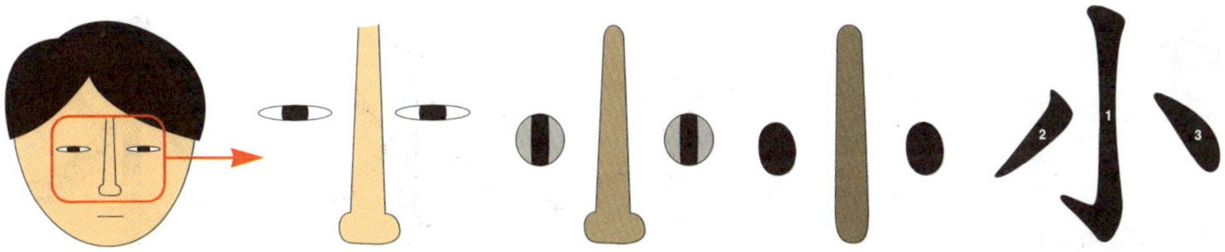

0038

部首 小(しょう)
総画 3画

ことば

small / little

目、鼻が小さい。

大小(대소)・小型(소형)・小言(잔소리)・小川(시내)

눈, 코가 작다. (작을 소)

おん ショウ

くん ちいさい こ お

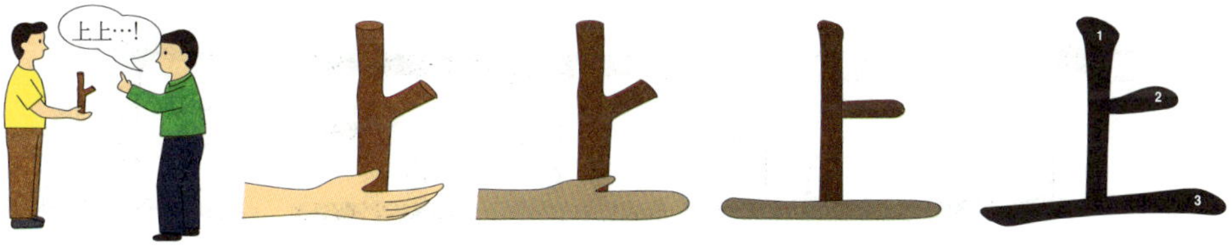

0039

部首 一(いち)
総画 3画

ことば

upper

枝を手の上に持っているので上である。

地上(지상)・上着(겉옷)・上り(올라감)・仕上げ(마무리)

가지를 손 위에 들고 있으니 윗 상이다. (위 상)

おん ジョウ (ショウ)

くん うえ・うわ・かみ あげる・あがる のぼる・のぼす のぼせる

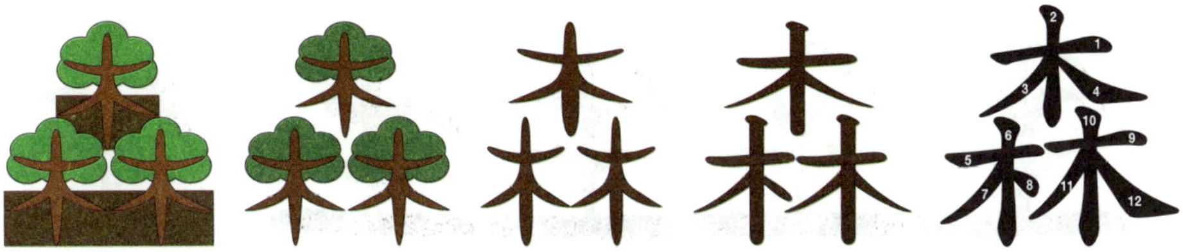

0040

部首 木(き)
総画 12画

ことば

upper

木がびっしりと立ち並んだ形状。

森林(삼림)・森林浴(삼림욕)・森厳(삼엄)・森の中(산 속)

나무가 빽빽하게 들어선 모양. (나무 빽빽할 삼)

おん シン

くん もり

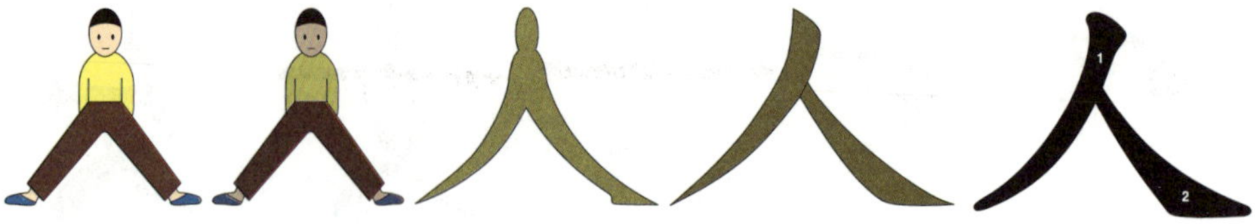

0041 部首 人(ひと)
総画 2画

人の形状。

ことば
成人(성인)・人間(인간)・人手(인공)・旅人(나그네)

man
사람의 모양. (사람 인)

おん ジン
ニン

くん ひと

0042 部首 水(みず)
総画 4画

水が流れていく形状。

ことば
水面(수면)・水車(물레방아)・水色(물빛)・水着(수영복)

water
물이 흘러가는 모양. (물 수)

おん スイ

くん みず

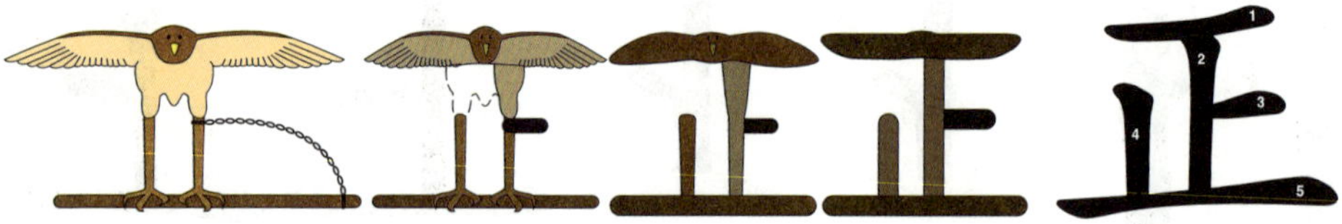

0043 部首 止(とまる)
総画 5画

足の縛られた鳥が正しく座っている形状。

ことば
正義(정의)・正直(정직)・正しさ(옳음)・正夢(사실과 들어맞는 꿈)

right
발 묶인 새가 바르게 앉아 있는 모양. (바를 정)

おん セイ・ショウ

くん ただしい
ただす
まさ

0044 部首 生(うまれる)
総画 5画

実が生まれる形状。

ことば
生活(생활)・一生(일생)・長生き(장수)・生意気(건방짐)

be born
열매가 생겨 나는 모양. (날 생)

おん セイ
ショウ

くん いきる・いかす
いける・うまれる
うむ・(おう)・はえる
はやす・(き)・なま

0045

部首　青(あお)
総画　8画

植木鉢の草花が青い。

ことば
青年(청년)・群青(군청색)・青葉(푸른 잎)・青空(푸른 하늘)

blue
화분의 화초가 **푸르다**. (**푸를** 청)

おん　セイ
ショウ
くん　あお
あおい

0046

部首　夕(ゆう)
総画　3画

雲に遮られた半月の形状。夕方を意味する。

ことば
夕方(석양)・夕焼け(저녁놀)・夕刊(석간)・一朝一夕(일조일석)

evening
구름에 가려진 반달의 모양. **저녁**을 뜻함. (**저녁** 석)

おん　セキ
くん　ゆう

0047

部首　石(いし)
総画　5画

石(岩)の形状。

ことば
岩石(암석)・磁石(자석)・石器(석기)・石橋(돌다리)

stone
돌(바위)의 모양. (**돌** 석)

おん　セキ
シャク・(コク)
くん　いし

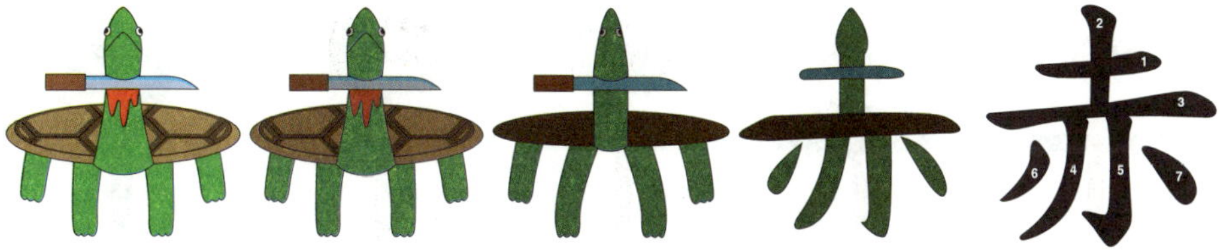

0048

部首　赤(あか)
総画　7画

刀で切られた亀の首の血が赤い。

ことば
赤道(적도)・赤銅色(적동색)・赤字(적자)・赤とんぼ(고추잠자리)

red
칼에 베인 **거북**의 목 피가 **붉다**. (**붉을** 적)

おん　セキ
(シャク)
くん　あか・あかい
あからむ
あからめる

0049
部首 十(じゅう)
総画 3画
ことば
thousand

穂が千個付いている形状。

千円(천엔) • 千里眼(천리안) • 千草(여러 가지 화초) • 千代紙(접지)

이삭이 천여 개 달린 모양. (일천 천)

おん セン
くん ち

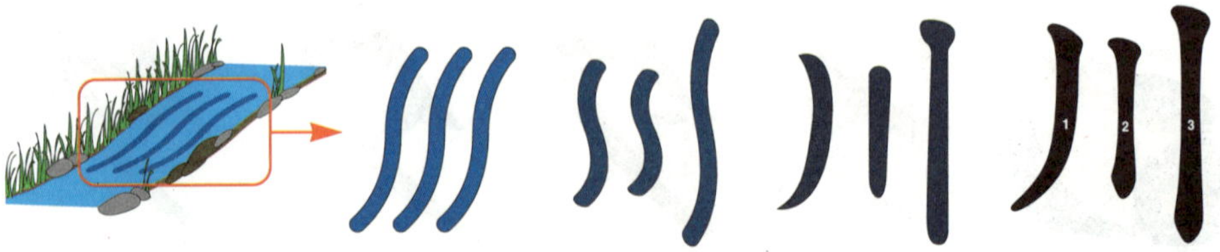

0050
部首 川(かわ)
総画 3画
ことば
stream

川が流れていく形状。

河川(하천) • 川岸(강변) • 川上(상류) • 谷川(계류)

냇물이 흘러가는 모양. (내 천)

おん (セン)
くん かわ

0051
部首 儿(ひとあし)
総画 6画
ことば
first

牛を人が一番先に家畜にする。

先生(선생) • 先頭(선두) • 指先(손가락 끝) • 行き先(행선지)

소를 사람이 제일 먼저 가축으로 삼다. (먼저 선)

おん セン
くん さき

0052
部首 日(ひ)
総画 6画
ことば
early

太陽が水平線から昇る時が早朝。

早期(조기) • 早退(조퇴) • 素早い(재빠르다) • 早起き(아침에 일찍 일어나는 것)

해가 수평선에 떠오를 때가 이른 새벽. (일찍 / 새벽 조)

おん ソウ (サッ)
くん はやい はやまる はやめる

0053
部首 艹(くさかんむり)
総画 9画

草の芽が夜明けに出て草になる。

おん ソウ
くん くさ

ことば
雑草(잡초)・薬草(약초)・草花(풀 꽃)・草原(초원)

grass
풀싹이 해뜨는 새벽부터 돋아 풀이 되다. (풀 초)

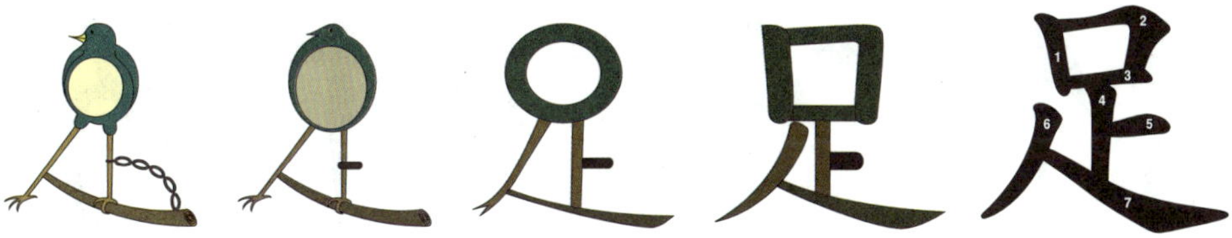

0054
部首 足(あし)
総画 7画

足の縛られた鳥の足の形状。

おん ソク
くん あし
たりる
たる・たす

ことば
遠足(소풍)・満足(만족)・足元(발 밑)・足場(발판)

foot
발 묶인 새 발의 모양. (과할 주/발 족)

0055
部首 木(きへん)
総画 7画

木の手(枝)に包まれている所が村である。

おん ソン
くん むら

ことば
村長(촌장)・農村(농촌)・村外れ(동구 밖)

village
나무의 손(가지)에 싸여 있는 곳이 마을이다. (마을/시골 촌)

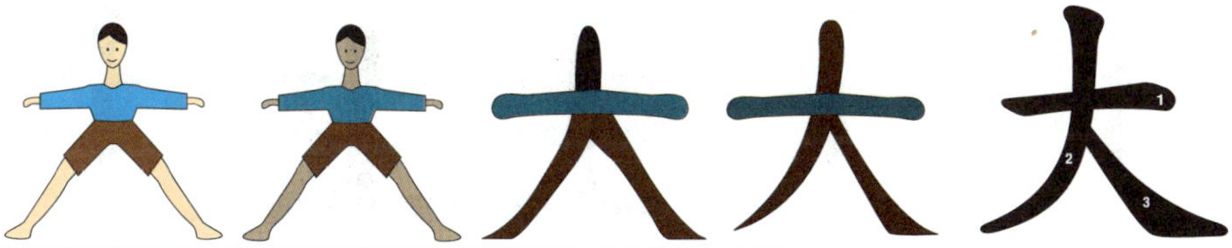

0056
部首 大(だい)
総画 3画

両腕と足を大きく開いた形状。

おん ダイ・タイ
くん おお
おおきい
おおいに

ことば
大小(대소)・拡大(확대)・大通り(폭이 넓은 길)・大きな(큰)

big / great
양 팔과 다리를 크게 벌린 모양. (클 대)

れんじを苦労して広げる形状　창살을 힘써 벌리는 모양

0057

部首　田(た)
総画　7画

畑で苦労して働く者が男である。

ことば　男性(남성)・長男(장남)・大男(몸집이 큰 사나이)・男らしい(사내답다)

man / male　밭에서 힘써 일하는 자가 사내다. (사내 남)

おん　ダン　ナン
くん　おとこ

0058

部首　竹(たけ)
総画　6画

竹の葉の形状。

ことば　竹林(죽림)・松竹梅(송죽매)・さお竹(대막대기)・竹細工(죽세공)

bamboo　대나무 잎의 모양. (대 죽)

おん　チク
くん　たけ

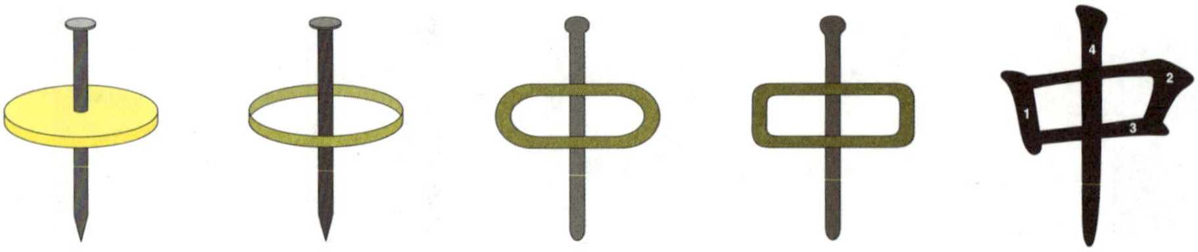

0059

部首　|(ぼう)
総画　4画

真ん中を開けている形状。

ことば　中央(중앙)・中止(중지)・中身(내용)・背中(등)

middle　가운데를 뚫고 있는 모양. (가운데 중)

おん　チュウ
くん　なか

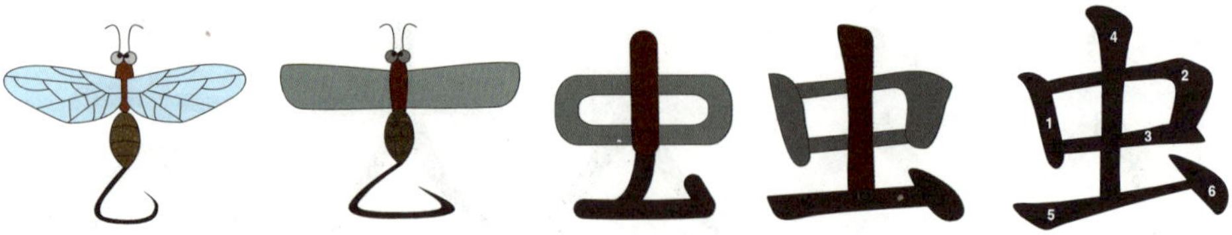

0060

部首　虫(むし)
総画　6画

虫の形状。

ことば　幼虫(유충)・害虫(해충)・虫歯(충치)・毛虫(모충)

insect　벌레의 모양. (벌레 충)

おん　チュウ
くん　むし

0061

部首 田(た)
総画 7画

ことば **ridge**

畑の境界をえぶりで押し堅めて、町をつくる。

市町村(행정구역. 시읍면)・横町(골목)・町外れ(시외)・港町(항구도시)

밭의 경계를 다져서 **밭두둑**을 만들다. (밭두둑 정)

おん チョウ
くん まち

0062

部首 大(だい)
総画 4画

ことば **heaven**

両腕を開いて空を眺める形状。

天地(천지)・天才(천재)・天の川(은하)・天下り(하늘에서 지상으로 내려옴)

양 팔을 벌리고 **하늘**을 쳐다보는 모양. (하늘 천)

おん テン
くん (あめ) あま

0063

部首 田(た)
総画 5画

ことば **field**

畑の形状。

田園(전원)・塩田(염전)・田畑(전답)・田んぼ(논)

밭의 모양. (밭 전)

おん デン
くん た

0064

部首 土(つち)
総画 3画

ことば **soil**

草が土から出てくる形状。

土木(토목)・国土(국토)・土遊び(흙장난)・赤土(적토)

풀이 흙에서 돋는 모양. (흙 토)

おん ド ト
くん つち

0965

部首 二(に)
総画 2画

ことば
two

二つの木切れ。

二輪車(이륜차) • 二言目(입버릇처럼 하는 말) • 二重まぶた(쌍꺼풀)

두 개의 나무토막. (두 이)

おん ニ
くん ふた
ふたつ

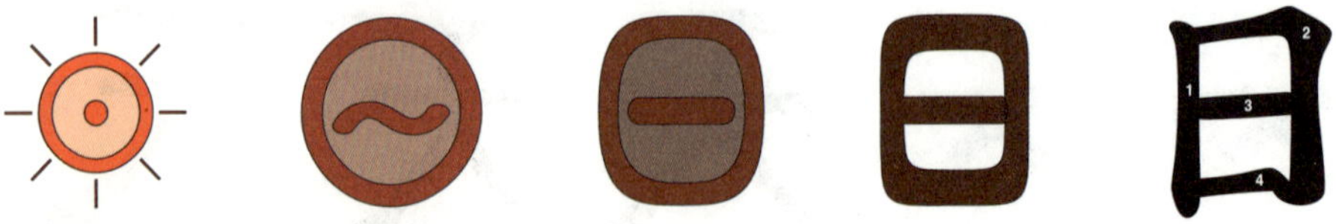

0966

部首 日(ひ)
総画 4画

ことば
day / sun

太陽の形状。日を意味する。

日記(일기) • 連日(연일) • 火曜日(화요일) • 十日(10일)

해의 모양. 날(해)을 뜻함. (날 / 해 일)

おん ニチ
ジツ
くん ひ
か

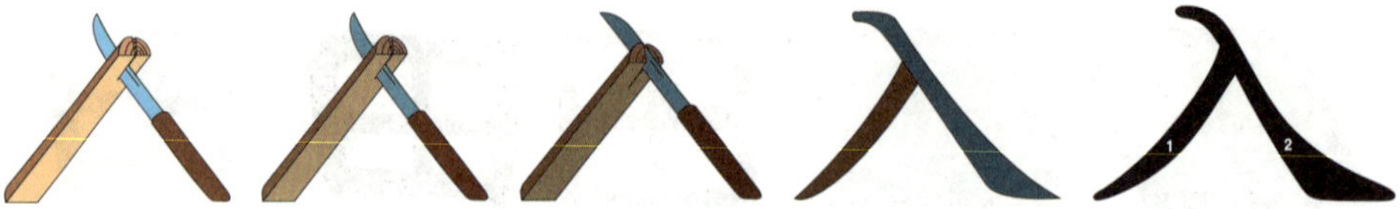

0967

部首 入(いる)
総画 2画

ことば
enter

木の割れた間に刀が入っている。

入学(입학) • 収入(수입) • 入り口(입구) • 手入れ(손질함)

나무의 찢어진 사이에 칼이 들어 있다. (들 입)

おん ニュウ
くん いる
いれる
はいる

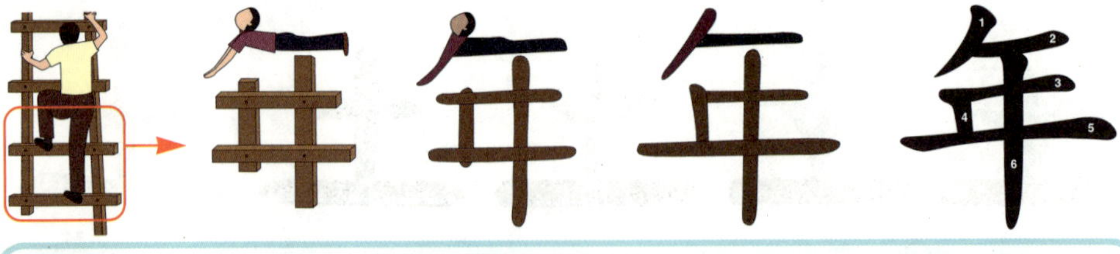

0968

部首 干(かん)
総画 6画

ことば
year

人の越える歳月の梯子が年である。

豊年(풍년) • 年輪(연륜) • 年寄り(노인) • お年玉(신년 축하 선물)

사람이 넘는 세월의 사다리가 해다. (해 년)

おん ネン
くん とし

0069
部首 白(しろ)
総画 5画

さじのささった白いご飯の形状。

ことば 明白(명백)・黒白(흑백)・真っ白(새하얌)・白雪(흰 눈)

white 숟가락이 꽂힌 **흰** 밥의 모양. (**흰 / 아뢸 백**)

おん ハク (ビャク)
くん しろ・しろい しら

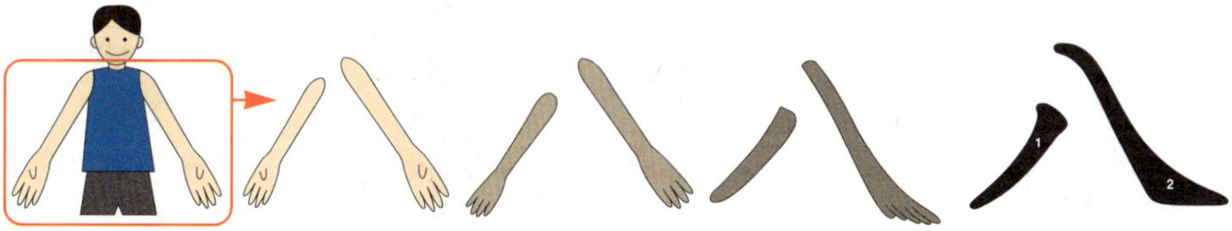

0070
部首 八(はち)
総画 2画

腕を広げて八を示した形状。

ことば 八月(8월)・八重桜(천엽 벚나무)・八つ当たり(엉뚱한 화풀이)・八日(8일)

eight **팔을 벌리고 여덟**을 나타낸 모양. (**쪼갤 / 여덟 팔**)

おん ハチ
くん や・やつ やっつ よう

0071
部首 白(しろ)
総画 6画

枝にぶらさがっているどんぐりが数百個である。

ことば 百貨店(백화점)・百科事典(백과사전)・百円玉(100엔짜리 동전)

hundred 가지에 달려 있는 도토리가 수**백** 개 이다. (**일백 백**)

おん ヒャク
くん —

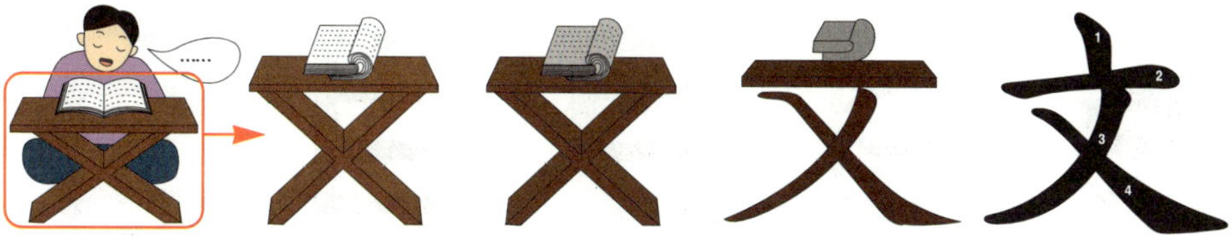

0072
部首 文(ぶん)
総画 4画

本を机において文を読む。

ことば 文学(문학)・作文(작문)・文字(문자)・注文(주문)

letter **책**을 **책상**에 놓고 **글월**을 읽다. (**글월 문**)

おん ブン モン
くん (ふみ)

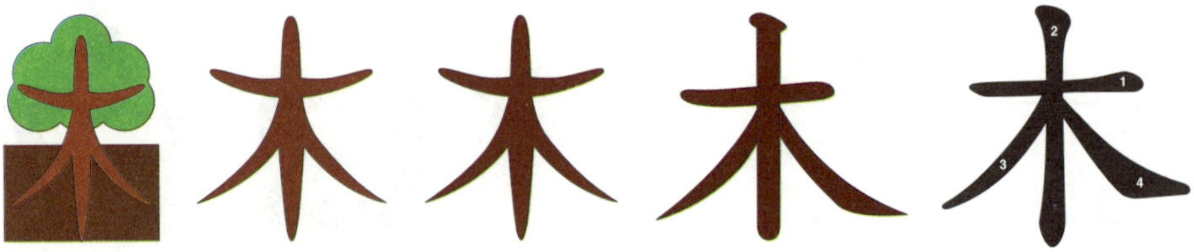

0073
部首 木(き)
総画 4画
ことば
tree

木(き)の形状(けいじょう)。
木造(もくぞう)(목조) • 木炭(もくたん)(목탄) • 植木(うえき)(식목) • 木立(こだち)(나무 숲)
나무의 모양. (나무 목)

おん ボク、モク
くん き、こ

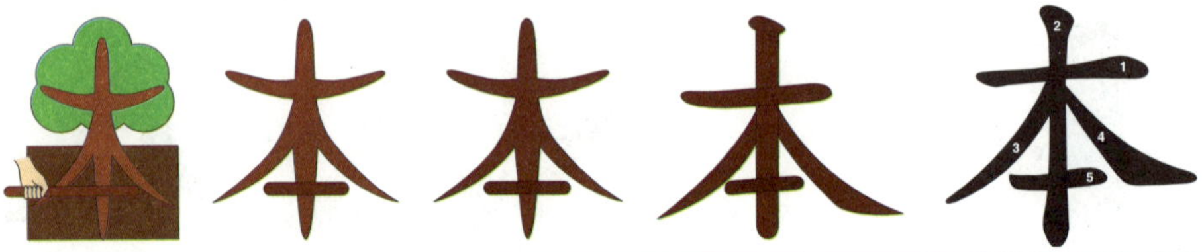

0074
部首 木(き)
総画 5画
ことば
origin

木(き)の根(ね)が正(まさ)に根本(こんぽん)である。
本質(ほんしつ)(본질) • 資本(しほん)(자본) • 本能(ほんのう)(본능) • 旗本(はたもと)(대장이 있는 본진의 무사)
나무의 뿌리가 곧 근본이다. (근본/밑 본)

おん ホン
くん もと

0075
部首 口(くち)
総画 6画
ことば
name

夕方(ゆうがた)になると口(くち)で名前(なまえ)を呼(よ)ぶ。
氏名(しめい)(성명) • 名作(めいさく)(명작) • 大名(だいみょう)(영주) • 名前(なまえ)(이름)
저녁이 되니 입으로 이름을 부르다. (이름 명)

おん メイ、ミョウ
くん な

0076
部首 目(め)
総画 5画
ことば
eye

目(め)の形状(けいじょう)。
目的(もくてき)(목적) • 注目(ちゅうもく)(주목) • 面目(めんぼく)(면목) • 役目(やくめ)(직책)
눈의 모양. (눈 목)

おん モク、(ボク)
くん め、(ま)

0077

部首 立(たつ)
総画 5画

人が立っている形状。

ことば
立案(입안)・建立(건립)・立場(입장)・立て札(규칙)

stand
사람이 서 있는 모양. (설 립)

おん リツ (リュウ)
くん たつ たてる

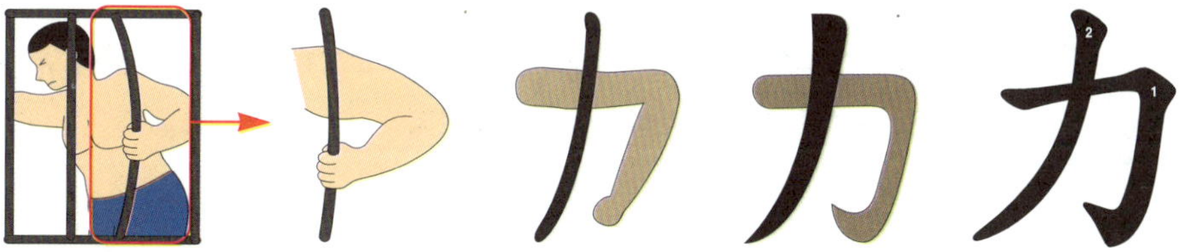

0078

部首 力(ちから)
総画 2画

腕でれんじを苦労して広げる形状。

ことば
権力(권력)・力量(역량)・底力(저력)・力任せ(전력을 다함)

strength
팔로 창살을 힘을 써 벌리는 모양. (힘 력)

おん リョク リキ
くん ちから

0079

部首 木(きへん)
総画 8画

木と木が集まって林を成す。

ことば
植林(식림)・林業(임업)・松林(송림)・雑木林(잡목림)

forest
나무와 나무가 모여서 수풀을 이루다. (수풀 림)

おん リン
くん はやし

0080

部首 八(はち)
総画 4画

六歳になった子供の草笠帽子。

ことば
六月(6월)・六法(육법)・第六感(직감)・六日(6일)

six
여섯 살 먹은 아이의 초립모자. (여섯 륙)

おん ロク
くん む・むつ むっつ むい

2年でならう漢字160字

もくじ

0081

部首 弓(ゆみへん)
総画 4画

矢をきちんと引き寄せる。

おん イン
くん ひく ひける

ことば 引火(인화)・吸引(흡인)・引き算(뺄셈)・引っ越し(이사)

pull

화살을 똑바로 끌어당기다. (끌/당길 인)

0082

部首 羽(はね)
総画 6画

羽毛の形状を象った字。

おん (ウ)
くん は はね

ことば 羽毛(우모)・羽織(기모노 위에 입는 짧은 겉옷)・羽根(날개)・羽ばたく(날개치다)

wings

깃의 모양을 본뜬 글자. (깃 우)

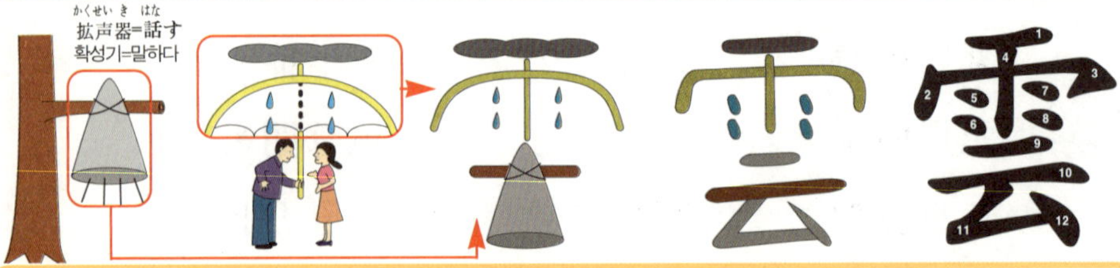

0083

部首 雨(あめかんむり)
総画 12画

雨が降ると言ってくれるものが雲である。

おん ウン
くん くも

ことば 雲海(운해)・星雲(성운)・雨雲(비구름)・綿雲(뭉게구름)

cloud

비 올 것을 말하여 주는 것이 구름이다. (구름 운)

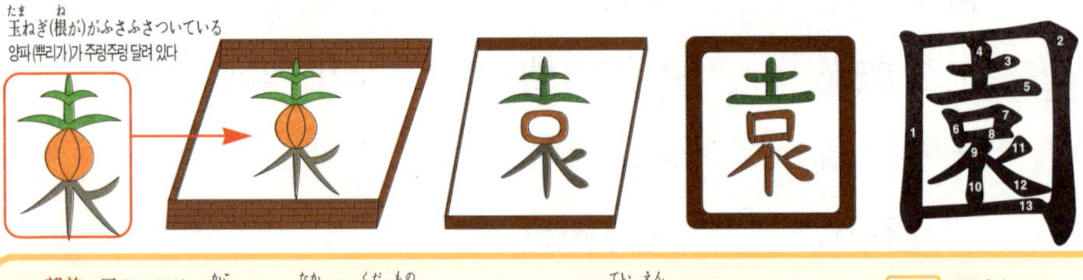

0084

部首 囗(くにがまえ)
総画 13画

囲んだ中に果物がついている庭園。

おん エン
くん (その)

ことば 園芸(원예)・公園(공원)・庭園(정원)・花園(화원)

garden

에워싼 속에 과일이 달린 동산. (동산 원)

玉ねぎ(根が)がふさふさついている
양파(뿌리가)가 주렁주렁 달려 있다

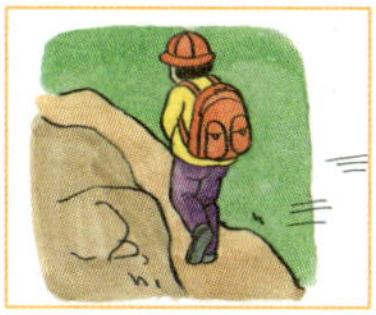

0085

部首 辶(しんにょう)
総画 13画
ことば
distant

(旅支度を)ぶらぶらぶらさげて行くほど遠い。
遠近(원근)・永遠(영원)・遠出(장거리 여행)
(행장을) 주렁주렁 달고갈 만큼 멀다. (멀 원)

おん エン (オン)
くん とおい

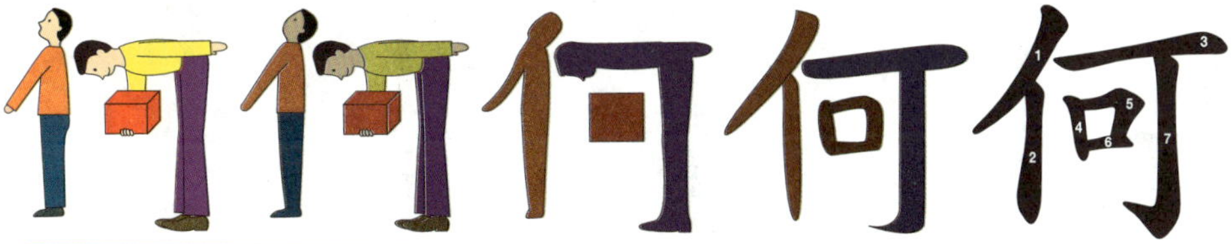

0086

部首 亻(にんべん)
総画 7画
ことば
what

あの人はちゃんとした贈り物も嫌だなんて、どうしよう。
何物(무엇)・何事(무슨 일)・何人(몇 사람)・何年(몇 년)
저 사람은 옳은 선물도 싫다 하니 어찌하라! (어찌 하)

おん (カ)
くん なに なん

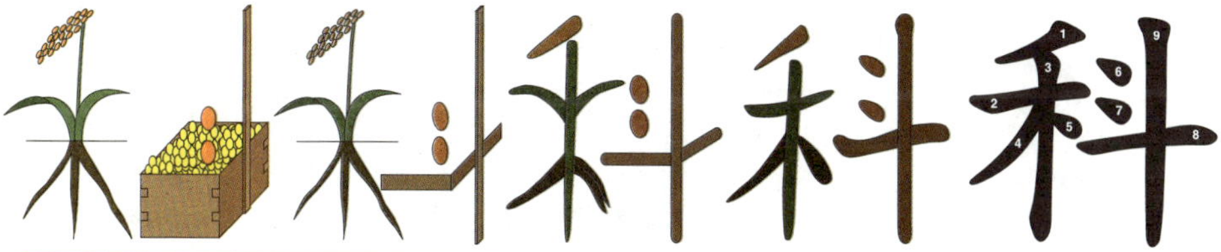

0087

部首 禾(のぎへん)
総画 9画
ことば
subject

稲の量を枡で計っていちいち確かめる。
学科(학과)・歯科(치과)・科学(과학)・科目(과목)
벼의 양을 말질하여 조목조목 따지다. (과목 / 조목 과)

おん カ
くん —

0088

部首 夊(すいにょう)
総画 10画
ことば
summer

(暑くて)頭をたれてゆっくり歩く季節が夏。
夏季(하계)・夏至(하지)・真夏(한여름)・夏負け(여름을 탐)
(더워)머리를 떨구고 천천히 걷는 계절이 여름. (여름 하)

おん カ (ゲ)
くん なつ

0089

部首 宀(うかんむり)
総画 10画

ことば

house

(昔(むかし)は豚(ぶた)を一(ひと)つ屋根(やね)の下(した)で飼(か)いながら生活(せいかつ)した)。

屋根を覆って豚を飼った所が家である。

家庭(가정) • 王家(왕가) • 家元(종가) • 本家(본가)

(옛날에는 돼지를 한 지붕 아래서 기르며 생활하였음.)

지붕을 덮고 **돼지**를 기르던 곳이 **집**이다. (**집 가**)

おん カ ケ

くん いえ や

0090

部首 欠(あくび)
総画 14画

ことば

song

礼儀正しく正しい贈り物をもらって口を開けて歌う。

歌曲(가곡) • 校歌(교가) • 歌声(노랫소리) • 鼻歌(콧노래)

예의 **바르고 바른** 선물을 받고 **입을 벌리**고 **노래**하다. (**노래 가**)

おん カ コン

くん うた うたう

0091

部首 田(た)
総画 8画

ことば

draw

果物の画。

絵画(회화) • 画面(화면) • 区画(구획) • 画数(획수)

열매 그림. (**그림 화**)

おん ガ カク

くん —

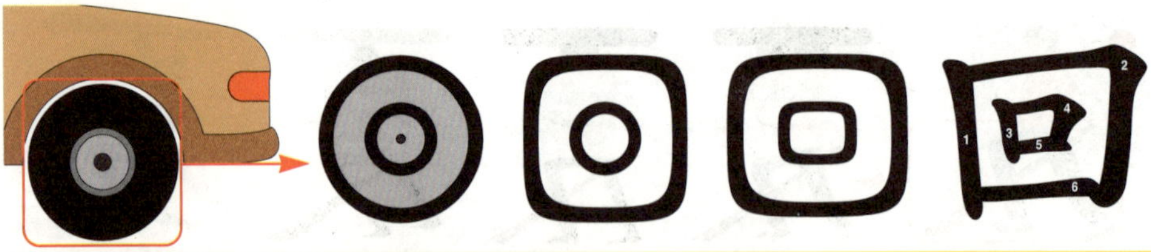

0092

部首 口(くにがまえ)
総画 6画

ことば

return

輪が回る様子。

回答(회답) • 回向(회향) • 手回り(신변) • 見回す(둘러보다)

바퀴가 **돌아가는** 모양. (**돌/돌아올 회**)

おん カイ (エ)

くん まわる まわす

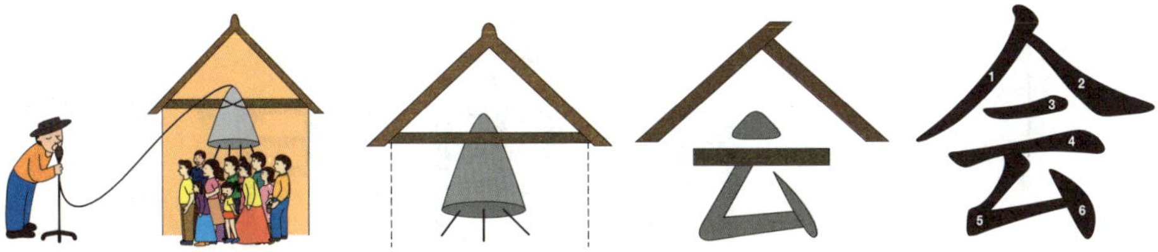

0093

部首 人(ひとやね)
総画 6画

家で拡声器によって聴衆に会わせる。

ことば
会話(회화)・機会(기회)・面会(면회)・会得(터득)

meet
집에서 확성기로 청중을 모으다. (모을 회)

おん カイ (エ)
くん あう

0094

部首 氵(さんずい)
総画 9画

水にとって、まるで人がお母さんを求めるように常に求める所が海である。

ことば
海岸(해안)・航海(항해)・海鳴り(해명)・海辺(해변)

sea
물이 사람이 어머니를 찾듯 늘 찾는 곳이 바다다. (바다 해)

おん カイ
くん うみ

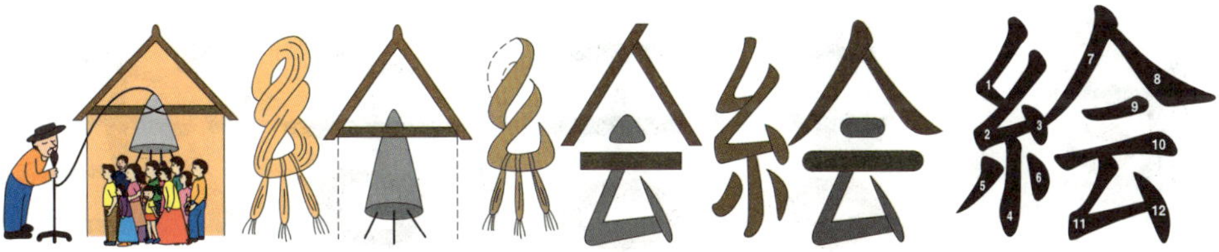

0095

部首 糸(いとへん)
総画 12画

色糸で人に会わせて絵を刺繍する。

ことば
絵画(회화)・絵本(그림책)・口絵(권두화)・油絵(유화)

picture
색실로 사람을 모아 그림 수를 놓다. (그림/수놓을 회)

おん カイ エ
くん —

亀の背を焼いて占いをする
거북 등을 지져 점을 치다

0096

部首 夕(ゆう)
総画 5画

(占(うらな)いは本来(ほんらい)朝(あさ)にすることが常例(じょうれい)であった)
夕方に占うのは常例外のことである。

ことば
外出(외출)・外科(외과)・的外れ(빗나감)・外ぼり(외호)

outside
저녁에 점치는 일은 상례 밖의 일이다. (바깥 외)
(점은 본디 아침에 치는 것이 상례였음)

おん ガイ・(ゲ)
くん そと・ほか はずす はずれる

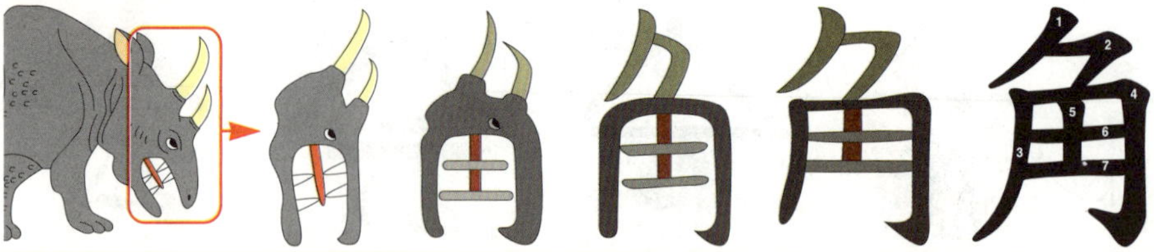

0097

部首 角(つの) 総画 7画	犀の角の形状。	おん カク
ことば	角度(각도)・三角(삼각)・街角(길모퉁이)・角ぶえ(각적)	くん かど つの
horn	코뿔소의 뿔 모양. (뿔 각)	

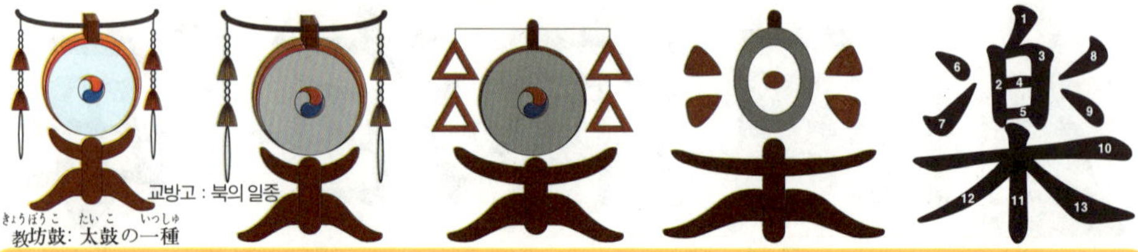

0098

部首 木(き) 総画 13画	教坊鼓の形状。教坊鼓を打ちながら楽しむ。	おん ガク ラク
ことば	楽器(악기)・音楽(음악)・快楽(쾌락)・楽しさ(즐거움)	くん たのしい たのしむ
enjoy	교방고의 모양. 교방고를 치며 즐거워하다. (즐길 락)	

0099

部首 氵(さんずい) 総画 9画	水が舌のように生きて動く。	おん カツ
ことば	活動(활동)・活気(활기)・復活(부활)・生活(생활)	くん —
live	물이 혀같이 살아서 움직이다. (살릴 / 살 활)	

0100

部首 門(もんがまえ) 総画 12画	門のすきまから日の光が漏れて間へ入ってくる。	おん カン ケン
ことば	中間(중간)・間接(간접)・人間(인간)・仲間(동료)	くん あいだ ま
gap	문 틈으로 햇빛이 새어 사이로 들어오다. (사이 간)	

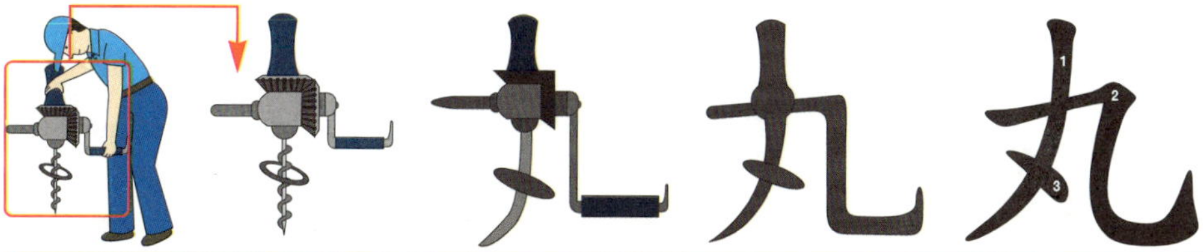

0101

部首 丶(てん)
総画 3画

掘った穴が丸い卵みたいである。

丸薬(환약) • 一丸(한 덩어리) • 丸顔(둥근 얼굴) • 丸太(통나무)

ことば
pill

판 구멍이 둥근 알 같다. (알 / 둥글 환)

おん ガン
くん まる
まるい
まるめる

0102

部首 山(やま)
総画 8画

山にある石が岩である。

岩石(암석) • 火成岩(화성암) • 岩山(바위산) • 岩場(바위 밭)

ことば
rock

산에 있는 돌이 바위다. (바위 암)

おん ガン
くん いわ

0103

部首 頁(おおがい)
総画 18画

立っている岩まで髪の毛が垂れている顔。

顔面(안면) • 洗顔(세안) • 顔つき(표정) • 素顔(맨 얼굴)

ことば
face

서 있는 바위까지 머리결이 늘어진 얼굴. (얼굴 안)

おん ガン
くん かお

0104

部首 氵(さんずい)
総画 7画

水から出る水蒸気が汽である。

汽車(기차) • 夜汽車(밤기차) • 汽船(증기선) • 汽笛(기적)

ことば
steam

물에서 나오는 수증기가 김이다. (김 기)

おん キ
くん —

0105

部首 言(ごんべん)
総画 10画
ことば
record

言葉の身(内容)を記録する。

日記(일기)・記録(기록)・伝記(전기)・書き記す(쓰다)

말의 몸(내용)을 기록하다. (기록할 기)

おん キ
くん しるす

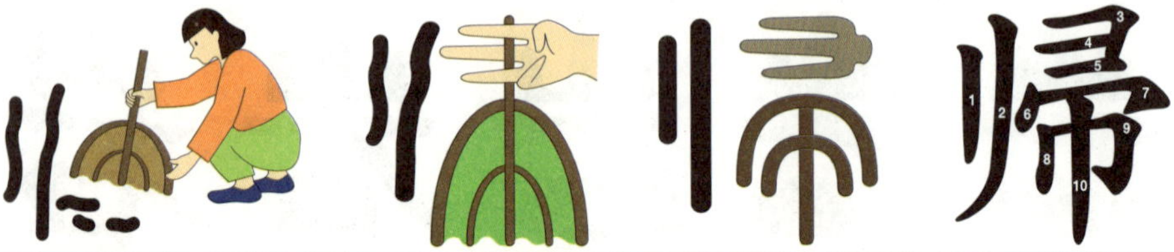

0106

部首 巾(はば)
総画 10画
ことば
return

ごみが手にほうきを持った者に帰る。

帰国(귀국)・復帰(복귀)・帰り道(귀로)・里帰り(출가한 여자의 첫 근행)

쓰레기가 손에 비를 든 자에게 돌아가다. (돌아갈 귀)

おん キ
くん かえる
かえす

0107

部首 弓(ゆみ)
総画 3画
ことば
bow

弓の形状。

弓術(궁술)・洋弓(양궁)・弓矢(궁시)・弓なり(활모양)

활의 모양. (활 궁)

おん (キュウ)
くん ゆみ

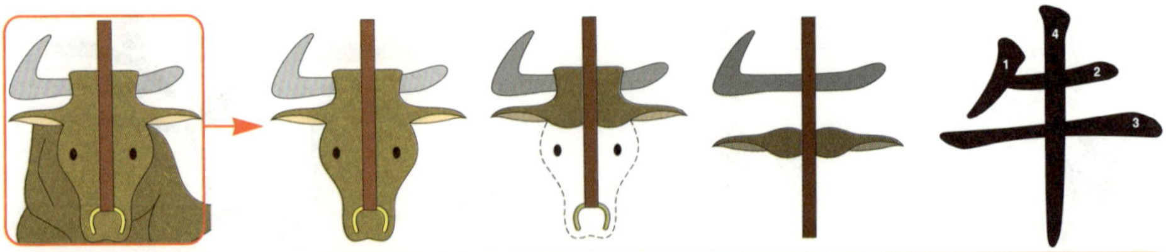

0108

部首 牛(うし)
総画 4画
ことば
cow

牛の形状。

牛馬(우마)・牛乳(우유)・子牛(송아지)・牛小屋(외양간)

소의 모양. (소 우)

おん ギュウ
くん うし

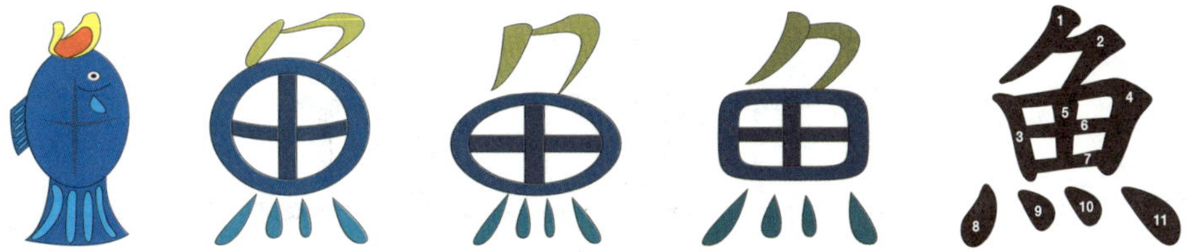

0109
部首 魚(うお)
総画 11画

魚の形状。

ことば
魚類(어류)・金魚(금붕어)・魚市長(어시장)・青魚(등푸른 생선)

fish
물고기의 모양. (고기 / 물고기 어)

おん ギョ
くん うお
さかな

0110
部首 亠(なべぶた)
総画 8画

ソウルの城門を象った字。

ことば
京都(교토)・上京(상경)・東京(동경)・帰京(귀경)

capital
서울의 성문을 본뜬 글자. (서울 경)

おん キョウ
(ケイ)
くん —

弦がからすきのようになる=大きい
활 시위가 쟁기같다=크다

0111
部首 弓(ゆみへん)
総画 11画

大きい虫は(小さい虫より)強い。

ことば
強弱(강약)・補強(보강)・強引(강인)・強気(성미가 강함)

strong
큰 벌레는 (작은 벌레보다) 강하다. (굳셀 / 강할 강)

おん キョウ・(ゴウ)
くん つよい
つよまる
つよめる
(しいる)

年寄りに息子が孝行する
늙은이에게 아들이 효도하다

0112
部首 攵(ぼくにょう)
総画 11画

孝行するように叩いて教える。

ことば
教会(교회)・宗教(종교)・説教(설교)・教え方(교육방법)

teach
효도하도록 두들겨서 가르치다. (가르칠 교)

おん キョウ
くん おしえる
おそわる

0113

部首 辶(しんにょう)
総画 7画

斧を持って走って害するほど近い。

ことば 近代(근대)・最近(최근)・近道(지름길)・手近(근처)

near 도끼로 달려가 해치리 만큼 가깝다. (가까울 근)

おん キン
くん ちかい

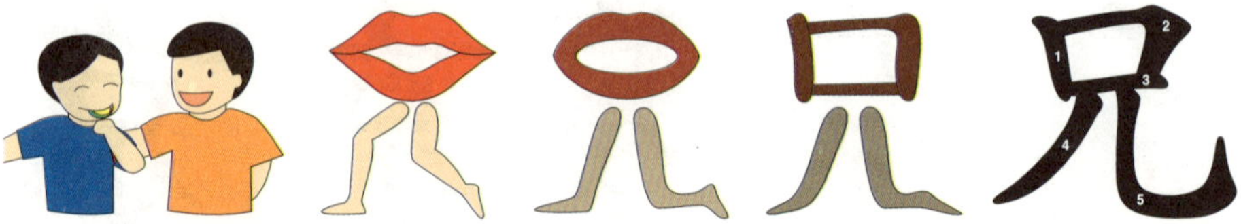

0114

部首 儿(ひとあし)
総画 5画

弟に口で訓戒する人が兄。

ことば 父兄(부형)・兄弟(형제)・兄と姉(형과 누나)・兄さん(형님)

elder brother 동생에게 입으로 훈계하는 사람이 형. (맏 형)

おん (ケイ) キョウ
くん あに

盾を平らかに貼った形状
방패를 평평하게 붙인 모양

0115

部首 彡(さんづくり)
総画 7画

平らな板に描いた髪の毛の形状。

ことば 形式(형식)・人形(인형)・形見(유품)・手形(어음)

shape 평평한 판자에 그린 머리털의 형상. (형상 형)

おん ケイ ギョウ
くん かた かたち

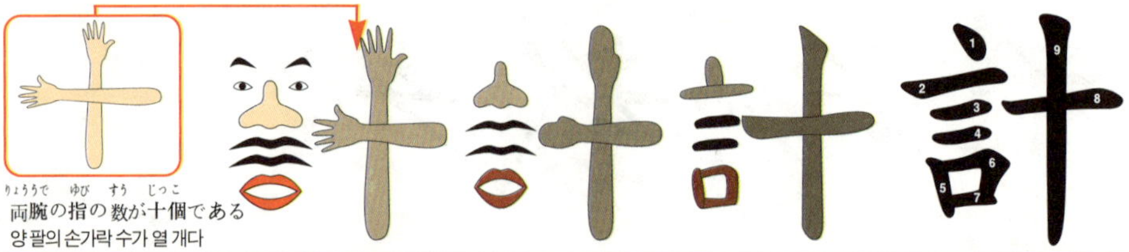

両腕の指の数が十個である
양 팔의 손가락 수가 열 개다

0116

部首 言(ごんべん)
総画 9画

言葉で十まで数える(計算する)。

ことば 計算(계산)・合計(합계)・余計(여분)・見計らう(가늠하다)

count 말로 열까지 세다(계산하다). (셀 계)

おん ケイ
くん はかる はからう

0117

部首　儿(ひとあし)
総画　4画
ことば
first / root

最上を示す形状。
元素(원소)・復元(복원)・元日(1월 1일)・地元(그 지방)
으뜸을 나타내는 모양. (으뜸 원)

おん　ゲン　ガン
くん　もと

0118

部首　言(げん)
総画　7画
ことば
words

ひげと口を上下に動かしながら言う。
言論(언론)・伝言(전언)・言い切る(단언하다)・独り言(혼잣말)
수염과 입을 들먹이며 말씀하다. (말씀 언)

おん　ゲン　ゴン
くん　いう　こと

0119

部首　厂(がんだれ)
総画　10画
ことば
origin

岩から湧く白い水が川の根源である。
原因(원인)・高原(고원)・草原(초원)・野原(들판)
바위에서 솟는 흰 물이 내의 근원이다. (근원 원)

おん　ゲン
くん　はら

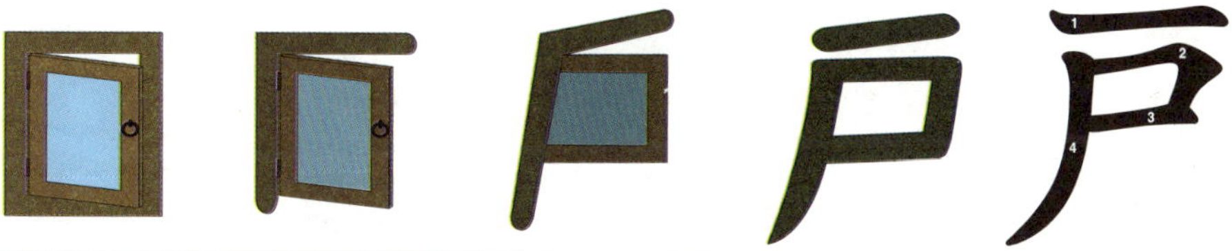

0120

部首　戸(と)
総画　4画
ことば
door

家にある部屋戸の形状。
戸外(옥외)・戸数(호수)・戸口(출입구)・戸だな(찬장)
집에 방문의 모양. (지게 / 집 호)

おん　コ
くん　と

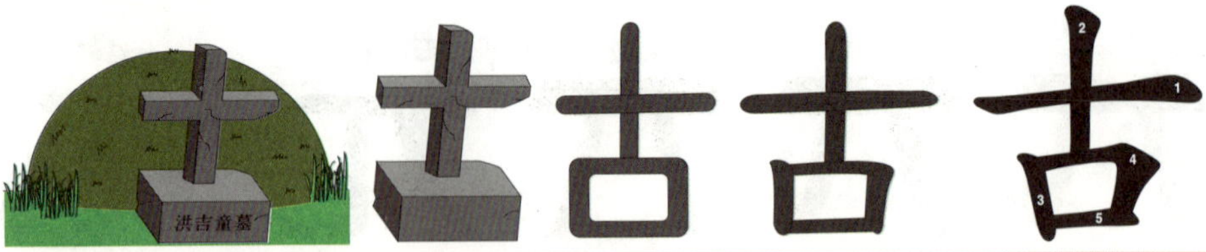

0121

部首 口(くち)
総画 5画
ことば
old

古く(ずいぶん前)から立っていた碑石の形状。

古代(고대)・太古(태고)・古株(묵은 뿌리)・使い古す(오래 써서 낡음)

옛(오래)부터 서 있던 비석의 모양. (옛 / 오랠 고)

おん コ
くん ふるい
ふるす

0122

部首 十(じゅう)
総画 4画
ことば
noon / day

時針と分針の重なった時が昼(正午)である。

午前(오전)・正午(정오)・午後(오후)・子午線(자오선)

시침과 분침이 합쳐진 때가 낮(정오)이다. (낮 오)

おん ゴ
くん —

0123

部首 彳(ぎょうにんべん)
総画 9画
ことば
back

歩幅をひょう たんぐらいに小さくしたら後れる。

後日(후일)・後退(후퇴)・後の世(장래)・後始末(뒤처리)

걸음걸이를 조롱박같이 작게 해 걸으면 뒤진다. (뒤 후)

おん ゴ・コウ
くん のち
うしろ
あと
(おくれる)

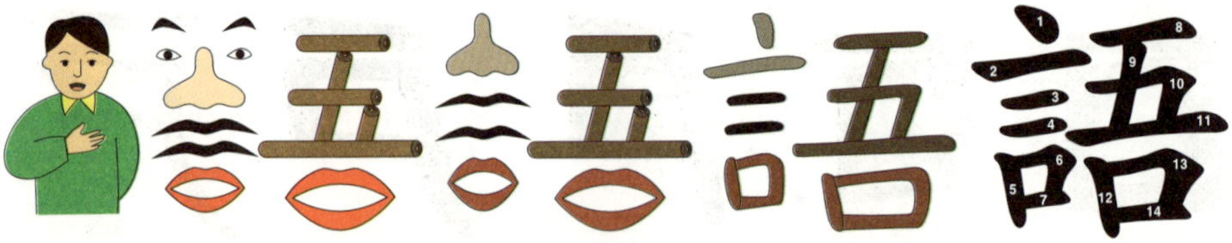

0124

部首 言(ごんべん)
総画 14画
ことば
words

言葉で五人の方(口)に私の志を語る。

語学(어학)・国語(국어)・物語(이야기)・語り手(화자)

말로 다섯 분(입)에게 내 뜻을 말씀드리다. (말씀 어)

おん ゴ
くん かたる
かたらう

0125

部首 工(こう)
総画 3画
ことば
artisan

鉄敷に乗せておいて職人が品物を作る。

工場(공장)・人工(인공)・工夫(고안)・細工(세공)

모루에 놓고 장인이 물건을 만들다. (장인 / 만들 공)

おん コウ ク

くん —

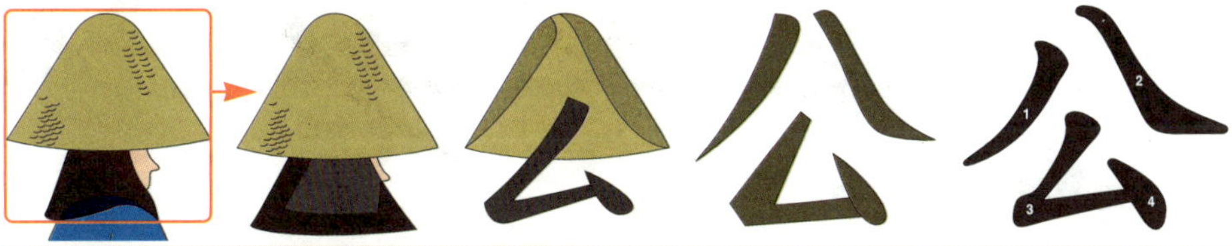

0126

部首 八(はち)
総画 4画
ことば
public

貴人の形状。

公平(공평)・公立(공립)・公式(공식)・公衆(공중)

귀인의 모양. (귀인 / 공변될 공)

おん コウ

くん (おおやけ)

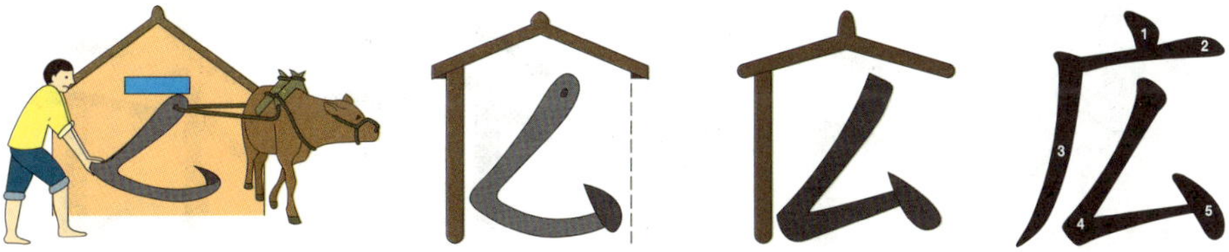

0127

部首 广(まだれ)
総画 5画
ことば
broad

家の中がすきで耕せるほど広い(大きい)。

広大(광대)・広告(광고)・広場(광장)・広野(광야)

집 안이 쟁기질을 할 수 있으리만큼 넓다(크다). (넓을 광)

おん コウ

くん ひろい・ひろまる ひろめる・ひろがる ひろげる

0128

部首 亠(なべぶた)
総画 6画
ことば
associate

人と交わる形状。

交通(교통)・交代(교대)・飛び交う(어지럽게 날다)

사귀는 모양. (사귈 교)

おん コウ

くん まじわる・まじえる まじる・まざる まぜる・(かう) (かわす)

0129

部首 儿(ひとあし)
総画 6画
ことば
light

灯がテーブルの上で光を出す形状。
光景(광경) • 栄光(영광) • 観光(관광) • 青光り(청록색으로(빛남))
등불이 탁자 위에서 빛을 내는 모양. (빛 광)

おん コウ
くん ひかる
ひかり

0130

部首 耂(おいかんむり)
総画 6画
ことば
think

杖を見て年寄りが錐を考える。
思考(사고) • 考察(고찰) • 考え事(궁리)
지팡이를 보고 늙은이가 송곳을 상고하다. (상고할 고)

おん コウ
くん かんがえる

0131

部首 行(いく)
総画 6画
ことば
walk / go

十字路に人が行く。
行進(행진) • 行列(행렬) • 行き先(행선지) • 行い(행실)
사거리에 많은 사람이 다니다. (다닐 행)

おん コウ・ギョウ
(アン)
くん いく・ゆく
おこなう

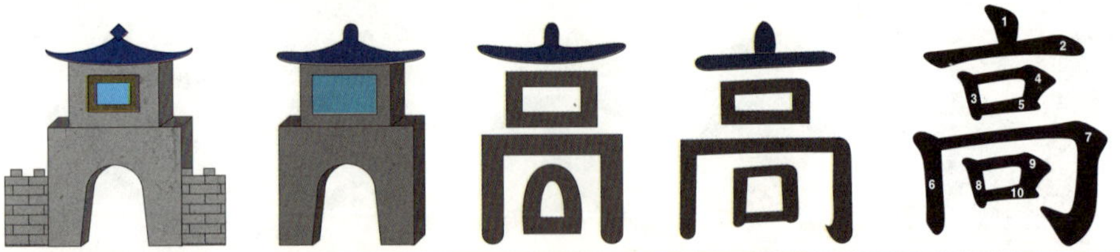

0132

部首 高(たかい)
総画 10画
ことば
high

高い城楼の形状。
高低(고저) • 高級(고급) • 高台(고대) • 高笑い(큰 웃음)
높은 성루의 모양. (높을 고)

おん コウ
くん たかい・たか
たかまる
たかめる

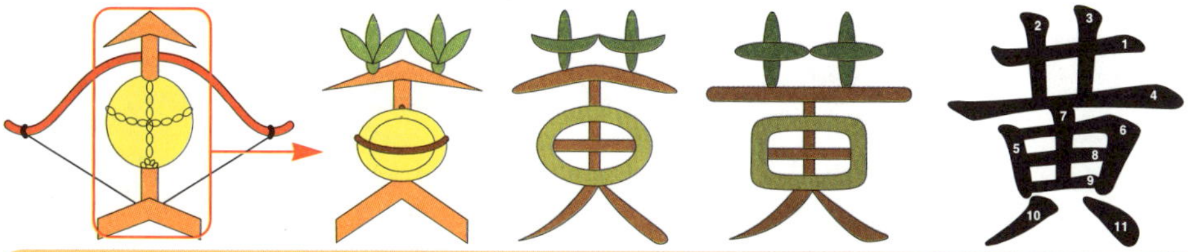

0133

部首 黄(き)
総画 11画

ことば

yellow

(秋)草と硫黄の縛られた火の矢は黄色である。

黄金(황금)・黄葉(황엽)・黄色い(노랗다)・黄身(난황)

(가을)풀과 황이 묶인 불화살은 누런색이다. (누를 황)

おん (コウ) オウ

くん き (こ)

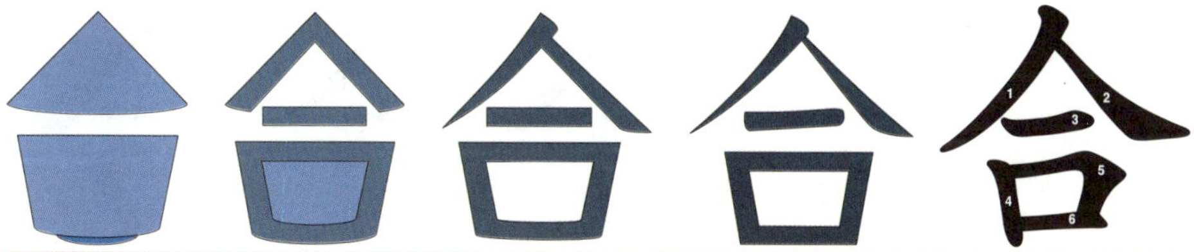

0134

部首 口(くち)
総画 6画

ことば

unite / total

ふたを器にかぶせて合わせる。

合同(합동)・合作(합작)・試合(시합)・合図(신호)

뚜껑을 그릇에 덮어 합하다. (합할 합)

おん ゴウ ガッ・カッ

くん あう・あわす あわせる

0135

部首 谷(たに)
総画 7画

ことば

valley

谷間の形状。

けい谷(계곡)・谷川(곡천)・谷間(골짜기)・谷底(계곡바닥)

골짜기의 모양. (골 곡)

おん コク

くん たに

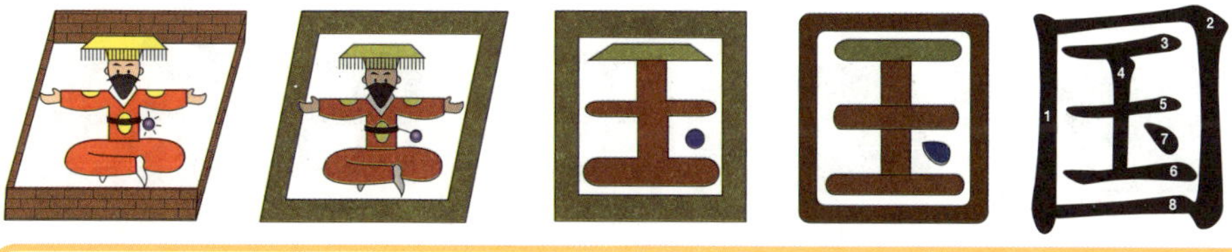

0136

部首 囗(くにがまえ)
総画 8画

ことば

country

囲んで玉のように守るのが国である。

国際(국제)・国家(국가)・雪国(설국)・島国(섬나라)

에워싸서 구슬같이 지키는 것이 나라다. (나라 국)

おん コク

くん くに

0137
部首 黒(くろ)
総画 11画
ことば
black

灰皿(はいざら)と炭(すみ)が黒(くろ)い。
黒板(こくばん)(칠판)・暗黒(あんこく)(암흑)・白黒(しろくろ)(흑백)・黒土(くろつち)(흑토)
재떨이와 숯이 검다. (검을 흑)

おん コク
くん くろ
くろい

0138
部首 人(ひとやね)
総画 4画
ことば
now

家(いえ)にある鎌(かま)を今(いま)、持(も)つ。
今後(こんご)(금후)・今度(こんど)(이번)・昨今(さっこん)(요즈음)・今(いま)さら(새삼스레)
집에 있는 낫을 이제 곧 들다. (곧/이제 금)

おん コン
(キン)
くん いま

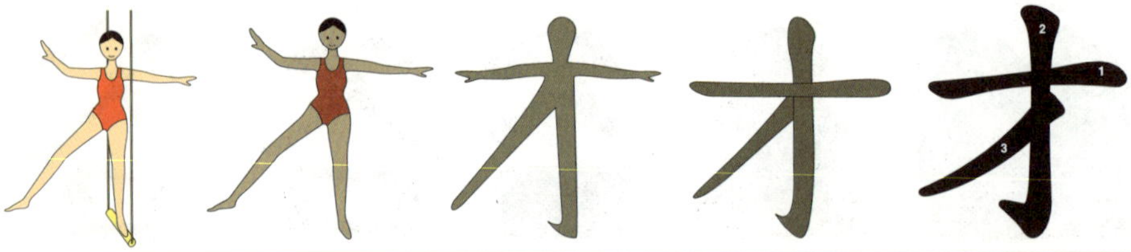

0139
部首 扌(て)
総画 3画
ことば
talent

(軽業師(かるわざし)が)ぶらんこの才能(さいのう)を見(み)せる形状(けいじょう)。
才能(さいのう)(재능)・才覚(さいかく)(재치)・天才(てんさい)(천재)・満十才(まんじっさい)(만10세)
(곡예사가) 그네에서 재주를 부리는 모양. (재주 재)

おん サイ
くん —

0140
部首 糸(いとへん)
総画 11画
ことば
thin

(高(たか)いところで見(み)ると)糸(いと)のように畑(はたけ)のあぜが細(ほそ)い。
細心(さいしん)(세심)・細部(さいぶ)(세부)・心細(こころぼそ)い(불안하다)・事細(ことこま)か(자세함)
(높은 데서 보니) 실같이 밭둑이 가늘다. (가늘 세)

おん サイ
くん ほそい・ほそる
こまか
こまかい

0141

部首 亻(にんべん)
総画 7画
ことば
make

人が穴を開けたり締めたりして作品を作る。

作品(작품) • 作家(작가) • 作業(작업) • 手作り(손수 만듦)

사람이 뚫기와 조이기를 해 작품을 만들다. (작품 / 만들 작)

おん サク / サ
くん つくる

0142

部首 ⺮(たけかんむり)
総画 14画
ことば
count

竹のそろばんを目の下で持って数える。

算数(산수) • 暗算(암산) • 算出(산출) • 誤算(오산)

대나무수판을 눈 밑에 들고 셈하다. (셈할 산)

おん サン
くん —

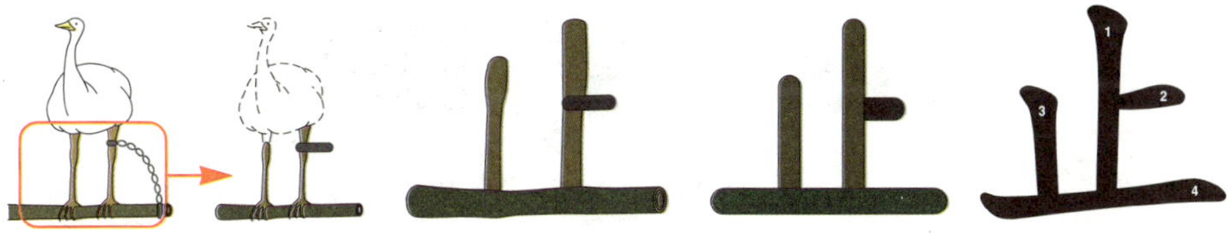

0143

部首 止(とまる)
総画 4画
ことば
stop

足の縛られた鳥が飛ぶことを止る。

中止(중지) • 止血(지혈) • 歯止め(제동기) • 通行止め(통행금지)

다리 묶인 새가 나는 걸 그치다. (그칠 지)

おん シ
くん とまる / とめる

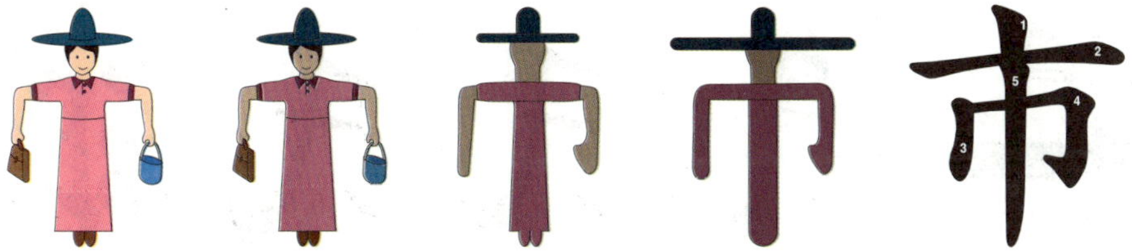

0144

部首 巾(はば)
総画 5画
ことば
market

買い物をしに市場へ行く形状。

市民(시민) • 都市(도시) • 市(시) • 朝市(아침 장)

장보러 시장에 가는 모양. (시장 / 저자 시)

おん シ
くん いち

0145

部首 矢(や) 総画 5画	手紙(てがみ)の縛(しば)られている矢(や)の形状(けいじょう)。	おん	シ
ことば	矢印(やじるし)(화살표) • 弓矢(ゆみや)(궁시) • 矢先(やさき)(화살촉) • 流(なが)れ矢(や)(빗나간 화살)	くん	や
arrow	**편지**가 묶여 있는 **화살**의 모양. (**화살 시**)		

0146

部首 女(おんなへん) 総画 8画	女(おんな)で、市場(いちば)へ買(か)い物(もの)をしに行(い)く者(もの)が姉(あね)である。	おん	シ
ことば	姉妹(しまい)(자매) • 姉妹校(しまいこう)(자매학교) • 姉(あね)(언니) • お姉(ねえ)さん(언니를 높여 부르는 말)	くん	あね
elder sister	**여자**로 **시장**에 장보러 가는 자가 **누이**다. (**누이 자**)		

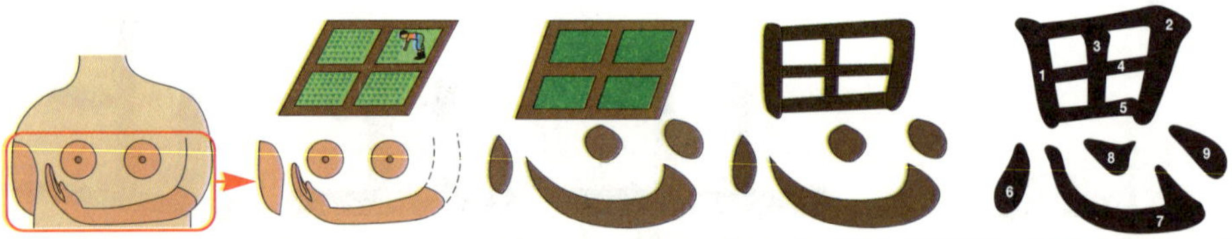

0147

部首 心(こころ) 総画 9画	畑(はたけ)で働(はたら)く主(ぬし)を心(こころ)で思(おも)う。	おん	シ
ことば	思想(しそう)(사상) • 意思(いし)(의사) • 思(おも)い出(で)(추억) • 思(おも)いがけない(의외이다)	くん	おもう
think	**밭**에서 일하는 님을 **마음**으로 **생각하다**. (**생각할 사**)		

0148

部首 糸(いとへん) 総画 10画	糸根(いとね)みたいな木(き)の繊維質(せんいしつ)で作(つく)ったのが紙(かみ)である。	おん	シ
ことば	紙面(しめん)(지면) • 用紙(ようし)(용지) • 紙(かみ)くず(휴지) • 折(お)り紙(がみ)(종이접기 놀이)	くん	かみ
paper	**실 뿌리**같은 나무 섬유질로 만든 게 **종이**다. (**종이 지**)		

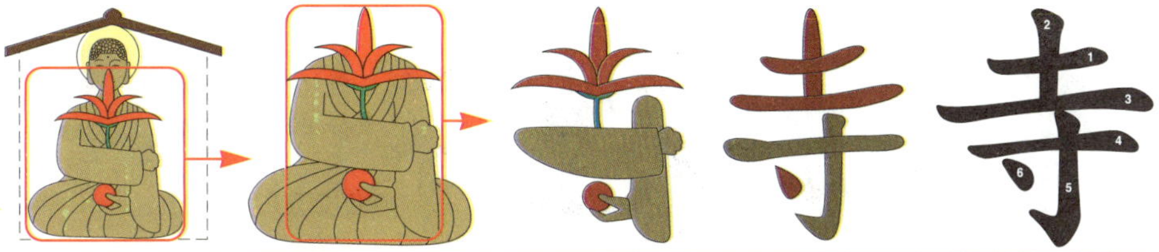

0149

部首 寸(すん)
総画 6画

不老草(ふろうそう)と如意宝珠(にょいほうじゅ)を持(も)っている仏(ほとけ)。お寺(てら)を意味(いみ)する。

おん ジ
くん てら

ことば
寺院(じいん)(사원) • 古寺(こじ)(옛 절) • 山寺(やまでら)(산사) • あま寺(でら)(비구니가 사는 절)

temple
불노초와 **여의주**를 든 부처. **절**을 뜻함. (**절 / 관청 사**)

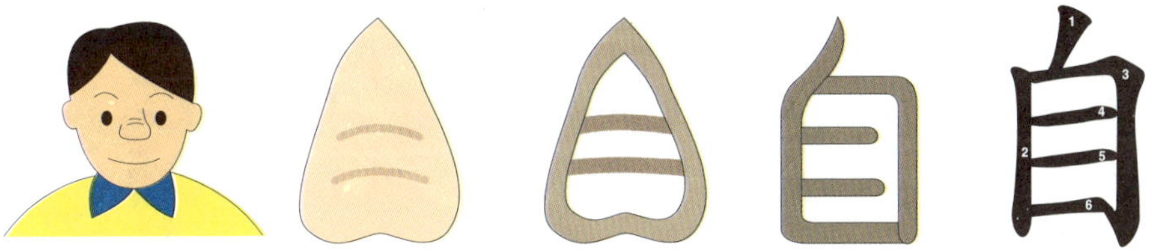

0150

部首 自(みずから)
総画 6画

鼻(はな)の形状(けいじょう)。鼻(はな)で自(おの)ずから息(いき)をするという意味(いみ)。

おん ジ シ
くん みずから

ことば
自分(じぶん)(자기) • 自動(じどう)(자동) • 独自(どくじ)(독자) • 自然(しぜん)(자연)

self
코의 모양. 코로 **스스로** 숨 쉰다는 뜻. (**스스로 / 코 자**)

仏(ほとけ)=お寺(てら) 부처=절

0151

部首 日(ひへん)
総画 10画

(鐘(かね)を鳴(な)らして)日々(ひび)お寺(てら)で時(とき)を知(し)らせる。

おん ジ
くん とき

ことば
時間(じかん)(시간) • 当時(とうじ)(당시) • 時(とき)めく(때를 만나 드날리다) • 時々(ときどき)(때때로)

time
(종을 쳐) **날**마다 **절**에서 **때**를 알리다. (**때 시**)

包(つつ)みを持(も)って目的地(もくてきち)の土(つち)に至(いた)る
보따리를 들고 목적지 땅에 이르다

0152

部首 宀(うかんむり)
総画 9画

屋根(やね)の下(した)に至(いた)ると家(いえ)である。

おん シツ
くん むろ

ことば
室内(しつない)(실내) • 客室(きゃくしつ)(객실) • 図書室(としょしつ)(도서실) • 石室(いしむろ)(석실)

room
지붕 밑에 **이르**니 **집**이다. (**집 실**)

0153
部首 ネ(しめすへん)
総画 7画

祭祀膳の前で土神(土の神さま)に団体で祭祀を行なう。

おん シャ
くん やしろ

ことば
社会(사회) • 社長(사장) • 社員(사원) • 社交的(사교적)

society
젯상 앞에서 토신(흙의 신)께 단체로 제를 지내다. (단체 / 모일 사)

0154
部首 弓(ゆみへん)
総画 10画

折れて縛り付けた弓は弱い。

おん ジャク
くん よわい よわる よわまる よわめる

ことば
弱点(약점) • 強弱(강약) • 弱虫(겁쟁이) • 足弱(다리가 약해서 잘 걷지 못함)

weak
부러져 동여맨 활은 약하다. (약할 약)

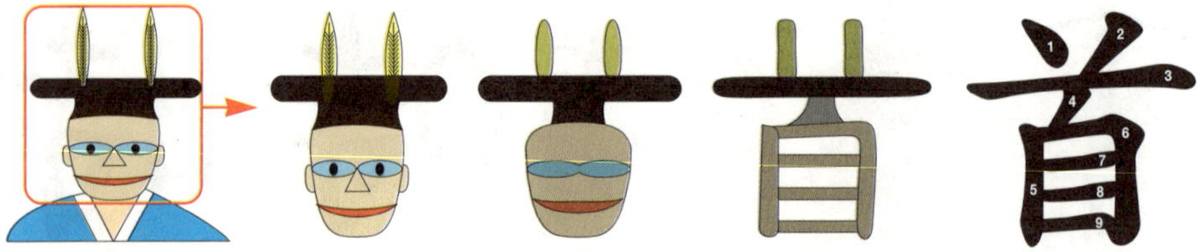

0155
部首 首(くび)
総画 9画

首の形状。

おん シュ
くん くび

ことば
首席(수석) • 自首(자수) • 足首(발목) • 首輪(목걸이)

head
머리의 모양. (머리 수)

0156
部首 禾(のぎへん)
総画 9画

稲が火で焼けたように黄ばんでいる時が秋である。

おん シュウ
くん あき

ことば
秋季(추계) • 晩秋(만추) • 秋風(추풍) • 秋空(가을 하늘)

autumn
벼가 불에 익은 듯 누럴 때가 가을이다. (가을 추)

0157
部首 辶(しんにょう)
総画 11画
ことば
round / turn

周りを走るようにやって来るのが週日。

週刊(주간)・週末(주말)・毎週(매주)・来週(다음 주)

두루두루 달리듯 돌아오는 것이 주일. (두를 / 주일 주)

おん シュウ
くん —

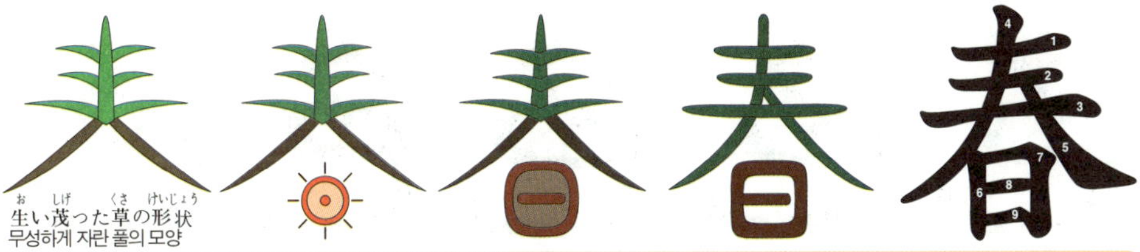

0158
部首 日(ひ)
総画 9画
ことば
spring

草が生い茂る日が(時が)春である。

春分(춘분)・青春(청춘)・春先(초봄)・春めく(봄다와지다)

풀이 무성하게 돋는 날이(때가) 봄이다. (봄 춘)

おん シュン
くん はる

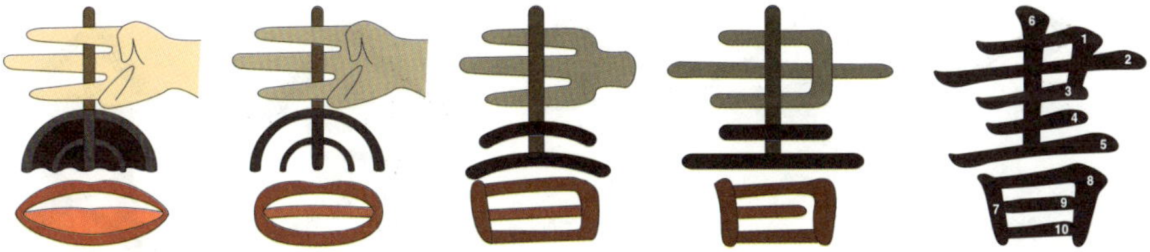

0159
部首 日(ひらび)
総画 10画
ことば
writing

筆で話したことを書いたものが文である。

書店(서점)・読書(독서)・前書ぎ(머리말)・横書ぎ(가로쓰기)

붓으로 말한 바를 적은 것이 글이다. (글 서)

おん ショ
くん かく

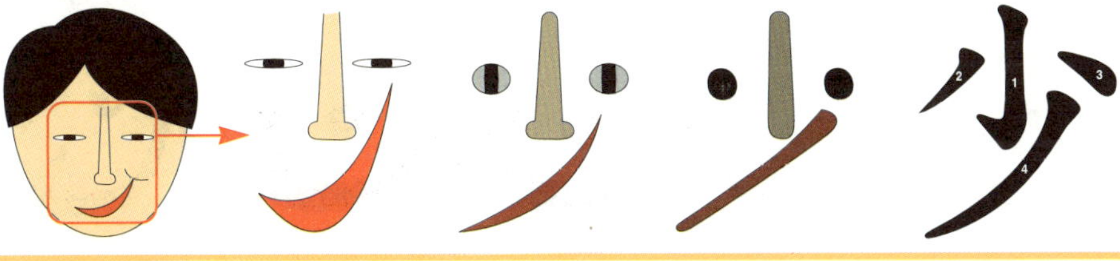

0160
部首 小(しょう)
総画 4画
ことば
few / young

目、鼻の下で口がゆがんでいる者はその数が少ない。

少年(소년)・減少(감소)・小量(소량)・希少(희소)

눈, 코 밑에 입이 돌아간 자는 그 수가 적다. (적을 소)

おん ショウ
くん すくない
すこし

0161

部首 土(つちへん)
総画 12画
ことば
ground

土が広がる日ざしのように平らな所が場である。

場内(장내)・入場(입장)・立場(입장)・市場(시장)

흙이 햇살퍼지듯 평평한 곳이 마당이다. (마당 장)

おん ジョウ
くん ば

0162

部首 色(いろ)
総画 6画
ことば
color

人が大きい蛇を踏んで顔色が変わる。

原色(원색)・変色(변색)・色調(색조)・顔色(안색)

사람이 큰 뱀을 밟고 낯빛이 변하다. (빛 색)

おん ショク
シキ
くん いろ

0163

部首 食(しょく)
総画 9画
ことば
eat / meal

家で精米機でついた穀物でご飯を炊く。

食事(식사)・断食(단식)・共食い(같은 무리끼리 서로 잡아먹음)・食べ物(음식물)

집에서 정미기에 찧은 곡식으로 밥을 짓다. (밥 식)

おん ショク・(ジキ)
くん くう
(くらう)
たべる

0164

部首 心(こころ)
総画 4画
ことば
heart

胸を象った字。心を意味する。

感心(감탄)・用心(주의함)・親心(부모의 마음)・心がけ(마음가짐)

가슴을 본뜬 글자. 마음을 뜻함. (마음 심)

おん シン
くん こころ

0165

部首 斤(おのづくり)
総画 13画

立(た)っている木(き)を斧(おの)で切(き)ると新(あたら)しい芽(め)が出(で)る。

ことば 新年(しんねん)(신년)・革新(かくしん)(혁신)・新築(しんちく)(신축)・新(あら)たに(새로이)

new 서있는 나무를 도끼로 베니 새순이 나다. (새 신)

おん シン
くん あたらしい
あらた
(にい)

0166

部首 見(みる)
総画 16画

立(た)って木(き)を常(つね)に見(み)て世話(せわ)して親(した)しくなる。

ことば 親族(しんぞく)(친족)・肉親(にくしん)(육친)・親子(おやこ)(친자)

related 서서 나무를 늘 보고 보살펴 친하다. (친할 친)

おん シン
くん おや
したしい
したしむ

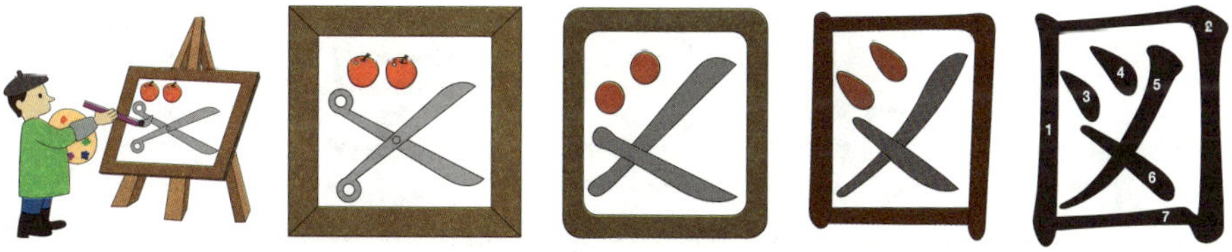

0167

部首 口(くにがまえ)
総画 7画

額縁(がくぶち)に入(い)れた二(ふた)つの果物(くだもの)とはさみの図(ず)。

ことば 図表(ずひょう)(도표)・指図(さしず)(지시)・図書(としょ)(도서)・意図(いと)(의도)

picture 액자에 넣은 두 과일과 가위 그림. (그림 도)

おん ズ
ト
くん (はかる)

0168

部首 攵(ぼくにょう)
総画 13画

米(こめ)を女(おんな)が叩(たた)いてつまみながら数量(すうりょう)を数(かぞ)える。

ことば 数字(すうじ)(숫자)・点数(てんすう)(점수)・数値(すうち)(수치)・数(かぞ)え年(どし)(달력나이. 난 해를 한 살로 쳐서 세는 나이)

count 쌀을 여자가 두들겨 짚으며 수량을 세다. (셀 수/자주 삭)

おん スウ
(ス)
くん かず
かぞえる

0169
部首 西(にし)
総画 6画
ことば
west

西の方へ日が暮れると鳥が家に座る。

西洋(서양) • 関西(교토, 오사카를 중심으로 한 관서지방) • 西風(서풍) • 西向き(서향)

서녘으로 해 지니 새가 집에 앉다. (서녘 서)

おん セイ サイ
くん にし

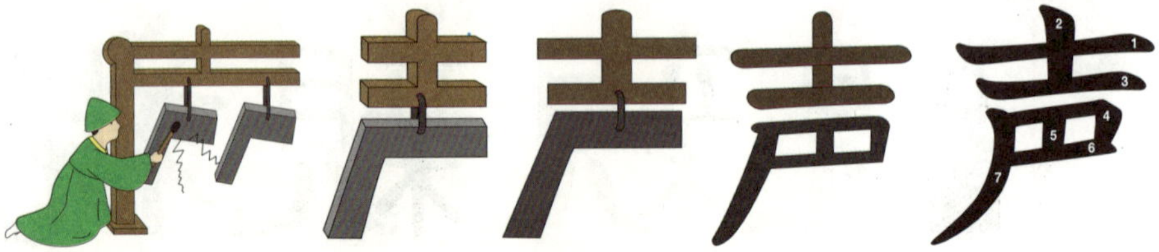

0170
部首 士(さむらい)
総画 7画
ことば
voice

編磬を叩いたら声がする。

声楽(성악) • 発声(발성) • 鳴き声(울음소리) • 声色(음색)

편경을 두드리니 소리가 난다. (소리 성)

おん セイ ショウ
くん こえ こわ

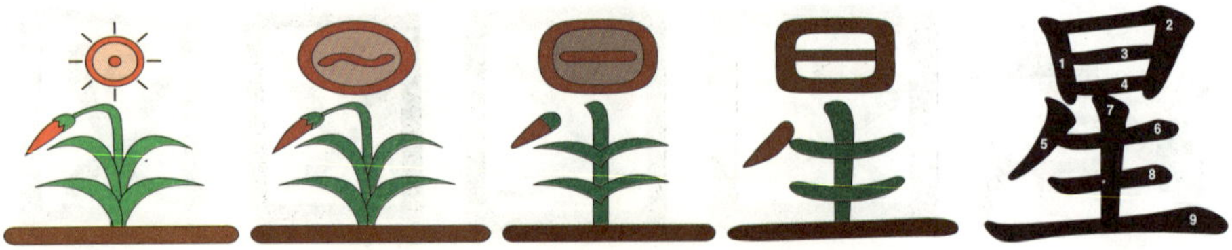

0171
部首 日(ひ)
総画 9画
ことば
star

日のように輝くのが星である。

星座(성좌) • 明星(샛별) • 星空(별이 총총한 하늘) • 図星(급소)

해처럼 빛이 나는 것이 별이다. (별 성)

おん セイ (ショウ)
くん ほし

0172
部首 日(ひへん)
総画 12画
ことば
clear up

日が青く見えるほどさわやかに晴れる。

晴天(맑게 갠 하늘) • 快晴(쾌청) • 晴れ間(비나 눈이 개인 사이) • 気晴らし(기분전환)

날이 푸르게 보일만큼 맑게 개다. (갤 청)

おん セイ
くん はれる はらす

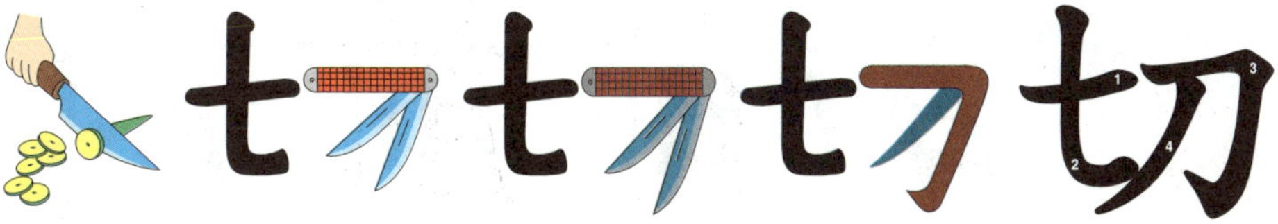

0173

部首 刀(かたな)
総画 4画
ことば
cut / all

七等分になるように刀で完全に切る。
切実(절실)・一切(일체)・切手(수표.우표)・品切れ(품절)
일곱 등분 되게 칼로 온통 끊다. (끊을 절/온통 체)

おん セツ (サイ)
くん きる きれる

0174

部首 ⻗(あめかんむり)
総画 11画
ことば
snow

雨が凍って手に取れるのが雪である。
積雪(적설)・除雪(제설)・初雪(첫눈)・粉雪(싸락눈)
비가 얼어 손에 잡히는 것이 눈이다. (눈 설)

おん セツ
くん ゆき

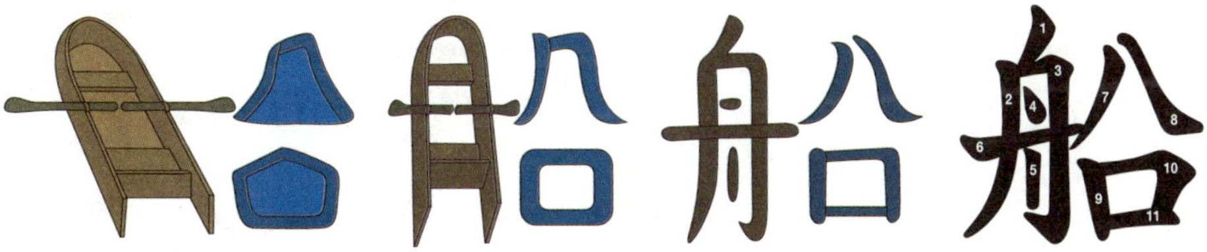

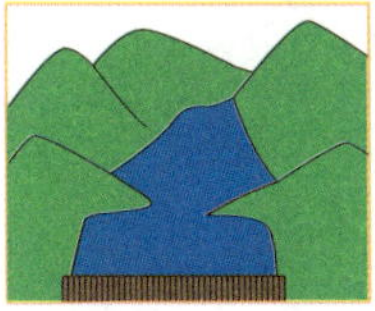

0175

部首 舟(ふねへん)
総画 11画
ことば
ship

ボートのような形状をして淵(池)を渡るのが船である。
乗船(승선)・風船(풍선)・船乗り(배를 탐)
보트같이 생겨 못(연못)을 건너는 것이 배다. (배 선)

おん セン
くん ふね ふな

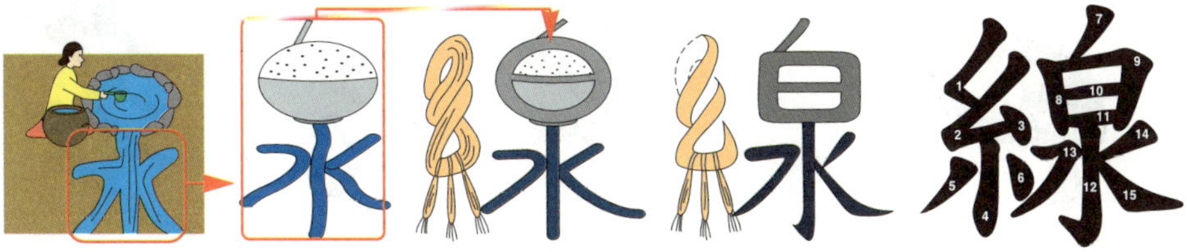

0176

部首 糸(いとへん)
総画 15画
ことば
line

糸が、飯を炊く水がふきこぼれるようにつながったのが線である。
線路(선로)・光線(광선)・視線(시선)・地平線(지평선)
실이 밥 짓는 물이 솟듯 이어진 것이 줄이다. (줄 선)

おん セン
くん —

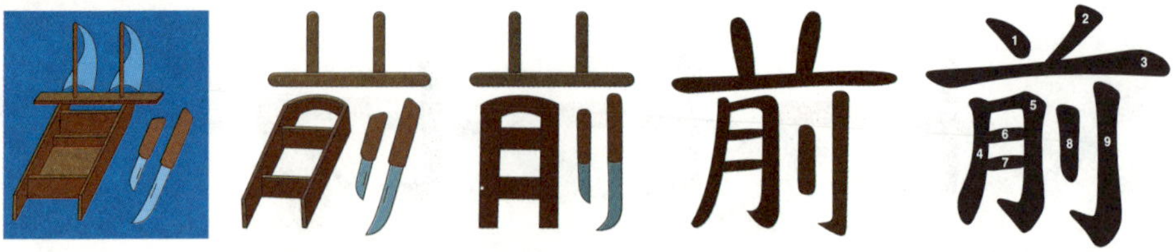

0177

部首 刂(りっとう)
総画 9画

双帆《そうはん》を上《あ》げた船《ふね》が水《みず》を割《わ》りながら前《まえ》に立《た》つ。

おん ぜん
くん まえ

ことば
以前《いぜん》(이전)・前進《ぜんしん》(전진)・前向《まえむ》き(정면을 향함. 적극적임)・名前《なまえ》(이름)

front

쌍 돛을 올린 배가 물을 가르며 앞서다. (앞 전)

品物《しなもの》を重《かさ》ねてまた重《かさ》ねている形状《けいじょう》
물건을 포개고 또 포개는 모양

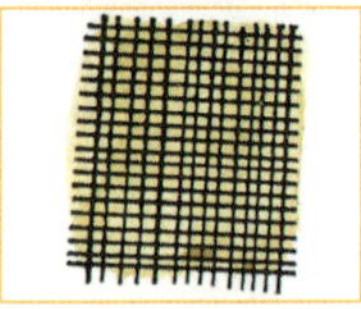

0178

部首 糸(いとへん)
総画 11画

糸《いと》を重《かさ》ねてまた重《かさ》ねて機《はた》を織《お》る。

おん ソ
くん くむ
くみ

ことば
組織《そしき》(조직)・改組《かいそ》(개편)・組合《くみあい》(조합)

string

실을 포개고 또 포개어 베를 짜다. (짤 조)

0179

部首 走(はしる)
総画 7画

人《ひと》の走《はし》る形状《けいじょう》。

おん ソウ
くん はしる

ことば
走者《そうしゃ》(주자)・独走《どくそう》(독주)・先走《さきばし》る(다른 사람보다 앞질러 하다)・走《はし》り書《が》き(갈겨씀)

run

사람이 달리는 모양. (달릴/달아날 주)

0180

部首 夕(ゆう)
総画 6画

夕方《ゆうがた》なら夕方《ゆうがた》ごとに待《ま》つことが多《おお》い。

おん タ
くん おおい

ことば
多数《たすう》(다수)・雑多《ざった》(잡다)・多様《たよう》(다양)・多《おお》め(좀 많은 정도)

many

저녁이면 저녁마다 기다림이 많다. (많을 다)

2年

0181

部首 大(だい)
総画 4画

大きくて大きいから太い。

ことば
太陽(태양)・太古(태고)・丸太(통나무)・骨太(뼈가 굵은 모양)

big / great

크고 크니 더욱 크다. (클 태)

おん タイ タ
くん ふとい ふとる

0182

部首 亻(にんべん)
総画 7画

人の根本になるのが体である。

ことば
体力(체력)・体験(체험)・体裁(체재)・体つき(몸매)

body

사람의 근본이 되는 것이 몸이다. (몸 체)

おん タイ (テイ)
くん からだ

0183

部首 口(くち)
総画 5画

壇を積むために基礎を高めたものが台である。

ことば
灯台(등대)・台所(부엌)・台風(태풍)・屋台(지붕이 있는 이동식 작은 가게)

height

단을 쌓고자 기초를 높인 것이 돈대다. (돈대 대)

おん ダイ タイ
くん —

0184

部首 土(つちへん)
総画 6画

土蛇の住む所が地である。

ことば
地球(지구)・土地(토지)・地面(지면)・路地(골목길)

earth

흙 뱀이 사는 곳이 땅이다. (땅 지)

おん チ ジ
くん —

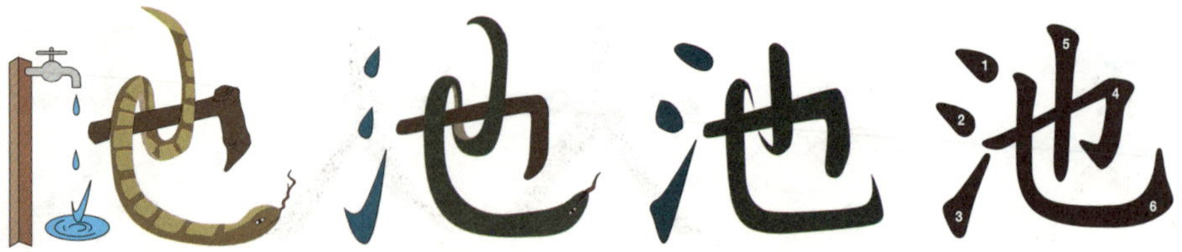

0185

部首 氵(さんずい)
総画 6画
ことば
pond

水蛇の棲息する所が池である。
貯水池(저수지) • 電池(전지) • 古池(오래된 연못) • ため池(저수지)
물뱀이 서식하는 곳이 못이다. (못 지)

おん チ
くん いけ

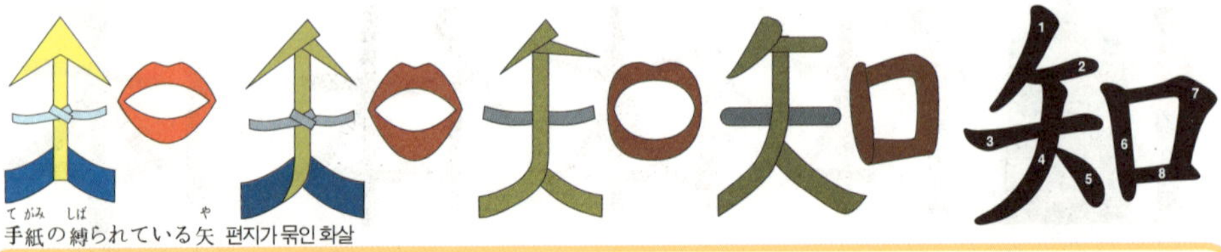

手紙の縛られている矢 편지가 묶인 화살

0186

部首 矢(やへん)
総画 8画
ことば
know

矢のように早く口で知り当てる。
知識(지식) • 通知(통지) • 知能(지능) • 物知り(박식)
화살처럼 빨리 입으로 알아 맞히다. (알 지)

おん チ
くん しる

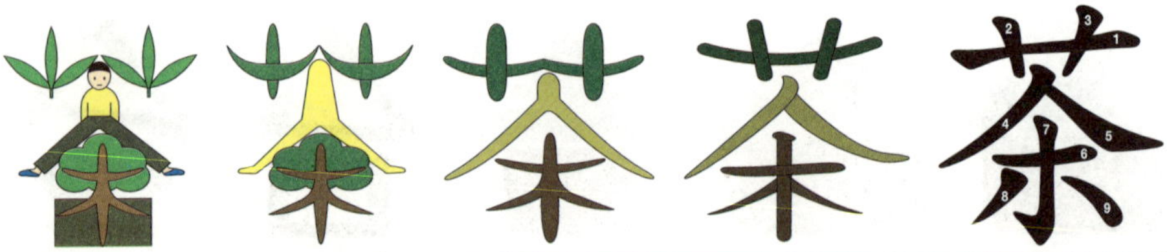

0187

部首 艹(くさかんむり)
総画 9画
ことば
tea

草の葉を人が木から取ってせんじて飲むのがお茶である。
緑茶(녹차) • 紅茶(홍차) • 茶畑(차밭) • 茶道(다도)
풀잎을 사람이 나무에서 따 닳여 먹는 게 차. (차 다)

おん チャ (サ)
くん —

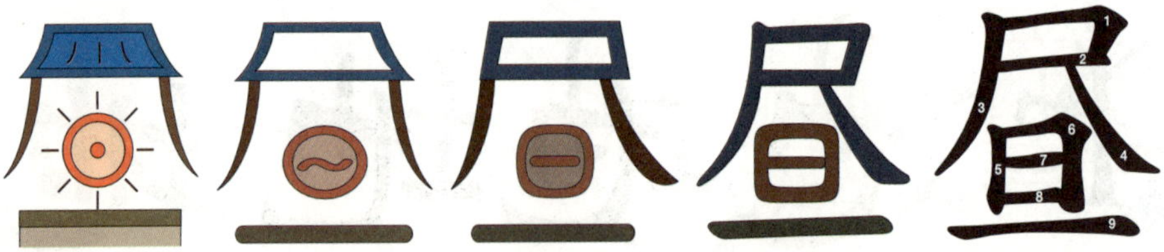

0188

部首 日(ひ)
総画 9画
ことば
daytime

家の中に日が昇って照らす時が昼である。
昼夜(주야) • 白昼(백주) • 真昼(대낮) • 昼間(주간)
집 안을 해가 떠 빛일 때가 낮이다. (낮 주)

おん チュウ
くん ひる

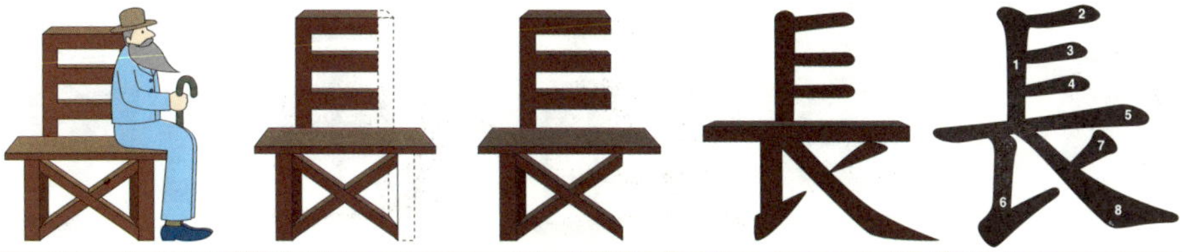

0189

部首 長(ながい)
総画 8画

椅子に座っているひげの長い大人。

おん チョウ
くん ながい

ことば
長所(장점) • 成長(성장) • 長生き(장수) • 長話(긴 이야기)

long
의자에 앉은 수염이 긴 어른 (긴/어른 장)

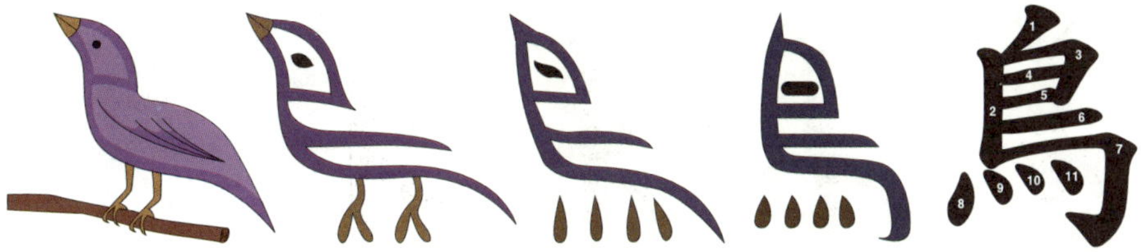

0190

部首 鳥(とり)
総画 11画

鳥の形状。

おん チョウ
くん とり

ことば
鳥類(조류) • 野鳥(들새) • 鳥居(신사의 문) • 水鳥(물새)

bird
새의 모양. (새 조)

0191

部首 月(つき)
総画 12画

草原に日が出て月の沈む時が朝である。

おん チョウ
くん あさ

ことば
早朝(조조) • 朝刊(조간) • 朝飯(아침 식사) • 毎朝(매일 아침)

morning
초원에 해가 돋고 달이 기울 때가 아침. (아침 조)

0192

部首 目(め)
総画 8画

十字架が教会にまっすぐ立っている形状。

おん チョク・ジキ
くん ただちに
なおす
なおる

ことば
直立(직립) • 正直(정직) • 手直し(수정) • 見直し(재평가)

straight
십자가가 교회에 곧게 선 모양. (곧을 직)

亀が首を突き上げる形状
거북이가 목을 솟구치는 모양

0193

部首 辶(しんにょう) 総画 10画 ことば go through	突き上げるように走って通りすぎる(通る)。 通行(통행)・通夜(철야기원)・通り道(다니는 길)・風通し(통풍) 솟구치듯 달려가 통과하다(통하다). (통할 / 통과할 통)	おん ツウ・(ツ) くん とおる とおす かよう

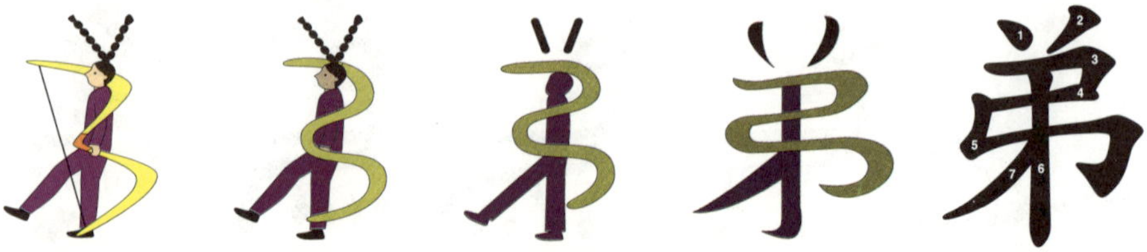

0194

部首 弓(ゆみ) 総画 7画 ことば younger brother	髪を編んで弓を担いだ者が弟である。 末弟(막내 동생)・兄弟(형제)・弟子(제자)・兄と弟(형과 아우) 머리를 땋고 활을 멘 자가 아우다. (아우 제)	おん (テイ)・ダイ (デ) くん おとうと

亀の背を焼いて口で占いをする
거북 등을 지지어 입으로 점치다

0195

部首 广(まだれ) 総画 8画 ことば shop	家で占いの店を開く。 店員(점원)・書店(서점)・店先(점두)・夜店(밤 노점) 집에 점치는 가게를 차리다. (가게 점)	おん テン くん みせ

亀の背を焼いて口で占いをする
거북 등을 지지어 입으로 점치다

0196

部首 灬(れんが) 総画 9画 ことば dot	占いをするために火で焼いて点を付ける。 点線(점선)・採点(채점)・満点(만점)・終点(종점) 점 칠려고 불로 지지어 점을 찍다. (점 점)	おん テン くん —

0197

部首 雨(あめかんむり)
総画 13画
ことば
lightning

雨が降るとアンテナに稲妻(電気)が起こる。

電気(전기)・電話(전화)・停電(정전)・発電(발전)

비가 오니 안테나에 번개(전기)가 일다. (번개 / 전기 전)

おん デン
くん —

0198

部首 刀(かたな)
総画 2画
ことば
knife

刀の形状。

短刀(단도)・名刀(명도)・木刀(목도)・日本刀(일본도)

칼의 모양 (칼 도)

おん トウ
くん かたな

0199

部首 冫(にすい)
総画 5画
ことば
winter

細い足の下に氷の凍る季節が冬である。

冬季(동계)・越冬(월동)・冬物(겨울용품)・冬毛(겨울 털)

가는 발 밑에 얼음이 어는 계절이 겨울이다. (겨울 동)

おん トウ
くん ふゆ

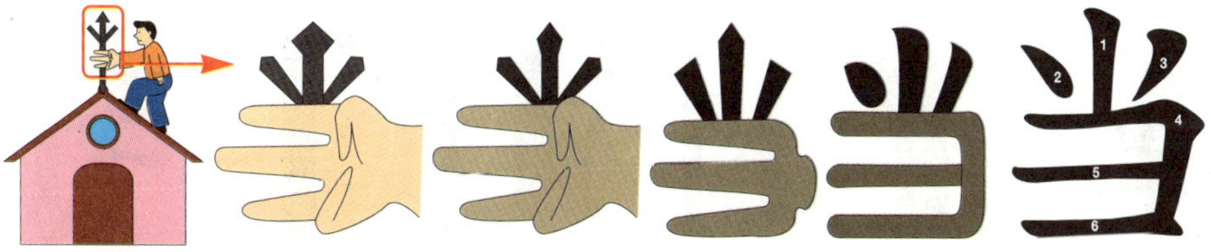

0200

部首 小(しょう)
総画 6画
ことば
suitable

アンテナを立てる時、手を使うのは当り前である。

当然(당연)・見当(목표)・手当て(수당)・目当て(목적)

안테나를 세울 때 손을 사용하는 것은 마땅하다. (마땅할 당)

おん トウ
くん あたる
あてる

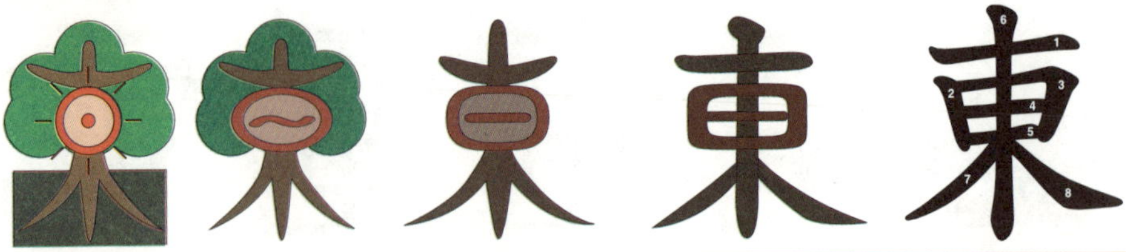

0201

部首	木(き)
総画	8画

木に沿って日の昇る方が東の方である。
とうざい　　　きょくとう　　ひがしがわ　　ひがしにほん
東西(동서)・極東(극동)・東側(동쪽)・東日本(동일본)

ことば

east

나무 따라 해가 떠오르는 쪽이 동녘이다. (동녘 東)

おん　トウ
くん　ひがし

ふたを器にかぶせて合わせる
뚜껑을 그릇에 덮어 합하다

0202

部首	⺮(たけかんむり)
総画	12画

(紙(かみ)のなかった昔(むかし)は竹切(たけぎ)れを編(あ)んでそこに字(じ)を書(か)いた)
竹を合わせた竹切れに字を書いて答える。
とうあん　　かいとう　　くちごた
答案(답안)・回答(회답)・口答え(말대답)

ことば

answer

종이가 없던 옛날에는 대나무 조각을 엮어서 거기에 글을 썼음
대나무를 합한 조각에 글을 써 대답하다. (대답할 答)

おん　トウ
くん　こたえる
　　　こたえ

さいき　まめ　も　　　　けいじょう
祭器に豆の盛られた形状 제기 그릇에 콩이 담긴 모양

0203

部首	頁(おおがい)
総画	16画

豆のように丸い頭のまわりが頭である。
せんとう　　ずのう　　おんど　　いしあたま
先頭(선두)・頭脳(두뇌)・音頭(선창)・石頭(돌대가리)

ことば

head

콩같이 둥근 머리통이 머리다. (머리/우두머리 頭)

おん　トウ・ズ
　　　(ト)
くん　あたま
　　　(かしら)

0204

部首	口(くち)
総画	6画

じょうもん　　　けいじょう　　いっしょ　　　とお　　　　　　　　　い み
城門の形状。一緒に通るという意味。
どうじょう　　こんどう　　どうかん　　おな　　とし
同情(동정)・混同(혼동)・同感(동감)・同い年(동갑)

ことば

alike / same

성문의 모양. 같이 다닌다는 뜻. (한가지/같이 同)

おん　ドウ
くん　おなじ

0205

部首 辶(しんにょう)
総画 12画

頭を働かせて走りやすくしたのが道である。

おん ドウ (トウ)
くん みち

ことば
道路(도로)・鉄道(철도)・神道(신도)・夜道(밤길)

road
머리를 써 달리기 좋게 만든 것이 길이다. (길 도)

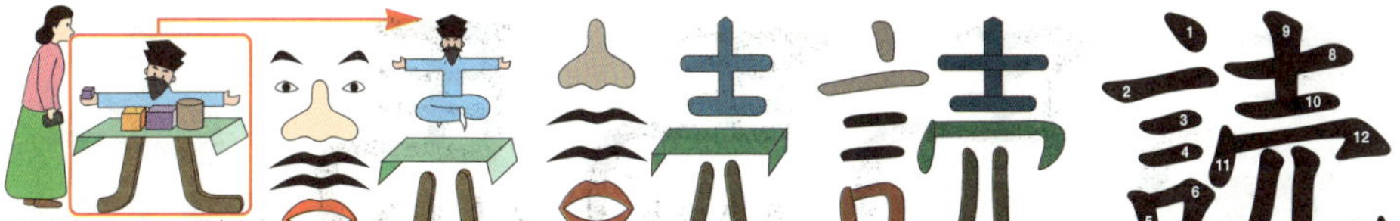

士が陳列台を置いて品物を売る
선비가 진열대를 놓고 물건을 팔다

0206

部首 言(ごんべん)
総画 14画

話し声を、品物を売る時のように上げながら文を読む。

おん ドク・トク トウ
くん よむ

ことば
読者(독자)・愛読(애독)・読本(독본)・訓読み(훈독)

read
말 소리를 물건을 팔 때같이 지르며 글을 읽다. (읽을 독)

0207

部首 冂(どうがまえ)
総画 4画

建物の中に人のいる形状。

おん ナイ (ダイ)
くん うち

ことば
内容(내용)・内裏(천황이 사는 대궐)・内側(안쪽)・内気(내향성 기질)

inside
건물 안에 사람이 있는 모양. (안 내)

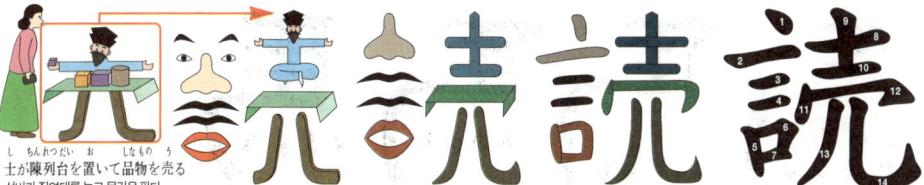

0208

部首 十(じゅう)
総画 9画

教会にとんぼの座った所が南の方である。

おん ナン (ナ)
くん みなみ

ことば
南北(남북)・南極(남극)・南側(남쪽)・南向き(남향)

south
교회에 잠자리가 앉은 곳이 남녘이다. (남녘 남)

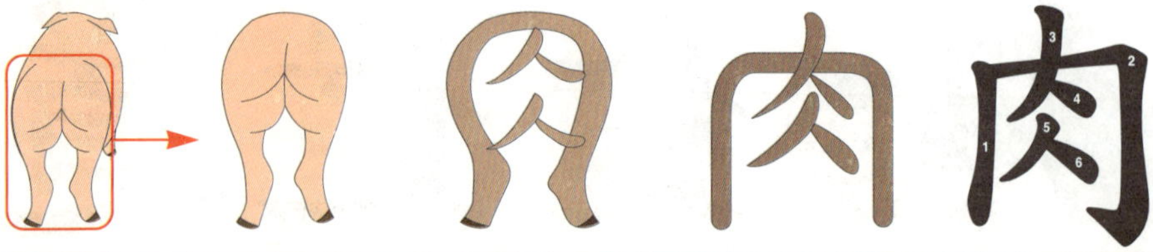

0209

部首 肉(にく)
総画 6画

豚の尻の形状。肉、身を意味する。

ことば 肉類(육류)・牛肉(소고기)・筋肉(근육)・皮肉(빈정거림)

meat 돼지 둔부의 모양. **고기, 몸**을 뜻함. (**고기 / 몸 육**)

おん ニク
くん —

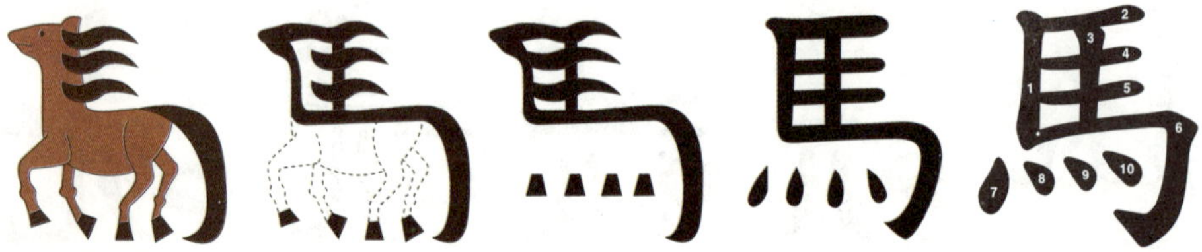

0210

部首 馬(うま)
総画 10画

馬の形状。

ことば 馬車(마차)・競馬(경마)・馬子(마부)・竹馬(죽마)

horse **말**의 모양. (**말 마**)

おん バ
くん うま (ま)

0211

部首 士(さむらい)
総画 7画

士が陳列台を置いて品物を売る。

ことば 売店(매점)・特売(특매)・売り場(매장)・売上高(매상고)

sell 선비가 **진열대**를 놓고 물건을 **팔다**. (**팔 매**)

おん バイ
くん うる うれる

0212

部首 貝(こがい)
総画 12画

籠の中にある品物をお金をあげて買う。

ことば 買収(매수)・売買(매매)・買値(매입원가)・買い物(쇼핑)

buy **광주리**에 물건을 **돈** 주고 **사다**. (**살 매**)

おん バイ
くん かう

0213
部首 麦(むぎ)
総画 7画

茂った草の中をゆっくりぶらつく所が麦畑。

おん バク
くん むぎ

ことば
麦芽(맥아) • 麦秋(맥추) • 麦畑(보리밭) • 麦茶(보리차)

barley
무성한 풀 속을 천천히 거닐은 곳이 보리밭. (보리 맥)

0214
部首 十(じゅう)
総画 5画

家を半分に分けた形状。

おん ハン
くん なかば

ことば
半額(반액) • 前半(전반) • 半島(반도) • 一月半ば(1월 중순)

half
집을 절반으로 나눈 모양. (반/절반 반)

0215
部首 田(た)
総画 12画

塵と米を畑から順番に選り分ける。

おん バン
くん ―

ことば
番人(파수꾼) • 番号(번호) • 当番(당번) • 門番(수위)

number
티끌과 쌀을 밭에서 차례로 가려내다. (차례 번)

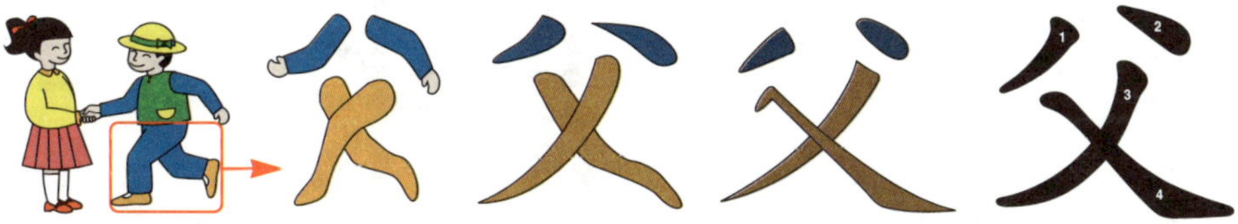

0216
部首 父(ちち)
総画 4画

父の形状。

おん フ
くん ちち

ことば
父母(부모) • 神父(신부) • 父親(부친) • お父さん(아버지)

father
아버지의 모양. (아비 부)

0217

部首 風(かぜ)
総画 9画

風車の前で一匹の虫が風に乗る。

ことば
風力(풍력)・風情(풍정)・そよ風(미풍)・風上(바람이 불어오는 쪽)

wind
풍차 앞에 한 마리의 벌레가 바람을 타다. (바람 풍)

おん フウ (フ)
くん かぜ かざ

0218

部首 刀(かたな)
総画 4画

割れるように刀で分ける。

ことば
水分(수분)・分別(분별)・分厚い(두껍다)・引き分け(무승부)

divide
쪼개지게 칼로 나누다. (나눌 분)

おん ブン・フン・ブ
くん わける わかれる わかる わかつ

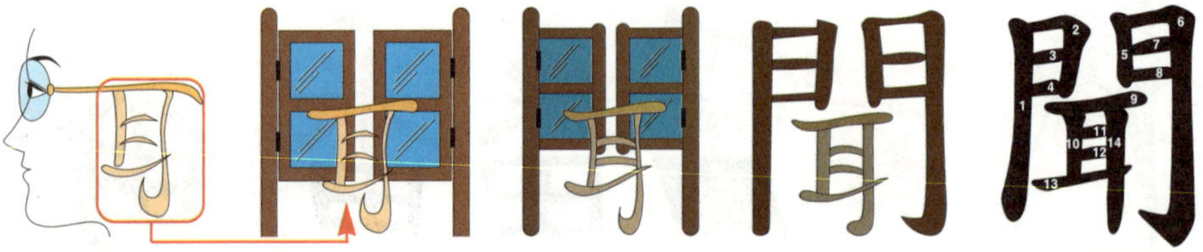

0219

部首 耳(みみ)
総画 14画

門に耳を当て立ち聞きする。

ことば
新聞(신문)・聞き手(듣는 사람)・人聞き(남이 들음)

hear
문에 귀를 대고 (엿)듣다. (들을 문)

おん ブン (モン)
くん きく きこえる

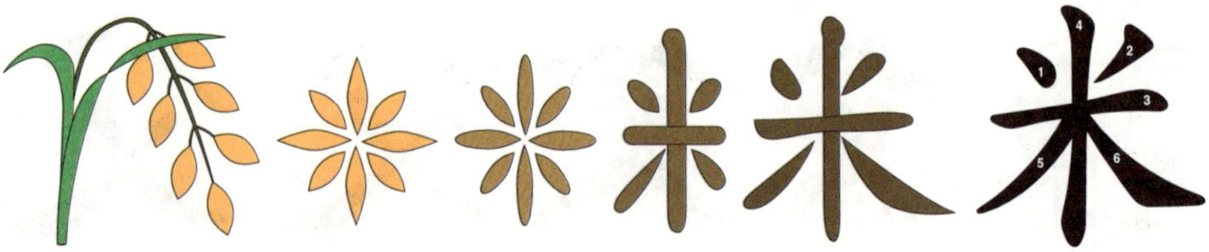

220

部首 米(こめ)
総画 6画

米粒が散らばっている形状。

ことば
米国(미국)・新米(햅쌀)・米俵(쌀가마니)・米つぶ(쌀알)

rice
쌀알이 흩어져 있는 모양. (쌀 미)

おん ベイ マイ
くん こめ

0221
部首 止(とまる)
総画 8画

カマキリが歩く形状。

ことば
歩道(보도)・散歩(산보)・歩合(비율)・歩み(걸음)

step
사마귀가 걸음을 걷는 모양. (걸음 보)

おん ホ.(ブ)
(フ)
くん あるく
あゆむ

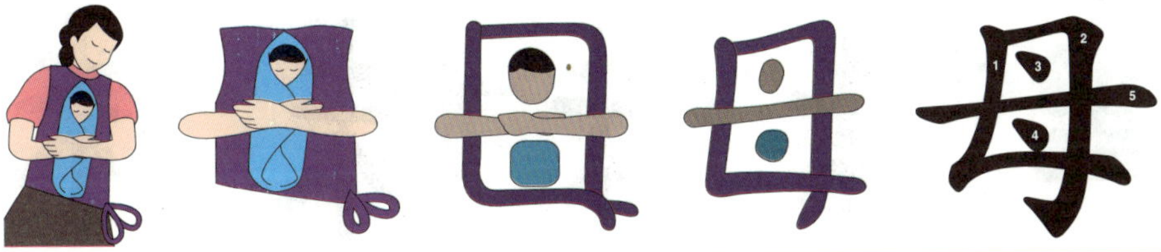

0222
部首 母(なかれ)
総画 5画

子供を抱いた母の形状。

ことば
母性(모성)・母乳(모유)・母親(모친)・お母さん(어머니)

mother
아이를 안은 어머니의 모양. (어미 모)

おん ボ
くん はは

0223
部首 方(ほう)
総画 4画

すきで四方の畑を耕す。

ことば
方法(방법)・地方(지방)・話し方(말투)・夕方(해질무렵)

square
쟁기로 사방 밭을 갈다. (모/사방 방)

おん ホウ
くん かた

0224
部首 匕(ひ)
総画 5画

建物の背にしている方が北の方である。

ことば
北上(북상)・敗北(패배)・北風(북풍)・北向き(북향)

north
건물이 등지고 있는 쪽이 북녘이다. (북녘 북)

おん ホク
くん きた

0225

部首 毋(なかれ)
総画 6画
ことば
every

人(ひと)は母(はは)をいつも懐(なつ)かしがる。

毎度(まいど)(매번)・毎回(まいかい)(매회)・毎月(まいつき)(매월)・毎週(まいしゅう)(매주)

사람은 어머니를 매양(늘) 그리워한다. (매양 매)

おん マイ
くん —

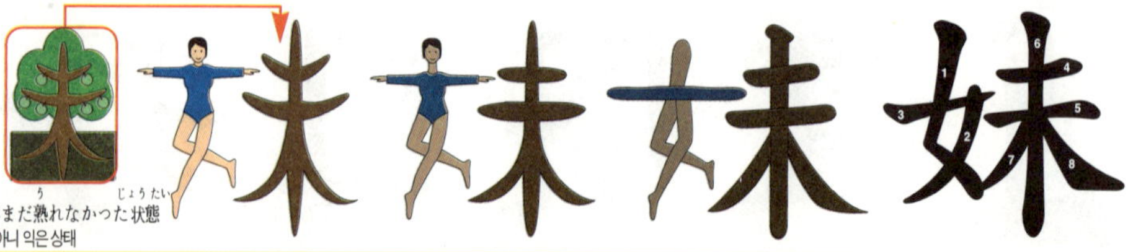

果実(かじつ)がまだ熟(う)れなかった状態(じょうたい)
과일이 아니 익은 상태

0226

部首 女(おんなへん)
総画 8画
ことば
younger sister

女(おんな)で、まだ物心(ものごころ)がつかなかった者(もの)が妹(いもうと)である。

姉妹(しまい)(자매)・義妹(ぎまい)(처제, 시누이)・姉(あね)と妹(いもうと)(언니와 여동생)・妹思(いもうとおも)い(여동생 생각)

여자로 철이 아니 든 애가 손아랫누이다. (손아랫누이 매)

おん (マイ)
くん いもうと

0227

部首 一(いち)
総画 3画
ことば
ten thousand

数万匹(すうまんびき)が集(あつ)まって住(す)む蜂(はち)の巣(す)の形状(けいじょう)。

万一(まんいち)(만일)・万年筆(まんねんひつ)(만년필)・万里(ばんり)(만리)・万全(ばんぜん)(만전)

수만 마리가 모여 사는 벌집의 모양. (일만 만)

おん マン (バン)
くん —

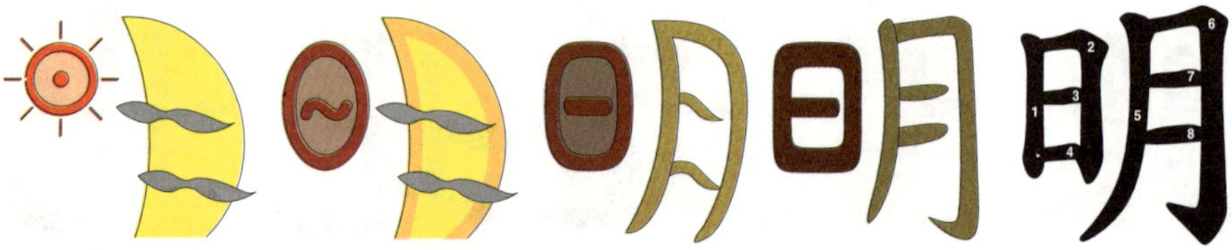

0228

部首 日(ひ)
総画 8画
ことば
bright

日(ひ)と月(つき)の光(ひかり)が明(あか)るい。

明暗(めいあん)(명암)・光明(こうみょう)(광명)・月明(つきあ)かり(달빛)・夜明(よあ)け(새벽)

해와 달빛이 밝다. (밝을 명)

おん メイ・ミョウ
くん あかり・あかるい
あかるむ・あからむ
あきらか・あける
あく・あくる
あかす

0229 部首 鳥(とり)
総画 14画
ことば
cry

口を開けて鳥が鳴く。

共鳴(공명) • 悲鳴(비명) • 鳴き声(울음소리) • 耳鳴り(이명)

입을 벌리고 새가 울다. (울 명)

おん メイ
くん なく なる ならす

0230 部首 毛(け)
総画 4画
ことば
hair

(しっぽ)毛の形状。

毛布(모포) • 羊毛(양모) • 毛虫(모충) • 毛皮(모피)

(꼬리) 털의 모양. (털 모)

おん モウ
くん け

0231 部首 門(もんがまえ)
総画 8画
ことば
gate

門の形状。

校門(교문) • 門限(폐문시각) • 門口(집의 출입구) • 門松(새해에 문앞에 세우는 장식 소나무)

문의 모양. (문 문)

おん モン
くん (かど)

0232 部首 夕(ゆう)
総画 8画
ことば
night

笠をかぶった者が月夜に杖をついて夜道を行く。

夜間(야간) • 昼夜(주야) • 夜風(밤바람) • 月夜(달밤)

갓 쓴 자가 달밤에 지팡이 짚고 밤길을 가다. (밤 야)

おん ヤ
くん よ よる

0233
部首 里(さとへん)
総画 11画
ことば
field

村の中で槍にて武術を習う所が野である。

野外(야외)・野菜(야채)・野原(들판)・野宿(노숙)

마을에서 창으로 무술을 익히는 곳이 들. (들 야)

おん ヤ
くん の

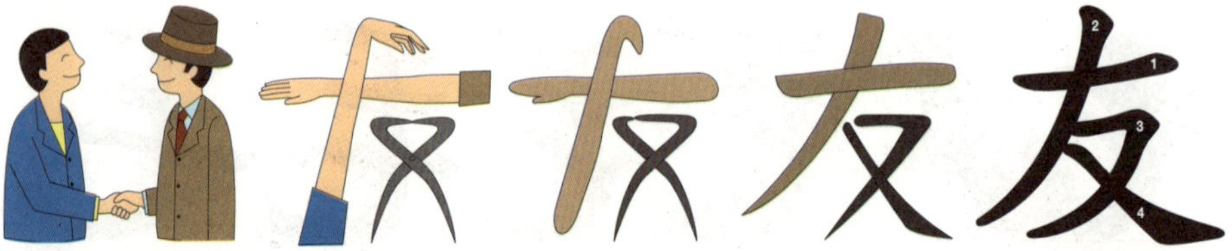

0234
部首 又(また)
総画 4画
ことば
friend

手をぎゅっと握って喜ぶ仲が友達である。

友好(우호)・友情(우정)・学友(학우)・友達(친구)

손을 꽉 잡고 반기는 사이가 벗이다. (벗 우)

おん ユウ
くん とも

0235
部首 用(もちいる)
総画 5画
ことば
use

亀が背中の皮を盾にして用いる。

用意(준비)・信用(신용)・利用(이용)・引用(인용)

거북이가 등가죽을 방패삼아 쓰다. (쓸 용)

おん ヨウ
くん もちいる

0236
部首 日(ひへん)
総画 18画
ことば
dazzle / shine

日差しが、鳥の羽のように広がると光る。

七曜(칠요)・日曜日(일요일)・火曜日(화요일)・金曜日(금요일)

햇볕이 깃을 새가 펴듯 퍼지니 빛나다. (빛날 / 요일 요)

おん ヨウ
くん ―

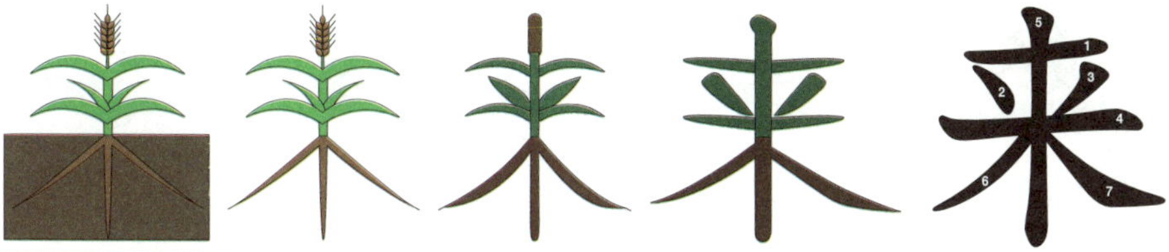

0237

部首 木(き)
総画 7画

ことば

come

麦は神仙の持って来た穀物だという意味。

来年(내년) • 往来(왕래) • 元来(원래) • 出来心(우발심)

보리는 신선이 가지고 온 곡식이라는 뜻. (올 래)

おん ライ
くん くる (きたる) (きたす)

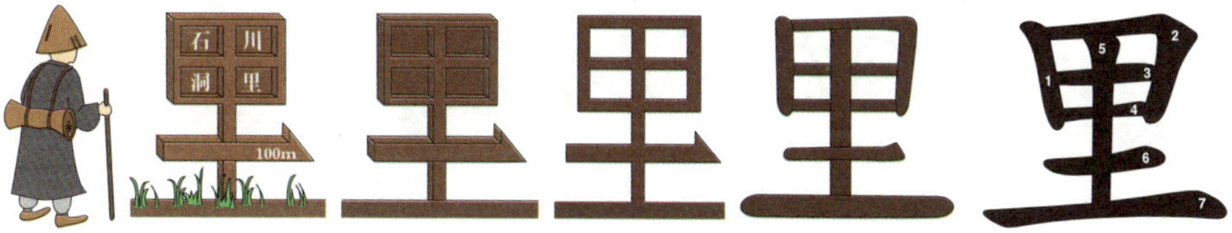

0238

部首 里(さと)
総画 7画

ことば

village

村の道しるべの形状。

郷里(고향) • 千里眼(천리안) • 里親(양부모) • 山里(산촌)

마을 이정표의 모양. (마을 리)

おん リ
くん さと

道しるべ=里 이정표=마을

0239

部首 王(おうへん)
総画 11画

ことば

regulate

玉(財物)で村を理屈に合うように治める。

理由(이유) • 地理(지리) • 真理(진리) • 推理(추리)

구슬(재물)로 마을을 이치에 맞게 다스리다. (이치 / 다스릴 리)

おん リ
くん —

盾みたいな口の中の肉=舌
방패같은 입 안의 살=혀

0240

部首 言(ごんべん)
総画 13画

ことば

talk

言葉は舌を動かして話す。

話題(화제) • 会話(회화) • 昔話(옛날이야기) • 立ち話(서서 하는 이야기)

말씀을 혀를 놀려 이야기하다. (이야기 / 말할 화)

おん ワ
くん はなす はなし

3年でならう漢字200字

もくじ

0241 部首 心(こころ) 総画 11画

せむしのように醜(みにく)く曲(まが)っている心(こころ)は悪(わる)い。

ことば 悪意(あくい)(악의)・悪寒(おかん)(오한)・意地悪(いじわる)(심술궂다)・悪口(わるくち)(욕)

bad 곱사같이 추하게 굽은 마음은 악하다. (악할 악/오)

おん アク (オ)

くん わるい

0242 部首 宀(うかんむり) 総画 6画

家(いえ)で女(おんな)が家事(かじ)をすると安心(あんしん)だ。

ことば 安全(あんぜん)(안전)・不安(ふあん)(불안)・目安(めやす)(표준)・割安(わりやす)(품질에 비해 값이 싸다)

peaceful 집에서 여자가 일을 돌보니 편안하다. (편안할 안)

おん アン

くん やすい

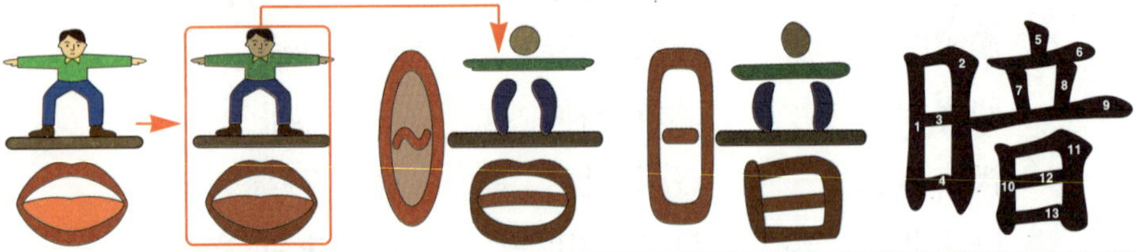

0243 部首 日(ひへん) 総画 13画

日(ひ)が落(お)ちて、言(い)う声(こえ)だけが聞(き)こえるほど暗(くら)い。

ことば 暗号(あんごう)(암호)・明暗(めいあん)(명암)・暗(くら)がり(어두운 곳)・暗(くら)やみ(어둠)

dark 해가 저서 말하는 소리만 들릴만큼 어둡다. (어두울 암)

おん アン

くん くらい

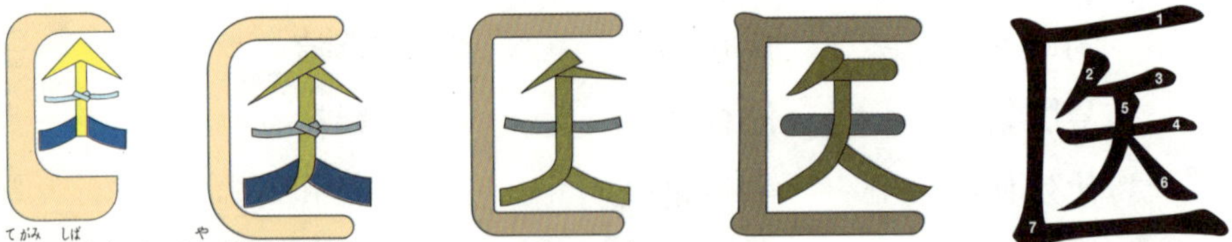

手紙(てがみ)の縛(しば)られている矢(や) 편지가 묶인 화살

0244 部首 匚(かくしがまえ) 総画 7画

矢(や)についた傷(きず)を治療(ちりょう)する医院(いいん)。

ことば 医学(いがく)(의학)・医者(いしゃ)(의사)・名医(めいい)(명의)・医薬品(いやくひん)(의약품)

doctor 화살에 박힌 상처를 치료하는 의원. (의원 의)

おん イ

くん —

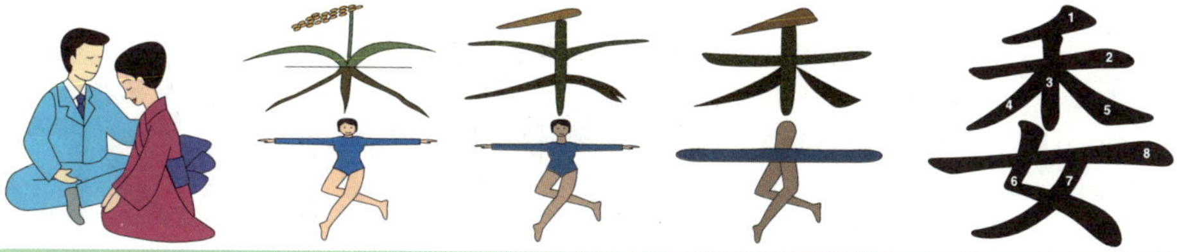

0245

部首 女(おんな)
総画 8画

稲のように女が頭を下げて身をまかす。

ことば
委員会(위원회) • 委員長(위원장) • 委任(위임) • 委たく(위탁)

entrust
벼같이 여자가 숙이고 몸을 맡기다. (맡길 / 숙인벼 위)

おん イ
くん —

0246

部首 心(こころ)
総画 13画

立って言葉で心に決めた意を申し上げる。

ことば
意見(의견) • 決意(결의) • 注意(주의) • 意志(의지)

mind / intention
서서 말로 마음 먹은 뜻을 아뢰다. (뜻 의)

おん イ
くん —

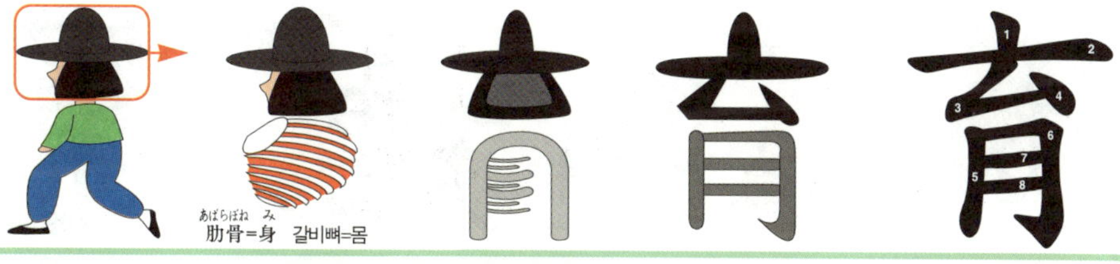

0247

部首 月(にくづき)
総画 8画

子供が冠をかぶるほどに身を育てる。

ことば
育児(육아) • 体育(체육) • 育ち(성장) • 子育て(자녀양육)

bring up
아이가 갓을 쓸 정도로 몸을 기르다. (기를 육)

おん イク
くん そだつ
そだてる

0248

部首 口(くち)
総画 10画

口で金箱のお金を数える官員。

ことば
満員(만원) • 社員(사원) • 会員(회원) • 公務員(공무원)

person / number
입으로 돈통에 돈을 세는 관원. (관원 원)

おん イン
くん —

(左)杖=丘=阝 지팡이=언덕

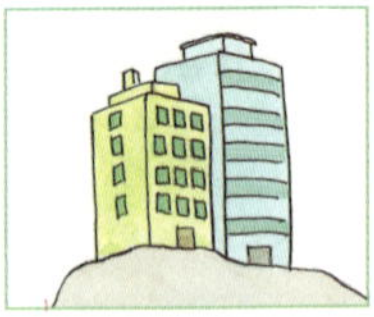

0249

部首 阝(こざとへん)
総画 10画
ことば
public building

丘に家を立派に建てた院。

院長(원장) • 入院(입원) • 寺院(사원)

언덕에 집을 으뜸가게 지은 게 관청(집)이다. (관청 / 집 원)

おん イン
くん —

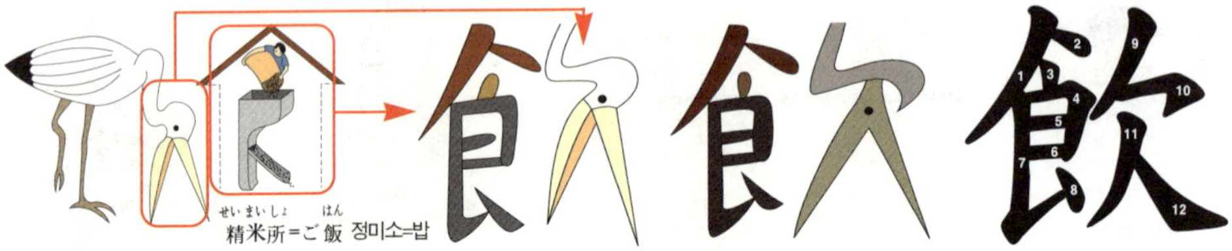

精米所=ご飯 정미소=밥

0250

部首 食(しょくへん)
総画 12画
ことば
drink

ご飯を、口を大きく開けて食べたり飲む。

飲料水(음료수) • 丸飲み(통째로 삼킴) • 飲み水(음료수)

밥을 입을 크게 벌리고 먹고 마시다. (마실 음)

おん イン
くん のむ

0251

部首 辶(しんにょう)
総画 12画
ことば
drive

軍人たちが走って砲を運ぶ。

運動(운동) • 幸運(행운) • 運営(운영) • 持ち運ぶ(운반하다)

군사들이 달려서 포를 옮기다. (옮길 운)

おん ウン
くん はこぶ

0252

部首 氵(さんずい)
総画 8画
ことば
swim

水が集まって長く流れる所で泳ぐ。

水泳(수영) • 遊泳(유영) • 水泳ぎ(수영) • 平泳ぎ(평영)

물이 합쳐 길게 흐르는 데서 헤엄치다. (헤엄칠 영)

おん エイ
くん およぐ

定規で測る形状　자로 재는 모양

0253
部首　馬(うまへん)
総画　14画
ことば
post horse

馬に乗って定規で測った道しるべに沿って着いた駅。
駅前(역전)・駅舎(역사)・終着駅(종착역)・貨物駅(화물역)
말타고 자로 잰 이정표 따라 닿은 역. (역참 역)

おん　エキ
くん　—

0254
部首　大(だい)
総画　5画
ことば
center

マフラーを首の中に巻いている形状。
中央(중앙)・中央区(중앙구)・中央集権(중앙집권)
목도리를 목 가운데 감고 있는 모양. (가운데 앙)

おん　オウ
くん　—

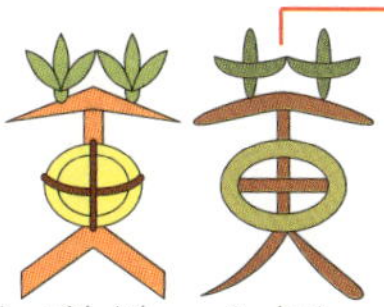

草と硫黄の縛られた矢が黄色である
풀과 황이 묶인 화살이 누런 색이다

0255
部首　木(きへん)
総画　15画
ことば
crosswise

木で作られた黄色の掛け金を門に横にかける。
横断(횡단)・横書き(가로쓰기)・横取り(횡령)
나무로 된 누런색 빗장을 문에 가로지르다. (가로 횡)

おん　オウ
くん　よこ

0256
部首　尸(しかばね)
総画　9画
ことば
house / roof

家の中で包みを地に置いて住む家屋。
屋上(옥상)・家屋(가옥)・宿屋(여관)・部屋(방)
집안에 보따리를 땅에 놓고 사는 집. (집 옥)

おん　オク
くん　や

0257

部首 氵(さんずい)
総画 12画

水を罪囚に一皿やる暖かい情。

ことば

温暖(온난)・気温(기온)・温水(온수)・保温(보온)

warm

물을 죄수에게 한 그릇 떠 주는 따뜻한 정. (따뜻할 온)

おん オン

くん あたたか
あたたかい
あたたまる
あたためる

0258

部首 匕(ひ)
総画 4画

人が老人に化する。

ことば

化石(화석)・消化(소화)・化しょう(화장)・お化け(도깨비)

change

사람이 늙은이로 변하다. (화할 / 변할 화)

おん カ
(ケ)

くん ばける
ばかす

0259

部首 艹(くさかんむり)
総画 10画

草を人が正しく持って、荷台に運ぶ。

ことば

出荷(출하)・荷台(짐받이)・荷札(꼬리표)

load

풀을 사람이 옳게 들고 짐받이로 옮기다. (짐 하)

おん (カ)

くん に

0260

部首 田(た)
総画 9画

畑と畑の間、股に挟まれている境界。

ことば

境界(경계)・限界(한계)・学界(학계)・世界(세계)

boundary

밭과 밭사이 가랑이에 끼어 있는 경계. (지경/ 경계 계)

おん カイ

くん ―

0261
部首 門(もんがまえ)
総画 12画
ことば
open

門を二つの盾のように平らに開く。

開始(개시) • 公開(공개) • 開き戸(여닫게 된 문) • 幕開き(개막)

문을 두 방패같이 평평히 되게 열다. (열 개)

おん カイ
くん ひらく ひらける あく あける

0262
部首 阝(こざとへん)
総画 12画
ことば
stairs

丘を共に登るためにご飯みたいに重ねた石が階段。

階段(계단) • 音階(음계) • 階層(계층) • 階上(계단 위)

언덕을 같이 오르게 밥같이 포갠 돌이 층계. (섬돌 / 층계 계)

おん カイ
くん —

0263
部首 宀(うかんむり)
総画 12画
ことば
cold

家の壁を覆っても氷が凍るほど寒い。

寒波(한파) • 防寒(방한) • 寒流(한류) • 寒空(차가운 겨울 하늘)

집이 벽을 가려도 얼음이 얼 만큼 차다. (찰 한)

おん カン
くん さむい

0264
部首 心(こころ)
総画 13画
ことば
feel

オオカミを槍でつぶして口で食べたい心を感じる。

感覚(감각) • 直感(직감) • 感想(감상) • 責任感(책임감)

늑대를 창으로 잡아 입으로 먹고픈 마음을 느끼다. (느낄 / 마음먹을 감)

おん カン
くん —

0265

部首 氵(さんずい)
総画 13画
ことば
Han

水と頭に乗せて運ぶものの多い揚子江の川辺に建てた漢。

漢字(한자)・漢文(한문)・漢詩(한시)・悪漢(악한)

물가 이고 갈 것이 많은 양자강변에 세운 한나라. (한나라 한)

おん カン
くん —

0266

部首 飠(しょくへん)
総画 16画
ことば
mansion

ご飯を食べて官人が泊った館。

旅館(여관)・本館(본관)・館長(관장)・図書館(도서관)

밥 먹고 벼슬아치가 묵고 가던 집. (집 관)

おん カン
くん —

0267

部首 山(やま)
総画 8画
ことば
hill / shore

山の下の岩が盾のように平らな岸。

海岸(해안)・沿岸(연안)・岸辺(물가)・川岸(강가)

산 밑 바위가 방패같이 평평한 낭떠러지 언덕. (언덕 안)

おん ガン
くん きし

0268

部首 走(そうにょう)
総画 10画
ことば
rise

逃げようと体をゆすって起きる。

起立(기립)・提起(제기)・早起き(일찍 일어남)・引き起こす(야기하다)

달아나려고 몸을 추슬러 일어나다. (일어날 기)

おん キ
くん おきる おこる おこす

0269
部首 月(つき)
総画 12画
ことば
time / meet

椅子(いす)でその月(つき)に時(とき)を期(き)する。

期間(きかん)(기간)・予期(よき)(예기)・周期(しゅうき)(주기)・最期(さいご)(임종)

의자에서 그 달에 때를 기약하다. (기약할/때 기)

おん キ (ゴ)
くん —

3年

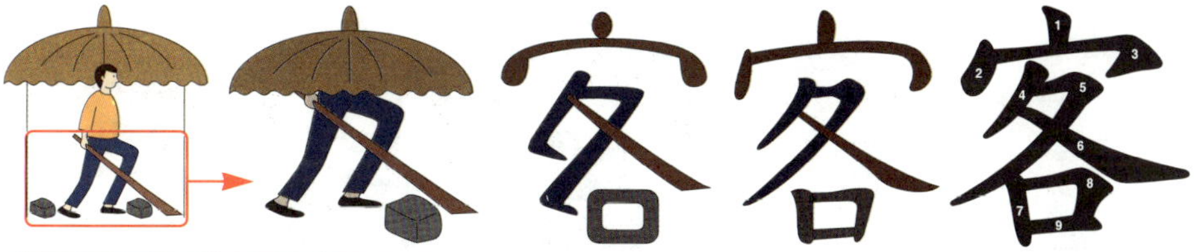

0270
部首 宀(うかんむり)
総画 9画
ことば
guest

(旅館(りょかん))家(いえ)に各々(おのおの)来(き)た客(きゃく)。

客室(きゃくしつ)(객실)・乗客(じょうきゃく)(승객)・客席(きゃくせき)(객석)・客観的(きゃっかんてき)(객관적)

(여관)집에 각각 찾아온 손님. (손 객)

おん キャク (カク)
くん —

0271
部首 穴(あなかんむり)
総画 7画
ことば
examine into

洞穴(ほらあな)で九回(くかい)(何回(なんかい))回(まわ)って究(きわ)める。

究明(きゅうめい)(구명)・研究(けんきゅう)(연구)・探究(たんきゅう)(탐구)

굴에서 아홉(여러) 번 돌려 연구하다. (궁구할/연구할 구)

おん キュウ
くん (きわめる)

0272
部首 心(こころ)
総画 9画
ことば
hurried

(痛(いた)い)人(ひと)に手(て)をさしのべようと心(こころ)が急(いそ)がれる。

急行(きゅうこう)(급행)・急流(きゅうりゅう)(급류)・救急車(きゅうきゅうしゃ)(구급차)・大急(おおいそ)ぎ(매우 급함)

(아픈) 사람에게 손 쓰자니 마음이 급하다. (급할 급)

おん キュウ
くん いそぐ

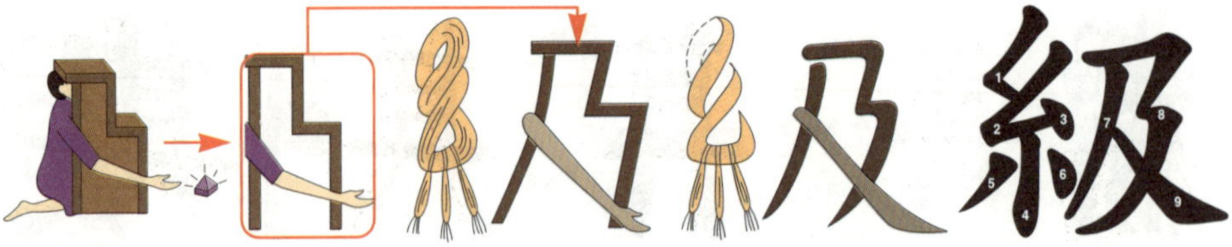

0273

部首 糸(いとへん)
総画 9画
ことば
class

糸に手を伸ばして級別に順に繋ぐ。

等級(등급) • 進級(진급) • 初級(초급) • 同級生(동급생)

실을 손을 뻗어 등급별로 차례로 잇다. (등급 / 차례 급)

おん キュウ
くん —

0274

部首 宀(うかんむり)
総画 10画
ことば
palace

宮廷の形状。

王宮(왕궁) • 宮内庁(궁내청) • 宮様(황족의 높임말) • 宮参り(신사 참배)

궁궐의 모양. (궁궐 궁)

おん キュウ (グウ)・(ク)
くん みや

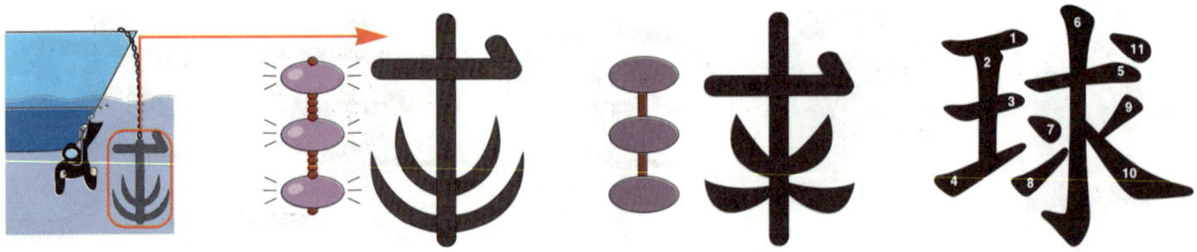

0275

部首 王(おうへん)
総画 11画
ことば
pearl

玉に錨を下ろして求めて丸く磨く。

球形(구형) • 地球(지구) • 眼球(안구) • 気球(기구)

구슬을 닻을 내려 구하여 둥글게 갈다. (둥글 / 구슬 구)

おん キュウ
くん たま

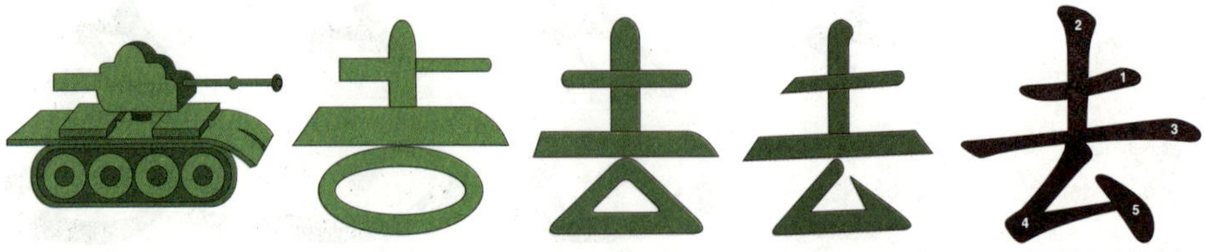

0276

部首 ム(む)
総画 5画
ことば
go away

タンクが去る形状。

去年(작년) • 退去(퇴거) • 過去(과거) • 走り去る(뛰어가다)

탱크가 가는 모양. (갈 거)

おん キョ コ
くん さる

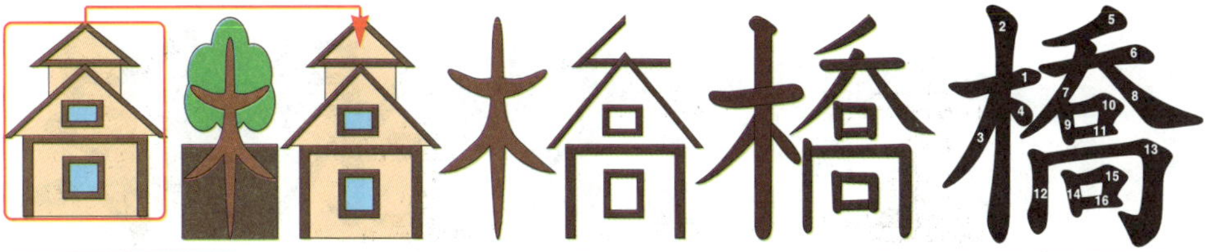

0277
部首 木(きへん)
総画 16画
ことば
bridge

木(き)で二階建(にかいだ)ての家(いえ)みたいに高(たか)くかけたものが橋(はし)である。

鉄橋(てっきょう)(철교)・橋板(はしいた)(교판)・つり橋(ばし)(적교)

나무로 이층집같이 높게 걸친 것이 다리다. (다리 교)

おん キョウ
くん はし

0278
部首 木(き)
総画 13画
ことば
business

草花(くさばな)を育(た)てる仕事(しごと)を業(ぎょう)にする。

業績(ぎょうせき)(업적)・卒業(そつぎょう)(졸업)・自業自得(じごうじとく)(자업자득)・早業(はやわざ)(재빠른 솜씨)

화초 키우는 일을 업으로 삼다. (업 / 직업 업)

おん ギョウ (ゴウ)
くん (わざ)

0279
部首 日(ひらび)
総画 6画
ことば
bent

籠(かご)に農作物(のうさくぶつ)が曲(まが)っている形状(けいじょう)。

曲線(きょくせん)(곡선)・名曲(めいきょく)(명곡)・序曲(じょきょく)(서곡)・曲がり角(かど)(모퉁이)

광주리에 농작물이 굽어진 모양. (굽을 곡)

おん キョク
くん まがる まげる

0280
部首 尸(しかばね)
総画 7画
ことば
situation / part

家(いえ)で腕(うで)にて口(くち)(首(くび))を締(し)めて結局(けっきょく)、死(し)ぬ。

結局(けっきょく)(결국)・薬局(やっきょく)(약국)・局長(きょくちょう)(국장)・放送局(ほうそうきょく)(방송국)

집에서 팔로 입(목)을 조여 죽을 판이다. (판 국)

おん キョク
くん —

0281
部首 金(かねへん)
総画 14画
ことば
silver

黄金の隊列に止まっているものが銀である。

銀行(은행)・銀河(은하)・銀賞(은상)・水銀(수은)

황금의 대열에 멈추어 있는 것이 은이다. (은 은)

おん ギン
くん ―

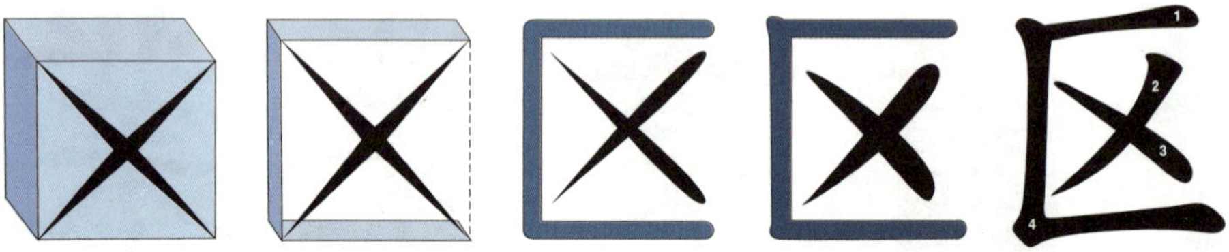

0282
部首 匚(かくしがまえ)
総画 4画
ことば
district

箱の蓋をX字に分ける。

区別(구별)・地区(지구)・区域(구역)・区役所(구청)

상자의 뚜껑을 X자로 나누다. (나눌 / 구역 구)

おん ク
くん ―

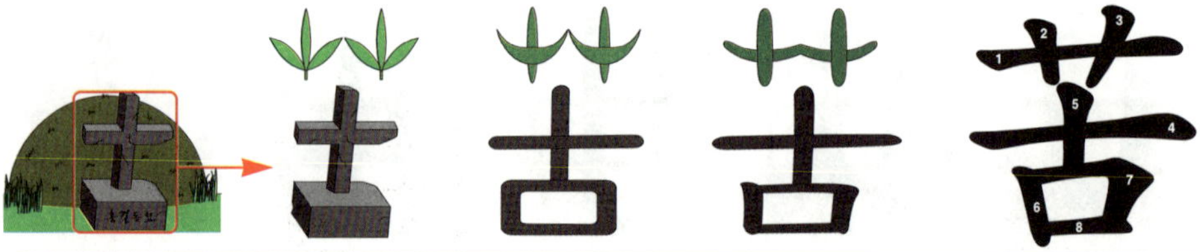

0283
部首 艹(くさかんむり)
総画 8画
ことば
bitter

草が碑石のように古ければ味が苦い。

苦心(고심)・苦労(고생)・苦手(다루기 힘든 상대)・見苦しい(보기 흉하다)

풀이 비석같이 오래되면 맛이 쓰다. (괴로울 / 쓸 고)

おん ク
くん くるしい
くるしむ
くるしめる
にがい・にがる

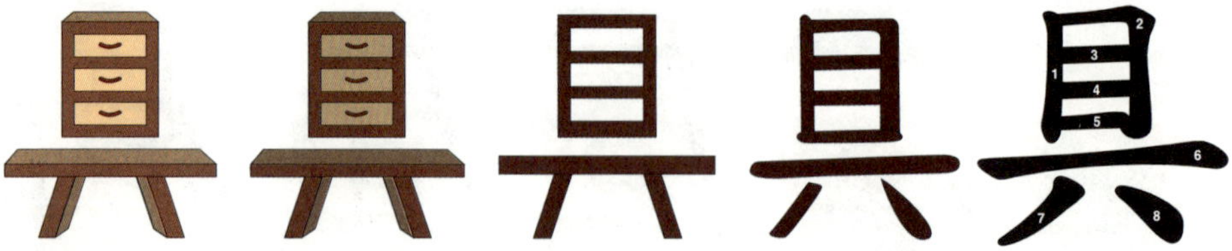

0284
部首 八(はち)
総画 8画
ことば
prepare

家具の下に受け台を具備する。

具体的(구체적)・家具(가구)・器具(기구)・文具(문구)

가구 밑에 받침대를 갖추다. (갖출 구)

おん グ
くん ―

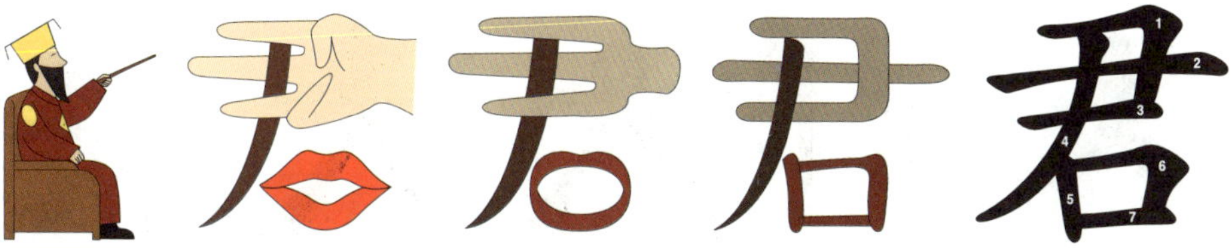

0285

部首 口(くち)
総画 7画
ことば
King

手に指揮棒を持って口で命令する君。

君臨(군림) • 諸君(제군, 여러분) • 母君(어머니의 높임말) • 君とぼく(너와 나)

손에 지휘봉과 입으로 명령하는 임금. (임금 군)

おん クン
くん きみ

0286

部首 亻(にんべん)
総画 9画
ことば
tie / fasten

人がお互いにつながって係る。

関係(관계) • 係員(담당자) • 進行係(진행계) • 係り言葉 (계조사, 술어의 활용어에 관계를 미치는 문어의 조사)

사람이 서로 이어져서 관계하다. (맬 / 관계할 계)

おん ケイ
くん かかる かかり

0287

部首 車(くるまへん)
総画 12画
ことば
light

車のハンドルを握って土の上を走ったら軽い。

軽快(경쾌) • 軽率(경솔) • 手軽(손쉬움) • 気軽(소탈함)

차 핸들을 잡고 흙 위를 달리니 가벼웁다. (가벼울 경)

おん ケイ
くん かるい (かろやか)

0288

部首 血(ち)
総画 6画
ことば
blood

血を皿に受ける形状。

血液(혈액) • 出血(출혈) • 血まなこ(혈안) • 鼻血(코피)

피를 그릇에 받는 모양. (피 혈)

おん ケツ
くん ち

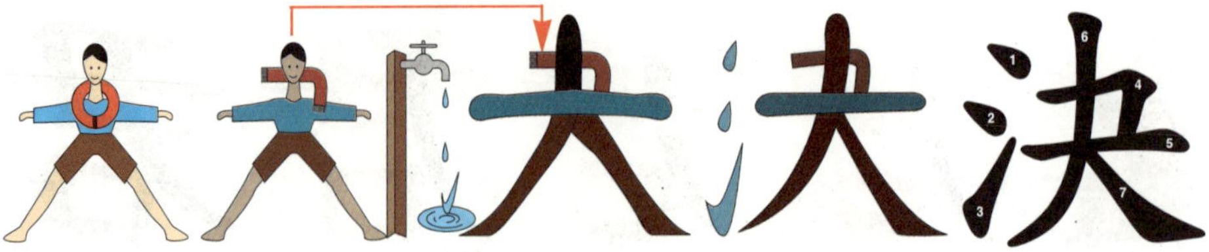

0289

部首 氵(さんずい)
総画 7画

水を、マフラーをはずすようにして堤防を決して切る。

ことば
解決(해결)・決して(결코)・決まり(규칙)

break
물을 목도리를 터놓듯 해 둑을 결단해 끊다. (끊을 / 결단할 결)

おん ケツ
くん きめる
きまる

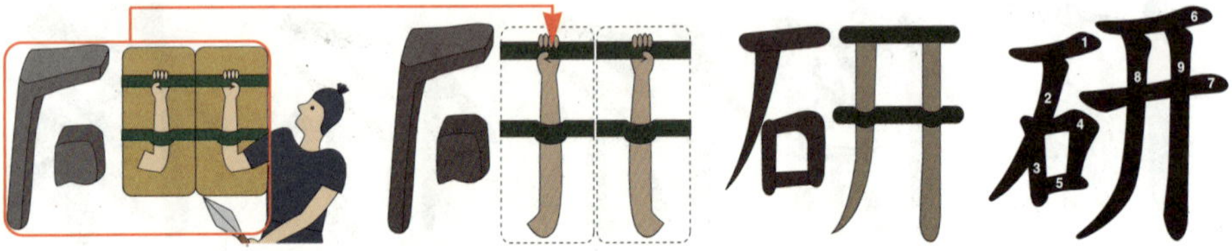

0290

部首 石(いしへん)
総画 9画

石を二つの盾を付けたように平らに研ぐ。

ことば
研究(연구)・研究所(연구소)・研究室(연구실)・研修(연수)

whet
돌을 두 방패를 붙인 듯 평평히 갈다. (갈 / 연구할 연)

おん ケン
くん とぐ

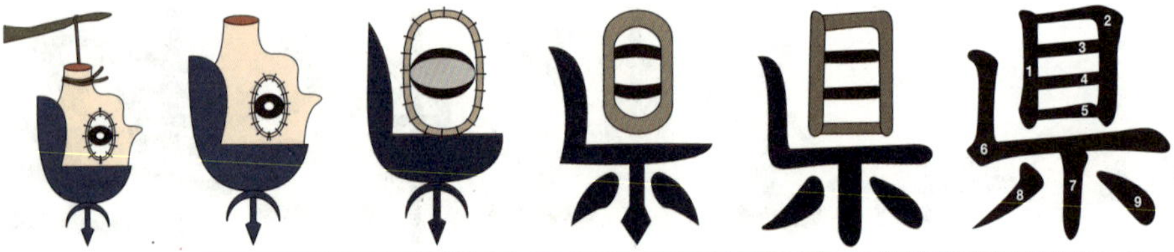

0291

部首 目(め)
総画 9画

武士の首を切って県の木にぶら下げる。

ことば
県庁(현청)・県立(현립)・県道(현도)・長野県(나가노현)

county
무사의 목을 베어 고을의 나무에 매달다. (매달 / 고을 현)

おん ケン
くん —

0292

部首 广(まだれ)
総画 10画

家の中で車を置く所が庫である。

ことば
倉庫(창고)・在庫(재고)・金庫(금고)・冷蔵庫(냉장고)

storehouse
집에 수레(또는 차)를 두는 곳이 창고다. (곳집 / 창고 고)

おん コ
(ク)
くん —

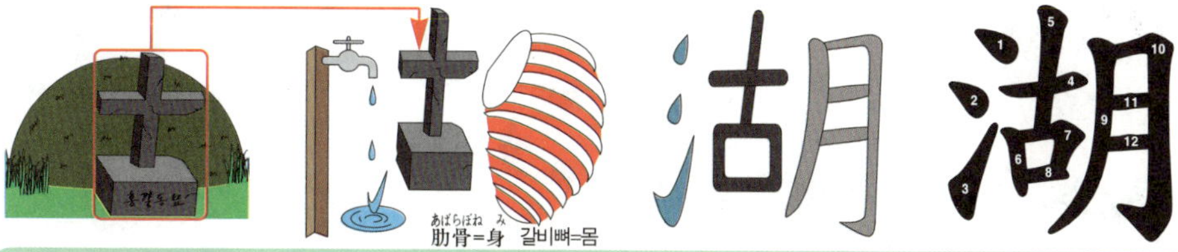

0293

部首 氵(さんずい)
総画 12画

水が碑石のように長く留まっている所が湖。

ことば
湖水(호수)・湖岸(호수가)・湖底(호수바닥)・火口湖(화구호)

lake
물이 비석같이 **오래 몸**담고 있는 곳이 **호수**. **(호수/물 호)**

おん コ
くん みずうみ

0294

部首 口(くち)
総画 6画

屋根のアンテナが上へ向く。

ことば
向上(향상)・方向(방향)・横向き(옆으로 향함)・向かい風(맞바람)

face
지붕에 안테나가 위로 **향하다**. **(향할 향)**

おん コウ
くん むく・むける
むかう
むこう

0295

部首 干(かん)
総画 8画

土の中でとんぼが生きられたら幸いである。

ことば
幸福(행복)・幸運(행운)・幸いにも(다행히도)・海の幸(해산물)

fortunate
흙에서 **잠자리**가 살아가니 **다행**이다. **(다행 행)**

おん コウ
くん さいわい
(さち)
しあわせ

0296

部首 氵(さんずい)
総画 12画

魚を分けて自ら売る港。

ことば
空港(공항)・帰港(귀항)・港町(항구도시)

harbour
물고기를 **나누**어 **몸**소 파는 **항구**. **(항구 항)**

おん コウ
くん みなと

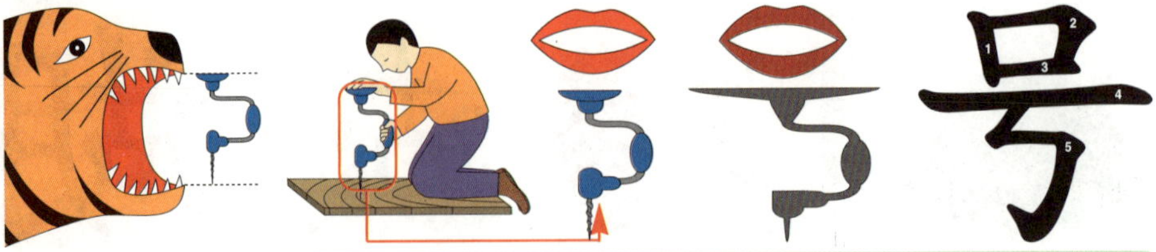

0297

部首 口(くち)
総画 5画
ことば
call out

口を錐の長さぐらいに開けて号する。

号令(호령) • 番号(번호) • 暗号(암호) • 記号(기호)

입을 송곳만큼 벌리고 부르짖다. (부르짖을 호)

おん ゴウ
くん —

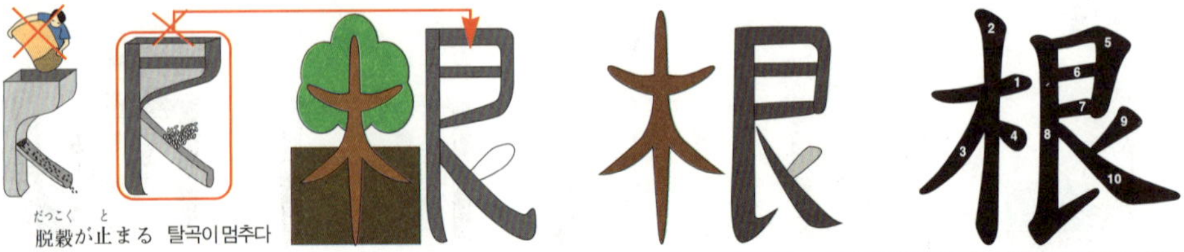

0298

部首 木(きへん)
総画 10画
ことば
root

木を止めるものが根である。

根気(끈기) • 根幹(근간) • 根強い(꿋꿋하다) • 屋根(지붕)

나무를 멈추게 하는 것이 뿌리다. (뿌리 근)

おん コン
くん ね

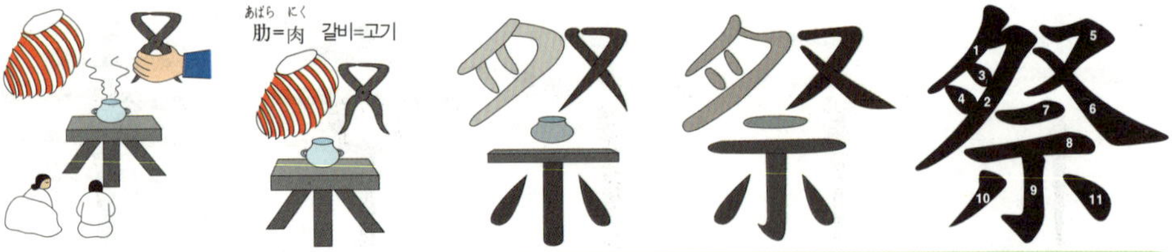

0299

部首 示(しめす)
総画 11画
ことば
sacrifice

肉を取って祭祀膳を並べて祭りを行う。

祭礼(제례) • 祭典(제전) • 秋祭り(가을축제) • 祭り上げる(추대하다)

고기를 집어 젯상을 차리고 제사 지내다. (제사 제)

おん サイ
くん まつる
まつり

0300

部首 皿(さら)
総画 5画
ことば
vessel

皿の形状。

皿回し(접시돌리기) • 大皿(큰접시) • 灰皿(재떨이) • 受け皿(받침 접시)

그릇의 모양. (그릇 명)

おん —
くん さら

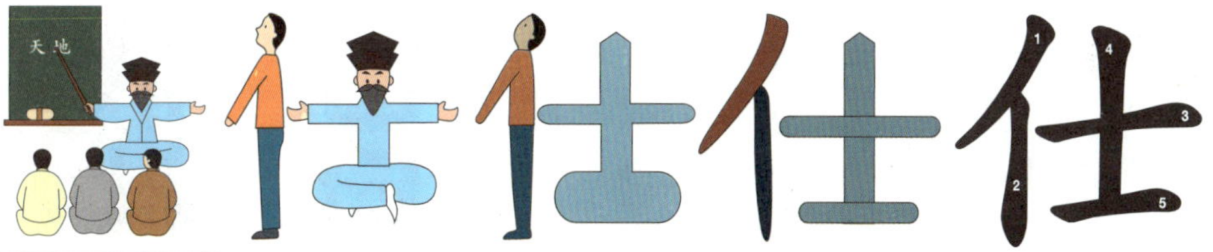

0301

部首 亻(にんべん)
総画 5画
ことば
scholar

人が士になったら仕官をする。
仕事(일)・仕組み(구조)・給仕(급사)
사람이 선비가 되니 벼슬을 한다. (벼슬 사)

おん シ (ジ)
くん つかえる

0302

部首 歹(かばねへん)
総画 6画
ことば
die / kill

やつれて骨のみ残して倒れて死ぬ。
死亡(사망)・死体(사체)・必死(필사)・死力(사력)
앙상하게 뼈만 남기고 고꾸라져 죽다. (죽을 사)

おん シ
くん しぬ

0303

部首 亻(にんべん)
総画 8画
ことば
employ

人を、手に旗を持った官吏が使う。
使用(사용)・使命(사명)・使い分け(적절하게 가려서 사용함)・使い捨て(1회용)
사람을 손에 깃발 든 관리가 부리다. (하여금 / 부릴 사)

おん シ
くん つかう

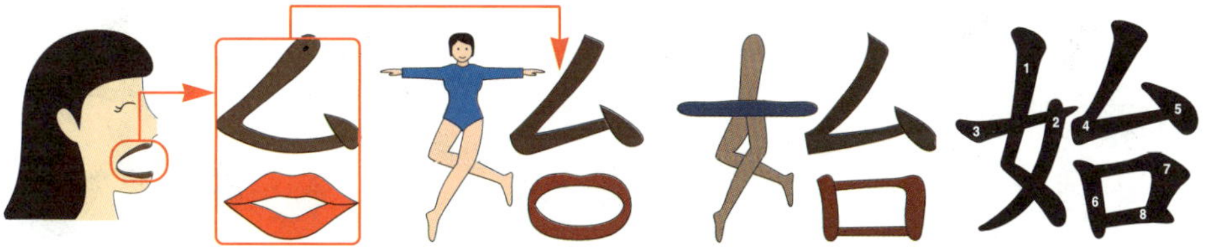

0304

部首 女(おんなへん)
総画 8画
ことば
beginning

女が嬉しそうに口を開けて暮らし始める。
始終(시종)・始末(시말)・仕事始め(일을 시작함)・始まり(시작)
여자가 기쁘게 입 벌리고 삶을 비로소 시작하다. (비로소 / 시작할 시)

おん シ
くん はじめる はじまる

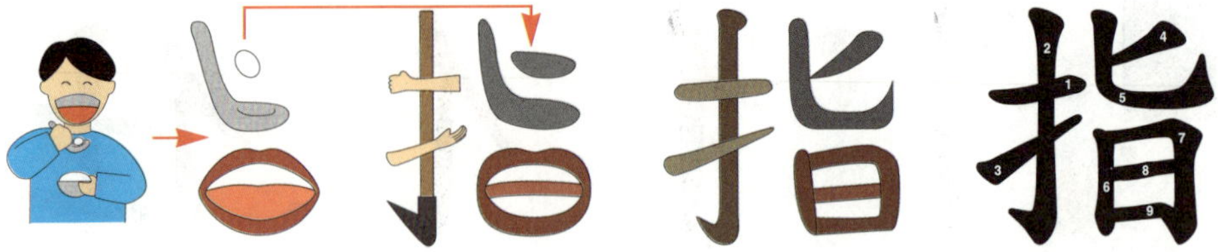

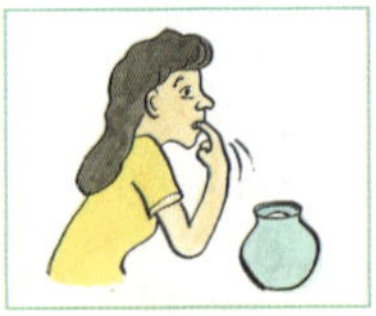

0305

部首 扌(てへん)
総画 9画
ことば
finger

手で、さじの代わりに取って味わうのが指。

指示(지시) ・ 指先(손가락끝) ・ 指図(지시)

손으로 숟가락 대신 퍼 맛 보는 것이 손가락. (손가락 지)

おん シ
くん ゆび
さす

0306

部首 歯(は)
総画 12画
ことば
tooth

米をかむ歯の形状。

歯科(치과) ・ 門歯(앞니) ・ 歯車(톱니바퀴) ・ 歯形(잇자국)

쌀을 씹는 이의 모양. (이 치)

おん シ
くん は

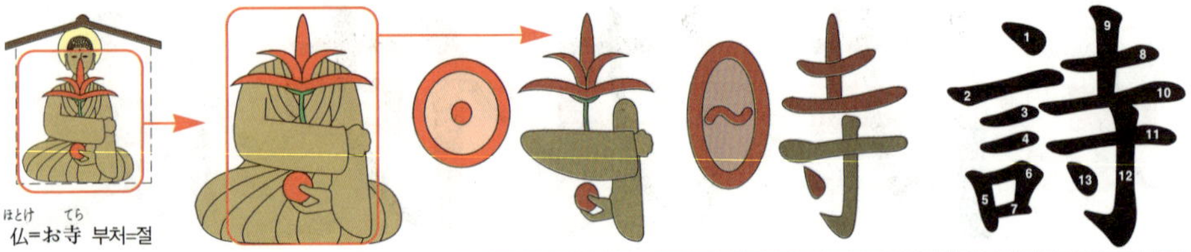

0307

部首 言(ごんべん)
総画 13画
ことば
poetry

話すようにお寺で詩を詠ずる。

詩情(시정) ・ 詩人(시인) ・ 漢詩(한시) ・ 定型詩(정형시)

말하듯 절에서 시를 읊다. (글/시 시)

おん シ
くん —

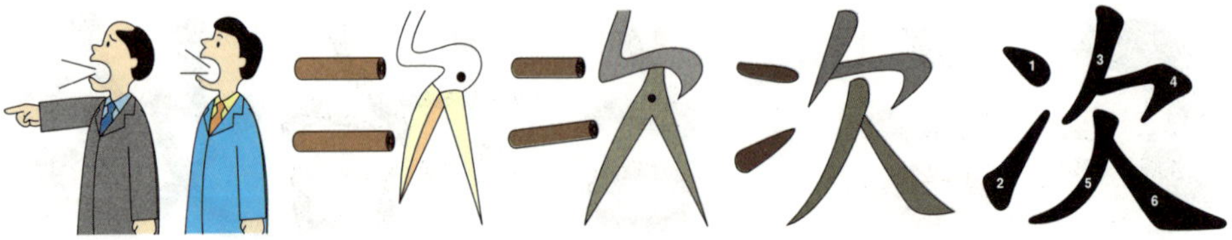

0308

部首 欠(あくび)
総画 6画
ことば
next

二番目に口を大きく開けた次の方。

次回(다음 번) ・ 目次(목차) ・ 次いで(잇따라서) ・ 取り次ぐ(중개하다)

두 번째로 입을 크게 벌린 다음 분. (다음/버금 차)

おん ジ
(シ)
くん つぐ
つぎ

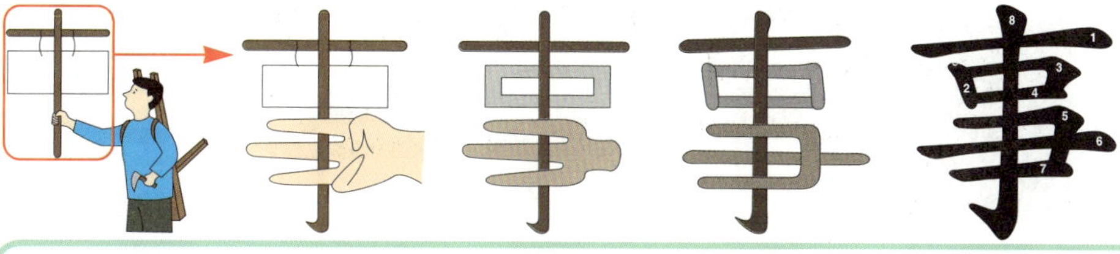

0309

部首 亅(はねぼう)
総画 8画
ことば
business

旗(はた)を手(て)に取(と)って事(こと)をしに行(い)く。
事故(じこ)(사고) • 火事(かじ)(화재) • 何事(なにごと)(무슨 일) • 出来事(できごと)(사건)
깃발을 손에 들고 일하러 가다. (일 사)

おん ジ (ズ)
くん こと

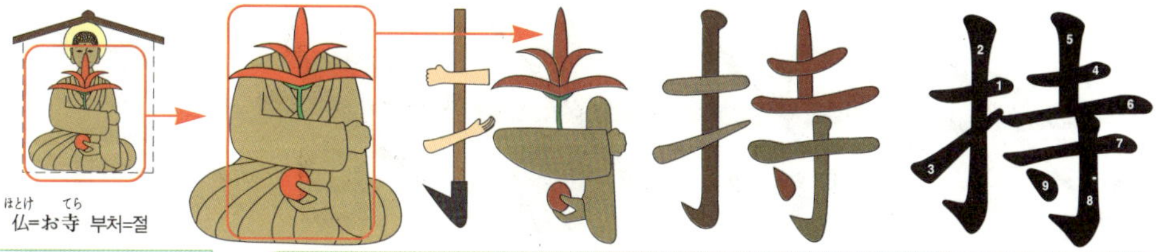

0310

部首 扌(てへん)
総画 9画
ことば
hold

手(て)にお寺(てら)でもらったお守(まも)りを持(も)つ。
持参(じさん)(지참) • 持病(じびょう)(지병) • 持(も)ち物(もの)(소지품)
손에 절에서 준 부적을 가지다. (가질 지)

おん ジ
くん もつ

0311

部首 弋(しきがまえ)
総画 6画
ことば
rule

矢(や)を作(つく)る時(とき)にも式(しき)がある。
形式(けいしき)(형식) • 公式(こうしき)(공식) • 洋式(ようしき)(서양식) • 入学式(にゅうがくしき)(입학식)
주살을 만들 때도 법식이 있다. (법 식)

おん シキ
くん —

0312

部首 宀(うかんむり)
総画 8画
ことば
fruit

家(いえ)で育(そだ)てた農作物(のうさくぶつ)に実(みの)った実(み)。
実力(じつりょく)(실력) • 切実(せつじつ)(절실) • 実(じつ)に(정말로) • 実入(みい)り(결실)
집에서 기른 농작물에 맺힌 열매. (열매 실)

おん ジツ
くん み
みのる

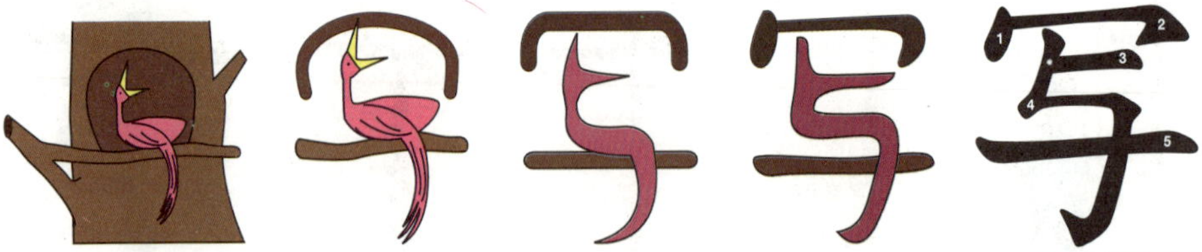

0313
部首 冖(わかんむり)
総画 5画
ことば
copy

巣(す)の鳥(とり)が枝(えだ)に移(うつ)って座(すわ)って文(ぶん)を写(うつ)す。

写真(しゃしん)(사진) • 複写(ふくしゃ)(복사) • 試写会(ししゃかい)(시사회) • 書(か)き写(うつ)す(베껴쓰다)

둥지에 새가 가지에 옮겨 앉듯 글을 옮겨 베끼다. (베낄 사)

おん シャ
くん うつす
うつる

0314
部首 耂(おいかんむり)
総画 8画
ことば
person

土(つち)をついた年寄(としよ)りが毎日(まいにち)「この者(もの)!」という。

作者(さくしゃ)(작자) • 読者(どくしゃ)(독자) • 勝者(しょうしゃ)(승자) • 人気者(にんきもの)(인기있는 사람)

땅을 짚은 노인이 날마다 이놈하다. (놈 자)

おん シャ
くん もの

0315
部首 丶(てん)
総画 5画
ことば
lord

燭台(しょくだい)の形状(けいじょう)。燭台(しょくだい)は家主(いえぬし)の物(もの)である。

主人(しゅじん)(주인) • 主題(しゅだい)(주제) • 家主(いえぬし)(집주인) • 主(おも)に(주로)

촛대의 모양. 촛대는 집 주인의 것이다. (주인 / 임금 주)

おん シュ
(ス)
くん ぬし
おも

0316
部首 宀(うかんむり)
総画 6画
ことば
keep

家(いえ)を手(て)で守(まも)る。

守備(しゅび)(수비) • 留守(るす)(부재) • 子守(こもり)(아이를 돌봄)

집을 손으로 지키다. (지킬 수)

おん シュ
ス
くん まもる
もり

0317

部首 又(また)
総画 8画
ことば
take

敵(てき)を殺(ころ)して証拠(しょうこ)で耳(みみ)を取(と)る。

取材(しゅざい)(취재)・取得(しゅとく)(취득)・見取(みと)り図(ず)(약식도)・取(と)り引(ひ)き(거래)

적을 죽이고 증거로 **귀**를 **취하여** 가지다. (**취할 / 가질 취**)

おん シュ
くん とる

0318

部首 酉(ひよみのとり)
総画 10画
ことば
wine

水(みず)のような液体(えきたい)で酒(さけ)ビンに入(はい)っているものがお酒(さけ)。

飲酒(いんしゅ)(음주)・禁酒(きんしゅ)(금주)・あま酒(ざけ)(감주)・酒場(さかば)(술집)

물같은 액체로 **술병**에 든 것이 **술**이다. (**술 주**)

おん シュ
くん さけ
さか

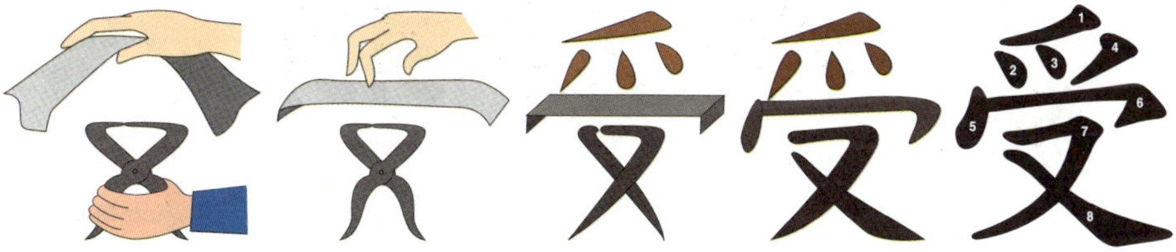

0319

部首 又(また)
総画 8画
ことば
receive

手(て)で覆(おお)ったやっとこを受(う)け取(と)る。

受験(じゅけん)(수험)・伝受(でんじゅ)(전수)・受付(うけつけ)(접수)・受(う)け身(み)(수동)

손으로 덮은 집게를 **받다**. (**받을 수**)

おん ジュ
くん うける
うかる

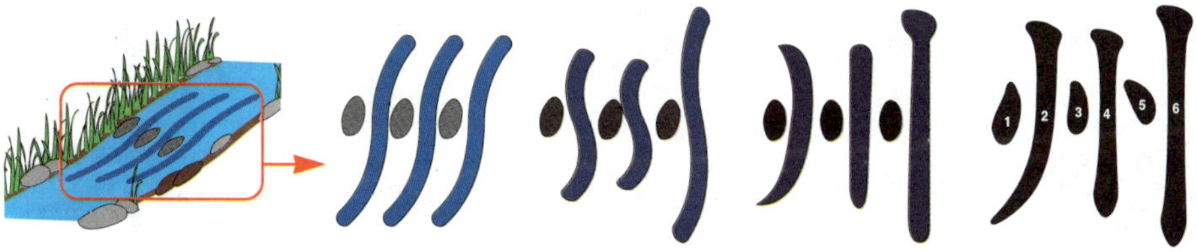

0320

部首 川(かわ)
総画 6画
ことば
province

川水(かわみず)の中(なか)の島(しま)も州(しゅう)である。

州議会(しゅうぎかい)(주의회)・州立(しゅうりつ)(주립)・本州(ほんしゅう)(본주. 일본 열도의 주가 되는 가장 큰 섬)・三角洲(さんかくす)(삼각주)

냇물 가운데 **섬**도 **고을**이다. (**고을 주**)

おん シュウ
くん す

0321

部首 扌(てへん)
総画 9画
ことば
pick up

手に蓋をして合わせて物を拾う。

拾得(습득)・収拾(수습)・拾い物(습득물)・命拾い(구사일생으로 살아남)

손을 뚜껑을 덮어 합하듯 모아 물건을 줍다. (주울 습)

おん (シュウ) (ジュウ)
くん ひろう

0322

部首 糸(いとへん)
総画 11画
ことば
finish / end

機織りを、足元に氷が凍る冬までして終える。

終日(종일)・最終(최종)・終末(종말)・食べ終える(다 먹음)

길쌈을 발밑에 얼음이 어는 겨울까지 해 마치다. (마칠 / 끝낼 종)

おん シュウ
くん おわる おえる

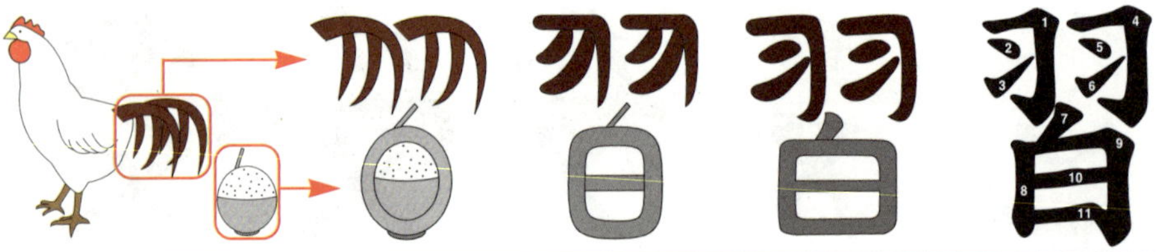

0323

部首 羽(はね)
総画 11画
ことば
practise

羽がご飯のように白いひよこが生を習う。

習慣(습관)・手習い(연습, 수업)・見習う(보고 익히다)

깃이 밥같이 흰 병아리가 삶을 익히다. (익힐 습)

おん シュウ
くん ならう

0324

部首 隹(ふるとり)
総画 12画
ことば
assemble / gather

鳥が木の上に集まる。

集合(집합)・集まり(모임)・集い(모임)

새가 나무 위에 모이다. (모을 / 모일 집)

おん シュウ
くん あつまる あつめる つどう

0325
部首 亻(にんべん)
総画 7画
ことば
live

人が燭台(主)のように留まって住む。

住所(주소)・移住(이주)・衣食住(의식주)・仮住まい(임시거처)

사람이 촛대(주인)처럼 머물러 살다. (살 / 머무를 주)

おん ジュウ
くん すむ すまう

道しるべ=里 이정표=마을

0326
部首 里(さと)
総画 9画
ことば
heavy

穀物を里まで背負って行こうとすると重い。

重量(중량)・尊重(존중)・重荷(무거운 짐)・重ね着(옷을 여러 벌 겹쳐 입음)

곡식을 마을까지 지고 가기가 무겁다. (무거울 중)

おん ジュウ・チョウ
くん (え)・おもい かさねる かさなる

0327
部首 宀(うかんむり)
総画 11画
ことば
lodge

家で人百人余りが宿る。

宿泊(숙박)・合宿(합숙)・宿屋(여관)・雨宿り(비를 피함)

집에서 사람이 백여 명 자다. (잘 숙)

おん シュク
くん やど やどる やどす

0328
部首 戸(と)
総画 8画
ことば
place

門のそばで斧を置いていた所。

所得(소득)・名所(명소)・所属(소속)・台所(부엌)

문 옆에 도끼를 두던 곳. (바 / 곳 소)

おん ショ
くん ところ

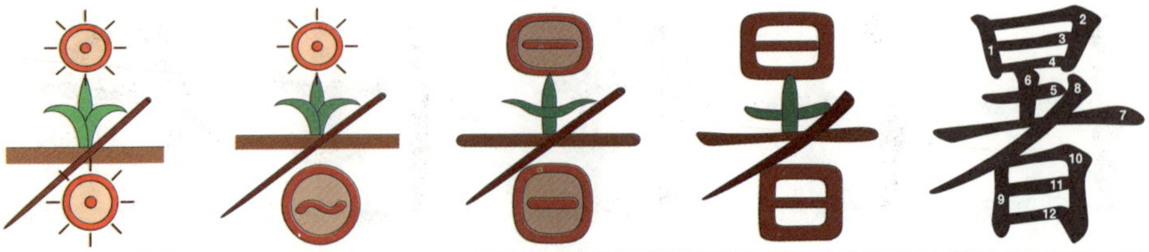

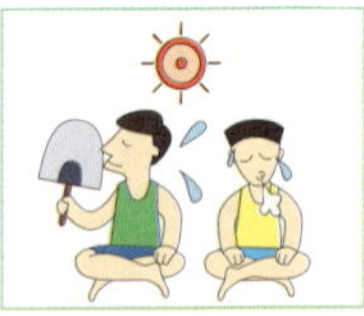

0329

部首 日(ひ)
総画 12画

日が土を貫くように照らしてすべての者が暑い。

ことば
暑気(여름의 더위) • 暑苦しい(숨막힐 듯이 덥다) • 蒸し暑い(무덥다)

hot

해가 땅을 뚫듯이 비춰 모든 자가 더웁다. (더울 서)

おん シヨ
くん あつい

0330

部首 力(ちから)
総画 7画

(真心を)重ねて力をつくして助ける。

ことば
救助(구조) • 助手(조수) • 人助け(남을 도움) • 助太刀(조력)

help

포개어 힘 써 돕다. (도울 조)

おん ジョ
くん たすける
たすかる
(すけ)

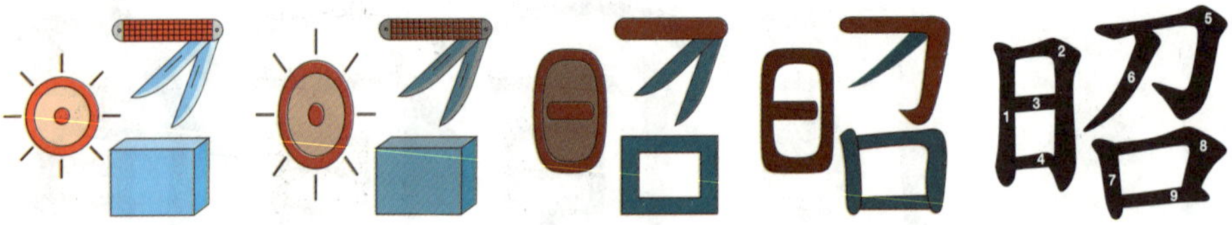

0331

部首 日(ひへん)
総画 9画

日が刀で刺すように熱いから四方が明るい。

ことば
昭和時代(소화시대. 1926년 이후의 일본의 연호)

bright

볕이 칼로 찌르듯 따가우니 사방이 밝다. (밝을 소)

おん ショウ
くん ―

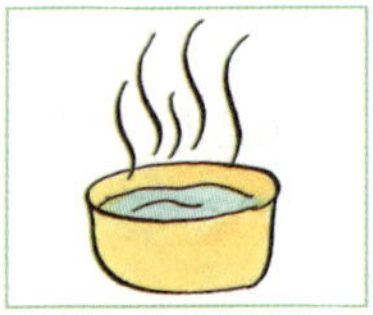

0332

部首 氵(さんずい)
総画 10画

水が目鼻より小さい身(水蒸気)になって消える。

ことば
消化(불을 끄다) • 消しゴム(고무 지우개) • 消印(소인)

extinguish

물이 눈, 코보다 작은 몸(수증기)가 되어 사라지다. (사라질 소)

おん ショウ
くん きえる
けす

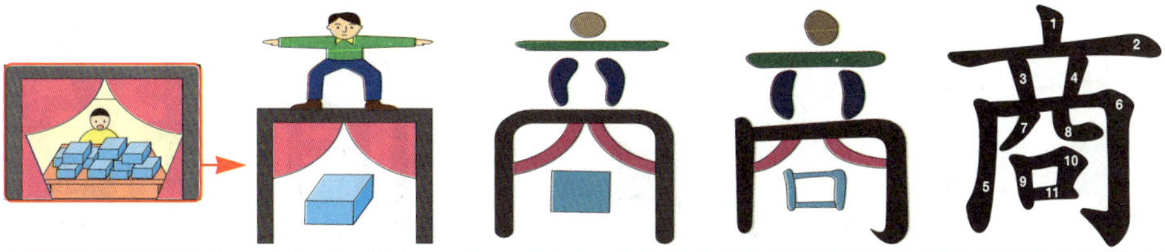

0333

部首 口(くち)
総画 11画

大(おお)きい人(ひと)が幕(まく)を巡(めぐ)らして品物(しなもの)を売(う)るために商(あきな)う。

おん ショウ
くん (あきなう)

ことば
trade

商売(しょうばい)(장사)・小売り商(こうりしょう)(소매상)・商い(あきない)(장사)

큰 사람이 휘장치고 물건 파는 장사하다. (장사 상)

0334

部首 立(たつ)
総画 11画

立(た)って言(い)った言葉(ことば)を十個(じゅっこ)(いくつか)書(か)いたものが章(しょう)である。

おん ショウ
くん —

ことば
sentence

憲章(けんしょう)(헌장)・文章(ぶんしょう)(문장)・第一章(だいいっしょう)(제1장)・校章(こうしょう)(학교의 휘장)

서서 한 말을 열 개(여러 개) 적은 것이 글이다. (글 장)

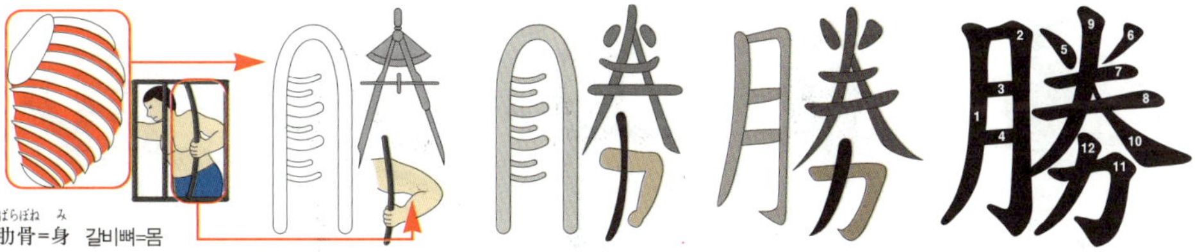

0335

部首 力(ちから)
総画 12画

身(み)をコンパスのように回(まわ)す力(ちから)があるから勝(か)つ。

おん ショウ
くん かつ (まさる)

ことば
win

勝敗(しょうはい)(승패)・勝手(かって)(마음대로 함)・男勝り(おとこまさり)(여자로서 남자 이상 씩씩하고 굳건함)

몸을 콤파스처럼 돌릴 힘이 있으니 이기다. (이길 승)

0336

部首 ノ(の)
総画 9画

帆(ほ)を船(ふね)に高(たか)くあげて乗(の)る。

おん ジョウ
くん のる のせる

ことば
ride

乗車(じょうしゃ)(승차)・便乗(びんじょう)(편승)・乗り物(のりもの)(탈 것)・相乗り(あいのり)(합승)

돛을 배에 높이 올리고 타다. (탈 승)

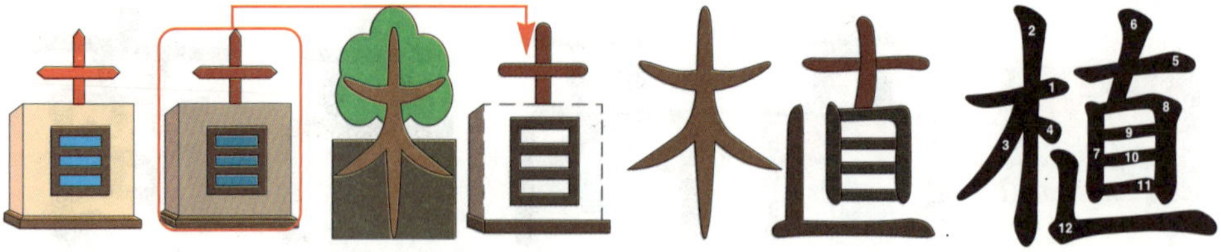

0337
部首 木(きへん)
総画 12画
ことば
planta

木を教会の十字架のように真っ直ぐに立てて植える。
移植(이식) • 植木(정원수) • 田植え(모내기)
나무를 교회 십자가처럼 곧게 세워 심다. (심을 식)

おん ショク
くん うえる
うわる

0338
部首 田(た)
総画 5画
ことば
report

糸巻の糸を伸ばす。
内申書(내신서) • 申し訳(변명) • 申し出る(신청하다) • 申し上げる(말씀드리다)
실감개의 실을 펴다. (펼 / 말할 신)

おん (シン)
くん もうす

0339
部首 身(み)
総画 7画
ことば
body

武士の身を象った字。
身体(신체) • 独身(독신) • 身内(몸속) • 身分(신분)
무사의 몸을 본뜬 글자. (몸 신)

おん シン
くん み

0340
部首 ネ(しめすへん)
総画 9画
ことば
god / ghost

祭祀膳を糸を伸ばすように広げて置いたら神が来る。
神経(신경) • 神話(신화) • 神様(신의 높임말) • 神主(신관)
젯상을실을 펴듯 펴 놓으니 귀신이 오다. (귀신 신)

おん シン・ジン
くん かみ
(かん)
(こう)

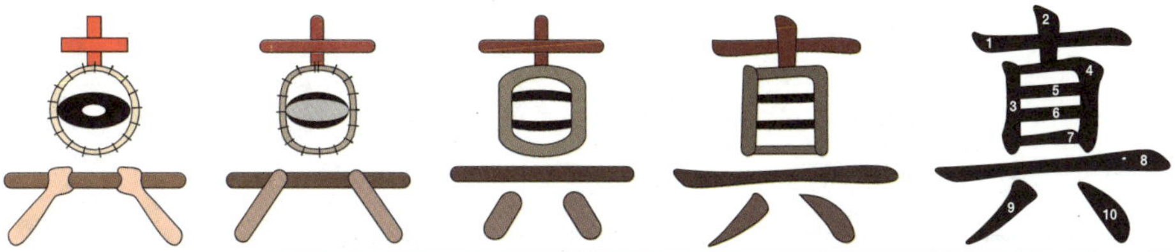

0341
部首 目(め)
総画 10画
ことば
ture

十字架を見ながらその意を奉ずるのが真である。
真実(진실)・純真(순진)・真南(정남쪽)・真心(진심)
십자가를 보며 그 뜻을 받드는 것이 참이다. (참 진)

おん シン
くん ま

0342
部首 氵(さんずい)
総画 11画
ことば
deep

水が、天幕と木の沈むほど深い。
深夜(심야)・深刻(심각)・深入り(깊이 들어감)・罪深さ(죄의 깊이)
물이 천막과 나무가 잠길 정도로 깊다. (깊을 심)

おん シン
くん ふかい
ふかまる
ふかめる

0343
部首 辶(しんにょう)
総画 11画
ことば
advance

鳥が走って前に進む。
進歩(진보)・前進(전진)・進学(진학)・進展(진전)
새가 달리어 앞으로 나아가다. (나아갈 진)

おん シン
くん すすむ
すすめる

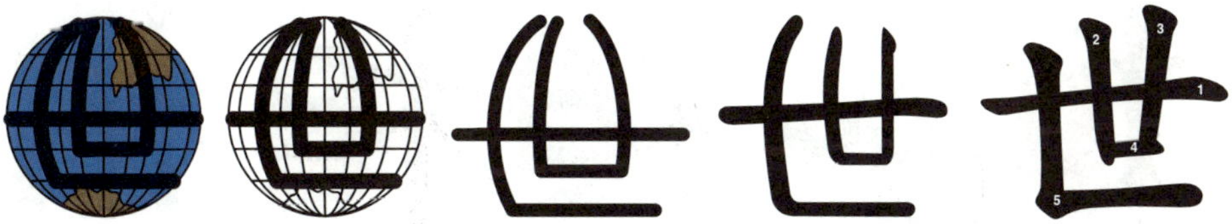

0344
部首 一(いち)
総画 5画
ことば
world

地球の緯線と経線。人間の世を意味する。
世界(세계)・世話(도와줌, 세상 소문)・世論(여론)・世の中(세상)
지구의 씨줄과 날줄. 인간 세상을 뜻함. (세상/인간 세)

おん セイ
セ
くん よ

0345

部首 攵(ぼくにょう)
総画 16画
ことば
arrange

縛(しば)られた木(き)の横(よこ)を払(はら)ったら整(ととの)う。

整理(せいり)(정리) • 整列(せいれつ)(정렬) • 調整(ちょうせい)(조정)

묶인 나무 옆을 치니 바르고 가지런하다. (가지런할 정)

おん セイ
くん ととのえる
ととのう

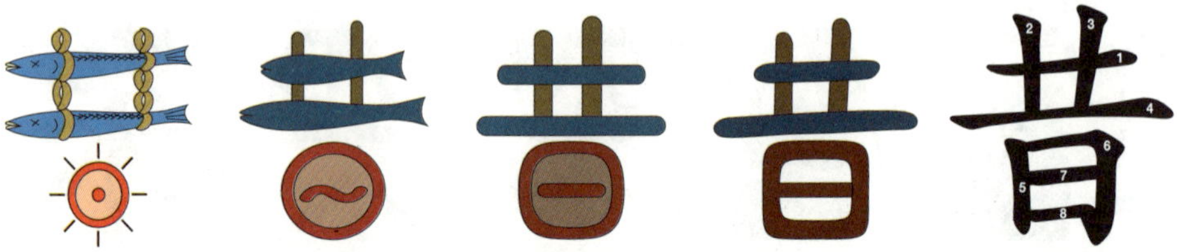

0346

部首 日(ひ)
総画 8画
ことば
ancient

昔(むかし)には結(むす)んだ魚(さかな)を日光(にっこう)で長(なが)い間(あいだ)干(ほ)した。

昔日(せきじつ)(옛날) • 昔年(せきねん)(옛날의 한문투) • 今昔(こんじゃく)(지금과 옛날) • 昔話(むかしばなし)(옛날이야기)

옛날에는 엮은 고기를 햇볕에 오래 말렸다. (옛 석)

おん セキ
シャク
くん むかし

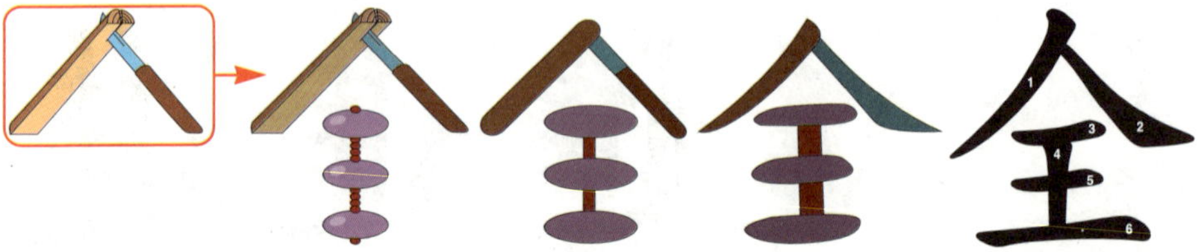

0347

部首 人(ひとやね)
総画 6画
ことば
entire

宝石(ほうせき)と言(い)えるほど玉(たま)が完全(かんぜん)だ。

全部(ぜんぶ)(전부) • 全然(ぜんぜん)(전혀) • 安全(あんぜん)(안전) • 健全(けんぜん)(건전)

보석에 들어갈 만큼 구슬이 온전하다. (온전할 전)

おん ゼン
くん まったく

0348

部首 目(め)
総画 9画
ことば
mutual

木(き)のそばで目(め)で相手(あいて)を見(み)る。

相談(そうだん)(상담) • 首相(しゅしょう)(수상) • 相手(あいて)(상대방) • 相性(あいしょう)(궁합)

나무 곁에서 눈으로 서로 보다. (서로/볼 상)

おん ソウ
(ショウ)
くん あい

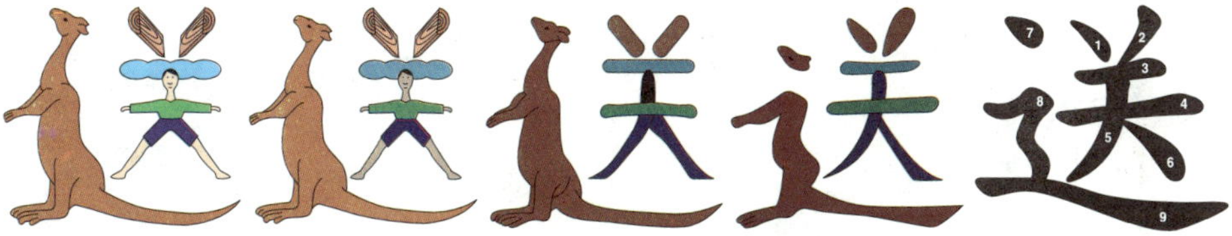

0349

部首 辶(しんにょう)
総画 9画
ことば
send

(空気(くうき)を)切(き)るように空(そら)を走(はし)る旅客機(りょきゃくき)で送(おく)る。

放送(ほうそう)(방송) • 見送(みおく)り(배웅) • 送(おく)り手(て)(발송인)

(공기를) 쪼개듯 하늘을 달리는 여객기로 보내다. (보낼 송)

おん ソウ
くん おくる

0350

部首 心(こころ)
総画 13画
ことば
thinking

木(き)のそばで相手(あいて)を見(み)ながら心(こころ)で想(おも)う。

想像(そうぞう)(상상) • 予想(よそう)(예상) • 回想(かいそう)(회상) • 夢想(むそう)(몽상)

나무결에서 서로 보고 마음으로 생각하다. (생각할 상)

おん ソウ (ソ)
くん —

0351

部首 心(こころ)
総画 10画
ことば
breathe

自(おの)ずから鼻(はな)と胸(むね)で息(いき)をする。

休息(きゅうそく)(휴식) • 利息(りそく)(이자) • 息苦(いきぐる)しい(숨이 막히다) • 息巻(いきま)く(기세가 대단하다)

스스로 코와 가슴으로 숨쉬다. (쉴 / 숨쉴 식)

おん ソク
くん いき

0352

部首 辶(しんにょう)
総画 10画
ことば
fast

木(き)を縛(しば)るように縛(しば)って走(はし)れば速(はや)い。

速度(そくど)(속도) • 急速(きゅうそく)(급속) • 速報(そくほう)(속보)

나무를 묶듯 묶고 달리면 빠르다. (빠를 속)

おん ソク
くん はやい
はやめる
(すみやか)

手紙の縛られている矢　편지가 묶인 화살

0353
部首 方（かたへん）
総画 11画

旗の下に矢を担いだ族が集まる。

ことば　家族(가족)・民族(민족)・血族(혈족)・水族館(수족관)

people　깃발 아래 화살을 멘 겨레가 모이다. (겨레 / 모일 족)

おん　ゾク
くん　―

0354
部首 亻（にんべん）
総画 5画

人と蛇は(根本的に)他のものだ。

ことば　他人(타인)・自他(자타)・他方(다른 방향)・その他(기타)

different　사람과 뱀은 (근본적으로) 다르다. (다를 타)

おん　タ
くん　―

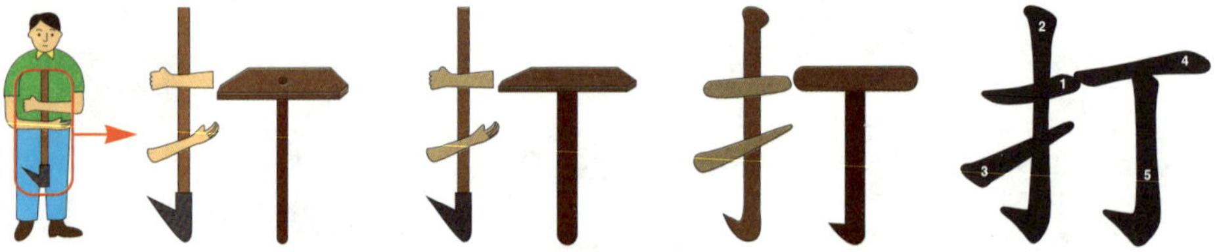

0355
部首 扌（てへん）
総画 5画

手にえぶりを持って打つ。

ことば　打楽器(타악기)・打破(타파)・値打ち(가치)・舌打ち(혀를 참)

strike　손에 고무래를 들고 치다. (칠 타)

おん　ダ
くん　うつ

0356
部首 寸(すん)
総画 7画

文を手に取って対する。

ことば　対立(대립)・絶対(절대)・対策(대책)・一対(한 쌍)

reply　글을 손에 들고 대답하다. (대답할 대)

おん　タイ (ツイ)
くん　―

仏=お寺　부처=절

0357 部首 彳(ぎょうにんべん) 総画 9画

急いでお寺に行って仏参りの順番を待つ。

ことば　wait

待機(대기)・接待(접대)・待合室(대합실)・待ち遠しい(오래 기다리다)

바삐 절에 가 예불 순서를 기다리다. (기다릴 대)

おん タイ
くん まつ

3年

0358 部首 亻(にんべん) 総画 5画

人が矢を家宝の代わりに代々伝える。

ことば　substitute

代理(대리)・交代(교대)・代わり(대리)

사람이 주살을 가보 대신 대대로 전하다. (대신할 / 대 대)

おん ダイ・タイ
くん かわる　かえる　よ・(しろ)

弓を担いだ弟　활을 맨 아우

0359 部首 ⺮(たけかんむり) 総画 11画

竹に弟格の新芽が第一番めに出る。

ことば　order

第一位(제1위)・第二次(제2차)・第三者(제3자)・落第(낙제)

대나무에 아우격인 새순이 제일 먼저 돋다. (차례 제)

おん ダイ
くん ―

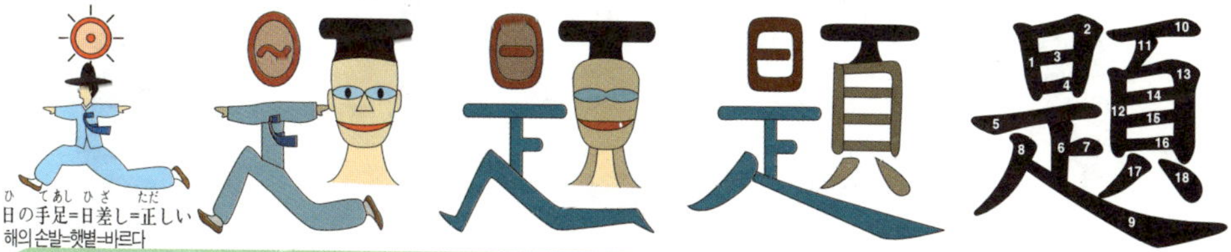

日の手足=日差し=正しい
해의 손발=햇볕=바르다

0360 部首 頁(おおがい) 総画 18画

日の手足のように正しく文の頭として書いたものが題。

ことば　subject

題材(제재)・出題(출제)・例題(예제)・主題(주제)

해의 손발같이 바르게 글 머리로 쓴 것이 제목. (제목 제)

おん ダイ
くん ―

炭 炭 炭 炭 炭

0361
部首 火(ひ)
総画 9画
ことば
charcoal

山で手によって燃やして作ったものが炭。
炭鉱(탄광)・石炭(석탄)・炭火(숯불)・消し炭(뜬숯)
산에서 손수 불태워 만든 것이 숯. (숯/석탄 탄)

おん タン
くん すみ

短 短 短

0362
部首 矢(やへん)
総画 12画
ことば
short

手紙の縛られている矢 편지가 묶인 화살

矢より祭器に盛られた豆が短い。
短気(급한 성질)・短所(단점)・短縮(단축)・手短(간략함)
화살보다 제기에 담긴 콩이 짧다. (짧을 단)

おん タン
くん みじかい

談 談 談 談

0363
部首 言(ごんべん)
総画 15画
ことば
speak

言葉を花火のように明らかに談ずる。
談話(담화)・談判(담판)・対談(대담)・雑談(잡담)
말을 불꽃같이 명백하게 말씀하다. (말씀 담)

おん ダン
くん ―

着 着 着 着

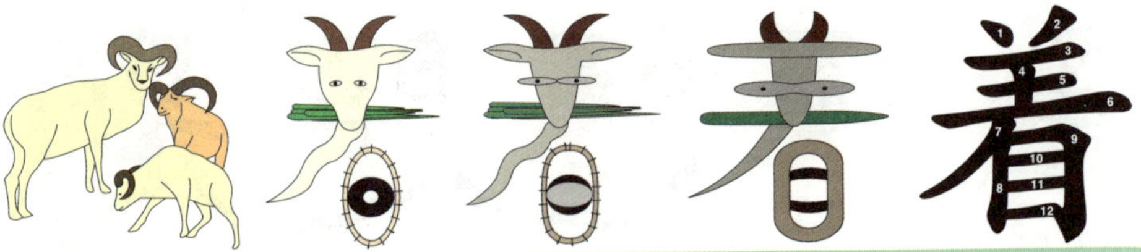

0364
部首 羊(ひつじ)
総画 12画
ことば
attach

羊たちが目で見ながら着いて行く。
着地(착지)・定着(정착)・着物(옷)・落ち着く(안정되다)
양들이 눈으로 보며 붙어 다니다. (붙을 착)

おん チャク
(ジャク)
くん きる・きせる
つく・つける

0365
部首 氵(さんずい)
総画 8画
ことば
pour intogold

水主が燭をつけて水を注ぐ。
注意(주의) • 発注(발주) • 注ぎ口(주전자 등의 주둥이) • 降り注ぐ(내리쏟다)
물 주인이 촛불을 밝히고 물을 대다. (물 댈 주)

おん チュウ
くん そそぐ

0366
部首 木(きへん)
総画 9画
ことば
pillar

木が燭台(主)のように立っているものが柱。
支柱(지주) • 電柱(전주) • 貝柱(패주) • しも柱(서릿발)
나무가 촛대(주인)처럼 서 있는 것이 기둥. (기둥 주)

おん チュウ
くん はしら

0367
部首 一(いち)
総画 2画
ことば
a solid wooden rake

えぶりを持った丁の形状。
丁重(정중) • 丁字路(삼거리) • 落丁(낙장) • 包丁(식칼)
고무래를 든 장정의 모양. (장정 / 고무래 정)

おん チョウ (テイ)
くん —

長椅子 긴 의자

0368
部首 巾(きんべん)
総画 11画
ことば
curtain

タオルみたいな布を長く垂らしたものが帳である。
帳面(장부) • 手帳(수첩) • 通帳(통장)
수건같은 천을 길게 느린 것이 휘장이다. (휘장 / 장부책 장)

おん チョウ
くん —

0369 部首 言（ごんべん） 総画 15画

言葉を亀の背中の四角形のように周して調える。

ことば 調和(조화) • 好調(호조) • 調理(조리) • 下調べ(예비조사)

even / adjust 말을거북 등에 네모꼴 모양 두루두루해 고르다. (고를 조)

おん チョウ

くん しらべる ととのう ととのえる

0370 部首 辶（しんにょう） 総画 9画

積もった書類を背負って走りながら追う。

ことば 追加(추가) • 追求(추구) • 追い風(순풍) • 追い出す(내쫓다)

pursue 쌓인 서류를 지고 달리며 따르다. (따를 추)

おん ツイ

くん おう

0371 部首 宀（うかんむり） 総画 8画

家に手足(すなわち柱)を建てる所を定める。

ことば 定価(정가) • 予定(예정) • 定石(정석) • 定め(규정)

fix / settle 집에 손발(즉 기둥) 세울 곳을 정하다. (정할 정)

おん テイ・ジョウ

くん さだめる さだまる (さだか)

竜=ゆっくり歩く공룡=천천히 걷다

0372 部首 广（まだれ） 総画 10画

家で背負ってゆっくり歩いて行く所が庭。

ことば 庭園(정원) • 校庭(교정) • 箱庭(미니어처 가든) • 石庭(암석을 주로 써서 구성한 마당)

garden 집에서 짊어지고 천천히 걸어가는 곳이 뜰. (뜰 정)

おん テイ

くん にわ

0373
部首 ⺮ (たけかんむり)
総画 11画

竹がある由に笛がある。

ことば
汽笛(기적) • 警笛(경적) • 角笛(각적) • 麦笛(보리피리)

flute
대나무가 있는 까닭에 피리가 있다. (피리 적)

おん テキ
くん ふえ

0374
部首 金 (かねへん)
総画 13画

金属を、気を失うほど溶かして製鉄したものが鉄である。

ことば
鉄道(철도) • 鋼鉄(강철) • 鉄板(철판) • 鉄則(철칙)

iron
금속을 정신을 잃게 녹여 제철한 게 쇠다. (쇠 철)

おん テツ
くん —

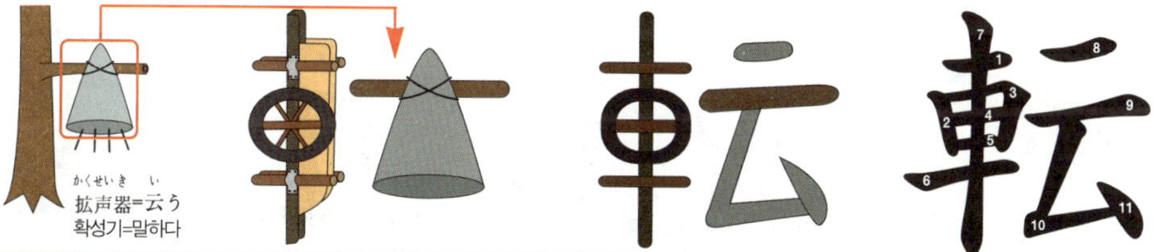

0375
部首 車 (くるまへん)
総画 11画

車は云わせてこそ(始動させてこそ)転がる。

ことば
転落(전락) • 運転(운전) • 逆転(역전) • 転機(전기)

roll
차는 말하게 해야(시동을 걸어야) 구른다. (구를 전)

おん テン
くん ころがる
ころげる
ころがす
ころぶ

0376
部首 阝 (おおざと)
総画 11画

土をついて毎日すべての者が訪ねる村の都。

ことば
都会(도회) • 首都(수도) • 都度(매회) • 都合(형편)

capital / city
땅을 짚고 날마다 모든 자가 찾는 마을의 도회지. (도회지 / 도읍 도)

おん ト
ツ
くん みやこ

0377
部首 广(まだれ)
総画 9画
ことば
law / degree

家(いえ)で魚(さかな)を取(と)って長(なが)さを計(はか)る。
温度(おんど)(온도)・限度(げんど)(한도)・支度(したく)(준비)・度重(たびかさ)なる(거듭되다)
집에서 고기를 잡고 길이를 재다. (잴 도)

おん ド
(ト)・(タク)
くん (たび)

0378
部首 扌(てへん)
総画 7画
ことば
throw

手(て)で叩(たた)いて壊(こわ)そうと投(な)げる。
投資(とうし)(투자)・暴投(ぼうとう)(폭투)・輪投(わな)げ(고리던지기)・身投(みな)げ(투신)
손으로 두들겨 부수려고 던지다. (던질 투)

おん トウ
くん なげる

0379
部首 豆(まめ)
総画 7画
ことば
bean

豆(まめ)の盛(も)られた祭器(さいき)の形状(けいじょう)。
納豆(なっとう)(낫또, 푹 삶은 메주콩을 볏짚꾸러미나 보자기 따위에 싸서 더운 방에서 띄운 것)・大豆(だいず)(대두)・豆電球(まめでんきゅう)(꼬마전구)・枝豆(えだまめ)(풋콩)
콩이 담긴 제기그릇의 모양. (콩 / 제기그릇 두)

おん トウ
ズ
くん まめ

0380
部首 山(やま)
総画 10画
ことば
island

鳥(とり)が海(うみ)の中(なか)の山島(やまじま)に座(すわ)る。
半島(はんとう)(반도)・列島(れっとう)(열도)・島国(しまぐに)(섬나라)・はなれ島(じま)(외딴섬)
새가 바다 가운데 산 섬에 앉다. (섬 도)

おん トウ
くん しま

3年

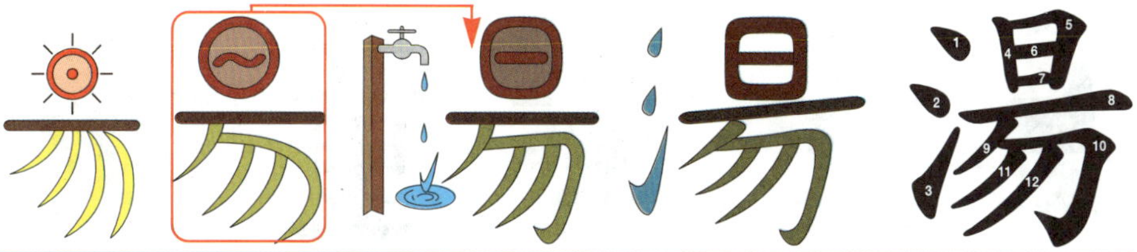

0381

部首 氵(さんずい)　総画 12画

水を日差しが広がるように熱く湯を沸かす。

ことば　熱湯(열탕)・給湯(급탕)・湯水(더운물과 찬물)・湯気(수증기)

boil　물을 햇살 퍼지듯 뜨겁게 끓이다. (끓일 탕)

おん トウ　くん ゆ

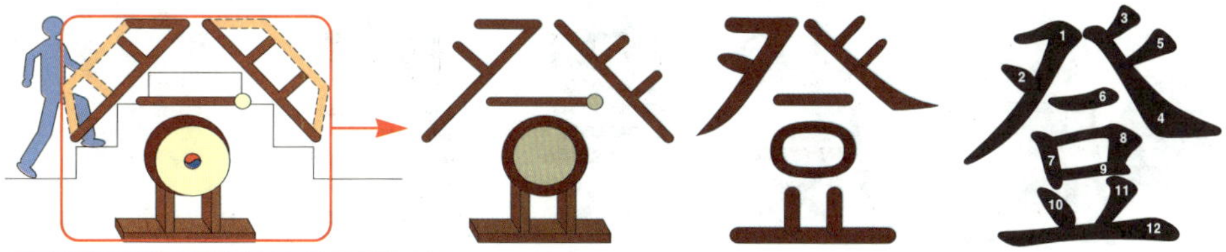

0382

部首 癶(はつがしら)　総画 12画

階段を太鼓の音に合わせて登る。

ことば　登校(등교)・登録(등록)・登山(등산)・山登り(등산)

climb　계단을 북소리에 맞춰 오르다. (오를 등)

おん トウ ト　くん のぼる

仏=お寺　부처=절

0383

部首 ⺮(たけかんむり)　総画 12画

竹に書いた仏経をお寺で等しく置く。

ことば　等分(등분)・平等(평등)・均等(균등)

grade　대쪽에 쓴 불경을 절에서 무리 별로 놓다. (무리 / 가지런할 등)

おん トウ　くん ひとしい

道しるべ=里　이정표=마을

0384

部首 力(ちから)　総画 11画

重い穀物を里まで力をつくして動かす。

ことば　動物(동물)・活動(활동)・行動(행동)・動き(움직임)

move　무거운 곡식을 마을까지 지고 힘써 움직이다. (움직일 동)

おん ドウ　くん うごく うごかす

道しるべ=里 이정표=마을

0385

部首 立(たつ)
総画 12画

立って里で遊ぶ童たち。

おん ドウ
くん (わらべ)

ことば
童話(동화)・児童(아동)・童顔(동안)・童歌(전래동요)

child
서서 마을에서 노는 아이들. (아이 동)

0386

部首 辰(しんのたつ)
総画 13画

農作物が曲がって育つように星を見て農事を行う。

おん ノウ
くん —

ことば
農家(농가)・農村(농촌)・農夫(농부)・農作物(농작물)

farming
농작물이 굽게 자라게 별을 보고 농사 짓다. (농사 농)

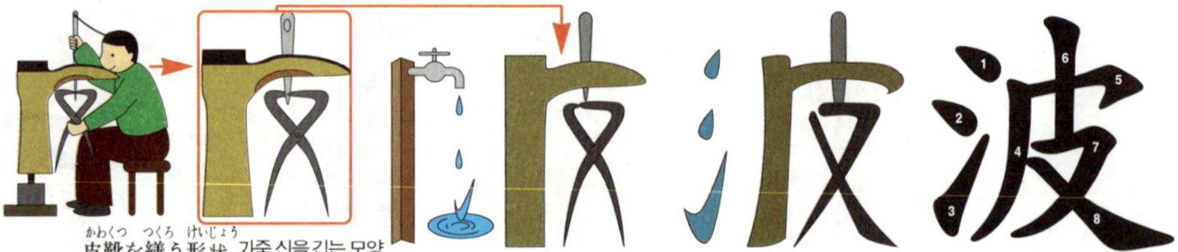
皮靴を繕う形状 가죽 신을 깁는 모양

0387

部首 氵(さんずい)
総画 8画

水の皮(水面)に立つものが波である。

おん ハ
くん なみ

ことば
電波(전파)・脳波(뇌파)・波間(파도와 파도 사이)・波立つ(파도가 일다)

wave
물의 가죽(수면)에 이는 것이 물결이다. (물결 파)

0388

部首 酉(とりへん)
総画 10画

お酒を自分の身と一組になる者と配る。

おん ハイ
くん くばる

ことば
配列(배열)・心配(걱정)・気配り(배려)

couple
술을 자기 몸과 짝이 될 자와 나누다. (짝/나눌 배)

0389 部首 亻(にんべん)
総画 10画

人が立って口で争ったら意見が倍になる。

ことば 倍率(배율)・倍増(배증)・倍数(배수)・倍額(배액)

double 사람이 서 입으로 다투니 의견이 곱이 되다. (곱 배)

おん バイ
くん —

0390 部首 ⺮(たけかんむり)
総画 15画

竹で目に入るように相互に編んだものが箱。

ことば 筆箱(필통)・巣箱(둥우리 상자)・空き箱(빈 상자)・薬箱(약상자)

box 대나무로 눈에 들게 서로 엮어서 짠 것이 상자. (상자 상)

おん —
くん はこ

0391 部首 田(た)
総画 9画

火を放って田を作った畑。

ことば 畑作(밭농사)・田畑(전답)・麦畑(보리밭)・焼き畑(화전)

field 불 놓아 밭을 만든 밭. (밭 전)

おん —
くん はた
はたけ

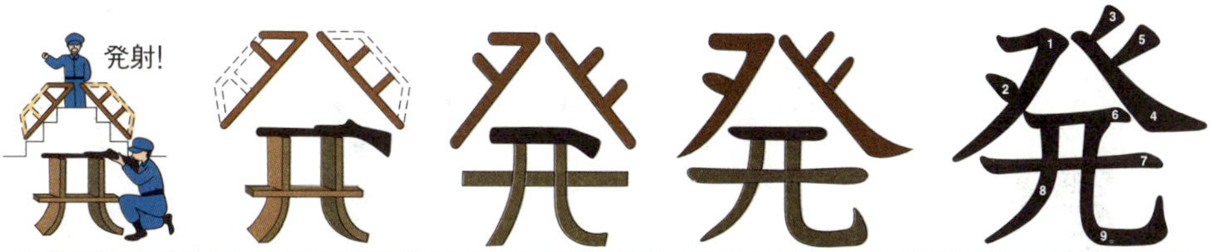

0391 部首 癶(はつがしら)
総画 9画

欄干の下に鉄砲を支えておいて発する。

ことば 発明(발명)・発売(발매)・出発(출발)・発作(발작)

issue 난간 아래에 총을 받쳐놓고 쏘다. (쏠 발)

おん ハツ
(ホッ)
くん —

0393

部首 又(また)
総画 4画
ことば
return

岩を取って(やっとこ)反対に反す。

反映(반영)・反省(반성)・反物(옷감)・反り返る(몸을 뒤로 젖히다)

바위를 잡고(=집게) 반대로 뒤집다. (반대/뒤집을 반)

おん ハン (ホン)・(タン)
くん そる そらす

岩を取って反対に反す 바위를 잡고 반대로 뒤집다

0394

部首 土(つちへん)
総画 7画
ことば
slope

土を反対に反して積んだ坂。

急坂(가파른 언덕)・坂道(언덕길)・上り坂(오르막)・下り坂(내리막)

흙을 반대로 뒤집어 쌓은 못둑. (못둑/언덕 판)

おん (ハン)
くん さか

岩を取って反対に反す 바위를 잡고 반대로 뒤집다

0395

部首 木(きへん)
総画 8画
ことば
board

木を反対に反して挽いた板。

黒板(흑판)・看板(간판)・板前(요리사)

나무를 반대로 뒤집어 켠 널빤지. (널빤지 판)

おん ハン バン
くん いた

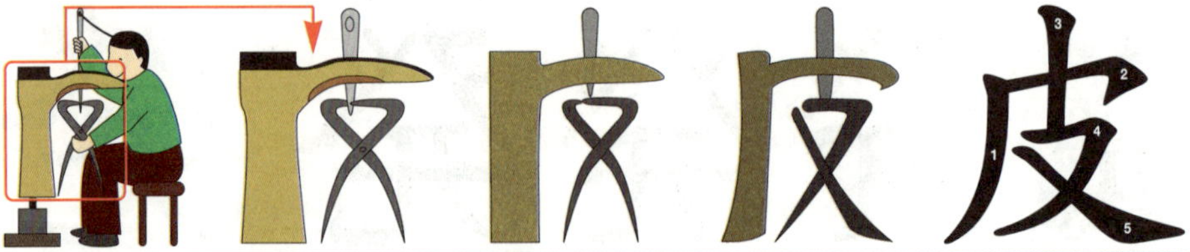

0396

部首 皮(けがわ)
総画 5画
ことば
leather skin

皮靴を繕う形状。

皮ふ(피부)・毛皮(모피)・帯皮(가죽 띠)・化けの皮(가면,위장)

가죽 신을 깁는 모양. (가죽 피)

おん ヒ
くん かわ

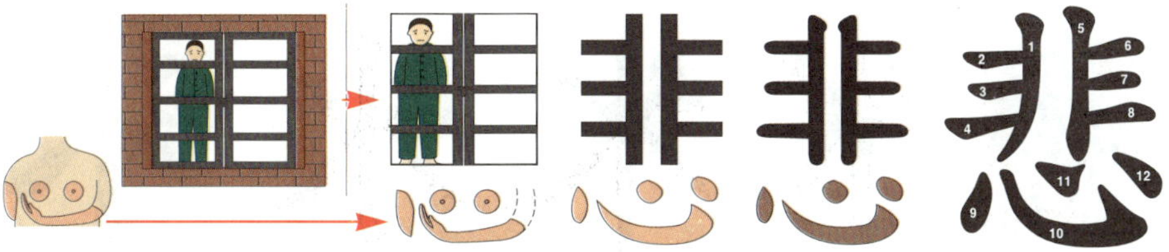

0397

部首 心(こころ)
総画 12画

(自由の身では)ない者の心のように悲しい。

ことば
悲劇(비극)・悲鳴(비명)・悲運(비운)・悲しがる(슬퍼하다)

sad

(자유의 몸이) 아닌 자의 마음같이 슬프다. (슬플 비)

おん ヒ
くん かなしい
かなしむ

0398

部首 羊(ひつじ)
総画 9画

羊が大きく育つと美しい。

ことば
美術(미술)・美談(미담)・賛美(찬미)・美しさ(아름다움)

beautiful

양이 크게 자라니 아름답다. (아름다울 미)

おん ビ
くん うつくしい

0399

部首 鼻(はな)
総画 14画

自ずから田の作物を置いて鼻でにおいを嗅ぐ。

ことば
鼻歌(콧노래)・鼻先(코끝)・鼻声(콧소리)・耳鼻科(이비과)

nose

스스로 밭 작물을 놓고 코로 냄새 맡다. (코 비)

おん (ビ)
くん はな

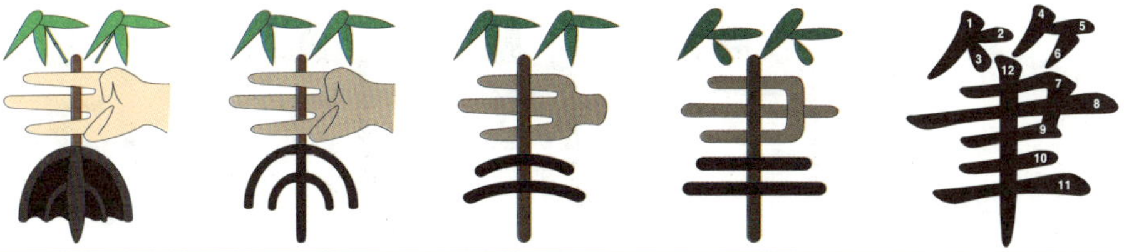

0400

部首 ⺮(たけかんむり)
総画 12画

竹の筆を握っている形状。

ことば
筆記(필기)・筆順(필순)・絵筆(화필)・筆入れ(필통)

writing brush

대나무 붓을 잡고 있는 모양. (붓 필)

おん ヒツ
くん ふで

0401
部首 水(みず)
総画 5画
ことば
ice

固(かた)まって水(みず)に浮(う)かんでいる氷(こおり)。
氷点(ひょうてん)(빙점) • 流氷(りゅうひょう)(유빙) • 氷水(こおりみず)(빙수) • 氷雨(ひさめ)(우박)
덩어리 져 물에 떠 있는 것이 얼음. (얼음 빙)

おん ヒョウ
くん こおり
(ひ)

0402
部首 衣(ころも)
総画 8画
ことば
surface

土服(つちふく)が地球(ちきゅう)の表(おもて)である。
表面(ひょうめん)(표면) • 表情(ひょうじょう)(표정) • 表門(おもてもん)(정문) • 裏表(うらおもて)(안팎)
흙 옷이 지구의 겉 거죽이다. (거죽/겉 표)

おん ヒョウ
くん おもて
あらわす
あらわれる

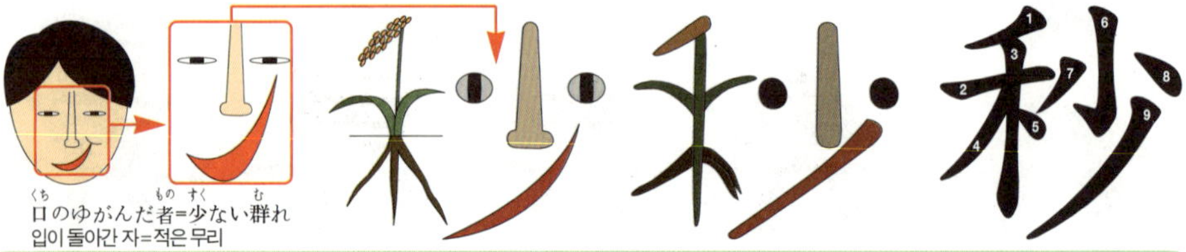

0403
部首 禾(のぎへん)
総画 9画
ことば
a second

穂(ほ)の少(すく)ない稲(いね)みたいな秒針(びょうしん)。
秒針(びょうしん)(초침) • 秒読(びょうよ)み(초읽기) • 寸秒(すんびょう)(촌각) • 毎秒(まいびょう)(매초)
벼의 적은 까끄라기 같은 초침. (초침 초)

おん ビョウ
くん —

0404
部首 疒(やまいだれ)
総画 10画
ことば
disease

病室(びょうしつ)を明(あか)るくして看病(かんびょう)するほど病(や)む。
病気(びょうき)(병환) • 重病(じゅうびょう)(병원) • 看病(かんびょう)(간병) • 病(や)み付(つ)き(고질이 됨)
병실을 밝히고 간호할 정도로 병들다. (병들 병)

おん ビョウ
(ヘイ)
くん (やむ)
やまい

0405

部首 口(くち)
総画 9画
ことば
class / goods

多くの種類の品が積まれた形状。

作品(작품)・食品(식품)・品物(물건)・手品(요술)

여러 종류의 물건이 쌓인 모양. (물건 / 종류 품)

おん ヒン
くん しな

0406

部首 貝(こがい)
総画 9画
ことば
bear

人が金箱からお金を借りて負債を負う。

負傷(부상)・負担(부담)・負け戦(진 싸움)・背負う(업다)

사람이 돈궤에서 돈을 빌려 빚지다. (짐질 / 빚질 부)

おん フ
くん まける
まかす
おう

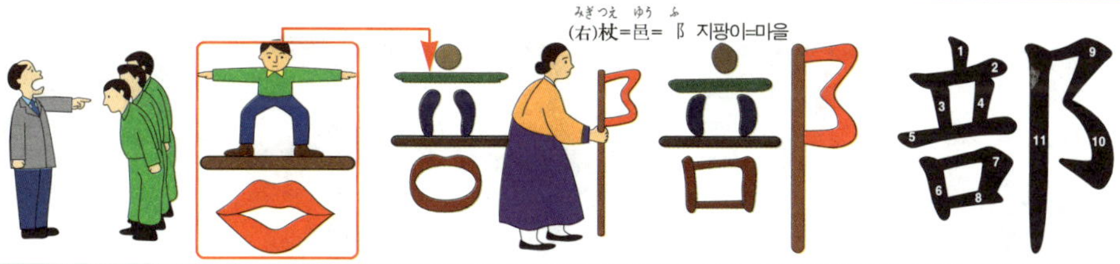

0407

部首 阝(おおざと)
総画 11画
ことば
lead

立って口で村の内部を統率する。

部分(부분)・部品(부품)・本部(본부)・内部(내부)

서서 입으로 마을의 무리를 통솔하다. (무리 / 통솔할 부)

おん ブ
くん —

0408

部首 月(つきへん)
総画 8画
ことば
clothes

身に杖を持った者の服の前に服する。

服装(복장)・服従(복종)・承服(승복)・一服(일복, 한 모금)

몸에 지팡이를 지닌 자의 옷 앞에 복종하다. (옷 / 복종할 복)

おん フク
くん —

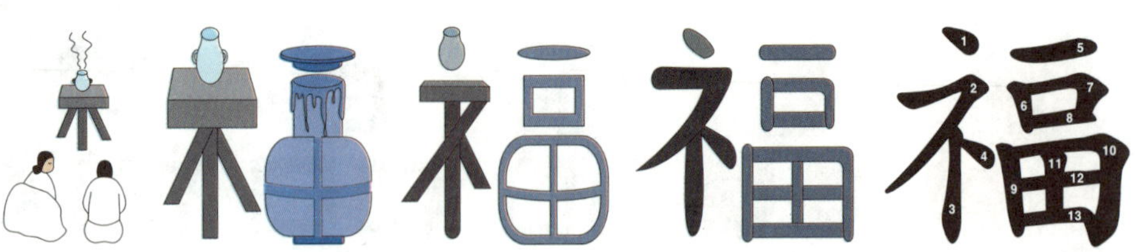

0409 部首 ネ(しめすへん) 総画 13画

祭祀膳の上にあふれるように福が来る。

おん フク
くん —

ことば blessing

福利(복리) • 福引き(제비뽑기) • 祝福(축복) • 福の神(복의 신)

젯상 위에 넘치게 복이 내리다. (복 복)

0410 部首 牛(うしへん) 総画 8画

牛と鶏を殺して(売って)無くしてから買った物。

おん ブツ モツ
くん もの

ことば all thing

物質(물질) • 荷物(짐) • 物語(이야기) • 物知り(박식)

소와 닭을 죽여(팔아) 없애고 산 물건. (물건 물)

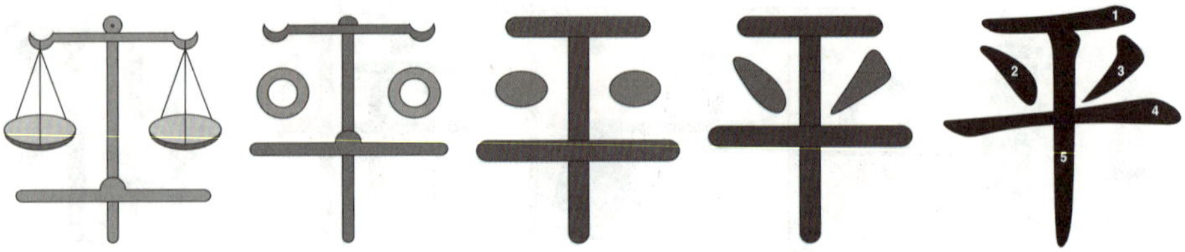

0411 部首 干(かん) 総画 5画

秤の形状。秤のように平らでる。

おん ヘイ ビョウ
くん たいら ひら

ことば flat

平面(평면) • 平等(평등) • 平らげる(평정하다) • 平手(편 손바닥)

저울의 모양. 저울같이 평평하다. (평평할 평)

岩を取って反対に反す 바위를 잡고 반대로 뒤집다

0412 部首 辶(しんにょう) 総画 7画

反対の道へ走ろうと返す。

おん ヘン
くん かえす かえる

ことば return

返事(대답) • 返送(반송) • 仕返し(복수) • 若返る(젊음을 되찾다)

반대길로 달리려고 돌이키다. (돌이킬 반)

0413
部首 力(ちから)
総画 10画
出産の苦痛を免れようと勉める。
おん ベン
くん ―
ことば
勉強(공부)・勉強机(공부책상)・勉学(면학,공부)・勤勉(근면)
exert
출산의 고통을 **면하려고 힘**에 **힘을 쓰다.** (힘쓸 면)

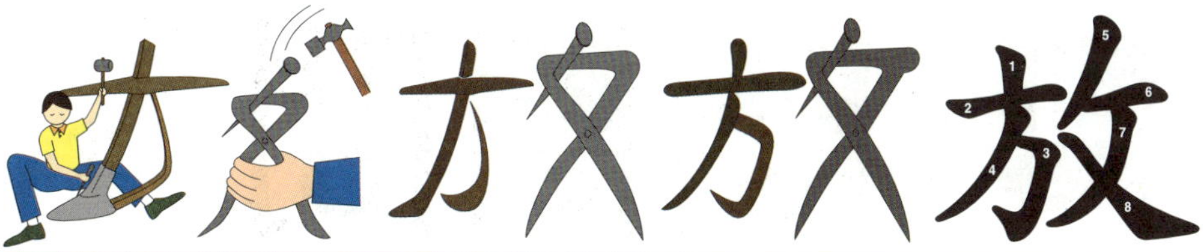

0414
部首 攵(ぼくにょう)
総画 8画
からすきの四方を叩いて直すように放す。
おん ホウ
くん はなす はなつ はなれる
ことば
放送(방송)・追放(추방)・手放す(손을 떼다)・開け放つ(활짝 열어두다)
release
쟁기를 **사방 두들겨** 고치게 **놓아두다.** (놓을 방)

0415
部首 口(くちへん)
総画 8画
口でまだ熟しなかつたものを味わう。
おん ミ
くん あじ あじわう
ことば
味覚(미각)・興味(흥미)・味わい(맛)・味見(맛을 봄)
taste
입으로 **아니** 익은 것을 **맛**보다. (맛 미)

命令する 명령하다

0416
部首 口(くち)
総画 8画
神様が口で下した命令によるものが命。
おん メイ (ミョウ)
くん いのち
ことば
命令(명령)・運命(운명)・革命(혁명)・命拾い(구사일생으로 살아남)
life / fate
신께서 **입**으로 내린 **명령**에 달린 것이 **목숨.** (목숨 명)

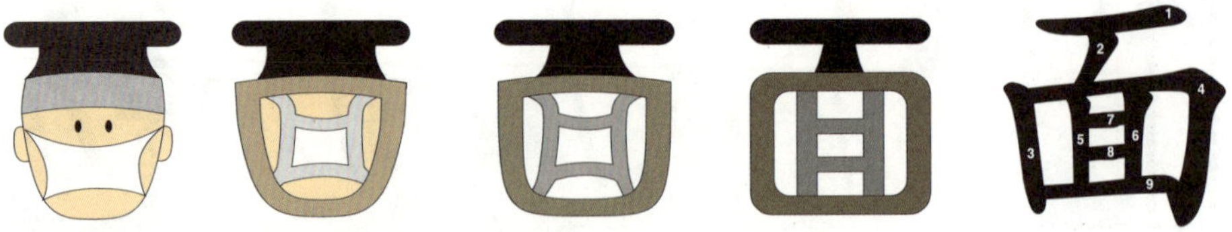

0417

部首 面(めん)
総画 9画

マスクをした面の形状。

ことば
面会(면회)・場面(장면)・面長(얼굴이 가름함)・細面(가름한 얼굴)

face
마스크를 한 낯의 모양. (낯 면)

おん メン
くん (おも) (おもて) (つら)

0418

部首 口(くち)
総画 11画

門の方に向けて口で問う。

ことば
訪問(방문)・問いただす(추궁하다)・問屋(도매상)

ask
문쪽을 향해 입으로 묻다. (물을 문)

おん モン
くん とう とい とん

0419

部首 彳(ぎょうにんべん)
総画 7画

忙しく行けと叩きながら(僕を)役する。

ことば
役所(관청)・配役(배역)・主役(주역)・使役(사역)

manage / work
바삐가라고 두들기며 (종을) 부리다. (부릴 역)

おん ヤク (エキ)
くん —

太鼓=楽しい 북=즐거움

0420

部首 艹(くさかんむり)
総画 16画

(薬草)草で楽しさを与えるものが薬。

ことば
火薬(화약)・目薬(안약)・薬指(무명지)

medicine
(약초)풀로 즐거움을 주는 것이 약. (약 약)

おん ヤク
くん くすり

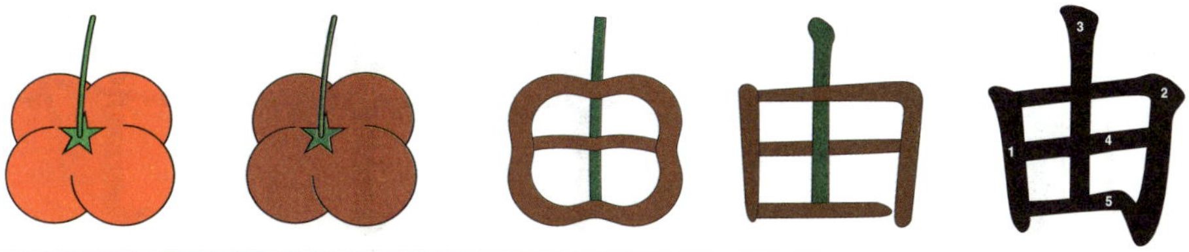

0421

部首 田(た)
総画 5画
ことば
cause

へたがある由に吊り下がっている。

由来(유래)・経由(경유)・自由(자유)・理由(이유)

꼭지가 있는 까닭에 달려 있다. (까닭 유)

おん ユ・ユウ (ユイ)
くん (よし)

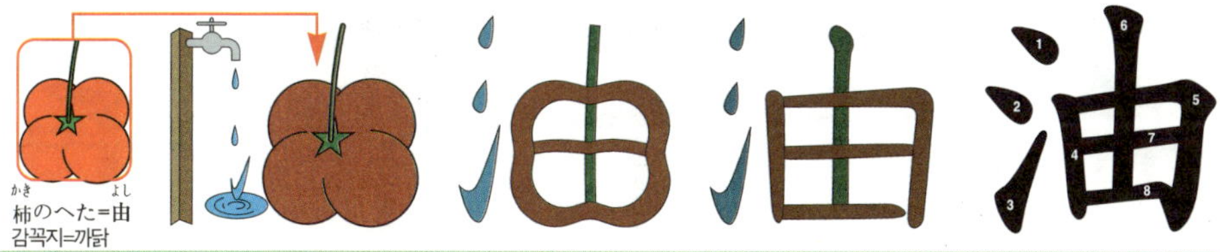

0422

部首 氵(さんずい)
総画 8画
ことば
oil

水のような津液を絞り出した由に油がある。

油田(유전)・石油(석유)・食用油(식용유)・油絵(유화)

물같은 진액을 짜낸 까닭에 기름이 있다. (기름 유)

おん ユ
くん あぶら

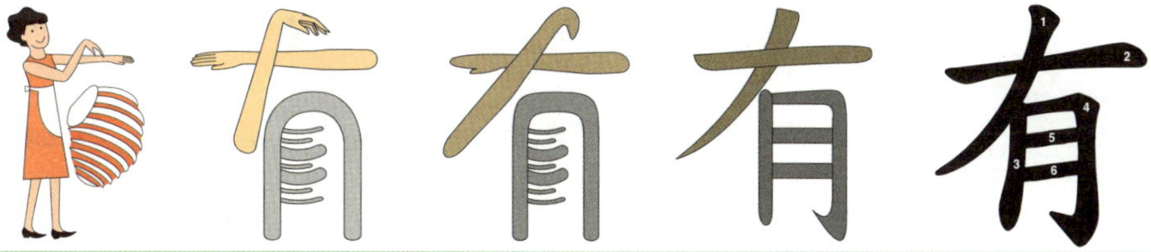

0423

部首 月(つき)
総画 6画
ことば
be / exist

両手に肉(カルビ)を持って有る。

有益(유익)・有料(유료)・有無(유무)・有り金(가진 돈)

양 손에 고기(갈비)를 가지고 있다. (있을 유)

おん ユウ (ウ)
くん ある

0424

部首 辶(しんにょう)
総画 12画
ことば
play

旗を息子が持って走りながら遊ぶ。

遊牧(유목)・遊具(놀이도구)・遊山(산이나 들에 놀러나감)・水遊び(물놀이)

깃발을 아들이 들고 달리며 놀다. (놀 유)

おん ユウ (ユ)
くん あそぶ

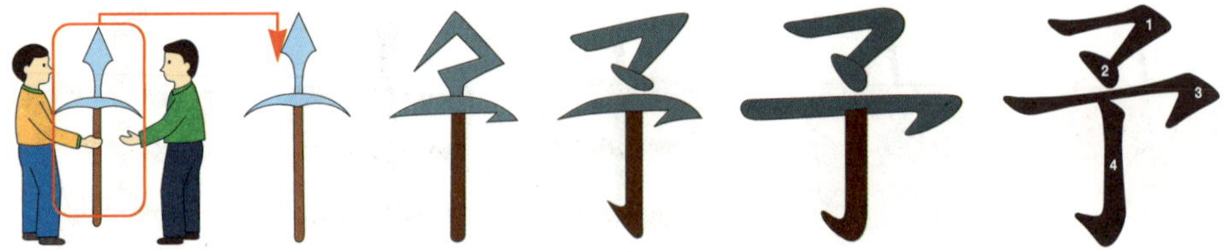

0425 部首 亅(はねぼう) 総画 4画

槍を予め与える。

ことば 予習(예습) • 予言(예언) • 予告(예고) • 予約(예약)

beforehand 창을 미리 주다. (미리 예)

おん ヨ
くん —

0426 部首 羊(ひつじ) 総画 6画

羊の形状。

ことば 羊毛(양모) • 牧羊(목양) • 羊雲(양떼구름) • 羊飼い(양치기)

sheep 양의 모양. (양 양)

おん ヨウ
くん ひつじ

0427 部首 氵(さんずい) 総画 9画

波が羊の群れのように起こる海洋。

ことば 洋食(양식) • 洋裁(양재) • 西洋(서양) • 海洋(해양)

ocean 물결이 양떼같이 이는 큰 바다. (큰바다 양)

おん ヨウ
くん —

0428 部首 艹(くさかんむり) 総画 12画

草のように世の中に出た木の葉。

ことば 葉緑素(엽록소) • 落葉(낙엽) • 若葉(새로 돋아난 잎) • 松葉(솔잎)

leaf 풀처럼 세상에 나온 나무 잎사귀. (잎 / 잎사귀 엽)

おん ヨウ
くん は

0429

部首 阝(こざとへん)
総画 12画

丘に日差しが広がって陽がさす。

おん ヨウ
くん —

ことば
陽光(햇빛) • 陽性(적극적인 성질) • 陽気(성질이밝고 쾌활한모양.날씨) • 太陽(태양)

sunshine
언덕에 햇살이 퍼져 볕이 들다. (볕 양)

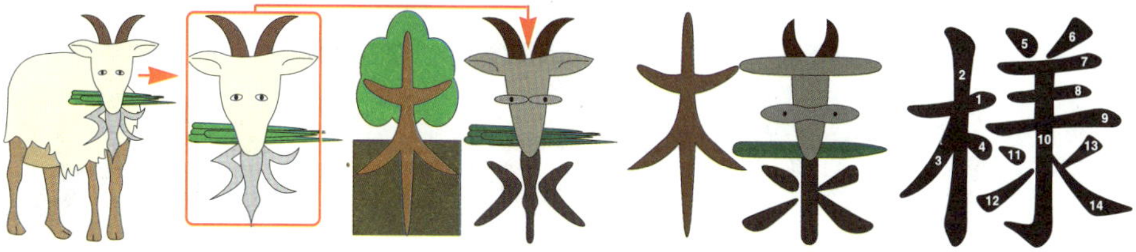

0430

部首 木(きへん)
総画 14画

木目が羊のもつれたひげの様である。

おん ヨウ
くん さま

ことば
様式(양식) • 模様(모양) • お客様(고객)

style
나뭇결이 양의 엉킨 수염같은 모양이다. (모양 양)

0431

部首 艹(くさかんむり)
総画 12画

草に水滴が歩いて行くようにそれぞれ落ちる。

おん ラク
くん おちる
おとす

ことば
落下(낙하) • 落選(낙선) • 段落(단락) • 落ち着く(안정되다)

fall
풀에 물방울이 걸어가듯 각각 떨어지다. (떨어질 락)

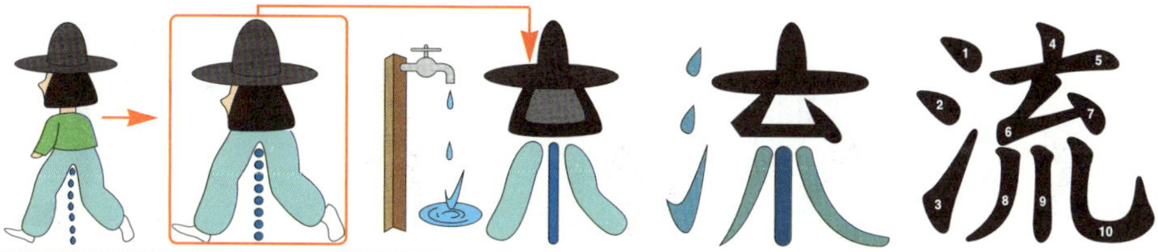

0432

部首 氵(さんずい)
総画 10画

水のような尿が流れる。

おん リュウ
(ル)
くん ながれる
ながす

ことば
流行(유행) • 急流(급류) • 流転(유전.윤회) • 流れ星(유성.별똥별)

stream / flow
물같은 오줌이 흘러내려 흐르다. (흐를 류)

0433
部首 方(かたへん)
総画 10画
ことば
travel

旗を取って根(氏族)たちが旅する。

旅客(여객)・旅費(여비)・旅人(여행자)・旅路(여로)

깃발을 들고 뿌리(씨족)들이 여행하다. (여행 려)

おん リョ
くん たび

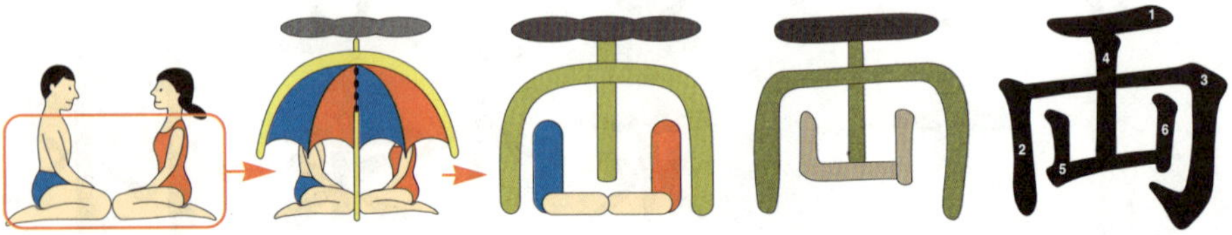

0434
部首 一(いち)
総画 6画
ことば
both / two

パラソルに両人が入っている。

両親(양친)・両側(양측)・両論(양론)・車両(차량)

파라솔에 둘이 들어가 있다. (두 량)

おん リョウ
くん —

0435
部首 糸(いとへん)
総画 14画
ことば
green

糸のように削った樹皮が緑。

緑茶(녹차)・緑化(녹화)・緑青(녹청)・黄緑(황록색)

실같이 깎아낸 나무껍질이 푸르다. (푸를 록)

おん リョク(ロク)
くん みどり

0436
部首 ネ(しめすへん)
総画 5画
ことば
courtesy

祭祀膳の前に白い紙を貼って祭祀を行うことが礼である。

謝礼(사례)・失礼(실례)・礼賛(예찬)

젯상에 지방을 붙이고 제지냄이 예도다. (예도 례)

おん レイ(ライ)
くん —

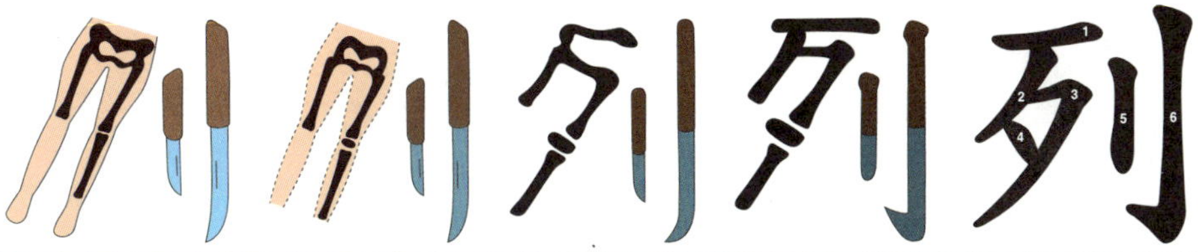

0437
部首 刂(りっとう)
総画 6画
ことば
display

やつれている骨を刀でえぐって列する。
列挙(열거) • 序列(서열) • 参列(참렬) • 行列(행렬)
앙상한 뼈를 칼로 발라서 벌려놓다. (벌일 렬)

おん レツ
くん —

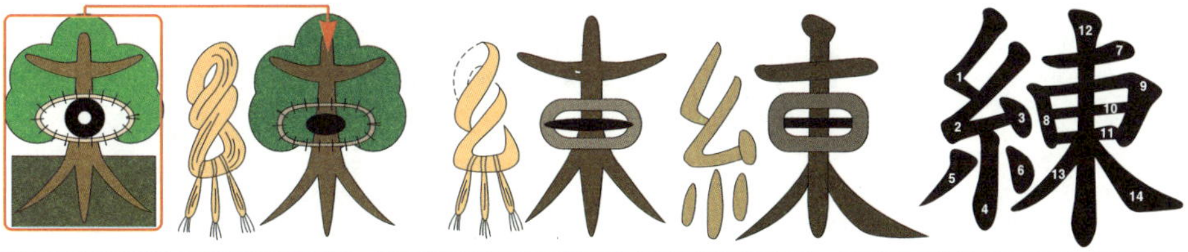

0438
部首 糸(いとへん)
総画 14画
ことば
practice

糸と木を目で分別して練る。
練習(연습) • 試練(시련) • 洗練(세련) • 練り歩く(행진하다)
실과 나무를 눈으로 분별하여 익히다. (익힐 련)

おん レン
くん ねる

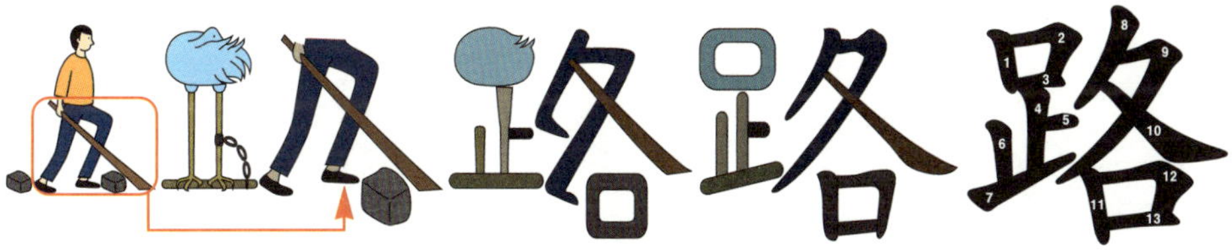

0439
部首 𧾷(あしへん)
総画 13画
ことば
road

足がそれぞれ障害物を越すところが路。
路上(노상) • 航路(항로) • 家路(귀로) • 旅路(여로)
발이 각각 장애물을 넘는 곳이 길. (길 로)

おん ロ
くん じ

0440
部首 口(くち)
総画 8画
ことば
peaceful

稲を口で食べながら暮らしたら和である。
和解(화해) • 平和(평화) • 調和(조화) • 和室(다다미를 깐 일본식 방)
벼를 입으로 먹고 사니 화목하다. (화목할 화)

おん ワ・(オ)
くん (やわらぐ)
(やわらげる)
(なごむ)
(なごやか)

4年でならう漢字200字

もくじ

0441

部首 心(こころ)
総画 13画

手で覆った胸へ行くように入れながら愛する。

おん アイ
くん ―

ことば
愛情(애정)・愛着(애착)・友愛(우애)

love
손을 덮은 가슴에 가게 넣으며 사랑하다. (사랑 애)

0442

部首 木(き)
総画 10画

家の女が安く使う木机を案ずる。

おん アン
くん ―

ことば
案内(안내)・答案(답안)・考案(고안)・図案(도안)

table / desk
집에 여자가 편히 쓸 나무 책상을 생각하다. (책상 / 생각할 안)

0443

部首 人(ひと)
総画 5画

からすきを人が昔以来から使う。

おん イ
くん ―

ことば
以上(이상)・以内(이내)・以後(이후)・以下(이하)

by / with
쟁기를 사람이 옛날부터 쓰다. (부터 / 써 / 쓰다 이)

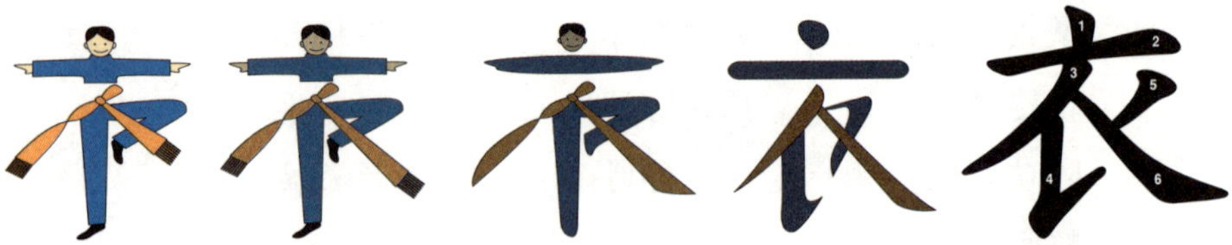

0444

部首 衣(ころも)
総画 6画

衣の形状。

おん イ
くん (ころも)

ことば
衣服(의복)・衣食住(의식주)・着衣(옷을 입다)・衣がえ(옷을 갈아입음)

clothing
옷의 모양. (옷 의)

0445

部首 亻(にんべん)
総画 7画

人の立っている所が等級の位である。

おん イ
くん くらい

ことば 単位(단위)・地位(지위)・気位(자존심. 자부심)・位取り(수의 자릿수를 정함)

position 사람이 서 있는 곳이 등급의 자리다. (자리 위)

0446

部首 囗(くにがまえ)
総画 7画

囲んだ垣が井戸のまわりである。

おん イ
くん かこむ かこう

ことば 包囲(포위)・胸囲(흉위)・囲み記事(컬럼기사)・取り囲む(둘러싸다)

surround 에워싼 담이 우물의 둘레다. (둘레 위)

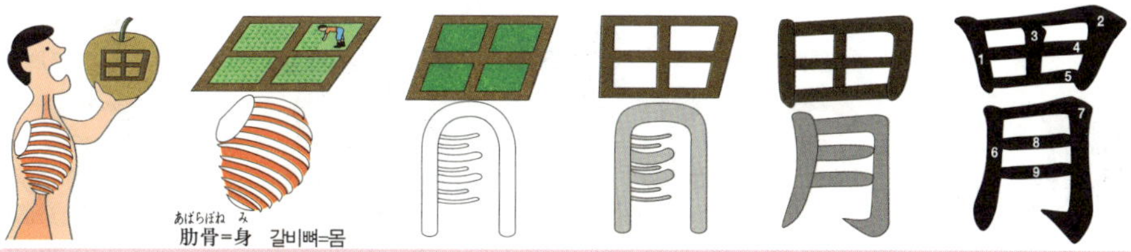

0447

部首 月(にくづき)
総画 9画

田から出た食べ物を身に入れる所が胃である。

おん イ
くん —

ことば 胃腸(위장)・胃液(위액)・胃薬(위약)・胃酸(위산)

stomach 밭에서 난 음식을 몸에 넣는 곳이 위다. (밥통 위)

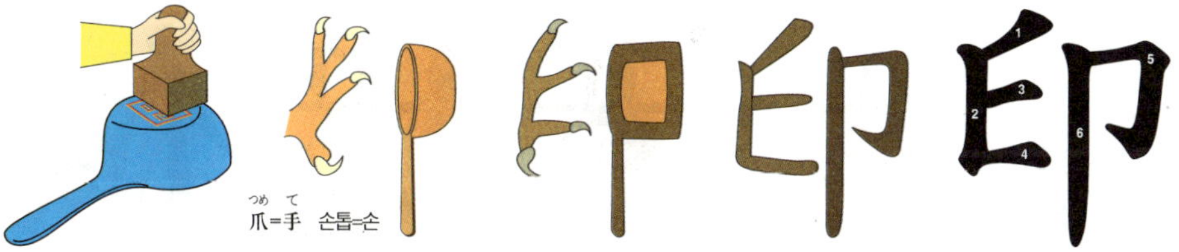

0448

部首 卩(ふしづくり)
総画 6画

手でふくべに(商標)印を押す。

おん イン
くん しるし

ことば 印刷(인쇄)・印象(인상)・目印(표적)・矢印(화살표)

sign 손으로 바가지에 (상표) 도장을 찍다. (찍을 / 도장 인)

4年

0449

部首 艹(くさかんむり)
総画 8画

草株の首の中に咲くものが英である。

おん エイ
くん —

ことば
英雄(영웅)・英国(영국)・英語(영어)

corolla
풀 포기의 목 가운데 피는 것이 꽃부리다. (영웅 / 꽃부리 영)

0450

部首 木(き)
総画 9画

家に木を植えて栄えを享受する。

おん エイ
くん さかえる (はえ) (はえる)

ことば
栄光(영광)・栄養(영양)・栄えある(영광스럽다)・見栄え(보기에 좋음)

glory
집에 나무를 심고 영화를 누리다. (영화 영)

0451

部首 土(つちへん)
総画 13画

土から得て人が口に合わせて皿に掛けるものが塩。

おん エン
くん しお

ことば
塩分(염분)・食塩(식염)・塩水(소금물)・塩からい(짜다)

salt
흙에서얻어 사람이 입에 맞게 그릇에 치는 것이 소금. (소금 염)

0452

部首 亻(にんべん)
総画 15画

人たちが立って言った心の中の意は数億である。

おん オク
くん —

ことば
一億(1억)・三億円(삼억엔)・億万長者(억만장자)

hundred million
사람들이 서서 말한 마음 속의 뜻은 수 억 가지다. (억 억)

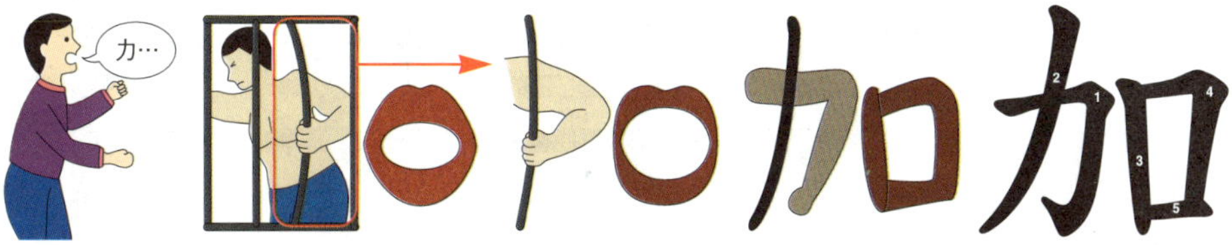

0453
部首 力(ちから)
総画 5画

力を出せと口で応援して力を加える。

おん	カ
くん	くわえる くわわる

ことば
add

加減(가감) • 加算(가산) • 加担(가담) • 増加(증가)

힘 내라고 입으로 응원해 힘을 더하다. (더할 가)

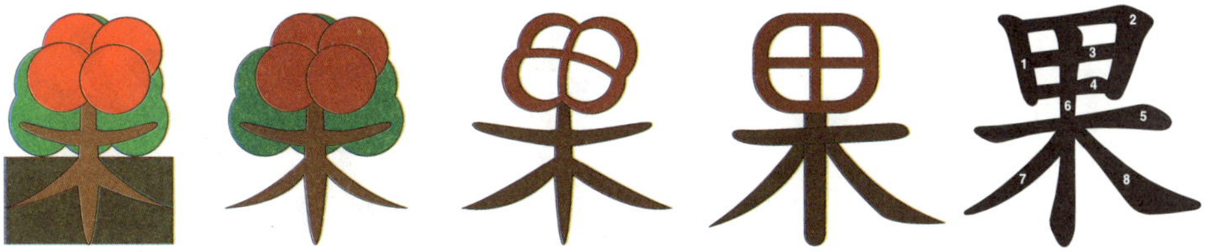

0454
部首 木(き)
総画 8画

実(果実)が木に付いている形状。

おん	カ
くん	はたす はてる はて

ことば
fruit

果実(과실) • 結果(결과) • 果物(과일) • 果たし合い(결투)

열매(실과)가 나무에 달린 모양. (과실 / 실과 과)

0455
部首 貝(こがい)
総画 11画

人が老人になるようにお金(金箱)になるものが金貨である。

おん	カ
くん	—

ことば
goods

貨車(화차) • 雑貨(잡화) • 金貨(금화) • 財貨(재화)

사람이 늙은이 되듯 돈(통)이 되는 것이 재화다. (재화 화)

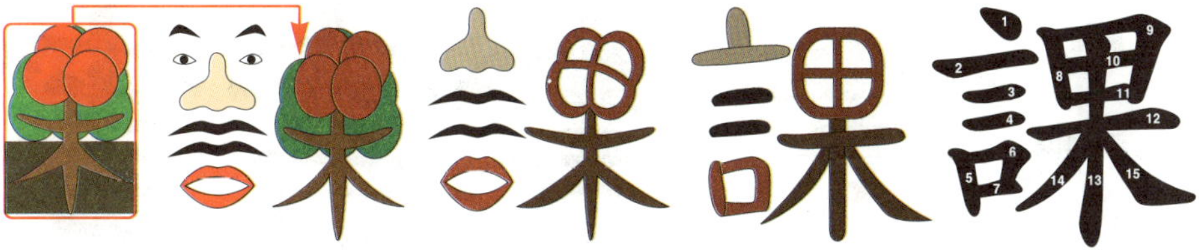

0456
部首 言(ごんべん)
総画 15画

言葉で果実を評価して功を課する。

おん	カ
くん	—

ことば
impose

課税(과세) • 日課(일과) • 放課後(방과후) • 課する(부과하다)

말로 열매를 따져 공을 매기다. (매길 / 부과할 과)

4年

0457
部首 艹(くさかんむり)
総画 8画
ことば
sprout

草が牙みたいに出るものが芽。

発芽(발아)・麦芽(맥아)・木の芽(나무의 싹)・新芽(새싹)

풀이 어금니같이 나오는 것이 싹. (싹 아)

おん ガ
くん め

0458
部首 攵(ぼくにょう)
総画 7画
ことば
improve

己を打って(鞭打って)過ちを改める。

改造(개조)・改善(개선)・改良(개량)・改めて(새삼스럽게)

몸을 쳐서(매질하여) 잘못을 고치다. (고칠 개)

おん カイ
くん あらためる
あらたまる

0459
部首 木(きへん)
総画 11画
ことば
machine

木わくで槍を持って警戒するように使うものが機械である。

機械(기계)・機械化(기계화)・器械(기계)・器械体操(기계체조)

나무틀로 창을 들고 경계하듯 쓰는 것이 기계다. (기계 계)

おん カイ
くん ―

0460
部首 宀(うかんむり)
総画 10画
ことば
injure

家の中に散らかっている草のように害する。

害悪(해악)・水害(수해)・損害(손해)・災害(재해)

집안을 어지러운 풀이 되게 헐뜯어 해치다. (해칠 / 해할 해)

おん ガイ
くん ―

0461
部首 行(ぎょうがまえ)
総画 12画
ことば
street

領土の上に作っておいた街。
街灯(가로등)・街頭(가두, 노상)・街道(가도, 큰길)・街角(길모퉁이)
영토 위에 만들어 놓은 사거리 길. (거리 가)

おん ガイ (カイ)
くん まち

4年

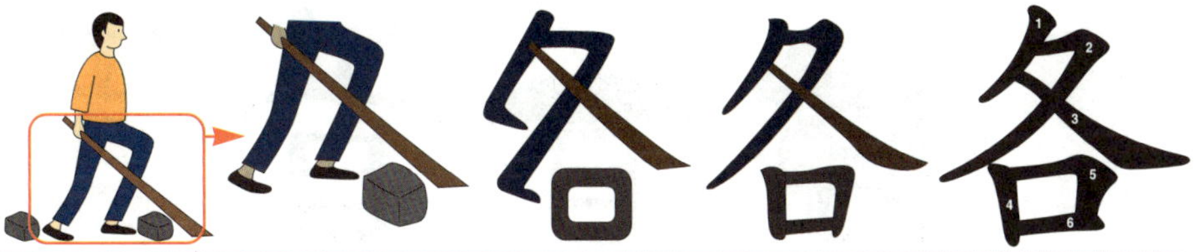

0462
部首 口(くち)
総画 6画
ことば
each

ゆっくり歩いて障害物を各々越す。
各自(각자)・各種(각종)・各地(각지)・各国(각국)
천천히 걸어 장애물을 각각 넘다. (각각 각)

おん カク
くん (おのおの)

0463
部首 見(みる)
総画 12画
ことば
perceive

家の中で人が目で見て覚える。
覚悟(각오)・発覚(발각)・覚え(기억)・目覚め(눈뜸)
집에서 눈으로 사람이 보고 깨닫다. (깨달을 각)

おん カク
くん おぼえる さます さめる

0464
部首 宀(うかんむり)
総画 7画
ことば
perfect

家が最上になるよう完全に飾る。
完全(완전)・完了(완료)・完熟(완숙)・未完(미완성)
집을 으뜸가게 완전하게 꾸미다. (완전할 / 꾸밀 완)

おん カン
くん —

0465

部首 宀(うかんむり)
総画 8画

かん ちょう かん か　けいじょう
官庁(官家)の形状。

ことば
かんしょく　けいかん　きょうかん　がいこうかん
官職(관직) • 警官(경찰관) • 教官(교관) • 外交官(외교관)

official rank
관청(관가)의 모양. (벼슬 / 관청 관)

おん カン
くん ―

0466

部首 ⺮(たけかんむり)
総画 14画

(昔(むかし)は役所(やくしょ)で笛(ふえ)にて時間(じかん)を知(し)らせた。)
たけ ぶえ　かん ちょう　ひ　う　しゅ かん
竹笛を官庁で引き受けて主管する。

ことば
かんせい　すいどうかん　けっかん
管制(관제) • 水道管(수도관) • 血管(혈관)

tube / manage
대나무 피리를 관가에서 맡아 주관하다. (대롱 / 주관할 관)
(옛날에는 관가에서 피리로 시간을 알렸음.)

おん カン
くん くだ

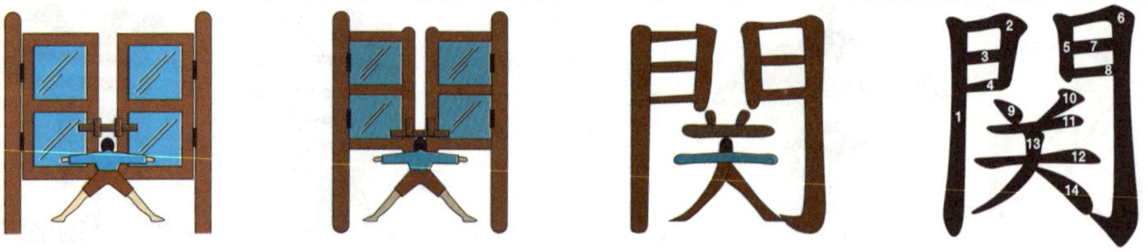

0467

部首 門(もんがまえ)
総画 14画

もん　か　がね　おお　ひと　かん
門に掛け金をかけて大きい人が関する。

ことば
かんせつ　きかん　せきしょ　せきとり
関節(관절) • 機関(기관) • 関所(관문) • 関取 (일본 씨름에서 十両(じゅうりょう)이상 씨름꾼의 경칭〈우리나라 장사급〉)

bolt
문에 빗장을 걸어 큰사람이 잠그다. (잠글 / 관계할 관)

おん カン
くん せき

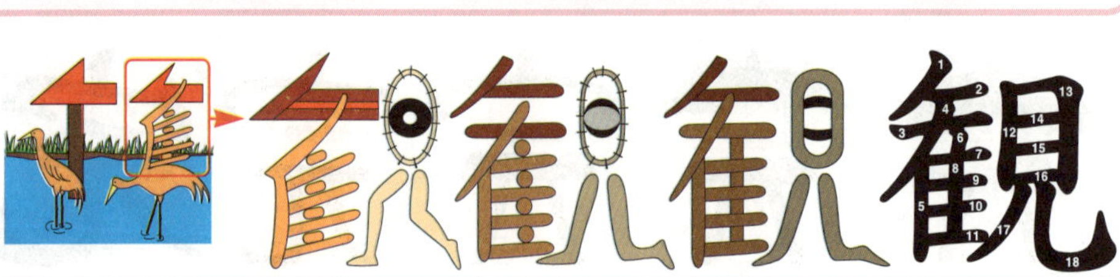

0468

部首 見(みる)
総画 18画

や じるし いた　した　コウノトリ　め　ひと　み
矢印板の下の鶴を目で人が見る。

ことば
かんさつ　かんこう　きゃっかん　らっかん
観察(관찰) • 観光(관광) • 客観(객관) • 楽観(낙관)

observe
화살표시판 밑에 황새를 눈으로 사람이 보다. (볼 관)

おん カン
くん ―

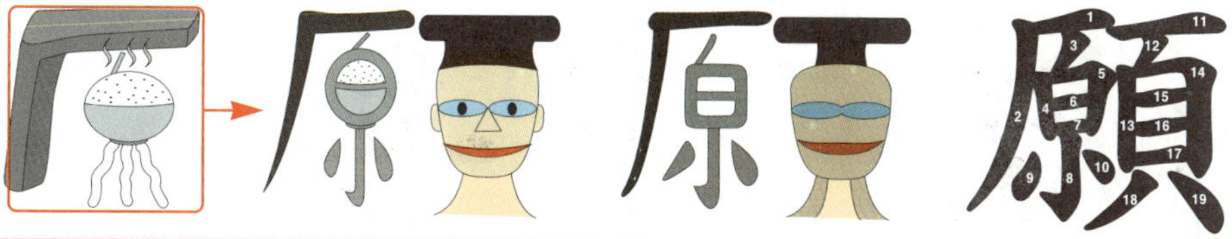

0469
部首 頁(おおがい)
総画 19画

岩から白い水が涌くのを頭で願う。

おん ガン
くん ねがう

ことば 願望(원망) • 至願(지원) • 悲願(비원) • 願い事(소망)

desire 바위에서 흰 물이 솟기를 머리로 원하다. (원할 원)

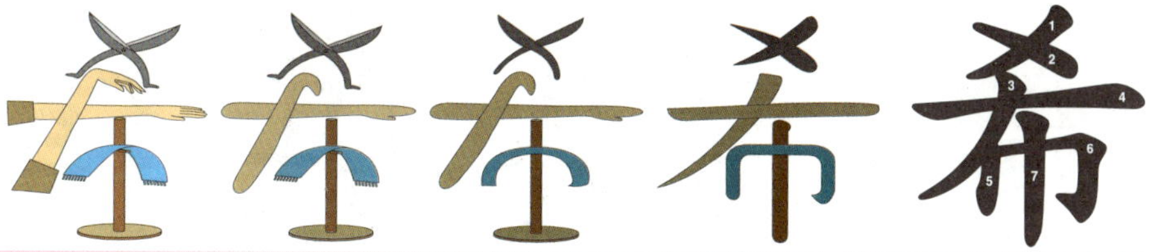

0470
部首 巾(はば)
総画 7画

はさみを手に取って布を切ってくれるのを希する。

おん キ
くん ―

ことば 希望(희망) • 希少(희소) • 希はく(희박) • 希代(희대)

hope 가위를 손에 쥐고 천을 떠 주기를 바라다. (바랄 희)

0471
部首 子(こ)
総画 8画

稲の息子(すなわち、苗)を植える季節になる。

おん キ
くん ―

ことば 季節(계절) • 季刊(계간) • 四季(사계) • 雨季(우기)

end 벼의 아들(즉 모)을 심는 철이 되다. (철 / 끝 계)

0472
部首 糸(いとへん)
総画 9画

糸を成している己が紀である。

おん キ
くん ―

ことば 紀行(기행) • 紀元(기원) • 風紀(풍기) • 二十一世紀(21세기)

guide ropes 실을 이루고 있는 몸이 실마리다. (벼리 / 실마리 기)

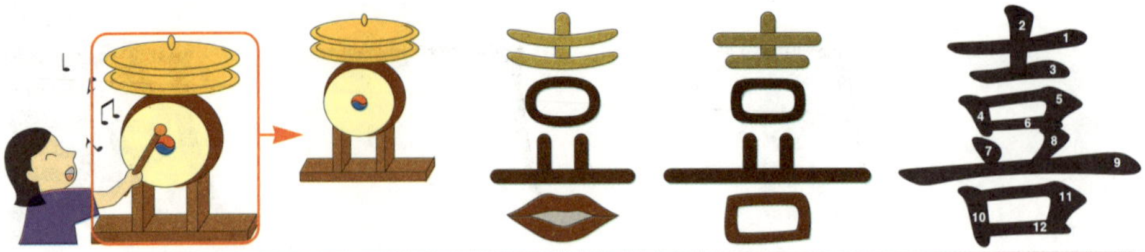

0473
部首 口(くち)
総画 12画
ことば
joy

太鼓を打ちながら口で歌ったら喜ぶ。

喜劇(희극) • 歓喜(환희) • 喜色満面(희색만면) • 大喜び(매우 기뻐함)

북을 치며 입으로 노래하니 기쁘다. (기쁠 희)

おん キ
くん よろこぶ

0474
部首 方(かたへん)
総画 14画
ことば
flag

からすきにささった旗。

旗手(기수) • 国旗(국기) • 旗色(형세, 전황) • 白旗(백기)

쟁기에 꽂힌 깃발, 그것이 기다. (기 기)

おん キ
くん はた

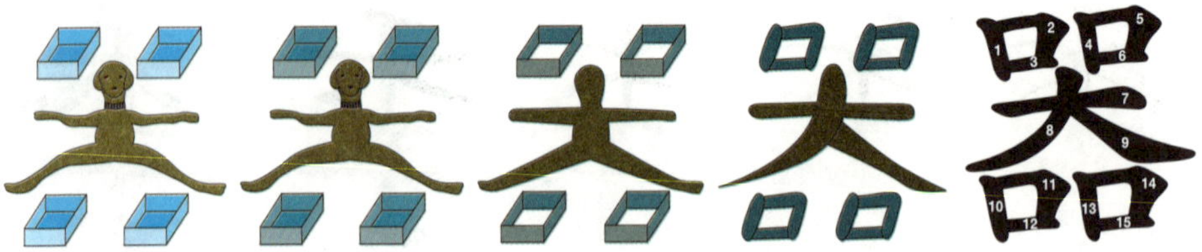

0475
部首 口(くち)
総画 15画
ことば
vessel

犬のえさを盛っておいた四つの器。

器量(기량) • 武器(무기) • 楽器(악기) • 受話器(수화기)

개의 먹이를 담아 놓은 네개의 그릇. (그릇 기)

おん キ
くん (うつわ)

0476
部首 木(きへん)
総画 16画
ことば
machine

木わくに小さい槍を打ち込んで人が作った機械。

機会(기회) • 動機(동기) • 待機(대기) • 機織り(베틀로 베를 짬)

나무틀에 작은 창을 박아 사람이 만든 기계. (베틀/기계 기)

おん キ
くん (はた)

0477

部首 言(ごんべん)
総画 20画

言葉で義の方法を議論する。

おん ギ
くん —

ことば
議論(의논)・議席(의석)・討議(토의)・不思議(불가사의)

discuss

말로 옳은 방법을 의논하다. (의논할 의)

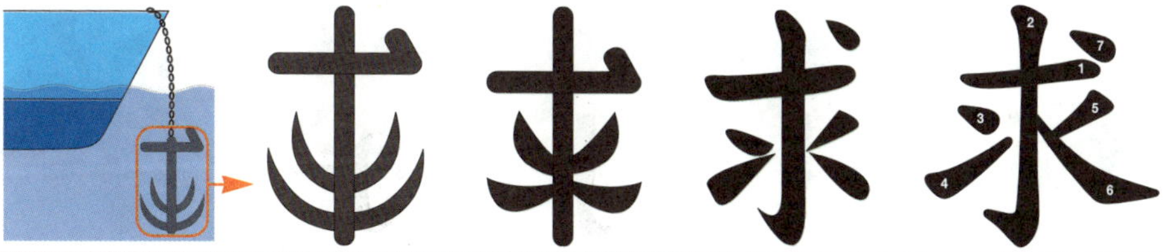

0478

部首 水(みず)
総画 7画

錨を下ろしてくれと求める。

おん キュウ
くん もとめる

ことば
求職(구직)・欲求(욕구)・探求(탐구)・求めに応じる(요구에 응하다)

look for seek

닻을 내려 달라고 구하다. (구할/청할 구)

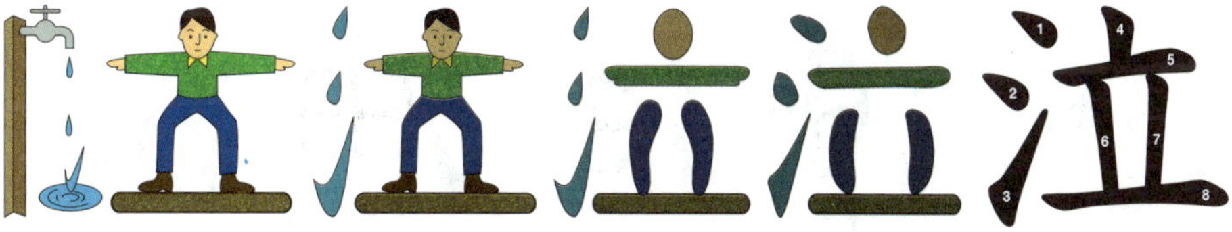

0479

部首 氵(さんずい)
総画 8画

水みたいなものを流しながら立って泣く。

おん (キュウ)
くん なく

ことば
感泣(감읍.감격하여 욺)・泣き声(울음소리)

weep

물같은 것을 흘리며 서서 울다. (울 읍)

0480

部首 攵(ぼくにょう)
総画 11画

(揺れることを)求めてくれる錨のように叩いて救う。

おん キュウ
くん すくう

ことば
救助(구조)・救いを求める(구조를 요청하다)

save

(흔들림을) 구해주는 닻처럼 두들겨 구원하다. (구원할 구)

0481

部首 糸(いとへん)
総画 12画
ことば
give

いと　ふた　あ　つな　きゅう
糸を、蓋をして合わせるように繫いで給する。

きゅうしょく　きゅうゆ　しきゅう　げっきゅう
給食(급식) • 給油(급유) • 支給(지급) • 月給(월급)

실을 뚜껑을 덮어 합하듯 이어주다. (줄 급)

おん キュウ
くん —

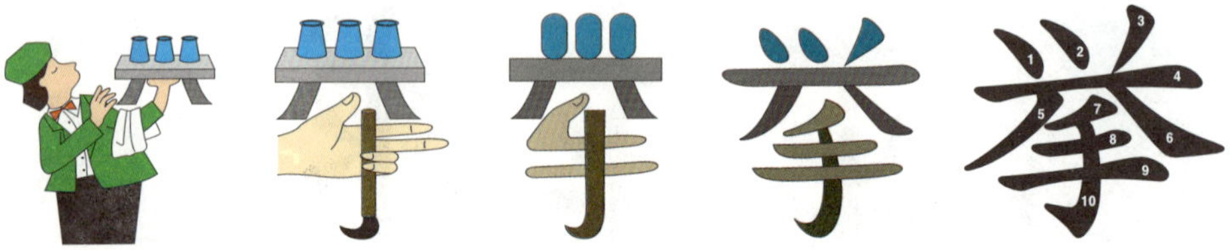

0482

部首 手(て)
総画 10画
ことば
hold / raise

しな もの　お　ちん れつ だい　て　あ
品物を置いた陳列台を手で挙げる。

きょしゅ　かいきょ　けんきょ　じゅうりょうあ
挙手(거수) • 快挙(쾌거) • 検挙(검거) • 重量挙げ(역기, 역도)

물건 놓은 진열대를 손으로 들다. (들 거)

おん キョ
くん あげる
あがる

0483

部首 氵(さんずい)
総画 14画
ことば
fishing

みず　さかな　ぎょ
水で魚を漁する。

ぎょぎょう　ぎょそん　りょうし　たいりょう
漁業(어업) • 漁村(어촌) • 漁師(어부) • 大漁(대어, 풍어)

물에서 물고기를 잡다. (고기잡을 어)

おん ギョ
リョウ
くん —

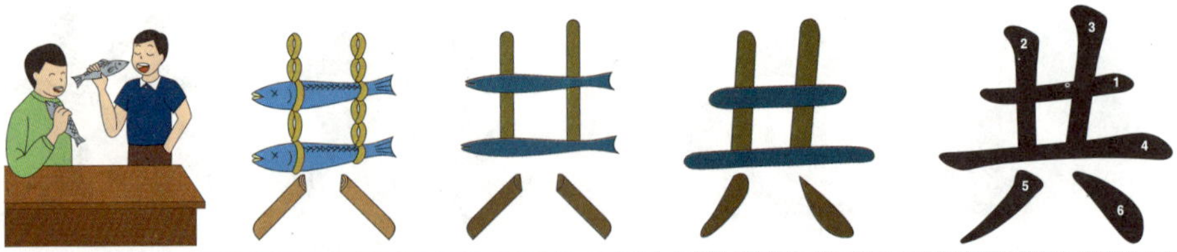

0484

部首 八(はち)
総画 6画
ことば
together

あ　さかな　わ　とも　も
編んだ魚を分けて共に持つ。

きょうつう　きょうかん　ともばたら　ともぐ
共通(공통) • 共感(공감) • 共働き(맞벌이) • 共食い(같은 무리끼리 서로 잡아먹음, 동족상잔)

엮은 고기를 나누어 함께 가지다. (함께 공)

おん キョウ
くん とも

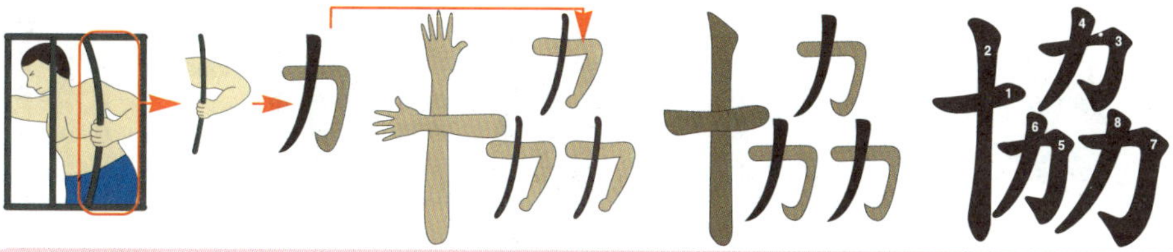

0485

部首 十(じゅう)
総画 8画

十人が力と力と力を出して協力する。

おん キョウ
くん ―

ことば
協力(협력)・協会(협회)・協定(협정)・協約(협약)

harmony
열 사람이 힘과 힘과 힘을 내어 도웁다. (도울 협)

0486

部首 金(かねへん)
総画 19画

金属みたいな面に立っている人を映すものが鏡。

おん キョウ
くん かがみ

ことば
望遠鏡(망원경)・手鏡(손거울)・眼鏡(안경)

mirror
금속같은 면에 서 있는사람을 비추는 것이 거울. (비출/거울 경)

0487

部首 立(たつ)
総画 20画

立って口で二人が競う。

おん キョウ ケイ
くん (きそう) (せる)

ことば
競争(경쟁)・競馬(경마)・競り市(경매시장)

compete
서서 입으로 사람 둘이 다투다. (다툴 경)

0488

部首 木(きへん)
総画 12画

木が錐、口、やっとこによってその寿命が極まる。

おん キョク・ゴク
くん きわめる きわまる きわみ

ことば
極限(극한)・南極(남극)・極楽(극락)・極め付き(감정 증명서가 붙어 있음. 정평이 있음)

utmost
나무가 송곳, 입, 집게에 의해 수명이 다하다. (지극할/다할 극)

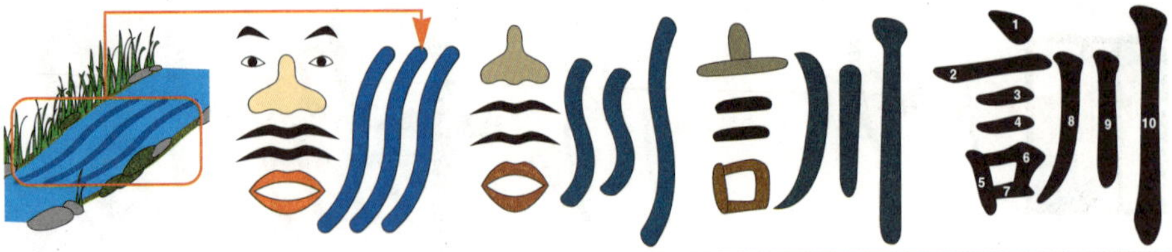

0489 部首 言(ごんべん) 総画 10画

言葉を川の水が流れるように訓する。

ことば 訓示(훈시)・訓話(훈화)・音訓(음훈)・家訓(가훈)

instruct 말을 냇물이 흐르듯 하며 가르치다. (가르칠 훈)

おん クン
くん —

0490 部首 車(くるま) 総画 9画

(偽装幕を)覆って砲を撃つ者が軍。

ことば 軍隊(군대)・軍人(군인)・将軍(장군)・空軍(공군)

military (위장막을) 덮고 포를 쏘는 자가 군사. (군사 군)

おん グン
くん —

(右)杖=邑=阝 지팡이=마을

0491 部首 阝(おおざと) 総画 10画

王様が指揮棒と口で治める村が郡。

ことば 郡部(군부, 군에 속하는 지역)・郡県制度(군현제도)

country 임금이 지휘봉과 입으로 다스리는 마을이 고을. (고을 군)

おん グン
くん —

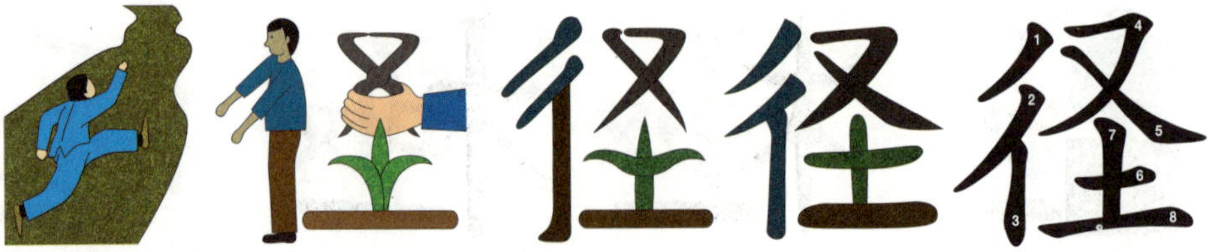

0492 部首 彳(ぎょうにんべん) 総画 8画

急いで行こうと選んだ土の道が径。

ことば 直径(직경)・半径(반경)・内径(내경)・口径(구경)

short cut 바삐가려고 골라 잡은 흙길이 지름길. (지름길 경)

おん ケイ
くん —

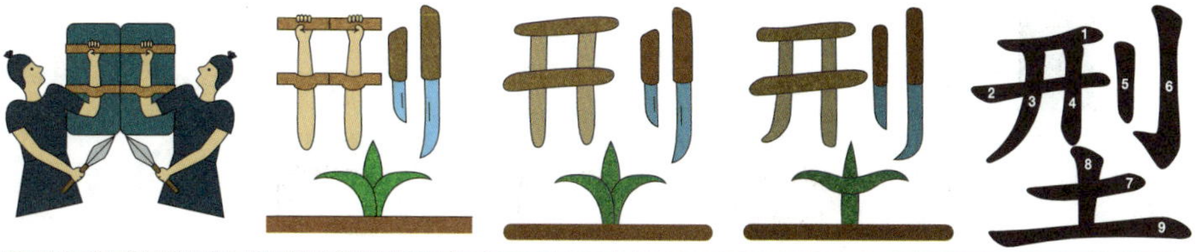

0493
部首 土(つち)
総画 9画

盾みたいなわくにて刀で切ったように取った土煙瓦の型。

おん ケイ
くん かた

ことば
原型(원형)・模型(모형)・新型(신형)・血液型(혈액형)

type
방패같은 틀로 칼로 벤 듯 찍은 흙 벽돌의 모양. (모양 형)

0494
部首 日(ひ)
総画 12画

日が京都の上空に出て景色がいい。

おん ケイ
くん —

ことば
景気(경기)・景品(경품)・絶景(절경)・景色(경치.풍경)

sunlight
해가 서울 상공에 나오니 경치가 좋다. (빛 / 경치 경)

0495
部首 艹(くさかんむり)
総画 7画

草をうまく育てることも云わば芸である。

おん ゲイ
くん —

ことば
芸術(예술)・文芸(문예)・手芸(수예)・工芸(공예)

art / talent
풀을 잘 기르는 것도 말하자면 재주다. (재주 예)

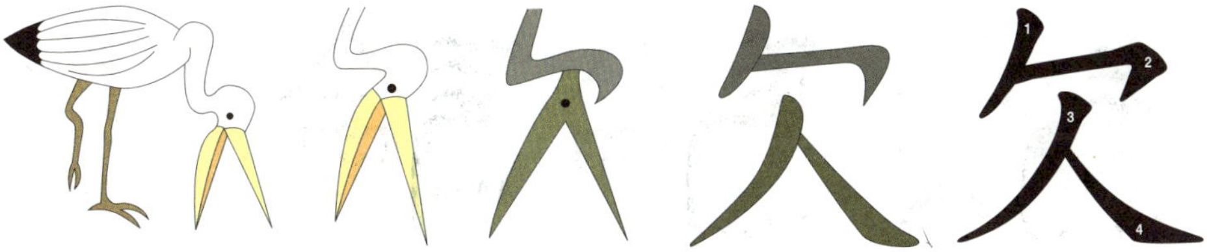

0496
部首 欠(あくび)
総画 4画

口を開けて補わなければならないほど欠く。

おん ケツ
くん かける
かく

ことば
欠席(결석)・欠点(결점)・補欠(보결)・出欠(출결)

deficient
입을 벌려 보충해야 할 만큼 모자라다. (모자랄 결)

0497

部首 糸(いとへん)
総画 12画
ことば
tie

糸で縛るように吉い日に士の家族になる縁を結ぶ。
結成(결성) • 結果(결과) • 連結(연결)
실로 묶듯 길한 날 선비의 식구되는 인연을 맺다. (맺을 결)

おん ケツ
くん むすぶ
(ゆう)
(ゆわえる)

0498

部首 廴(えんにょう)
総画 9画
ことば
build

筆で書いていく時、筆を建てる。
建築(건축) • 建立(건립) • 建物(건물) • 二階建て(2층건물)
붓으로 써 갈 때 붓을 세우다. (세울 건)

おん ケン
(コン)
くん たてる
たつ

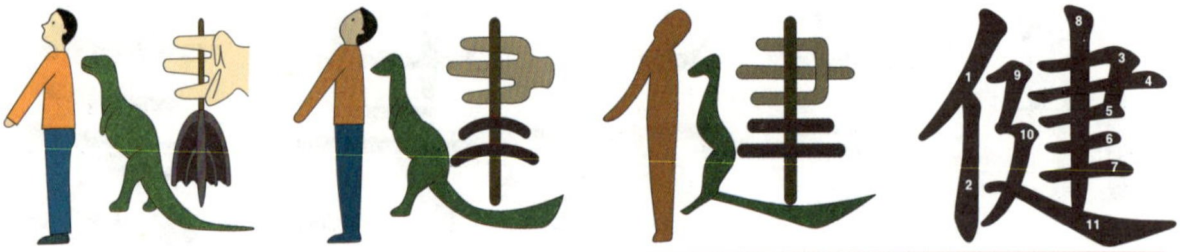

0499

部首 亻(にんべん)
総画 11画
ことば
healthy

人が筆の(進む)ように真っ直ぐ立って歩いたら健やかである。
健康(건강) • 健在(건재) • 強健(강건) • 保健室(보건실)
사람이 붓이 가는 것처럼 곧게 서 걸으니 굳세다. (굳셀 / 건강할 건)

おん ケン
くん (すこやか)

0500

部首 馬(うまへん)
総画 18画
ことば
examine

馬に家の荷物をすべて乗せて試験する。
験算(검산) • 試験(시험) • 実験(실험) • 体験(체험)
말에 집의 짐을 다 싣고 시험하다. (시험할 험)

おん ケン
(ゲン)
くん —

0501

部首 口(くにがまえ)
総画 8画

城が古い碑石のように長い間積まれて固い。

ことば

固形(고형) • 固まり(덩어리) • 固さ(단단함)

hard / harden

성을 오래된 비석처럼 오래 쌓아 굳다. (굳을 고)

おん コ

くん かためる かたまる かたい

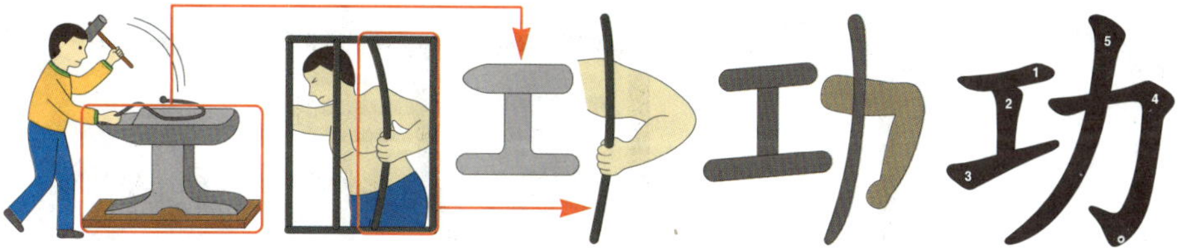

0502

部首 力(ちから)
総画 5画

作ろうと力をつくして功を建てる。

ことば

功績(공적) • 功労者(공로자) • 成功(성공) • 功徳(공덕)

merits

만들려고 힘을 써 공을 세우다. (공 / 이바지할 공)

おん コウ (ク)

くん —

0503

部首 女(おんなへん)
総画 6画

女が息子を抱えて好む。

ことば

好評(호평) • 友好(우호) • 格好(모습, 모양) • 大好き(매우 좋아함)

good

여자가 아들을 안고 좋아하다. (좋을 호)

おん コウ

くん このむ すく

手紙の縛られている矢
편지가 묶인 화살

0504

部首 亻(にんべん)
総画 10画

人たちが、垂直の的に矢を撃つに適した候を迎える。

ことば

候補(후보) • 天候(기후) • 兆候(징후) • 候文(소로분, 편지에 쓰는 문어체)

season

사람들이 수직 과녁에 화살쏘기 좋은 철을 맞다. (철 후)

おん コウ

くん (そうろう)

0505

部首 舟(ふねへん)
総画 10画

舟に帆を高くあげて水を航する。

ことば
航海(항해) • 出航(출항) • 欠航(결항)

across / sail
배에 돛을 높게 올리고 물을 건넌다. (배/건널 항)

おん コウ
くん —

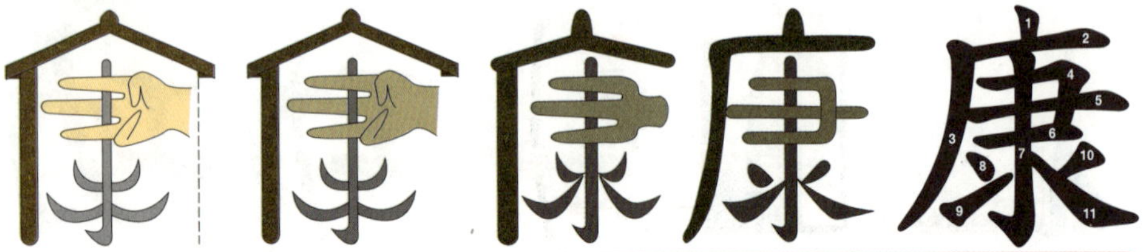

0506

部首 广(まだれ)
総画 11画

家賃を手でもらって生活したら康である。

ことば
健康(건강) • 健康優良児(건강우량아) • 小健状態(소강상태)

peaceful
집세를 손으로 받아 생활하니 편안하다. (편안할 강)

おん コウ
くん —

0507

部首 口(くち)
総画 7画

牛を捕っておいて口で神さまに告げる。

ことば
告示(고시) • 広告(광고) • 予告(예고) • 告げ口(밀고)

ask / tell
소를 잡아 놓고 입으로 신에게 고하다. (고할/알릴 고)

おん コク
くん つげる

0508

部首 工(こう)
総画 10画

羊肉で作った食べ物は味の差がある。

ことば
差別(차별) • 日差し(햇살) • 差し支える(지장이 있다)

different
양고기로 만든 음식은 맛이 다르다. (다를/어긋날 차)

おん サ
くん さす

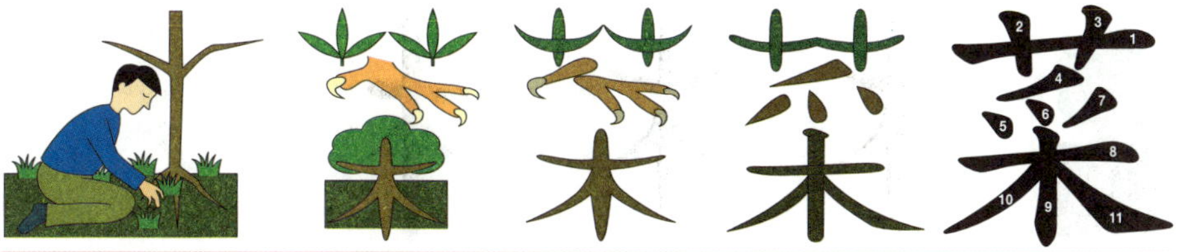

0509

部首 艹(くさかんむり)
総画 11画

草を爪で木を掘るように掘ったものが菜。

おん サイ
くん な

ことば
菜食(채식)・白菜(배추)・菜の花(평지꽃)・菜っ葉(푸성귀의 잎)

vegetables
풀을 손톱으로 나무를 캐듯 캔 것이 나물. (나물 채)

0510

部首 日(ひらび)
総画 12画

危険を冒して敵軍の耳を持って来るのが最も大きな功。

おん サイ
くん もっとも

ことば
最大(최대)・最悪(최악)・最後(최후)・最高潮(최고조)

most
위험을 무릅쓰고 적군 귀를 가지고 옴이 가장 큰 공. (가장 최)

0511

部首 木(きへん)
総画 7画

木で才能を用いて作ったものが材木である。

おん ザイ
くん —

ことば
材木(재목)・材料(재료)・教材(교재)・資材(자재)

timber
나무로 재주 부려 만든 것이 재목이다. (재목 재)

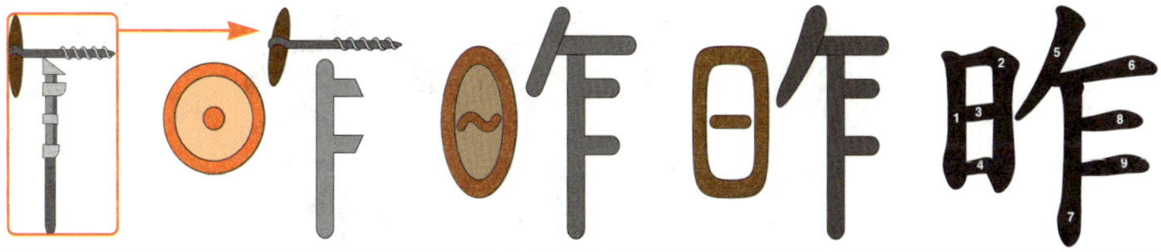

0512

部首 日(ひへん)
総画 9画

日を貫いて締める間に過ぎて昨日になる。

おん サク
くん —

ことば
昨年(작년)・昨夜(어젯밤)・昨今(작금, 요즈음)・昨日(어제)

yesterday
날이 뚫고 조이는 잠깐 사이에 지나 어제가 되다. (어제 작)

0513
部首 木(きへん)
総画 5画
木に書いて貼っておいたものが札である。
ことば
改札(개찰)・検札(검찰.승객의 승차권을 조사함)・名札(명찰)・荷札(꼬리표)
letter
나무에 써 붙여 놓은 것이 편지다. (편지 / 패 찰)
おん サツ
くん ふだ

0514
部首 刂(りっとう)
総画 8画
家で木の板を布巾で拭って刀で刷る。
ことば
刷新(쇄신)・印刷(인쇄)・色刷り(색채 인쇄)・刷り物(인쇄물)
print
집에서 목판을 수건으로 닦고 칼로 새기다. (인쇄할 / 새길 쇄)
おん サツ
くん する

0515
部首 殳(るまた)
総画 10画
カッター や木で叩いて殺す。
ことば
殺人(살인)・相殺(상쇄)・殺生(살생)・見殺し(못본 체함)
kill
절단기나 나무로 두들겨 쳐서 죽이다. (죽일 살 / 감할 쇄)
おん サツ (サイ)・(セッ)
くん ころす

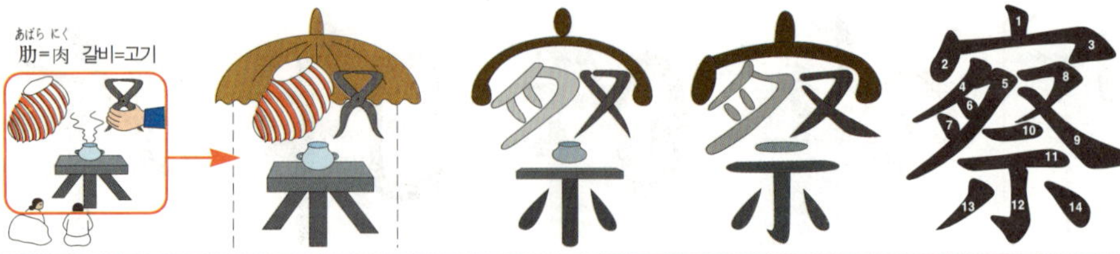

0516
部首 宀(うかんむり)
総画 14画
家の祭祀の時に肉を取って祭祀膳に置いて察する。
ことば
観察(관찰)・診察(진찰)・視察(시찰)・察する(헤아리다. 살피다)
watch
집 제사 때 고기를 집어 젯상에 놓고 살피다. (살필 찰)
おん サツ
くん —

0517

部首 ム(む)
総画 8画

笠(かさ)を被(かぶ)った長髪(ちょうはつ)の士(し)が式(しき)に参(まい)る。

ことば
参加(さんか)(참가)・参列(さんれつ)(참렬)・寺参(てらまい)り(절에 참배함)・墓参(はかまい)り(성묘)

participate
삿갓을 쓴 장발의 신사가 식에 참여하다. (참여할 참 / 석 삼)

おん サン
くん まいる

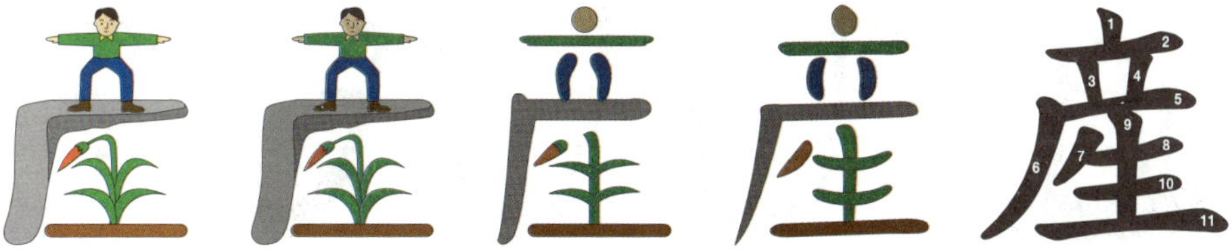

0518

部首 生(うまれる)
総画 11画

立(た)っている岩(いわ)のそばの草(くさ)が実(み)を産(う)む。

ことば
産業(さんぎょう)(산업)・遺産(いさん)(유산)・産(う)み月(づき)(해산 달)・産着(うぶぎ)(배내옷)

bear
서 있는 바위옆 풀이 열매를 낳다. (낳을 산)

おん サン
くん うむ
うまれる
(うぶ)

0519

部首 攵(ぼくにょう)
総画 12画

魚(さかな)とカルビを叩(たた)いて肉(にく)が散(ち)らかる。

ことば
散歩(さんぽ)(산책)・拡散(かくさん)(확산)・解散(かいさん)(해산)・散(ち)り散(ぢ)り(뿔뿔이)

scatter
생선과 갈비를 두들겨 살이 흩어지다. (흩을 산)

おん サン
くん ちる・ちらす
ちらかす
ちらかる

0520

部首 歹(かばねへん)
総画 10画

死(し)んでひからびた骨(ほね)が二(ふた)つの槍(やり)のように残(のこ)る。

ことば
残念(ざんねん)(유감스러움)・残飯(ざんぱん)(남은 밥)・残(のこ)り物(もの)(남은 물건,남은 음식)・名残(なごり)(여운)

injure
죽어 앙상한 뼈가 창 두 자루 만큼 남다. (남을/잔인할 잔)

おん ザン
くん のこる
のこす

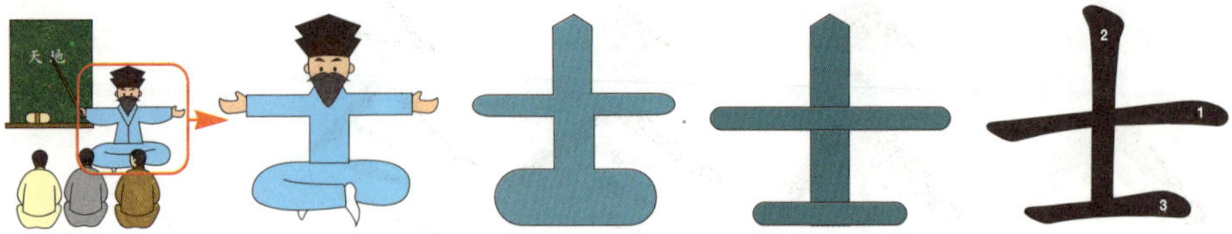

0521
部首 士(さむらい)
総画 3画
ことば
scholar

(文を教える)士の形状。

武士(무사) • 勇士(용사) • 兵士(병사) • 消防士(소방대원)

(글을 가르치는) 선비의 모양. (선비 사)

おん シ
くん —

0522
部首 氏(うじ)
総画 4画
ことば
clan / family

木の枝を曲げて縛ったら氏が出る。

氏名(성명) • 氏族(씨족) • 氏神(조상으로 모시는 신) • 氏子(한 조상신의 자손)

나뭇가지를 휘어 묶으니 뿌리가 나다. (뿌리 / 성 씨)

おん シ
くん (うじ)

0523
部首 口(くち)
総画 5画
ことば
history

中立の立場で筆にて書いたものが歴史である。

史学(역사학) • 歴史(역사) • 国史(국사) • 世界史(세계사)

가운데(中) 입장에서 붓으로 쓴 것이 역사다. (역사 사)

おん シ
くん —

0524
部首 口(くち)
総画 5画
ことば
manage

腕で一つの口(一人)を司どる。

司会(사회, 진행자) • 司法(사법) • 司令(사령) • 上司(상사)

팔로 하나의 입(한 사람)을 맡다. (맡을 사)

おん シ
くん —

0525
部首 言(ごんべん)
総画 13画

言葉で矢の作り方を聞いて試みる。

ことば
試験(시험)・入試(입시)・試み(시도, 시행)・試し(시험, 시도)

examine
말로 주살 만드는 법을 물어 시험하다. (시험할 시)

おん シ
くん こころみる
(ためす)

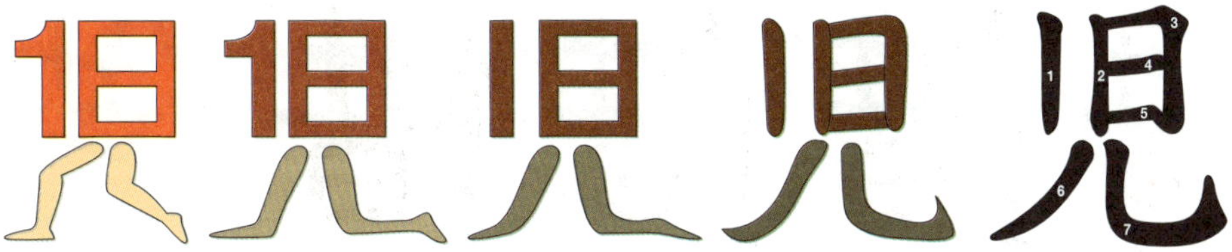

0526
部首 儿(ひとあし)
総画 7画

1日(日ごとに)人の保護を受ける幼児。

ことば
児童(아동)・育児(육아)・幼児(유아)・小児科(소아과)

child
1日(날마다) 사람의 보호를 받는 아이들. (아이 아)

おん ジ
(ニ)
くん —

0528
部首 氵(さんずい)
総画 8画

水が破れるほど笑いながら喜んで治める。

ことば
政治(정치)・退治(퇴치)・治安(치안)・自治(자치)

govern
물을 찢어지게 웃으며 기쁘게 쓰려고 다스리다. (다스릴 치)

おん ジ・チ
くん おさめる
おさまる
なおる
なおす

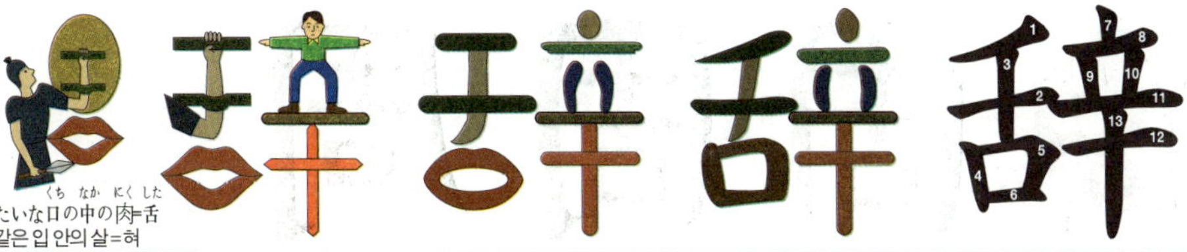

盾みたいな口の中の肉=舌
방패같은 입 안의 살=혀

0527
部首 辛(からい)
総画 13画

舌が擦れるほど立って十字架の前に辞する。

ことば
辞書(사전)・辞職(사직)・式辞(식사, 식장에서 하는 인사말)

words
혀가 닳도록 서서 십자가 앞에 고하다. (말 / 고할 사)

おん ジ
くん (やめる)

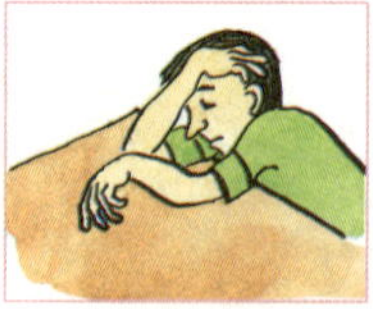

0529

部首 大(だい)
総画 5画
ことば
lose / miss

錐に開けられたように大きい人が精神を失う。
失望(실망) • 失業(실업) • 見失う(보던 것을 놓치다.잃다)
송곳에 뚫린 듯 큰 사람이 정신을 잃다. (잃을 실)

おん シツ
くん うしなう

0530

部首 亻(にんべん)
総画 10画
ことば
borrow

人が魚を日に長く干すように長く(お金を)借りる。
借用(차용) • 賃借(임차) • 間借り(세.방을 빎) • 借り手(차주.빌어 쓰는 사람)
사람이 생선을 볕에 오래 말리듯 오래(돈을) 빌리다. (빌릴 차)

おん シャク
くん かりる

道しるべ=里 이정표=마을

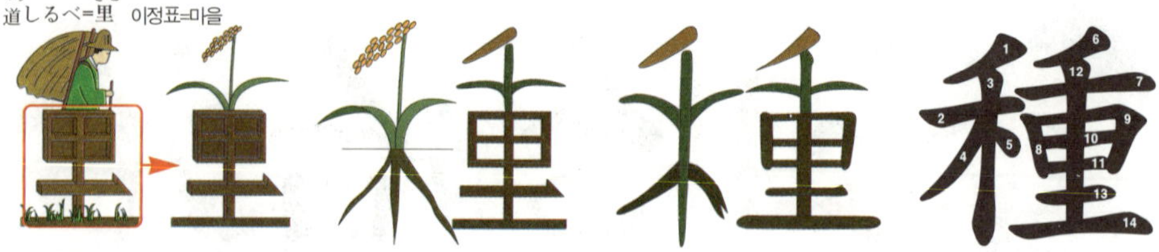

0531

部首 禾(のぎへん)
総画 14画
ことば
seed

稲を里まで背負って行って重いものを種で使う。
種類(종류) • 職種(직종) • 菜種(유채 씨) • 火種(불씨)
벼를 마을까지 지고 가 무거운 것을 씨로 쓰다. (종자/씨 종)

おん シュ
くん たね

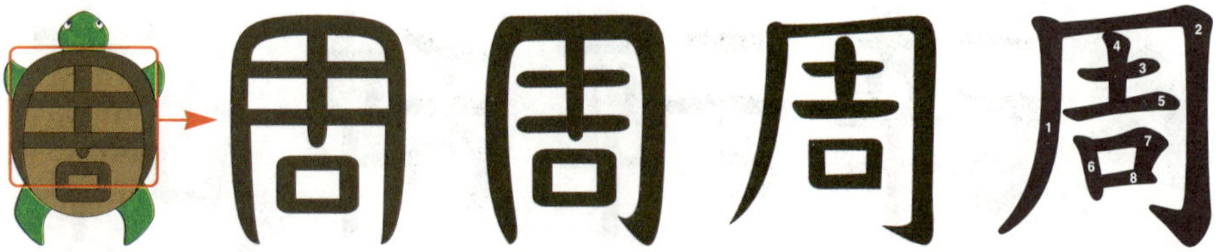

0532

部首 口(くち)
総画 8画
ことば
all around

亀の背中には四角形の柄が周りにある。
周囲(주위) • 周辺(주변) • 一周(일주) • 周りの人(주변 사람)
거북 등에는 □(네모꼴) 무늬가 두루 나 있다. (두루 주)

おん シュウ
くん まわり

0533
部首 ネ(しめすへん)
総画 9画
ことば
bless / celebrate

祭祀膳の前で口を開けた人(兄)が福を祝う。

祝日(축일)・祝電(축전)・祝福(축복)・祝歌(축가)

젯상앞에서 입을 연 사람(형)이 복을 빈다. (빌 축)

おん シュク (シュウ)
くん いわう

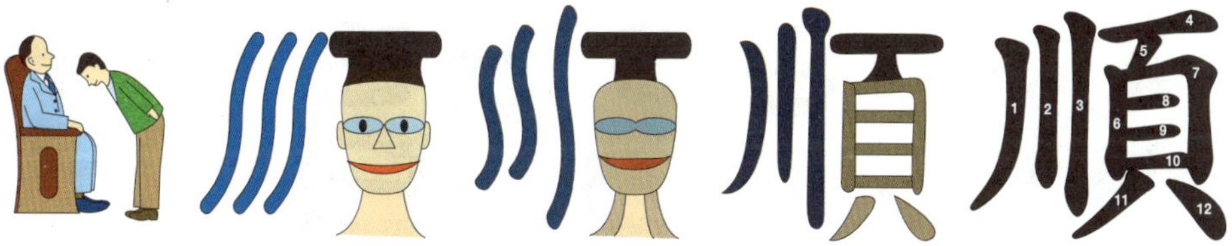

0534
部首 頁(おおがい)
総画 12画
ことば
mild / obey

川が流れるように頭で指示を順する。

順序(순서)・順位(순위)・席順(석순. 좌석의 순서)・筆順(필순)

냇물이 흐르듯 머리로 지시를 순하게 좇다. (순할 / 좇을 순)

おん ジュン
くん —

0535
部首 刀(かたな)
総画 7画
ことば
beginning

布に刀を当てることが裁断の初めの過程である。

最初(최초)・初雪(첫눈)・書き初め(신춘 휘호)

옷감에 칼질함이 재단의 처음 과정이다. (처음 초)

おん ショ
くん はじめ
はじめて
はつ・(うい)
(そめる)

0536
部首 木(きへん)
総画 8画
ことば
pine tree

木の中で貴人のような木が松である。

松林(송림)・赤松(적송)・松竹梅(송죽매)

나무 중에 귀인과 같은 나무가 소나무다. (솔 송)

おん ショウ
くん まつ

0537
部首 ⺮(たけかんむり)
総画 10画

竹が愛嬌を振りまくと、皆が笑い出す。

おん (ショウ)
くん わらう (えむ)

ことば
談笑(담소) • 微笑(미소) • 苦笑い(쓴웃음) • 笑顔(웃는 얼굴)

laugh
대나무가 아양을 떠니 모두가 웃음이 난다. (웃을 소)

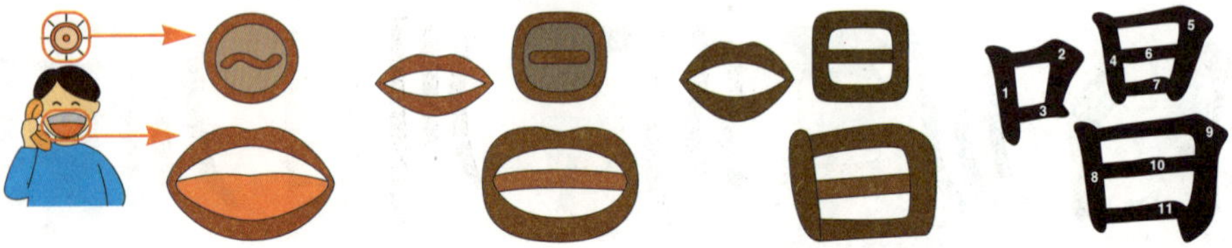

0538
部首 口(くちへん)
総画 11画

口で日のように盛んに唱える。

おん (ショウ)
くん となえる

ことば
合唱(합창) • 提唱(제창) • 復唱(복창)

sing
입으로 해처럼 창성하게 노래 부르다. (노래부를 창)

0539
部首 火(ひへん)
総画 12画

火の手が草の墓のように高く上がって焼ける。

おん (ショウ)
くん やく やける

ことば
焼失(소실) • 燃焼(연소) • 焼き肉(불고기) • 夕焼け(저녁놀)

burn
불길이 풀무덤같이 높이 올라 불사르다. (불사를 소)

0540
部首 豕(いのこ)
総画 12画

象の形状。

おん ショウ ゾウ
くん —

ことば
対象(대상) • 現象(현상) • 印象(인상) • 有象無象(어중이떠중이)

elephant
코끼리의 모양. (코끼리 상)

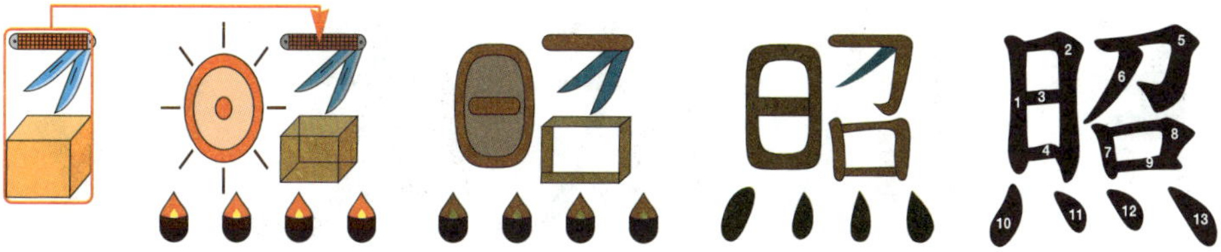

0541
部首 灬(れんが)
総画 13画
ことば
shine / illumene

日が刀みたいに熱く四方を火のように照らす。
照明(조명)・参照(참조)・日照り(가뭄.한발)・照れ屋(수줍음을 잘 타는 사람)
해가 칼처럼 따갑게 사방을 불같이 비추다. (비출 조)

おん シヨウ
くん てる てらす てれる

0542
部首 貝(こがい)
総画 15画
ことば
prize

建物ぐらい高い金額のお金(金箱)で賞を与える。
賞品(상품)・賞状(상장)・受賞(수상)・副賞(부상)
건물만큼 높은 액수의 돈(돈통)으로 상 주다. (상줄 상)

おん シヨウ
くん ―

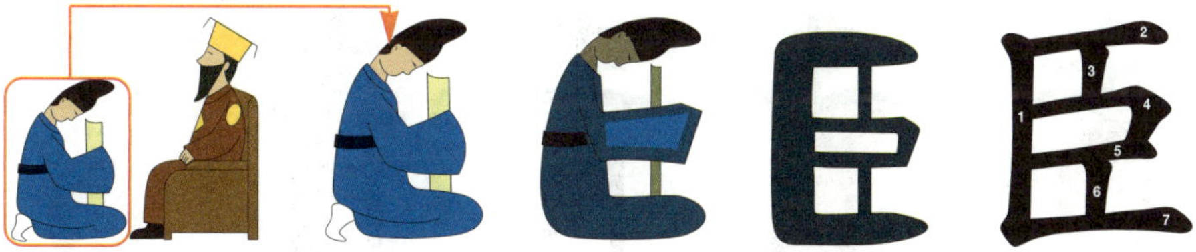

0543
部首 臣(しん)
総画 7画
ことば
subject

臣の形状。
臣下(신하)・忠臣(충신)・大臣(대신)・総理大臣(총리대신)
신하의 모양. (신하 신)

おん シン ジン
くん ―

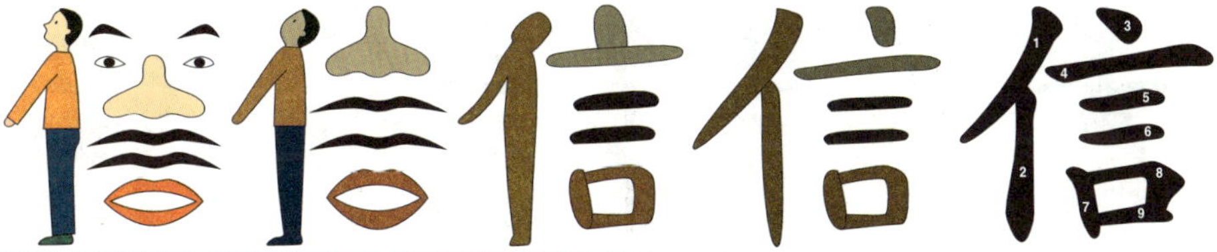

0544
部首 亻(にんべん)
総画 9画
ことば
believe

人が言葉を信じる。
信用(신용)・信条(신조)・過信(과신)・通信(통신)
사람이 말을 믿다. (믿을 신)

おん シン
くん ―

0545
部首 戈(ほこづくり)
総画 6画

官位を槍で奪って意を成す。

ことば
成長(성장) • 成熟(성숙) • 成仏(성불) • 成り立つ(성립하다)

accomplish
벼슬 자리를 창으로 뺏어 뜻을 이루다. (이룰 성)

おん セイ (ジョウ)
くん なる なす

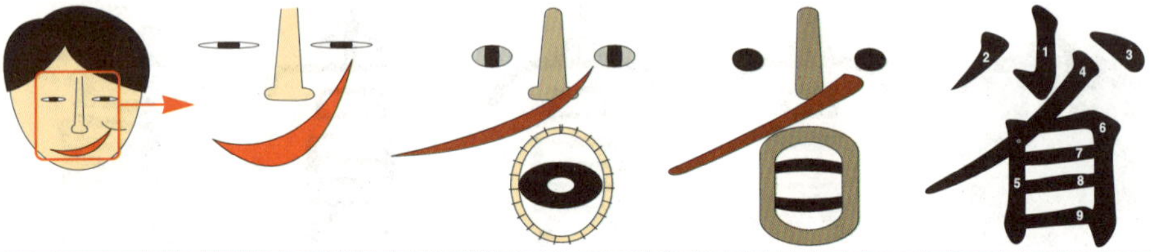

0546
部首 目(め)
総画 9画

口が少なくゆがんだ理由を目で省みる。

ことば
省略(생략) • 外務省(외무성) • 反省(반성) • 帰省(귀성, 고향으로 돌아감)

deliberate
입이 작게 돌아간 이유를 눈으로 살피다. (살필 성 / 생)

おん セイ ショウ
くん (かえりみる) はぶく

0547
部首 氵(さんずい)
総画 11画

水が青く見えるほど清い。

ことば
清潔(청결) • 清純(청순) • 血清(혈청) • 清水(샘솟는 맑은 물)

clear
물이 푸르게 보일 정도로 맑다. (맑을 청)

おん セイ ショウ
くん きよい きよまる きよめる

0548
部首 青(あお)
総画 14画

青い森を人が熊手を取って捜したら静かである。

ことば
静止(정지) • 静電気(정전기) • 静脈(정맥) • 静けさ(조용함, 고요함)

quiet
푸른 숲을 사람이 갈퀴 잡고 찾으니 고요하다. (고요할 정)

おん セイ・(ジョウ)
くん しず・しずか しずまる しずめる

0549

部首 巾(はば)
総画 10画
ことば
seat

家《いえ》に魚《さかな》を置《お》こうと布《ぬの》で席《せき》を敷《し》く。

座席《ざせき》(좌석)・即席《そくせき》(즉석)・着席《ちゃくせき》(착석)・寄席《よせ》(만담장)

집에 고기를 두려고 천으로 자리를 깔다. (자리 / 깔 석)

おん セキ
くん —

0550

部首 禾(のぎへん)
総画 16画
ことば
pile up

稲《いね》と草《くさ》をお金《かね》になるように責任《せきにん》を負《お》って積《つ》む。

積雪《せきせつ》(적설)・心積《こころづ》もり(속셈, 예정)・見積書《みつもりしょ》(견적서)

벼와 풀을 돈이 되게 책임지고 쌓다. (모을 / 쌓을 적)

おん セキ
くん つむ
つもる

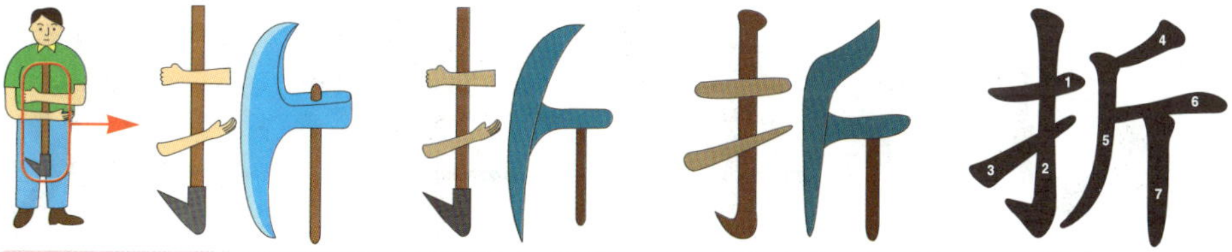

0551

部首 扌(てへん)
総画 7画
ことば
break off

(木《き》を)手《て》に斧《おの》を持《も》って折《お》る。

折半《せっぱん》(절반)・骨折《こっせつ》(골절)・折《おり》よく(때마침)・折《お》れ曲《ま》がる(꺾여지다)

(나무를) 손에 도끼를 들고 꺾다. (꺾을 절)

おん セツ
くん おる
おり
おれる

0552

部首 ⺮(たけかんむり)
総画 13画
ことば
knot / joint

竹《たけ》さじとしゃくしの節《ふし》を無《な》くす。

節約《せつやく》(절약)・お節料理《せちりょうり》(정월이나 명절에 쓰는 특별요리)・節穴《ふしあな》(판자의 옹이 구멍)

대나무 밥 숟갈과 국자에 마디를 없애다. (마디 절)

おん セツ
(セチ)
くん ふし

4年

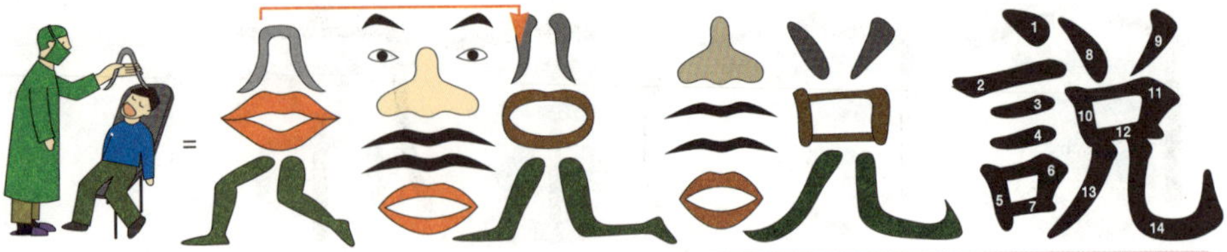

0553 部首 言(ごんべん)　総画 14画

(説明)言葉を、やっとこで口を開けた人が説く。

おん セッ(ゼイ)　くん とく

ことば　説得(설득)・仮説(가설)・遊説(유세)・説きふせる(설복시키다. 설득시키다)

speak / word

(설명)말을 집게로 입을 벌린 사람이 말씀하다. (말씀 설 / 세)

0554 部首 氵(さんずい)　総画 9画

水が少なくて二つの槍が沈まないほど浅い。

おん (セン)　くん あさい

ことば　浅海(천해, 얕은 바다)・浅学非才(천학 비재)・浅緑(연두색)・浅手(경상, 가벼운 상처)

shallow

물이 적어 창 두 자루가 잠길 만큼 얕다. (얕을 천)

0555 部首 戈(ほこづくり)　総画 13画

石投げを車で止めながら一人で槍と戦う。

おん セン　くん (いくさ) たたかう

ことば　戦死(전사)・敗戦(패전)・勝ち戦(싸움에 이김, 이긴 싸움)・戦い(싸움)

war

돌팔매를 수레로 막으며 홀로 창과 싸움하다. (싸움 전)

0556 部首 辶(しんにょう)　総画 15画

自ずから魚を分けようと行って選ぶ。

おん セン　くん えらぶ

ことば　選挙(선거)・選手(선수)・当選(당선)・予選(예선)

select

몸소 함께 생선을 나누려고 가서 가리다. (가릴 선)

0557

部首 灬(れんが)
総画 12画

肉として食べる犬を火で自然に焼く。

おん ゼン
ネン
くん —

ことば
自然(자연) • 必然(필연) • 偶然(우연) • 天然(천연)

so / but
고기로 먹을 개를 불에 그러하게 그슬리다. (그러할 연)

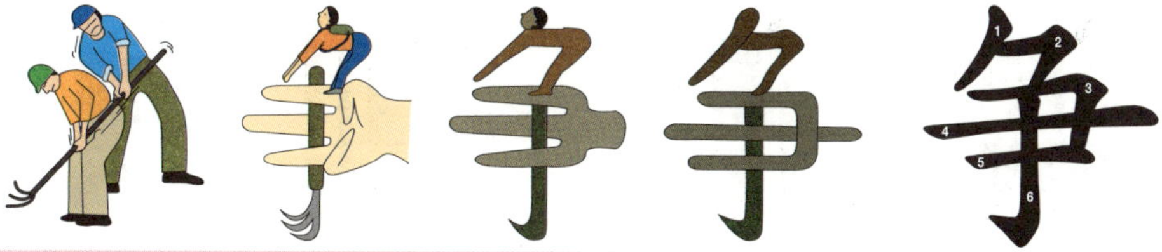

0558

部首 亅(はねぼう)
総画 6画

人が手に熊手を持とうと争う。

おん ソウ
くん あらそう

ことば
争点(쟁점) • 論争(논쟁) • 口争い(말싸움.언쟁) • 言い争う(언쟁하다. 말다툼하다)

quarrel
사람이 손에 갈퀴를 가지려고 다투다. (다툴 쟁)

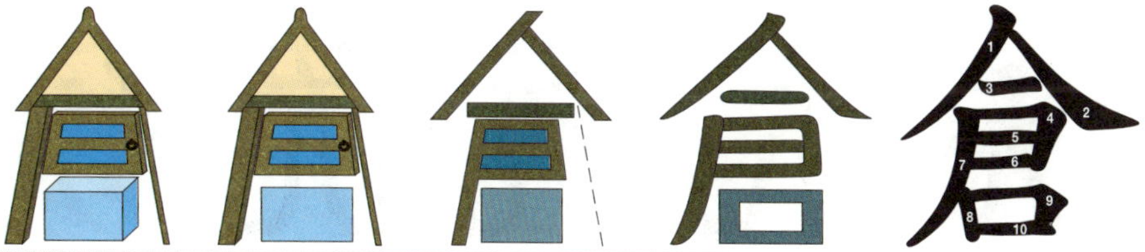

0559

部首 人(ひとやね)
総画 10画

倉の形状。

おん ソウ
くん くら

ことば
倉庫(창고) • 船倉(선창) • 米倉(쌀광. 쌀창고) • 胸倉(멱살)

warehouse
곳집의 모양. (곳집 창)

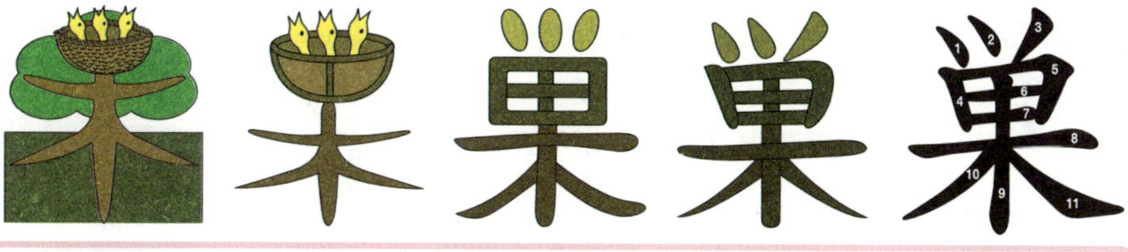

0560

部首 ⺍(つかんむり)
総画 11画

巣(ねぐら)の形状。

おん (ソウ)
くん す

ことば
病巣(병소.병의 중심부) • 卵巣(난소) • 巣箱(새 등을 위한 둥우리 상자) • 巣立ち(보금자리를 떠남)

nest
새집(보금자리)의 모양. (새집 / 보금자리 소)

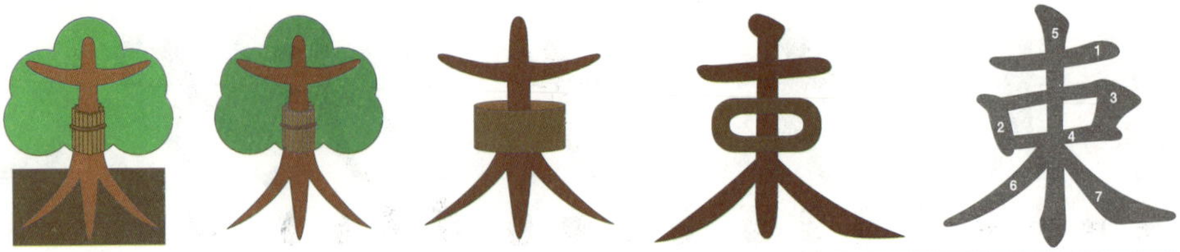

0561

部首 木(き)
総画 7画

ことば
bind

き　たば　たば
木を束に束ねる。

けっそく　やくそく　さつたば　はなたば
結束(결속) • 約束(약속) • 札束(지폐 뭉치) • 花束(꽃다발)

나무를 묶다. (묶을 속)

おん　ソク
くん　たば

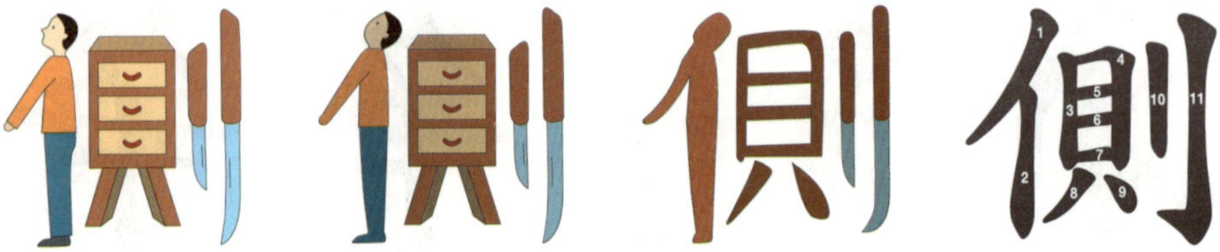

0562

部首 亻(にんべん)
総画 11画

ことば
side

ひと　かねばこ　かたな　そば　お
人が金箱と刀を側に置く。

そくめん　そっきん　りょうがわ　はんたいがわ
側面(측면) • 側近(측근) • 両側(양측) • 反対側(반대측)

사람이 돈통과 칼을 곁에 두다. (곁 측)

おん　ソク
くん　かわ

0563

部首 糸(いとへん)
総画 13画

ことば
continue

いと　し　しょうばい　つづ
糸のように士の商売が続く。

ぞっこう　れんぞく　せつぞく　つづ　もの
続行(속행) • 連続(연속) • 接続(접속) • 続き物(연속물. 연재물)

실처럼 선비의 물건 파는 것이 이어지다. (이을 속)

おん　ゾク
くん　つづく
つづける

0564

部首 十(じゅう)
総画 8画

ことば
soldier / finish

おな　きぬ　き　じゅうめい　くんれん　そつぎょう
(同じ)衣を着た十名が訓練を卒業した。

そつぎょう　そっとう　こうこうそつ
卒業(졸업) • 卒倒(졸도) • 高校卒(고등학교 졸업)

(같은) 옷을 입은 십여 명이 훈련을 마쳤다. (군사/마칠 졸)

おん　ソツ
くん　—

0565 部首 子(こへん) 総画 10画

息子の代を継ぐ者が孫である。

ことば 子孫(자손)・子子孫孫(자자손손)・孫子(손자)・孫の手(등을 긁는 도구)

grandson

아들의 대를 이어주는 자가 손자다. (손자 손)

おん ソン
くん まご

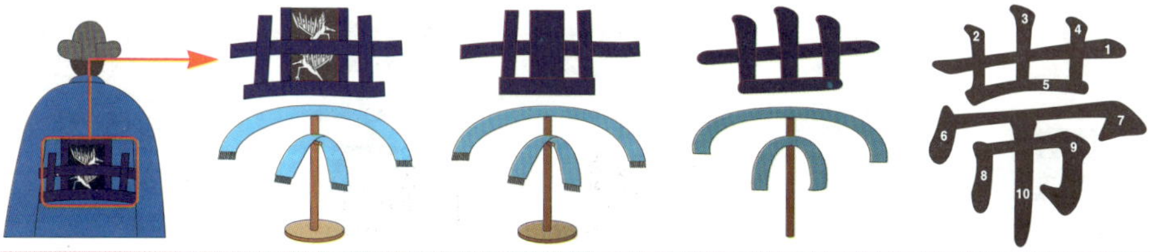

0566 部首 巾(はば) 総画 10画

腰に結ぶものが布を重ねて作った帯である。

ことば 地帯(지대)・世帯(세대)・熱帯魚(열대어)・帯グラフ(띠그래프)

belt

허리에 맨 것이 천을 겹쳐 만든 띠다. (띠 대)

おん タイ
くん おびる おび

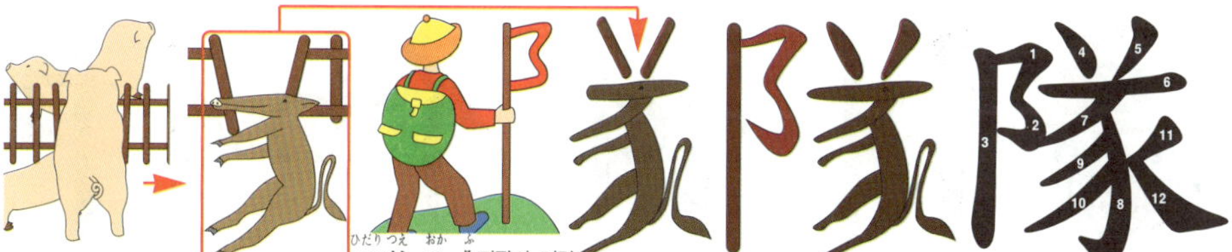

(左)杖=丘=阝 지팡이=언덕

0567 部首 阝(こざとへん) 総画 12画

丘に、小屋を壊して出てきた豚の隊。

ことば 隊列(대열)・隊員(대원)・軍隊(군대)・音楽隊(음악대)

band

언덕으로 우리를 가르고 나온 돼지 떼. (떼 대)

おん タイ
くん —

0568 部首 辶(しんにょう) 総画 12画

土の上を羊が走って草地に達する。

ことば 達人(달인)・配達(배달)・発達(발달)・友達(친구)

reach to

흙 위를 양이 달려가 풀밭에 이르다. (이를 / 통달할 달)

おん タツ
くん —

0569

部首 ⺍(つかんむり)
総画 9画
ことば
single

石投げを槍車で止めながら単に戦う。

単独(단독) • 単語(단어) • 単行本(단행본) • 簡単(간단)

돌팔매를 창수레로 막으며 홀로 싸우다. (홑 단)

おん タン
くん —

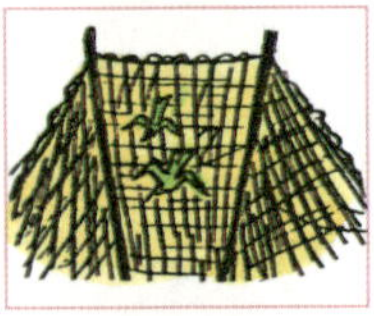

0570

部首 罒(あみがしら)
総画 13画
ことば
place

(鳥の)網を十字架を教会に建てるように建てて置く。

位置(위치) • 置物(객실 등에 놓는 장식물. 허수아비, 꼭두각시) • 前置き(서론, 머리말)

(새) 그물을 십자가를 교회에 세우듯 세워 두다. (둘/놓을 치)

おん チ
くん おく

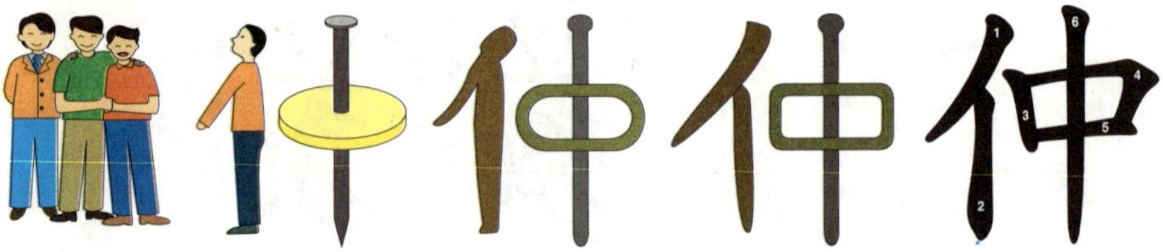

0571

部首 亻(にんべん)
総画 6画
ことば
second

人の中で中が仲(二番目)である。

仲裁(중재) • 仲間(동료) • 仲立ち(중개, 중매) • 仲直り(화해)

사람 중에 가운데가 둘째(버금)이다. (버금 중)

おん (チュウ)
くん なか

0572

部首 貝(かいへん)
総画 12画
ことば
store up

お金を家のスタンドの高さほどに貯する。

貯金(저금) • 預貯金(예금과 저금) • 貯蔵庫(저장고) • 貯水池(저수지)

돈을 집안에 고무래 높이 만큼 쌓다. (쌓을 저)

おん チョ
くん —

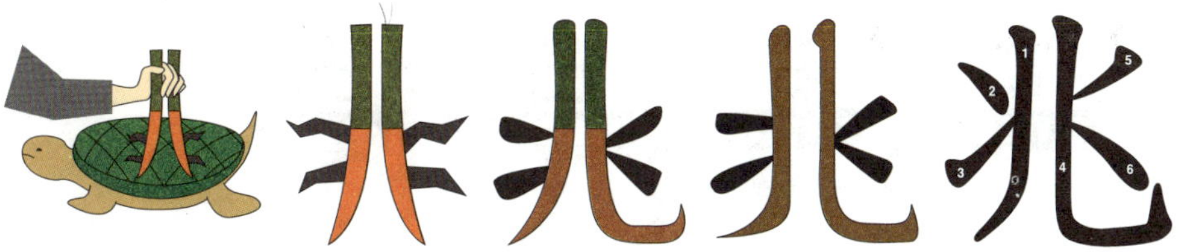

0573

部首 儿(ひとあし)
総画 6画

亀を焼いて兆しを見て占う。

ことば 一兆円(1조엔) • 兆候(징후,징조) • 吉兆(길조) • 前兆(전조)

billion / omen

거북을 지져 조짐을 보고 점치다. (조 / 조짐 조)

おん チョウ
くん (きざす)
(きざし)

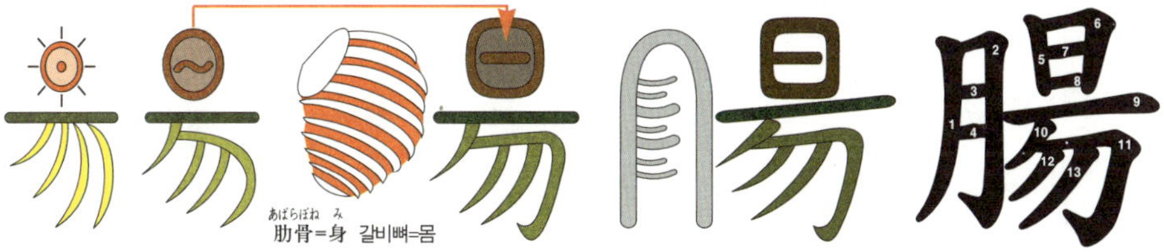

0574

部首 月(にくづき)
総画 13画

体の中に日差しが広がるように広がっているものが腸である。

ことば 大腸(대장) • 直腸(직장) • 胃腸(위장) • 腸液(장액)

bowels

몸 속에 햇살 퍼지듯 펴져 있는 것이 창자다. (창자 장)

おん チョウ
くん —

0575

部首 亻(にんべん)
総画 7画

人が枝を曲げて地に埋めようと低く下げる。

ことば 低気圧(저기압) • 低温(저온) • 低下(저하) • 最低(최저)

low

사람이 가지를 휘어 땅에 묻고자 낮게 숙이다. (숙일 / 낮을 저)

おん テイ
くん ひくい
ひくめる
ひくまる

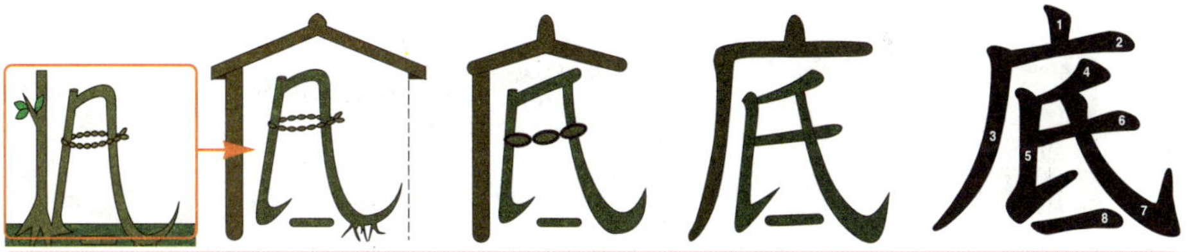

0576

部首 广(まだれ)
総画 8画

家で木の枝を曲げて地の底に埋める。

ことば 底辺(저변) • 海底(해저) • 川底(강바닥) • 底力(저력)

bottom

집에서 나뭇가지를 휘어 땅 밑에 묻다. (밑 저)

おん テイ
くん そこ

0577

部首 亻(にんべん)
総画 11画

人が亭に停する。

ことば 停止(정지)・停車(정차)・停電(정전)・調停(조정.중재)

stay

사람이 정자에 머무르다. (머무를 정)

おん テイ
くん —

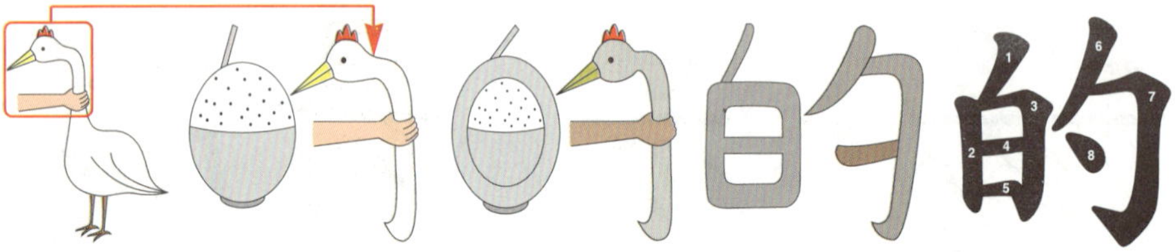

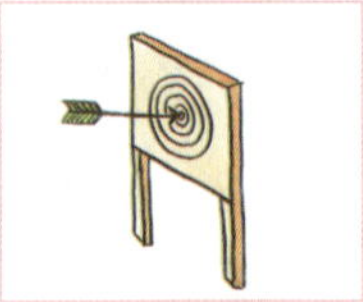

0578

部首 白(しろ)
総画 8画

ご飯のように白い標的を矢が引っつかんだものが的。

ことば 的中(적중)・目的(목적)・的外れ(빗나감)

target

밥같이 흰 표적을 화살이 움켜잡은 것이 과녁. (과녁 적)

おん テキ
くん まと

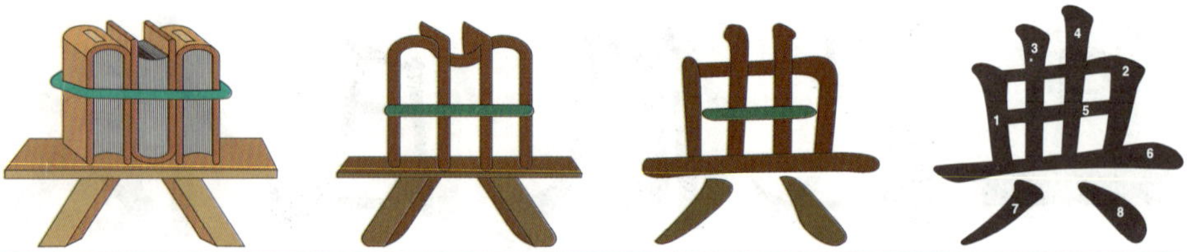

0579

部首 八(はち)
総画 8画

法典の置かれた形状。

ことば 典型(전형)・古典(고전)・祝典(축전)・特典(특전)

law

법전이 놓인 모양. (법 전)

おん テン
くん —

拡声器=云う 확성기=말하다

0580

部首 亻(にんべん)
総画 6画

人が拡声器で云ってその意を伝える。

ことば 伝説(전설)・伝統(전통)・言い伝え(전설.구전)・手伝う(도와주다)

convey

사람이 확성기로 말해 뜻을 전하다. (전할 전)

おん デン
くん つたわる
つたえる
つたう

0581
部首 彳(ぎょうにんべん)
総画 10画
ことば
crowd

急いで行く人の後ろを逃げるように群れが徒歩する。

徒歩(도보) • 生徒(중고등학교 학생) • 徒競走(달리기, 경주)

서둘러 가는 사람 뒤를 달아나듯 무리가 거닐다. (무리 / 걸어다닐 도)

おん ト
くん —

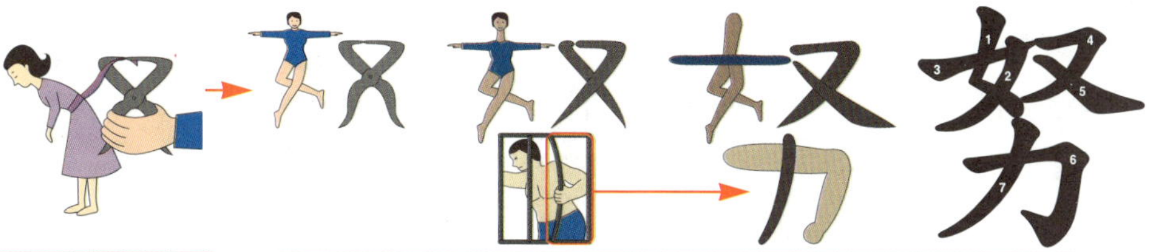

0582
部首 力(ちから)
総画 7画
ことば
endeavor

女がつかまって来て奴になって力をつくして努める。

努力(노력) • 努めて(가능한 한, 애써) • 学習に努める(학습에 힘쓰다)

여자가 잡혀와 종 되어 힘써 노력하다. (힘쓸 / 노력할 노)

おん ド
くん つとめる

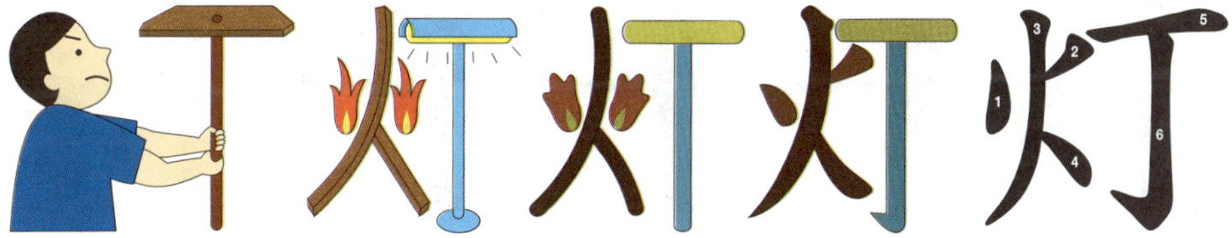

0583
部首 火(ひへん)
総画 6画
ことば
lamp

電灯の火がえぶり(スタンド)みたいな灯。

灯油(등유) • 電灯(전등) • 点灯(점등) • 街灯(가로등)

전등 불이 고무래(스탠드)같은 등. (등 등)

おん トウ
くん (ひ)

0584
部首 土(つち)
総画 11画
ことば
house

高く土を上げて堂堂と家を建てる。

講堂(강당) • 議事堂(의사당) • 殿堂(전당)

높게 흙을 돋워 당당하게 집을 짓다. (집 / 당당할 당)

おん ドウ
くん —

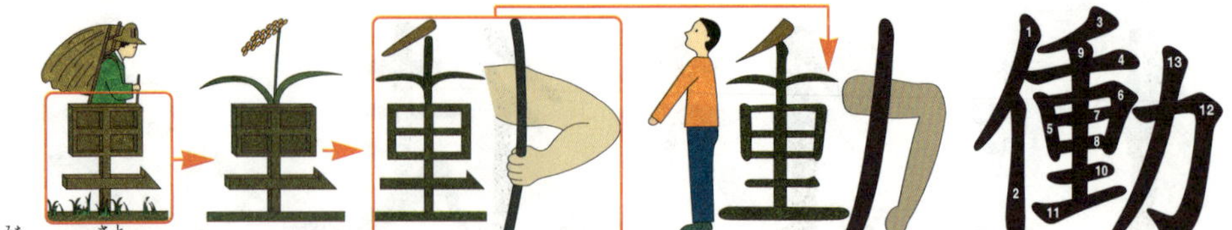

道(みち)しるべ=里(さと)　이정표=마을

0585

部首　亻(にんべん)
総画　13画

人(ひと)が重(おも)いものを力(ちから)をつくして動(うご)きながら働(はたら)く。

おん　ドウ
くん　はたらく

ことば
労働(ろうどう)(노동) • 働(はたら)き者(もの)(부지런한 사람, 일꾼) • 共働(ともばたら)き(맞벌이)

labor
사람이 무거운 것을 힘써 움직이며 노동하다. (노동 동)

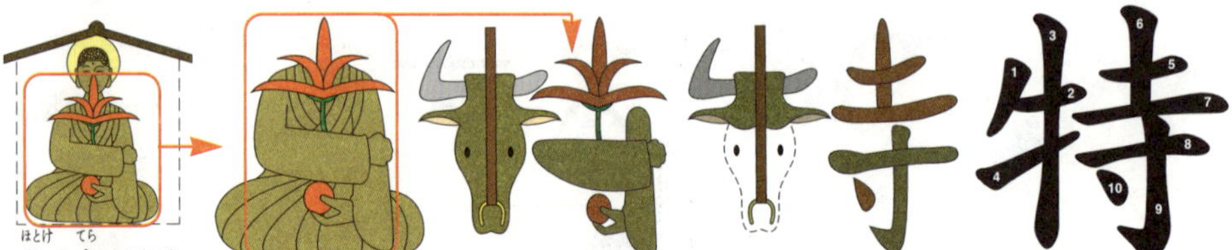

仏(ほとけ)=お寺(てら)　부처=절

0586

部首　牛(うしへん)
総画　10画

牛(うし)の中(なか)でお寺(てら)の種受(たねう)けの牛(うし)は特別(とくべつ)である。

おん　トク
くん　—

ことば
特技(とくぎ)(특기) • 特別(とくべつ)(특별) • 特許(とっきょ)(특허) • 独特(どくとく)(독특)

special
소 중에 절의 씨받이 소는 유다르다. (유다를 특)

0587

部首　彳(ぎょうにんべん)
総画　11画

急(いそ)いで行(い)って朝(あさ)から手(て)を使(つか)って利益(りえき)を得(え)る。

おん　トク
くん　える(うる)

ことば
得意(とくい)(득의, 자랑스러워하는 일, 단골손님) • 得策(とくさく)(득책) • 得手(えて)(장기, 특기) • 心得(こころえ)る(알다, 납득하다, 익숙하다)

get
바삐가서 아침부터 손을 써 이익을 얻다. (얻을 득)

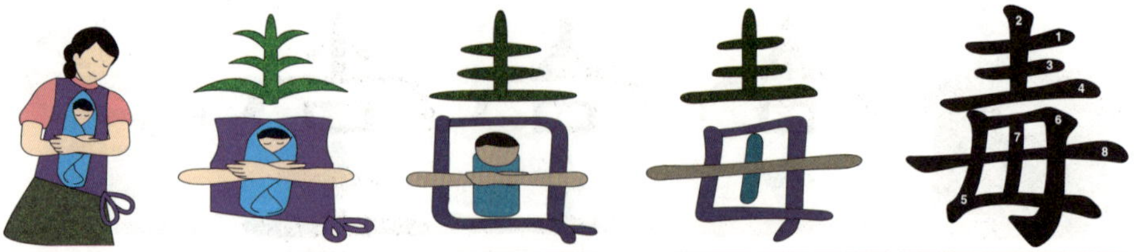

0588

部首　毋(なかれ)
総画　8画

薬草(やくそう)も産婦(さんぷ)(母(はは))には毒(どく)である。

おん　ドク
くん　—

ことば
毒薬(どくやく)(독약) • 害毒(がいどく)(해독) • 中毒(ちゅうどく)(중독) • 消毒(しょうどく)(소독)

poison
약초도 산모(어미)에게는 독하다. (독 / 독할 독)

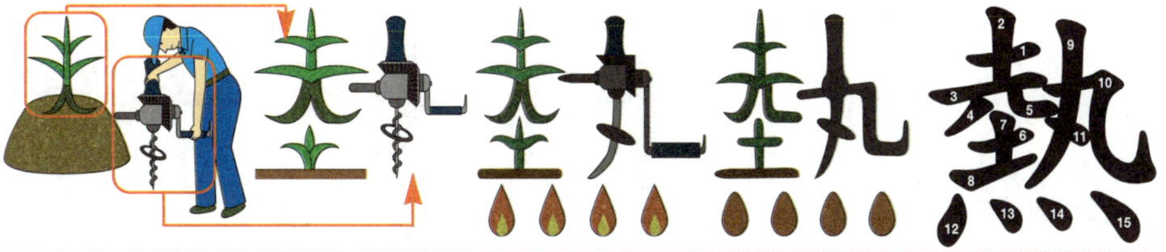

0589

部首 灬(れんが)
総画 15画
ことば
hot

苗を土を掘って植えるように植えた火の手が熱い。

熱望(열망) • 熱心(열심) • 加熱(가열) • 情熱(정열)

모종을 흙을 파고 심듯 심은 불길이 덥다. (더울 열)

おん ネツ
くん あつい

4年

0590

部首 心(こころ)
総画 8画
ことば
think

家に鎌を置いていたことを心で念する。

念願(염원) • 信念(신념) • 残念(잔념)

집에 낫 둔 것을 마음으로 생각하다. (생각할 념)

おん ネン
くん —

0591

部首 攵(ぼくにょう)
総画 11画
ことば
defeated

金箱のお金のために打たれて敗れる。

敗因(패인. 패배한 원인) • 敗者(패자) • 失敗(실패) • 連敗(연패)

돈 통에 돈 때문에 두들겨 맞고 무너지다. (패할 / 무너질 패)

おん ハイ
くん やぶれる

0592

部首 木(きへん)
総画 10画
ことば
plum

(梅(うめ)は四君子(しくんし)として尊(とうと)ぶからである。)

木の中で人が母を尊ぶようにする木が梅である。

梅雨(장마) • 白梅(はくばい(しらうめ))(백매. 흰 매화꽃) • 梅見(매화의 감상) • 梅干し(우메보시. 매실을 소금에 절인 식품)

(매화는 사군자로 받들기 때문임.)

나무 중에 사람이 어미 받들듯 하는 나무가 매화다. (매화 매)

おん バイ
くん うめ

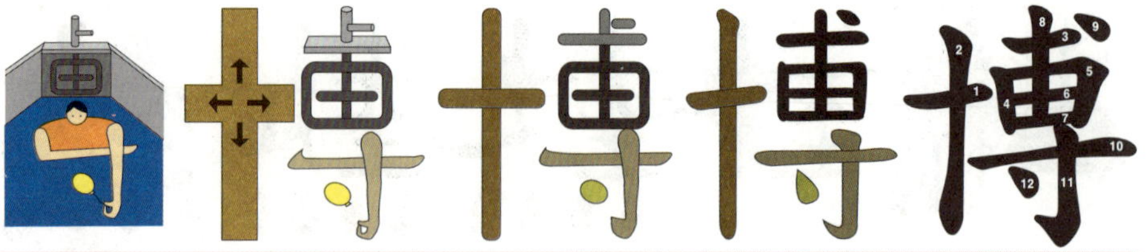

0593
部首 十(じゅう)
総画 12画
ことば
extensive

四方の水門を手で開けて水を広げたら博である。

博識(박식) • 博士(박사) • 博物館(박물관) • 万国博(만국박람회)

사방 수문을 손으로 열어 물을 펴니 넓다. (넓을 / 학문있을 박)

おん ハク (バク)
くん —

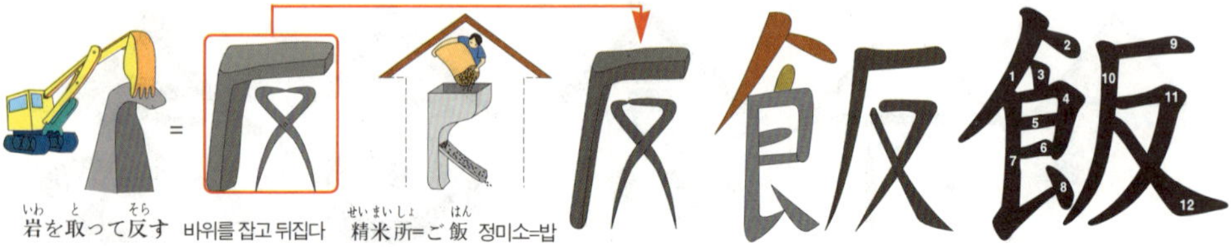

岩を取って反す 바위를 잡고 뒤집다 精米所=ご飯 정미소=밥

0594
部首 食(しょくへん)
総画 12画
ことば
boiled rice

ご飯(米)をひっくり返してご飯を炊く。

ご飯(밥의 높임말) • 昼飯(점심) • 朝飯前(조반 전) • 冷や飯(찬 밥)

밥(쌀)을 뒤집어 밥을 짓다. (밥 반)

おん ハン
くん めし

0595
部首 飛(とぶ)
総画 9画
ことば
fly

鳥の飛ぶ形状。

飛行機(비행기) • 飛来(비래, 날아옴) • 飛び火(불똥) • 飛び散る(비산하

새가 날아가는 모양. (날 비)

おん ヒ
くん とぶ とばす

0596
部首 貝(こがい)
総画 12画
ことば
spend

取って無くすように金箱のお金を費やす。

費用(비용) • 会費(회비) • 経費(경비)

잡아 없애듯 돈통에 돈을 쓰다. (쓸 / 소비할 비)

おん ヒ
くん ついやす ついえる

0597
部首 心(こころ)
総画 5画

胸を布で必ず覆う。

ことば
必然(필연)・必勝(필승)・必殺(필살)・必ずしも(반드시...라고는 할 수 없다)

necessarily
가슴을 천으로 반드시 가리다. (반드시 필)

おん ヒツ
くん かならず

0598
部首 示(しめす)
総画 11画

かばんと祭祀膳に付けた票。

ことば
票決(표결)・開票(개표)・得票(득표)・一票(한 표)

ticket
가방과 젯상에 붙인 쪽지표. (쪽지 표)

おん ヒョウ
くん —

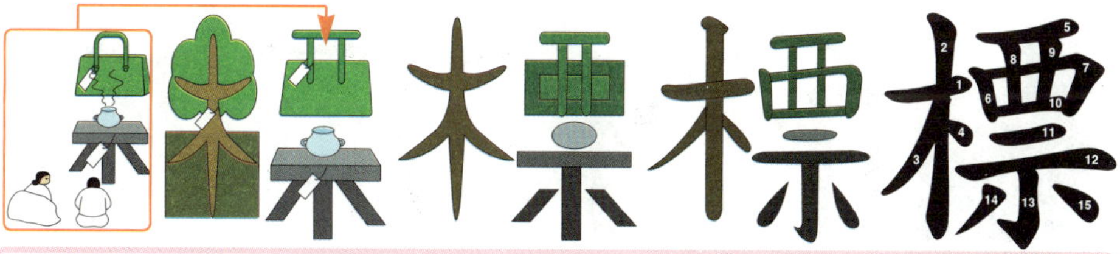

0599
部首 木(きへん)
総画 15画

木、かばん、祭祀膳のようなものに付ける標。

ことば
標準(표준)・標本(표본)・目標(목표)・道路標識(도로표식)

mark
나무, 가방, 젯상같은 데에 붙이는 표. (표 표)

おん ヒョウ
くん —

0600
部首 一(いち)
総画 4画

咲かなかったつぼみをつついて見せる形状。

ことば
不安(불안)・不当(부당)・不便(불편)・不気味(어쩐지 기분이 나쁨)

no / not
아니 핀 꽃봉오리를 짚어 보이는 모양. (아닐 부/불/아니 핀 꽃봉오리 부)

おん フ
ブ
くん —

0601
部首 大(だい)
総画 4画
ことば
husband

夫の形状。
夫妻(부부. 남편과 아내) • 農夫(농부) • 夫婦(부부) • 創意工夫(창의 연구)
지아비의 모양. (지아비 부)

おん フ (フウ)
くん おっと

0602
部首 亻(にんべん)
総画 5画
ことば
give

人に手に持っているものを付ける。
付録(부록) • 寄付(기부) • 気付く(알아차리다) • 名付ける(명명하다)
사람에게 손에 든 것을 주다. (줄 부)

おん フ
くん つける つく

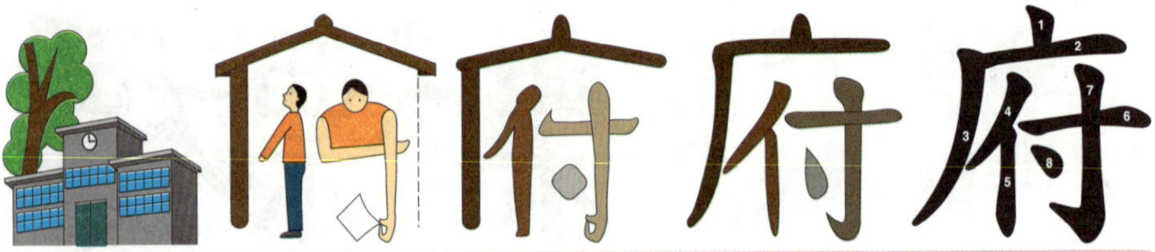

0603
部首 广(まだれ)
総画 8画
ことば
village

家の人(主)に告知書を与える所が府。
府知事(부의 지사) • 政府(정부) • 首府(수도) • 幕府(막부)
집 사람(주인)에게 고지서를 주는 곳이 관청. (마을 / 관청 부)

おん フ
くん —

0634
部首 刂(りっとう)
総画 11画
ことば
second / split

満ちたお酒を刀で切るようにして副の方にさしあげる。
副業(부업) • 副作用(부작용) • 副食物(부식물) • 副会長(부회장)
가득찬 술을 칼로 베듯 해 다음 분에게 주다. (버금 / 다음 부)

おん フク
くん —

0905

部首 米(こめへん)
総画 10画
ことば
powder

米を割って刀で分けたものが粉である。

粉末(분말) • 鉄粉(철분.쇳가루) • 小麦粉(밀가루) • 粉薬(가루약)

쌀을 쪼개어 칼로 나누듯 한 것이 가루다. (가루 분)

おん フン
くん こ
こな

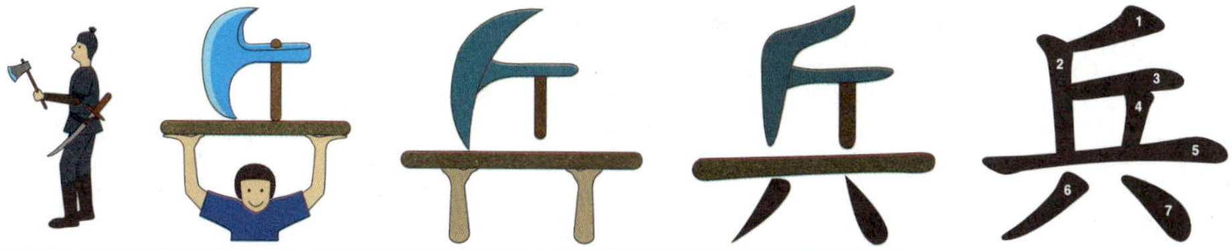

0906

部首 八(はち)
総画 7画
ことば
soldier

斧を持っている者が兵である。

兵器(병기) • 兵役(병역) • 老兵(노병) • 派兵(파병)

도끼를 들고 있는 자가 군사다. (군사 병)

おん ヘイ
(ヒョウ)
くん —

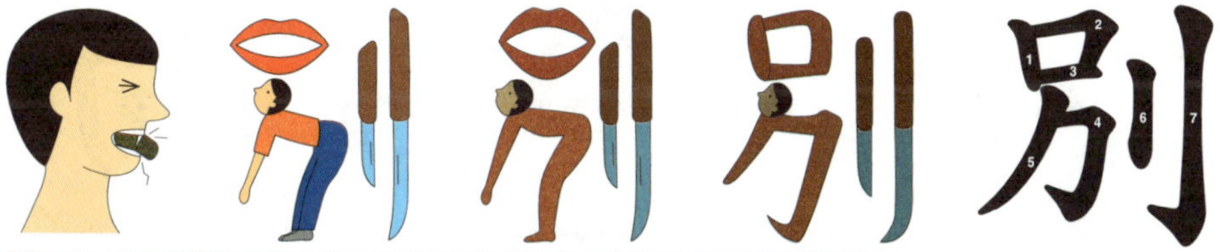

0907

部首 刂(りっとう)
総画 7画
ことば
part / separate

口で人が刀で切るように別れる。

別室(별실) • 区別(구별) • 性別(성별) • 別れ道(갈림길)

입으로 사람이 칼로 베듯이 나누다. (나눌 별)

おん ベツ
くん わかれる

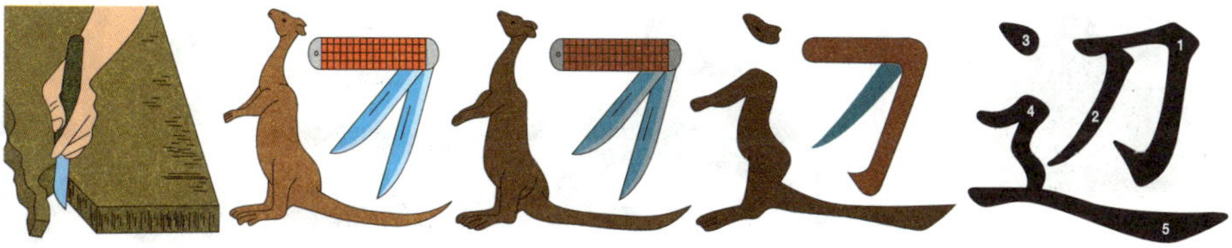

0908

部首 辶(しんにょう)
総画 5画
ことば
border

刀で走りながら(動いて)辺りを切る。

周辺(주변) • 身辺(신변) • その辺(그 근처) • 海辺(해변)

칼을 달리어(움직여)가를 자르다. (가 변)

おん ヘン
くん あたり
べ

0609

部首 夂(すいにょう)
総画 9画

亀を叩いたら身が変わる。

ことば
変化(변화)・変動(변동)・変わり種(별종,괴짜,기인)・様変わり(모양이 바뀜.거래소에서 시세 동향이 급변함)

change
거북을 두들기니 몸이 변하다. (변할 변)

おん ヘン
くん かわる
かえる

0610

部首 亻(にんべん)
総画 9画

人が不便な所を直したら便利になる。

ことば
便利(편리)・便所(변소)・航空便(항공편)・花便り(꽃소식)

comfortable
사람이 불편한 곳을 다시 고치니 편하다. (편할 편)

おん ベン
ビン
くん たより

0611

部首 勹(つつみがまえ)
総画 5画

ニワトリの首を布で包む。

ことば
包囲(포위)・包装紙(포장지)・包み紙(포장지)・小包(소포)

wrap
닭 목을 천으로 싸다. (쌀 포)

おん ホウ
くん つつむ

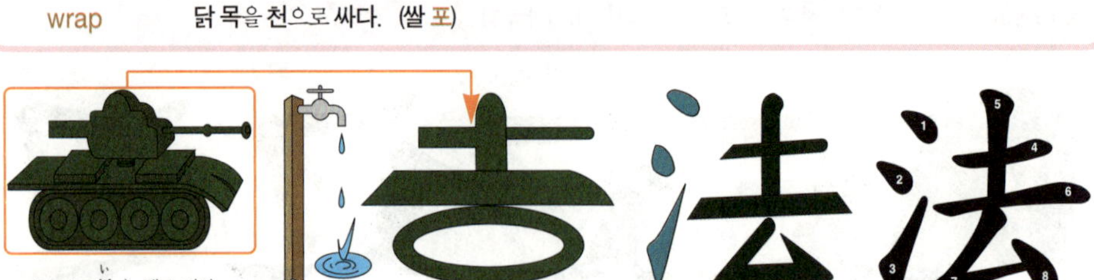

タンク=行く 탱크=가다

0612

部首 氵(さんずい)
総画 8画

水が流れるように平らな(平等)ものが法。

ことば
法律(법률)・手法(수법)・憲法(헌법)・法度(법도)

law
물이 흘러가듯 평평(평등)한 것이 법. (법 법)

おん ホウ
(ハッ)・(ホッ)
くん —

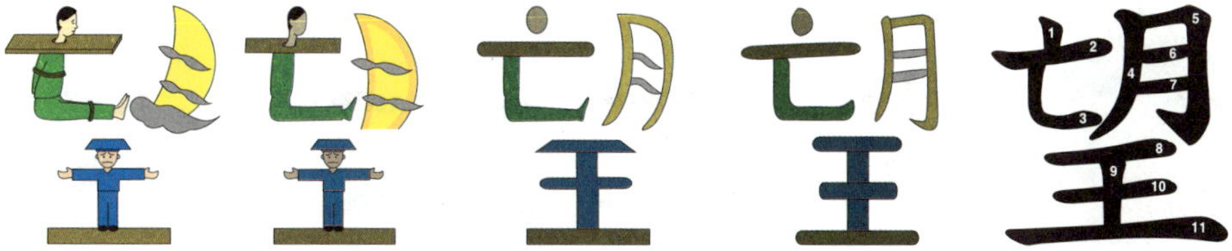

0613

部首 月(つき)
総画 11画

亡びた者が月夜にまた立ち上がることを望む。

おん ボウ / モウ
くん のぞむ

ことば
望遠鏡(망원경) ・ 要望(요망) ・ 本望(본래의 희망) ・ 望み(희망, 소망)

hope
망한 자가 달 밤에 다시 일어서기를 바라다. (바랄 망)

0614

部首 牛(うしへん)
総画 8画

牛を叩いて追って行って牧する。

おん ボク
くん (まき)

ことば
牧師(목사) ・ 放牧(방목) ・ 牧場(목장)

breed
소를 두들겨 몰고 가서 기르다(치다). (칠 / 기를 목)

0615

部首 木(き)
総画 5画

木の上側の枝が末である。

おん マツ / (バッ)
くん すえ

ことば
終末(종말) ・ 粉末(분말) ・ 期末(기말) ・ 末っ子(막내)

end
나무의 위쪽 가지가 끝이다. (끝 말)

0616

部首 氵(さんずい)
総画 12画

水を草に両人がやると満ちる。

おん マン
くん みちる / みたす

ことば
満足(만족) ・ 干満(간만, 밀물과 썰물) ・ 満ち潮(밀물)

fill
물을 풀에 둘이 주니 가득차다. (찰 / 가득할 만)

0617
部首 木(き)
総画 5画
ことば
not yet

未だ完全に育たなかった木の枝の形状。
未熟(미숙) • 未満(미만) • 未明(미명) • 未解決(미해결)
아직 다 자라지 아니한 나뭇가지의 모양. (아닐 미)

おん ミ
くん ―

0618
部首 月(にくづき)
総画 10画
ことば
pulse

身の中に血が水の流れるように脈を打つ。
脈動(맥동) • 脈はく(맥박) • 山脈(산맥) • 静脈(정맥)
몸 속에 피가 물 흐르듯 하며 맥이 뛰다. (맥 맥)

おん ミャク
くん ―

0619
部首 氏(うじ)
総画 5画
ことば
people

覆って包むように多くの根(氏)を合わせたものが民。
民族(민족) • 民衆(민중) • 農民(농민) • 住民(주민)
덮어싸듯 여러 뿌리(성씨)를 합친 것이 백성. (백성 민)

おん ミン
くん たみ

0620
部首 灬(れんが)
総画 12画
ことば
nothing

空鳥籠が火に燃えたら何も無い。
無効(무효) • 無敵(무적) • 無人島(무인도) • 無い物ねだり (생떼, 거기에 없는 것을 조르거나 갖고 싶어함)
빈 새장이 불에 타니 아무것도 없다. (없을 무)

おん ム ブ
くん ない

0621

部首 糸(いとへん)
総画 9画
ことば
promise

(青糸と赤糸)糸を引っつかんで結婚を約束する。

約束(약속)・制約(제약)・要約(요약)

(청실 홍실) 실을 움켜 잡고 결혼을 약속하다. (약속할 약)

おん ヤク
くん ―

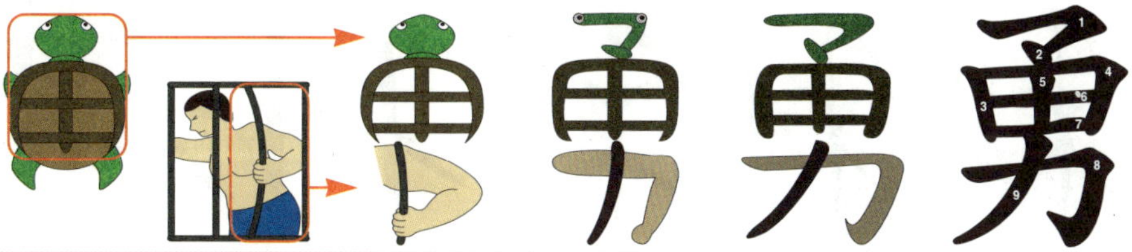

0622

部首 力(ちから)
総画 9画
ことば
brave

亀が首を突き上げるように力が湧いたら勇む。

勇気(용기)・勇断(용단)・勇み足(지나치게 덤비다 오히려 실수함)・勇ましい(용감하다)

거북이가 목을 솟구치듯 힘이 솟으니 날래다. (날랠 용)

おん ユウ
くん いさむ

0623

部首 西(にし)
総画 9画
ことば
require

かばんは女に要る。

要点(요점)・要素(요소)・必要(필요)・重要(중요)

가방은 여자에게 중요하다. (중요할 요)

おん ヨウ
くん (いる)

0624

部首 食(しょくへん)
総画 15画
ことば
breed

羊肉とご飯を食べて身を養う。

養育(양육)・養蚕(양잠)・休養(휴양)・修養(수양)

양고기와 밥을 먹고 몸을 기르다. (기를 양)

おん ヨウ
くん やしなう

4年

0625

部首 氵(さんずい)
総画 10画

水のある谷で水浴びする。

ことば
浴室(욕실) • 海水浴(해수욕) • 水浴び(물을 끼얹음. 미역 감음) • 浴衣(유카타. 목욕을 한 뒤 또는 여름철에 입는 무명 홑옷)

bathe

물이 있는 골짜기에서 목욕하다. (목욕할 욕)

おん ヨク
くん あびる あびせる

0626

部首 刂(りっとう)
総画 7画

稲を切る刀は鋭いほど利く。

ことば
利益(이익) • 権利(권리) • 利己的(이기적) • 左利き(왼손잡이)

sharp

벼 베는 칼은 날카로울수록 이롭다. (이로울 / 날카로울 리)

おん リ
くん きく

0627

部首 阝(こざとへん)
総画 11画

丘が苗を引き立てた土のように高くつながったものが陸。

ことば
陸地(육지) • 大陸(대륙) • 着陸(착륙)

land

언덕이 모종을 북돋운 흙처럼 높게 이어진 게 뭍. (뭍 륙)

おん リク
くん —

0628

部首 艮(こんづくり)
総画 7画

精米機についた穀物は良い。

ことば
良質(양질) • 良心(양심) • 改良(개량) • 仲良し(사이가 좋음)

good

정미기에 찧은 양곡은 좋다. (어질 / 좋을 량)

おん リョウ
くん よい

0629

部首 斗(とます)
総画 10画

米の量を斗で計って料理する。

おん リョウ
くん —

ことば
料理(요리)・原料(원료)・燃料(연료)・飲料水(음료수)

measure
쌀 양을 말로 되어 헤아리다. (헤아릴 료)

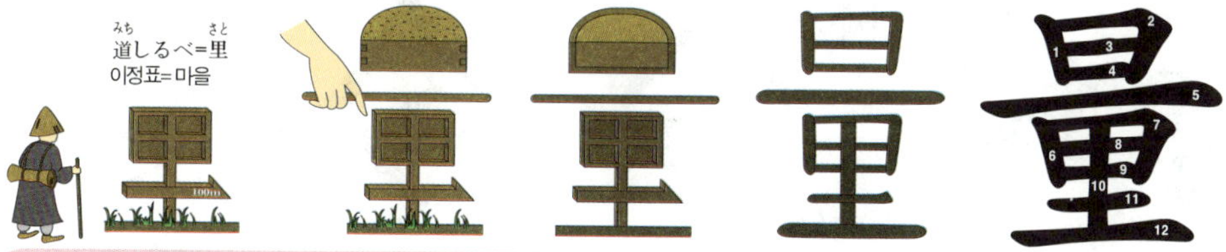

0630

部首 里(さと)
総画 12画

穀物を斗で計って里でその量を量る。

おん リョウ
くん はかる

ことば
測量(측량)・軽量(경량)・数量(수량)・降水量(강수량)

measure
곡식을 되질해 마을에서 양을 헤아리다. (헤아릴 량)

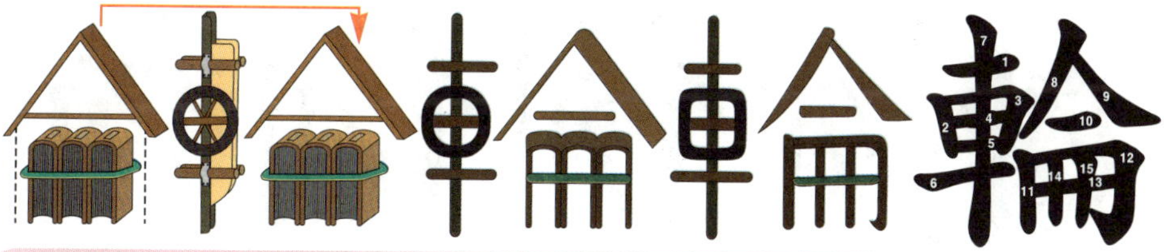

0631

部首 車(くるまへん)
総画 15画

車に空気が冊子の束のように集まっているものが輪。

おん リン
くん わ

ことば
車輪(차륜)・年輪(연륜)・指輪(반지)・輪投げ(고리던지기)

wheel
수레에 공기가 책뭉치같이 뭉쳐 있는 것이 바퀴. (바퀴 륜)

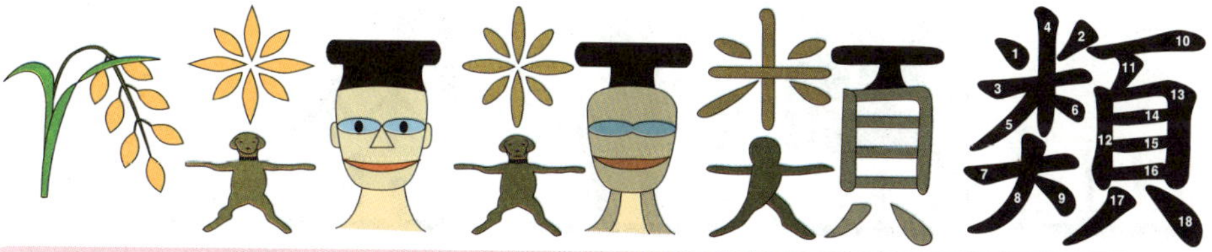

0632

部首 頁(おおがい)
総画 18画

米ぬかを被った犬の頭を分類する。

おん ルイ
くん —

ことば
類型(유형)・人類(인류)・分類(분류)・書類(서류)

class
쌀겨를 덮어 쓴 개의 머리를 분류하다. (무리/ 분류할 류)

0633

部首 人(ひとやね)
総画 5画

家にいる者に令する。

ことば
令状(영장)・命令(명령)・号令(호령)・伝令(전령)

order
집에 있는 자에게 명령하다. (명령할 / 하여금 령)

おん レイ
くん —

0634

部首 冫(にすい)
総画 7画

氷を入れるように命令して冷たくする。

ことば
冷血(냉혈)・寒冷(한랭)・冷や汗(냉한, 식은땀)・湯冷め(목욕 후 한기를 느낌)

cold / cool
얼음을 넣게 명령해 차게 하다. (찰 랭)

おん レイ
くん つめたい・ひえる
ひや・ひやす
ひやかす・さめる
さます

0635

部首 亻(にんべん)
総画 8画

人が骨を刀でえぐって列しておいて例とする。

ことば
例外(예외)・例え(예)・例えば(예를 들면)

example
사람이 뼈를 칼로 발라 벌려놓고 본보기로 삼다. (법식 / 본보기 례)

おん レイ
くん たとえる

0636

部首 止(とまる)
総画 14画

岩のそばの林の中に止まって暮しながら経歴をつむ。

ことば
歴史(역사)・歴任(역임)・経歴(경력)・学歴(학력)

pass
바위 옆 숲 속에 머물러 살며 지내다. (지낼 력)

おん レキ
くん —

0637 部首 辶(しんにょう) 総画 10画

走(はし)る車(くるま)が連(つら)なる。

おん レン
くん つらなる つらねる つれる

ことば 連続(れんぞく)(연속) • 連結(れんけつ)(연결) • 関連(かんれん)(관련) • 子供連(こどもづ)れ(어린이 동반)

connect 수레가 달리는 것이 이어지다. (이을 련)

0638 部首 耂(おいかんむり) 総画 6画

老(お)いの形状(けいじょう)。

おん ロウ
くん おいる (ふける)

ことば 老練(ろうれん)(노련) • 長老(ちょうろう)(장로) • 年老(としお)いる(나이를 먹다) • 老(ふ)け役(やく)(노역)

old 늙은이의 모양. (늙을 로)

0639 部首 力(ちから) 総画 7画

家(いえ)で鉄窓(てっそう)の桟(さん)を開(あ)けるように力(ちから)をつくして労(ろう)する。

おん ロウ
くん —

ことば 労働(ろうどう)(노동) • 勤労(きんろう)(근로) • 疲労(ひろう)(피로) • 功労(こうろう)(공로)

work / toil 집에서 철창살을 벌리듯 힘써 수고하다. (위로할 / 수고할 로)

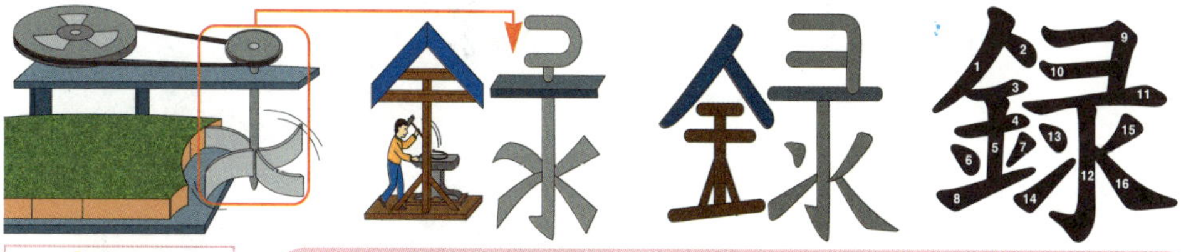

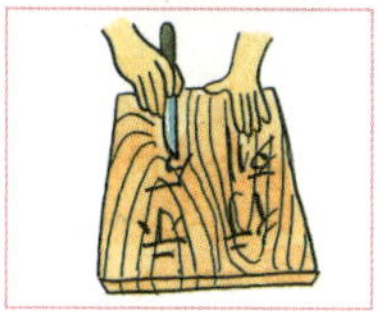

0640 部首 金(かねへん) 総画 16画

鉄(てつ)で木(き)を削(けず)って文(ぶん)を記録(きろく)する。

おん ロク
くん —

ことば 録音(ろくおん)(녹음) • 録画(ろくが)(녹화) • 付録(ふろく)(부록)

record 쇠로 나무를 깎아 글을 기록하다. (기록할 록)

5年でならう漢字185字

もくじ

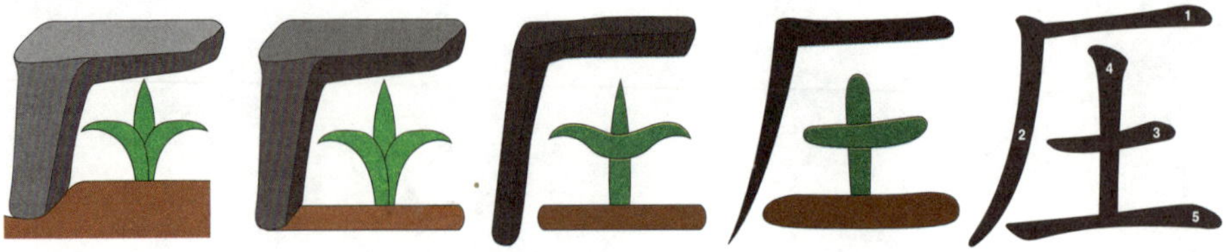

0641

部首 土(つち)
総画 5画

岩が下にある土を圧する。

ことば
圧力(압력)・圧倒(압도)・血圧(혈압)・低気圧(저기압)

press
바위가 밑에 흙을 누르다. (누를 압)

おん アツ
くん —

5年

0642

部首 禾(のぎへん)
総画 11画

稲を二つの夕までたくさん移す。

ことば
移植(이식)・移転(이전)・変移(변이)・移り変わり(추이. 변천)

move
벼를 두(이틀) 저녁까지 많이 옮기다. (옮길 이)

おん イ
くん うつる
うつす

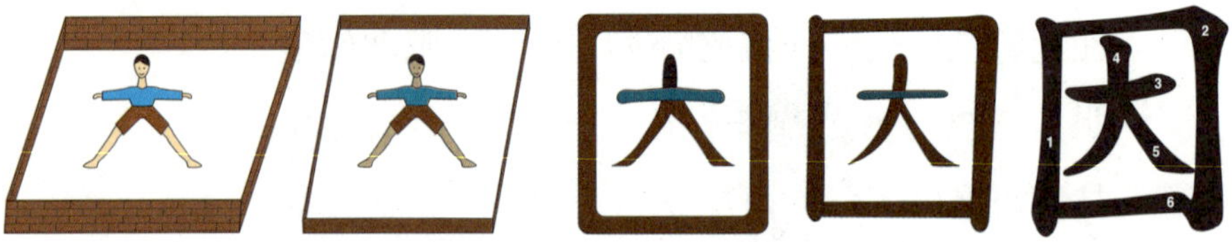

0643

部首 囗(くにがまえ)
総画 6画

囲いの中が大きい大人に因って秩序がある。

ことば
因果(인과)・因縁(인연)・起因(기인)・要因(요인)

cause
울 안이 큰 어른으로 인하여 질서가 서다. (인할 인)

おん イン
くん (よる)

0644

部首 水(みず)
総画 5画

いくつかの流れの水が合さって永く流れる。

ことば
永続(영속)・永久歯(영구치)・永遠(영원)・末永い(언제까지나)

long
여러 갈래의 물이 합쳐져 길게 흐르다. (길 영)

おん エイ
くん ながい

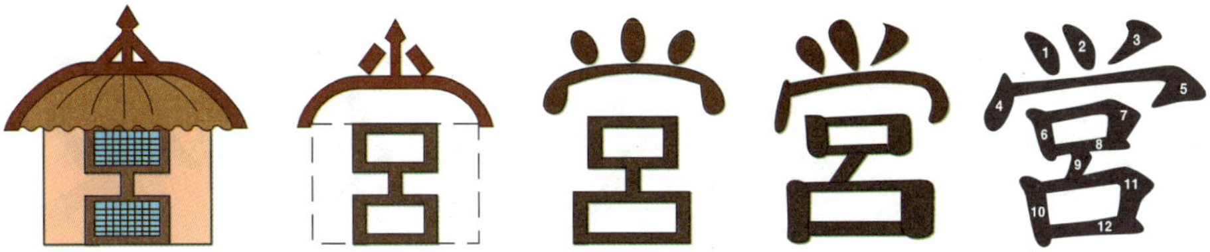

0645
部首 ⺍(つかんむり)
総画 12画
ことば
manage

家を二階に建てて営む。
営利(영리) • 経営(경영) • 国営(국영) • 営み(영위.경영)
집을 이층으로 지어 경영하다. (경영할 영)

おん エイ
くん いとなむ

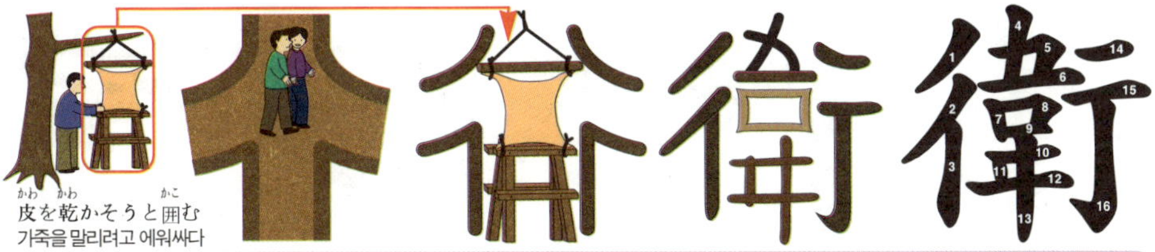

0646
部首 行(ぎょうがまえ)
総画 16画
ことば
keep / guard

行ったり来たりしながら皮を囲むようにして護衛する。
衛生(위생) • 人工衛星(인공위성) • 防衛(방위) • 自衛隊(자위대)
다니며 주위를 가죽을 에워싸듯 호위하다. (호위할 위)

おん エイ
くん —

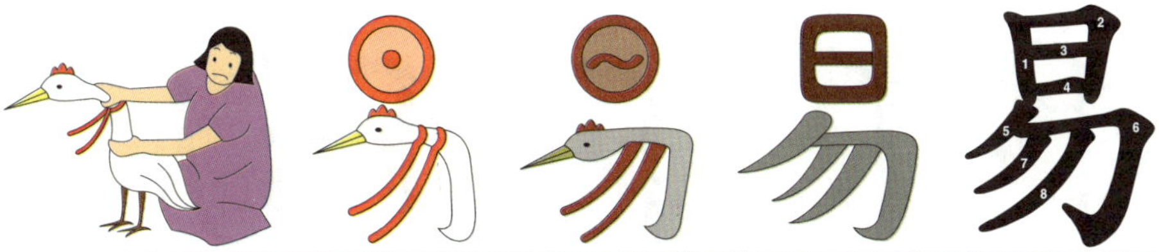

0647
部首 日(ひ)
総画 8画
ことば
exchange

毎日鶏の首を縛って命を易しく奪う。
安易(안이) • 簡易(간이) • 易者(역자.점쟁이) • 貿易(무역)
날마다 닭을 목매어 목숨을 쉬 바꾸다. (쉬울 이/바꿀 역)

おん エキ
イ
くん やさしい

0648
部首 皿(さら)
総画 10画
ことば
increase

水を横たえて皿に注いで益する。
有益(유익) • 収益(수익) • 損益(손익) • 御利益(부처 등이 인간에게 주는 은혜)
물을 눕혀서 그릇에 부어 더하다. (더할 익)

おん エキ
(ヤク)
くん —

夜道を行く=夜 밤길가다=밤

0649

部首 氵(さんずい)
総画 11画

水の汁を夜、真っ暗な中で絞ったものが液。

ことば
液体(액체)・胃液(위액)・樹液(수액)

fluid
물 진액을 밤같이 캄캄한 덩이 속에서 짠 것이 즙. (진/즙 액)

おん エキ
くん —

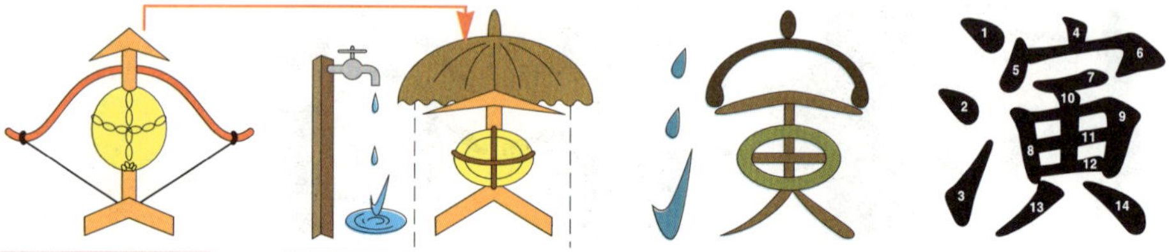

0650

部首 氵(さんずい)
総画 14画

水辺の家に硫黄の縛られた火矢を射て火を演ずる。

ことば
演奏(연주)・演劇(연극)・講演(강연)

extend
물가 집에 황이 묶인 불화살을 쏘아 불을 펴다. (펼 연)

おん エン
くん —

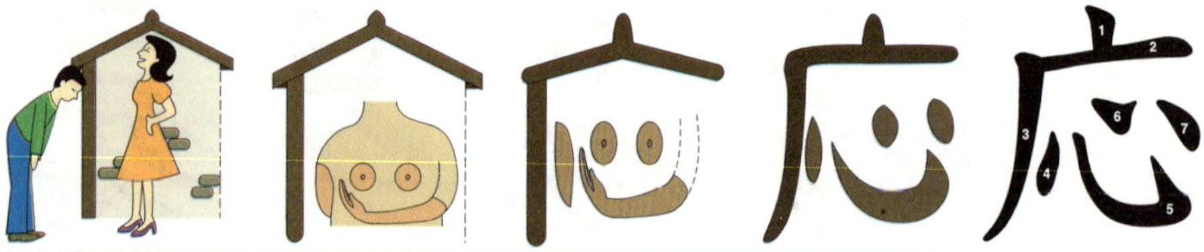

0651

部首 心(こころ)
総画 7画

(下人が)家主の心に応じて行動する。

ことば
応答(응답)・応募(응모)・適応(적응)・反応(반응)

reply
(하인이) 집 주인의 마음에 들게 응하다. (응당/응할 응)

おん オウ
くん —

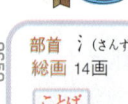

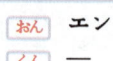

0652

部首 彳(ぎょうにんべん)
総画 8画

急いで歩いて燭台の側の主に往来する。

ことば
往復(왕복)・往来(왕래)・往診(왕진)

go
바삐 걸어서 촛대 옆 주인께 가다. (갈 왕)

おん オウ
くん —

0653

部首 木(きへん)
総画 10画

木の実が女の子の頭の玉みたいな桜。

ことば
桜花(벚꽃)・桜桃(앵두)・山桜(산에서 피는 벚나무)・八重桜(겹벚나무)

cherry
나무 열매가 계집애 머리에 구슬같은 앵두. (앵두 앵)

おん (オウ)
くん さくら

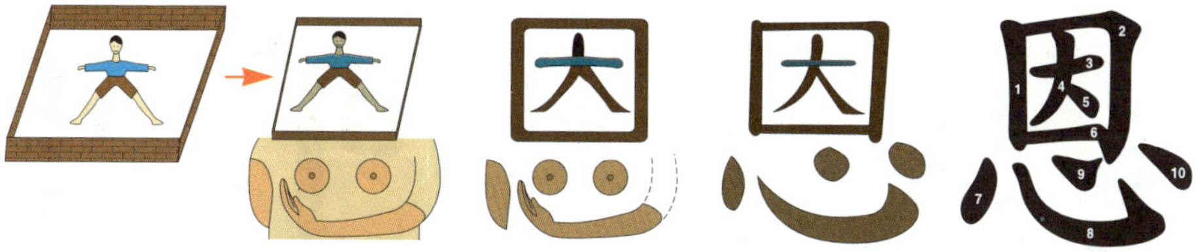

0654

部首 心(こころ)
総画 10画

囲いの中の大きい人が心で施す恩。

ことば
恩恵(은혜)・恩師(은사)・謝恩(사은)・恩返し(보은.은혜를 갚음)

favor
담장 안에 큰 사람이 마음으로 베푸는 은혜. (은혜 은)

おん オン
くん —

0655

部首 口(くち)
総画 5画

頭を下げて挨拶しながらプレゼントをあげることは可である。

ことば
可能(가능)・許可(허가)・認可(인가)・不可(불가)

right
굽혀 인사하며 예물드림은 옳다. (옳을 가)

おん カ
くん —

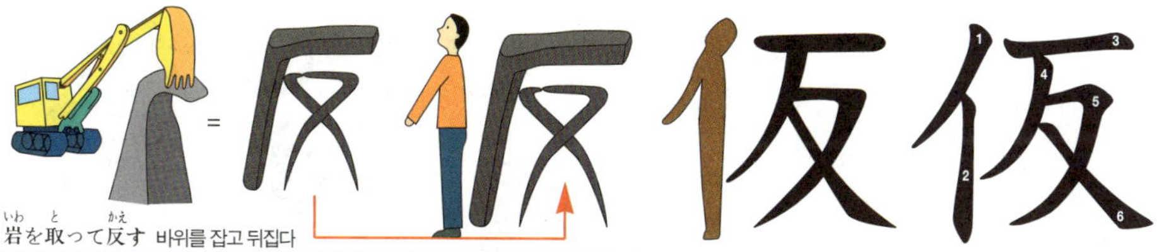

岩を取って反す 바위를 잡고 뒤집다

0656

部首 亻(にんべん)
総画 6画

人が岩を反すように仮の言葉を言う。

ことば
仮定(가정)・仮説(가설)・仮に(만약.임시로)・仮住まい(임시거처)

falsehood
사람이 바위를 뒤집듯이 거짓말 하다. (거짓 가)

おん カ (ケ)
くん かり

0657

部首 亻(にんべん)
総画 8画
ことば
price

人の持ったかばんの値。

価値(가치) • 原価(원가) • 株価(주가) • 高価(고가)

사람이 지닌 가방의 값. (값 가)

おん カ
くん (あたい)

0658

部首 氵(さんずい)
総画 8画
ことば
river

水が、腰を曲げて挨拶をするようにくねくね流れるものが河である。

河川(하천) • 運河(운하) • 氷下(빙하) • 銀河(은하)

물이 허리를 굽혀 인사하듯 굽이굽이 흐르는 것이 내다. (내/물 하)

おん カ
くん かわ

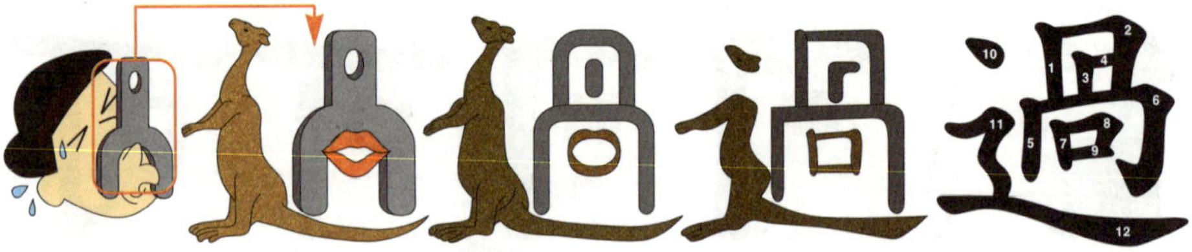

0659

部首 辶(しんにょう)
総画 12画
ことば
pass by

口がゆがんで正位置を過ぎる。

過去(과거) • 過激(과격) • 経過(경과) • 見過ごす(간과하다)

입이 삐뚤어 돌아가 정 위치를 지나다. (지날 과)

おん カ
くん すぎる
すごす
(あやまつ)
(あやまち)

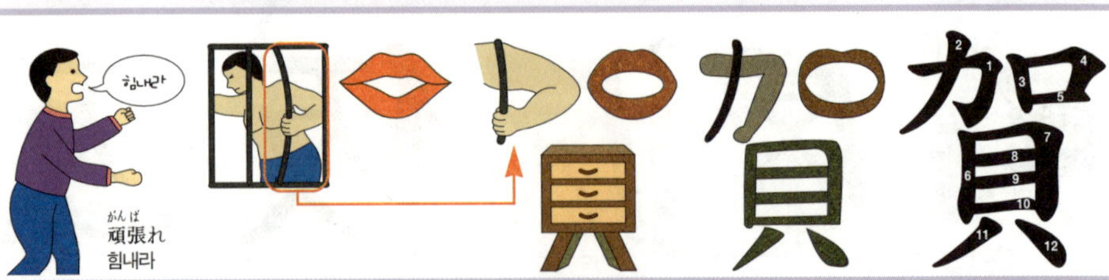

0660

部首 貝(こがい)
総画 12画
ことば
congratulate

頑張れという言葉で金箱のお金を与えて祝賀する。

賀正(하정.신년을 축하함) • 年賀状(연하장) • 祝賀会(축하회) • 謹賀新年(근하신년)

힘내라는 말로 돈통에 돈을 주며 하례하다. (하례할 하)

おん ガ
くん —

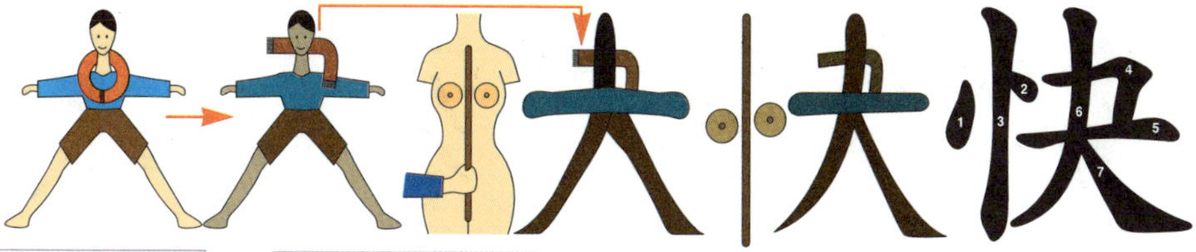

0661

部首 忄(りっしんべん)
総画 7画
ことば
delightful

マフラーをはずして心(こころ)を尽(つ)くして遊(あそ)んだら快(こころよ)い。

快活(かいかつ)(쾌활)・快挙(かいきょ)(쾌거)・軽快(けいかい)(경쾌)

목도리를 풀고 마음을 터놓고 노니 쾌활하다. (쾌할 쾌)

おん カイ
くん こころよい

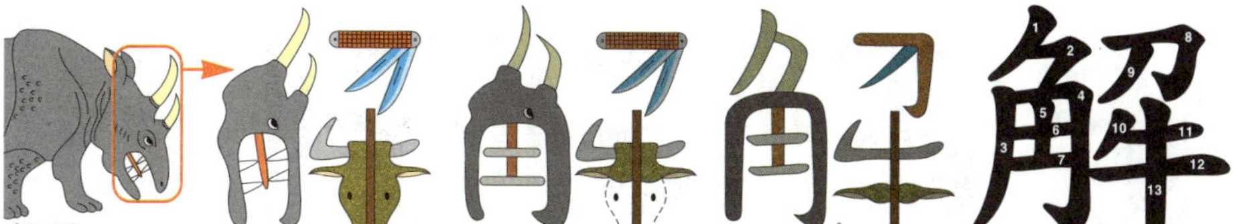

犀(さい)の角(つの) 코뿔소의 뿔

0662

部首 角(つのへん)
総画 13画
ことば
solve

角(つの)の間(あいだ)を刀(かたな)で打(う)って牛(うし)を解(と)く。

解決(かいけつ)(해결)・誤解(ごかい)(오해)・分解(ぶんかい)(분해)・打(う)ち解(と)ける(마음을 터놓다. 격의없이 사귀다)

뿔 사이를 칼로 쳐 소를 가르(풀)다. (풀 / 가를 해)

おん カイ・(ゲ)
くん とく
とかす
とける

0663

部首 木(きへん)
総画 10画
ことば
reach

木(き)の枝(えだ)で障害物(しょうがいぶつ)を避(さ)けながら合格(ごうかく)する。

格式(かくしき)(격식)・人格(じんかく)(인격)・合格(ごうかく)(합격)・価格(かかく)(가격)

나뭇가지가 장애물을 피해가며 거기에 이르다. (이를 격)

おん カク
(コウ)
くん —

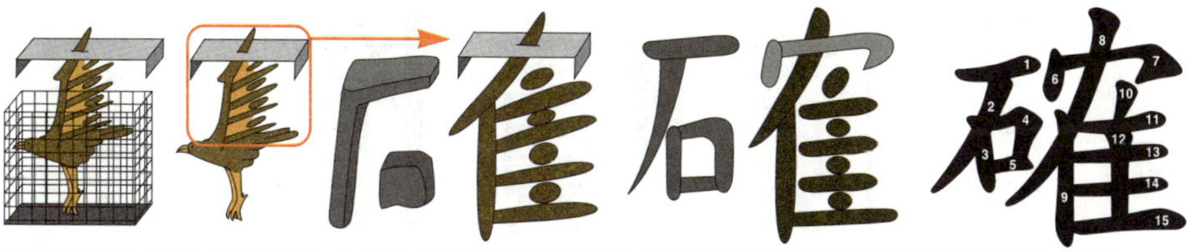

0664

部首 石(いしへん)
総画 15画
ことば
certain

(意志が)石(いし)みたいで翼(つばさ)のように高(たか)いから成功(せいこう)は確(たし)かである。

確認(かくにん)(확인)・確保(かくほ)(확보)・正確(せいかく)(정확)・明確(めいかく)(명확)

(뜻이) 돌같고 날개같이 높으니 성공이 확실하다. (굳을 / 확실할 확)

おん カク
くん たしか
たしかめる

0995

部首 頁(おおがい)
総画 18画

家に来たお客さんの頭数により宿泊費の額を決める。

ことば 全額(전액)・差額(차액)・残額(잔액)・総額(총액)

forehead 집에 온 손님의 머리 수로 숙박비 액수를 정하다. (이마 / 액수 액)

おん ガク
くん ひたい

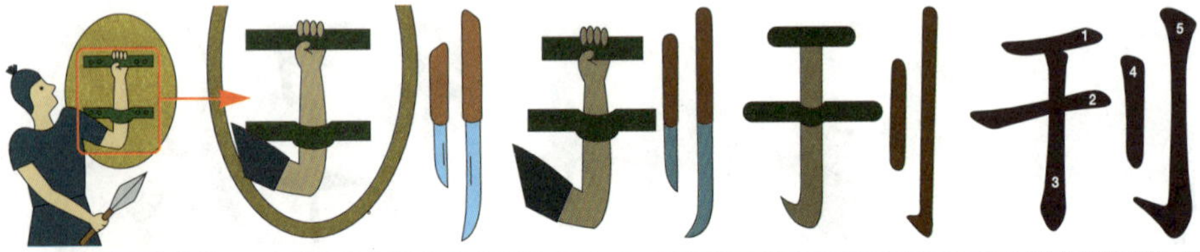

0996

部首 刂(りっとう)
総画 5画

盾みたいな板に刀で字を刻んで本を発刊する。

ことば 刊行(간행)・発刊(발간)・創刊(창간)

publish 방패같은 판에 칼로 글을 새겨 책을 펴내다. (책 펴낼 간)

おん カン
くん —

0997

部首 干(かん)
総画 13画

日が昇ったら家の壁に木柱の幹を当てる。

ことば 幹部(간부)・根幹(근간)・新幹線(신간선)・木の幹(나무 줄기)

trunk 해가 뜨니 집 벽에 나무기둥 줄기를 대다. (줄기 간)

おん カン
くん みき

0998

部首 忄(りっしんべん)
総画 14画

心に金箱のお金を貫いたように貫くことが習慣。

ことば 慣習(관습)・不慣れ(미숙함)・飼い慣らす(길들이다)

costom 마음에 돈통에 돈을 꿰듯 꿰어진 것이 버릇. (익숙할 / 버릇 관)

おん カン
くん なれる
ならす

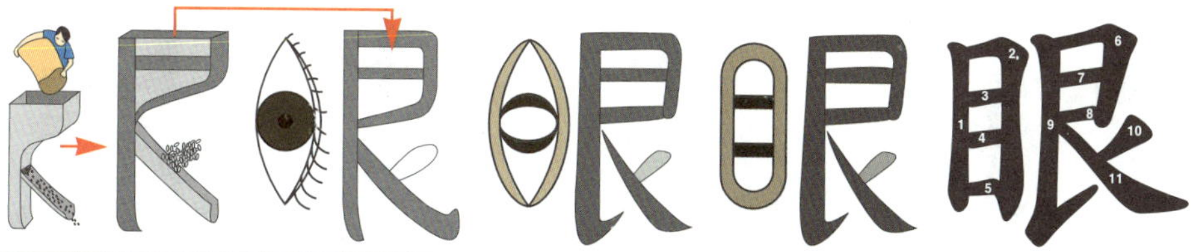

0669
部首 目(めへん)
総画 11画

目の前で止まっている精米機を見る時の眼。

ことば
眼科(안과)・肉眼(육안)・千里眼(천리안)・眼鏡(안경)

eye
눈으로 멈추어 있는 정미기를 보는 눈알. (눈 / 눈알 안)

おん ガン (ゲン)
くん (まなこ)

0670
部首 土(つち)
総画 11画

椅子を置いたその地(土)を基地とする。

ことば
基準(기준)・基金(기금)・基本(기본)・基幹産業(기간산업)

base
의자 놓은 그 땅(흙)에 터를 잡다. (터 기)

おん キ
くん (もと) (もとい)

5年

0671
部首 宀(うかんむり)
総画 11画

家の大きい大人に頭を下げて謝礼をして寄る。

ことば
寄稿(기고)・寄生虫(기생충)・寄り道(가는 길에 들름, 돌아서 가는 길)・寄せ算(덧셈)

depend
집에 큰 어른께 굽혀 사례코 붙어살다. (붙어살 기)

おん キ
くん よる よせる

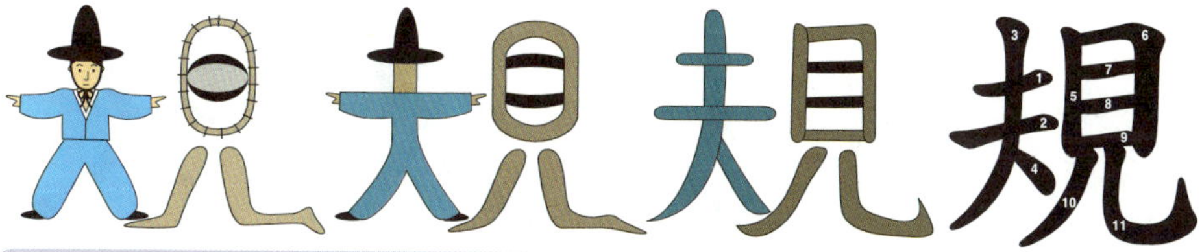

0672
部首 見(みる)
総画 11画

夫が目で人を見る様子は規律のように厳しい。

ことば
規格(규격)・規律(규율)・法規(법규)・規約(규약)

rule
지아비가 눈으로 사람을 봄이 법처럼 엄하다. (법 규)

おん キ
くん ―

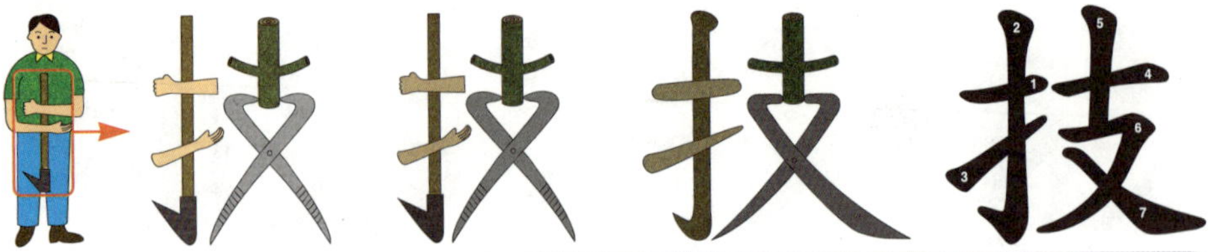

0673

部首 扌(てへん)
総画 7画

手で良いものを分けて取ることが技である。

おん ギ
くん わざ

ことば
技術(기술) • 技能(기능) • 球技(구기) • 特技(특기)

skill / talent
손으로 좋은 것을 갈라 잡는 것이 재주다. (재주 기)

0674

部首 羊(ひつじ)
総画 13画

羊を手に槍を持って守ることは義である。

おん ギ
くん —

ことば
義務(의무) • 義理(의리) • 民主主義(민주주의) • 正義(정의)

right
양을 손에 창을 잡고 지킴은 옳다. (옳을 의)

0675

部首 辶(しんにょう)
総画 9画

(事を)逆に進行していきながら逆らう。

おん ギャク
くん さか
さからう

ことば
逆転(역전) • 逆流(역류) • 逆さま(거꾸로 됨. 반대로 됨) • 逆立ち(거꾸로 섬. 물구나무 서기)

disobey
(일을) 거꾸로 진행해 가면서 거스르다. (거스를 역)

0676

部首 ノ(の)
総画 3画

久しく生きた老人の形状。

おん キュウ
(ク)
くん ひさしい

ことば
永久(영구) • 持久(지구. 오래 지탱하는 일) • 武運長久(무운장구) • 久しぶり(오래간만)

오래 산 노인의 모양. (오랠 구)

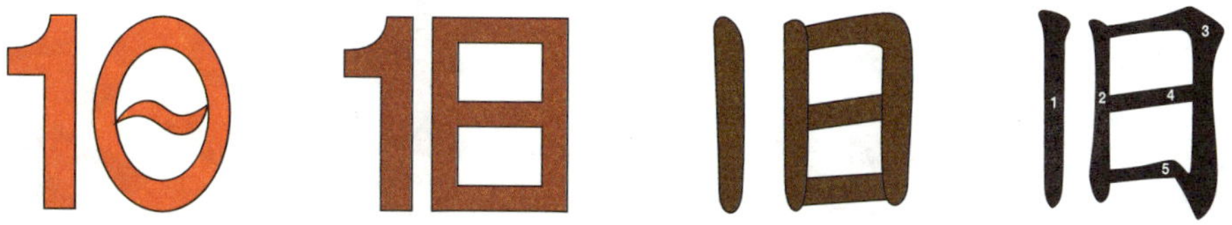

0677
部首 日(ひ)
総画 5画

(時間的(じかんてき)に)1日(いちにち)の過(す)ぎた昨日(きのう)も旧(きゅう)である。

おん キュウ
くん —

ことば
旧暦(きゅうれき)(구력.음력)・旧式(きゅうしき)(구식)・復旧(ふっきゅう)(복구)・旧約聖書(きゅうやくせいしょ)(구약성서)

old
(시간적으로)1日이 지난 어제도 옛날이다. (옛 구)

0678
部首 尸(しかばね)
総画 8画

家(いえ)に碑石(ひせき)のように長(なが)く留(と)まって居(い)る。

おん キョ
くん いる

ことば
住居(じゅうきょ)(주거)・居室(きょしつ)(거실)・居所(いどころ)(거처.있는 곳)・居留守(いるす)(집에 있으면서 일부러 없는 것같이 꾸밈)

live / dwell
집에 비석같이 오래 머물러 살다. (살 거)

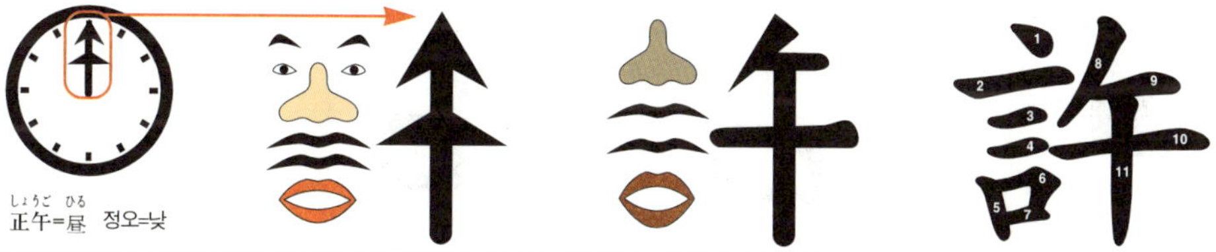

正午(しょうご)=昼(ひる) 정오=낮

0679
部首 言(ごんべん)
総画 11画

言(い)ったことを正午(しょうご)(昼(ひる))に許(ゆる)す。

おん キョ
くん ゆるす

ことば
許容量(きょようりょう)(허용량)・特許(とっきょ)(특허)・認許(にんきょ)(인허)・許し(ゆるし)(용서.허락)

permit
말씀한 바를 정오(낮)에 허락하다. (허락할 허)

0680
部首 土(つちへん)
総画 14画

土(つち)に立(た)って言葉(ことば)で人(ひと)が境(さかい)を引(ひ)く。

おん キョウ (ケイ)
くん さかい

ことば
境界(きょうかい)(경계)・国境(こっきょう)(국경)・境目(さかいめ)(경계점.갈림길)・見境(みさかい)(분별.판별)

boundary
흙에 서서 말로 사람이 경계를 긋다. (경계 경)

0681 部首 土（つちへん） 総画 7画

土の上の障害物を整えて均する。

ことば 均等(균등) • 均一(균일) • 均質(균질) • 平均(평균)

even

흙 위 장애물을 가지런히 해 고르다. (고를 균)

おん キン
くん —

0682 部首 示（しめす） 総画 13画

林の中の祭祀を行う所には接近を禁じる。

ことば 禁止(금지) • 禁煙(금연) • 解禁(해금) • 厳禁(엄금)

forbid

수풀 속 제 지내는 곳엔 접근을 금하다. (금할 금)

おん キン
くん —

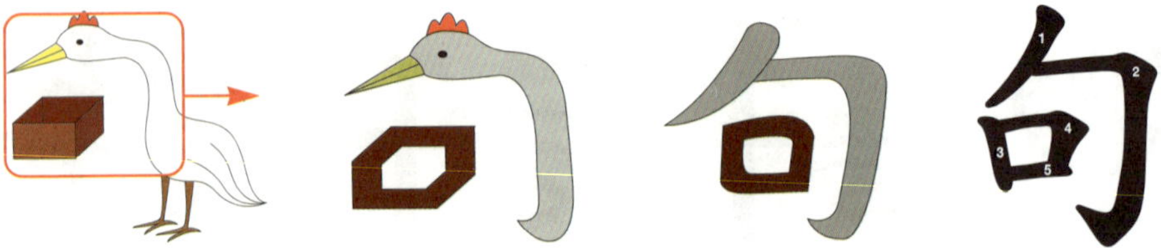

0683 部首 口（くち） 総画 5画

鶏が餌箱の前で句を読むようにこつこつする。

ことば 文句(문구.불평) • 語句(어구) • 句読点(구독점) • 慣用句(관용구)

phrase

닭이 모이통 앞에서 글귀를 읽듯 꾹꾹대다. (글귀 구)

おん ク
くん —

0684 部首 羊（ひつじ） 総画 13画

指揮棒と口で君の率いた羊(民)の群れ。

ことば 群衆(군중) • 群生(군생) • 群集(군집) • 大群(대군.많은 무리)

flock / crowd

지휘봉과 입으로 임금이 거느린 양(백성)의 무리. (무리 군)

おん グン
くん むれる
むれ
むら

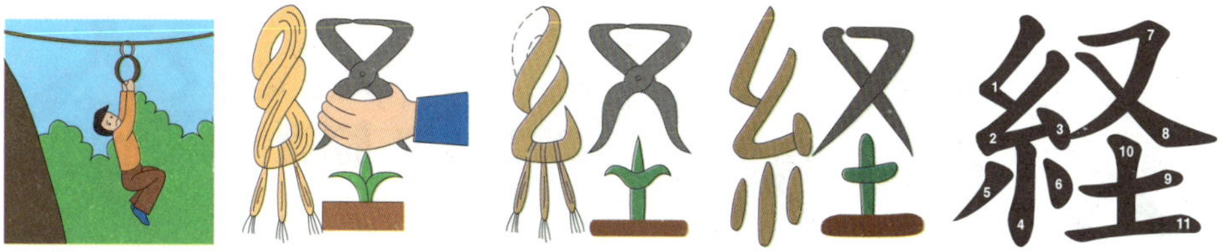

0685
部首 糸(いとへん)
総画 11画
ことば
warp

糸(綱)をつかんで土(谷)の上を経る。
経験(경험) • 経由(경유) • 神経(신경) • 経典(경전)
실(밧줄)을 잡고 흙(계곡) 위를 지나다. (날 / 지날 경)

おん ケイ (キョウ)
くん へる

0686
部首 氵(さんずい)
総画 15画
ことば
pure / clean

水で野菜を洗って刀で切ると糸のように潔い。
潔白(결백) • 純潔(순결) • 清潔(청결) • 不潔(불결)
물에 나물을 씻고 칼질하니 실같이 맑다. (맑을 결)

おん ケツ
くん いさぎよい

5年

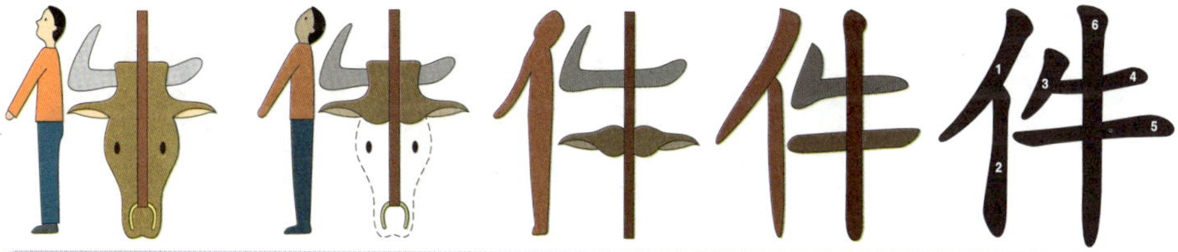

0687
部首 亻(にんべん)
総画 6画
ことば
thing / article

人が牛と共にする件。
用件(용건) • 条件(조건) • 件名(건명) • 人件費(인건비)
사람이 소와 더불어 하는 일(들). (일 건)

おん ケン
くん —

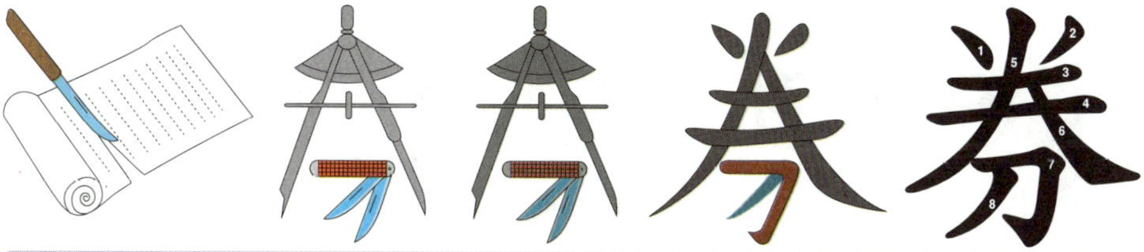

0688
部首 刀(かたな)
総画 8画
ことば
contract / bond

コンパスのように丸い紙を刀で切って作った券。
食券(식권) • 株券(주권) • 招待券(초대권) • 商品券(상품권)
콤파스처럼 둥근 종이를 칼로 잘라 만든 문서. (문서 권)

おん ケン
くん —

0689 部首 阝(こざとへん) 総画 11画

丘へ家の荷物をすべて背負って行くのが険しい。

おん ケン
くん けわしい

ことば 険悪(험악)・危険(위험)・ぼう険(모험)・健康保険(건강보험)

steep 언덕이 집에 짐을 다 지고 가기가 험하다. (험할 험)

0690 部首 木(きへん) 総画 12画

木の側に家の荷物をすべて背負って来て検査する。

おん ケン
くん —

ことば 検査(검사)・探検(탐험)・点検(점검)

inspect 나무옆으로 집에 짐을 다 지고 와 살피다. (살필 / 조사할 검)

0691 部首 阝(こざとへん) 総画 9画

丘に精米機が止まっていて道が限られている。

おん ゲン
くん かぎる

ことば 限界(한계)・期限(기한)・権限(권한)・力の限り(힘의 한계)

limit 언덕이 정미기처럼 멈추고 있어 길이 한정되다. (한정 / 막힐 한)

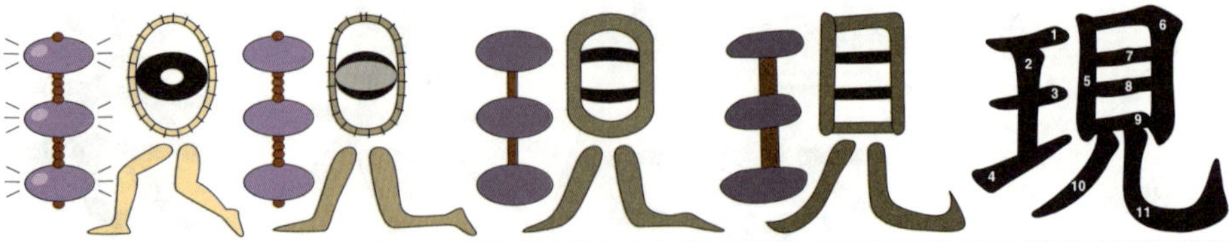

0692 部首 王(おうへん) 総画 11画

玉が、目で人に見られるように現れる。

おん ゲン
くん あらわれる
あらわす

ことば 現金(현금)・現場(현장)・実現(실현)・表現(표현)

appear 구슬이 눈으로 사람이 볼 수 있게 나타나다. (나타날 현)

0693

部首 氵(さんずい)
総画 12画

オットセイを槍(やり)で捕(つか)まえて食(た)べて飢(う)えを減(へ)らす。

ことば 減少(げんしょう)(감소)・減点(げんてん)(감점)・増減(ぞうげん)(증감)・軽減(けいげん)(경감)

decrease 물개를 창으로 잡아 먹고 굶주림을 덜다. (덜 감)

おん ゲン
くん へる
へらす

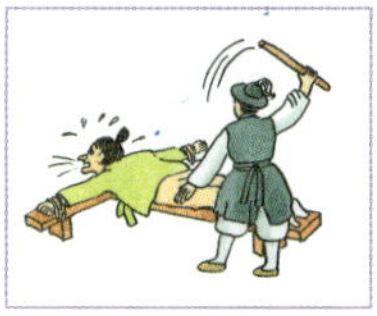

0694

部首 攵(ぼくにょう)
総画 9画

碑石(ひせき)のように古(ふる)いものを叩(たた)きながら何故(なにゆえ)か問(と)う。

ことば 故郷(こきょう)(고향)・故障(こしょう)(고장)・事故(じこ)(사고)

ancient 비석처럼 오래된 일을 두들기며 연고를 따지다. (옛/연고 고)

おん コ
くん (ゆえ)

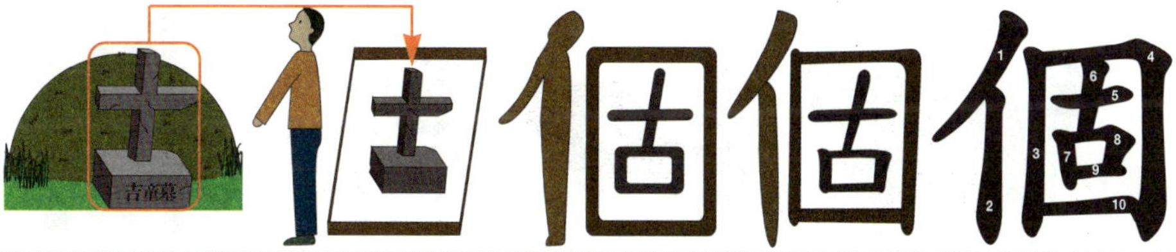

0695

部首 亻(にんべん)
総画 10画

人(ひと)が城(しろ)の中(なか)にある碑石(ひせき)の個数(こすう)を数(かぞ)える。

ことば 個人(こじん)(개인)・個性(こせい)(개성)・個別(こべつ)(개별)・別個(べっこ)(별개)

piece 사람이 성안에 있는 비석의 낱개수를 세다. (낱 개)

おん コ
くん —

0696

部首 言(ごんべん)
総画 20画

言(い)った通(とお)りに林(はやし)で鳥(とり)を捕(とら)えて保護(ほご)する。

ことば 護衛(ごえい)(호위)・看護(かんご)(간호)・弁護(べんご)(변호)

protect 말대로 숲에서 새를 잡아 보호하다. (보호할 호)

おん ゴ
くん —

0697

部首 力(ちから)
総画 8画

良い友達と付き合うように力をつくして長所を効する。

おん コウ
くん きく

ことば
効果(효과) • 効率(효율) • 有効(유효) • 特効薬(특효약)

좋은 벗과 사귀도록 힘써 장점을 본받다. (본받을 효)

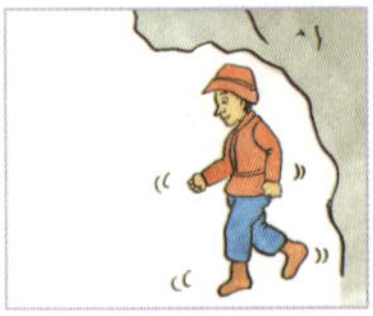

0698

部首 厂(がんだれ)
総画 9画

岩の下を歩く時に被った子の安全帽は厚い。

おん コウ
くん あつい

ことば
thick

厚意(후의) • 厚着(옷을 많이 껴입음) • 分厚い(두껍다)

바위 밑을 걸을 때 쓴 아들의 안전모는 두터웁다. (두터울 후)

0699

部首 耒(すきへん)
総画 10画

からすきで井戸を掘るように畑を耕す。

おん コウ
くん たがやす

ことば
plough

耕作(경작) • 耕地(경지) • 休耕(휴경. 농작물의 경작을 그 해에 쉼) • 農耕(농경)

쟁기로 우물 파듯 밭을 갈다. (밭갈 경)

0700

部首 金(かねへん)
総画 13画

金属を穴蔵から広く掘ったものが鉱である。

おん コウ
くん —

ことば
ore

鉱山(광산) • 鉱脈(광맥) • 金鉱(금광) • 炭鉱(탄광)

금속을 굴집에서 넓게 캔 것이 쇳돌이다. (쇳돌 광)

0701

部首 木(きへん)
総画 14画

木(き)を、背(せ)もたれを上(あ)げるようにして構(かま)える。

ことば 構成(こうせい)(구성)・機構(きこう)(기구)・門構(もんがま)え(대문을 세움. 또 그 구조)・心構(こころがま)え(각오,마음의 준비)

frame 나무를 등받이를 올리듯 해 얽어매다. (얽을 구)

おん コウ
くん かまえる / かまう

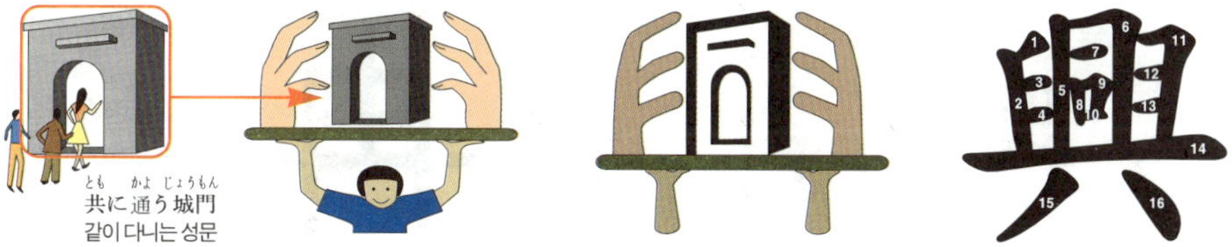

5年

0702

部首 臼(うす)
総画 16画

手(て)で共(とも)に持(も)って上(あ)げたら復興(ふっこう)する。

ことば 興味(きょうみ)(흥미)・即興(そっきょう)(즉흥)・興奮(こうふん)(흥분)・復興(ふっこう)(부흥)

interest / boom 손으로 같이 잡고 들어주니 부흥하다. (흥할 흥)

おん コウ / キョウ
くん (おこる) / (おこす)

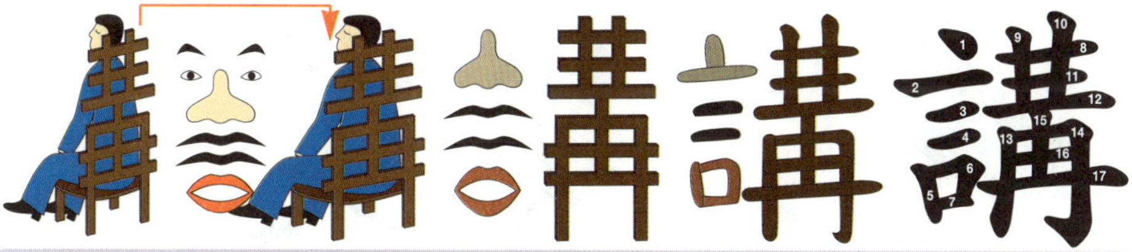

0703

部首 言(ごんべん)
総画 17画

(説明(せつめい)する)言葉(ことば)を、背(せ)もたれが積(つ)まれるようにして講演(こうえん)する。

ことば 講演(こうえん)(강연)・講評(こうひょう)(강평)・開講(かいこう)(개강)・受講(じゅこう)(수강)

preach (설명할) 말을 등받이를 쌓듯 하며 강론하다. (익힐 / 강론할 강)

おん コウ
くん —

0704

部首 氵(さんずい)
総画 11画

水辺(みずべ)の日差(ひざ)しの下(した)に並(なら)んで座(すわ)って混(ま)ざる。

ことば 混血(こんけつ)(혼혈)・混線(こんせん)(혼선)・混同(こんどう)(혼동)・混乱(こんらん)(혼란)

mix 물가 햇볕 아래 나란히 앉아 섞이다. (섞일 혼)

おん コン
くん まじる / まざる / まぜる

0705

部首 木(き)
総画 9画

木(き)の下(した)に品物(しなもの)を重(かさ)ねるように置(お)いて調査(ちょうさ)する。

おん サ
くん —

ことば

査察(ささつ)(사찰) • 検査(けんさ)(검사) • 調査(ちょうさ)(조사)

examine

나무 아래에 물건을 포개듯 해 놓고 조사하다. (조사할 사)

0706

部首 冂(どうがまえ)
総画 6画

椅子(いす)の背(せ)もたれを再(ふたた)び上(あ)げる。

おん サイ
サ
くん ふたたび

ことば

再起(さいき)(재기) • 再建(さいけん)(재건) • 再度(さいど)(다시.두 번) • 再来年(さらいねん)(내후년)

twice

의자에 등받이를 거듭 올리다. (거듭/두 재)

0707

部首 火(ひ)
総画 7画

水(みず)と火(ひ)によって生(しょう)じる災(わざわ)い。

おん サイ
くん (わざわい)

ことば

災害(さいがい)(재해) • 災難(さいなん)(재난) • 防災(ぼうさい)(방재) • 災(わざわ)いする(화가 되다.그것으로 인하여 불행을 초래하다)

disaster

물과 불에 의해 일어나는 재앙. (재앙 재)

0708

部首 女(おんな)
総画 8画

草(くさ)を手(て)で抜(ぬ)く(草取(くさと)りをする)女(おんな)が妻(つま)である。

おん サイ
くん つま

ことば

愛妻(あいさい)(애처) • 後妻(ごさい)(후처) • 妻子(さいし)(처자) • 妻帯者(さいたいしゃ)(처대자.아내가 있는 자)

풀을 손으로 뜯는 (김을 매는) 여자가 아내다. (아내 처)

0709
部首 扌(てへん)
総画 11画
ことば
dig

手と爪で木を採る。
採掘(채굴)・採光(채광)・採集(채집)・採り入れる(채용하다, 받아들이다)
손과 손톱으로 나무를 캐다. (캘 채)

おん サイ
くん とる

0710
部首 阝(こざとへん)
総画 14画
ことば
border

丘で肉を取って祭祀膳を用意する際に、会う。
交際(교제)・実際(실제)・際物(계절품. 일시적인 유행을 노린 상품)・窓際(창가)
언덕에서 고기를 집어 젯상을 차릴 즈음에 만나다. (즈음/만날 제)

おん サイ
くん (きわ)

0711
部首 土(つち)
総画 6画
ことば
exist

(造物主が)才能を発揮して土(地球)が在る。
在学(재학)・健在(건재)・不在(부재)・在り方(이상적인 상태. 본연의 자세)
(조물주가) 재주부리어 흙(지구)이 있다. (있을 재)

おん ザイ
くん ある

0712
部首 貝(かいへん)
総画 10画
ことば
wealth

金箱を満たす才能があって財を集める。
財産(재산)・財源(재원)・財布(지갑)・文化財(문화재)
돈통을 채우는 재주가 있어 재물을 모으다. (재물 재)

おん ザイ (サイ)
くん —

5年

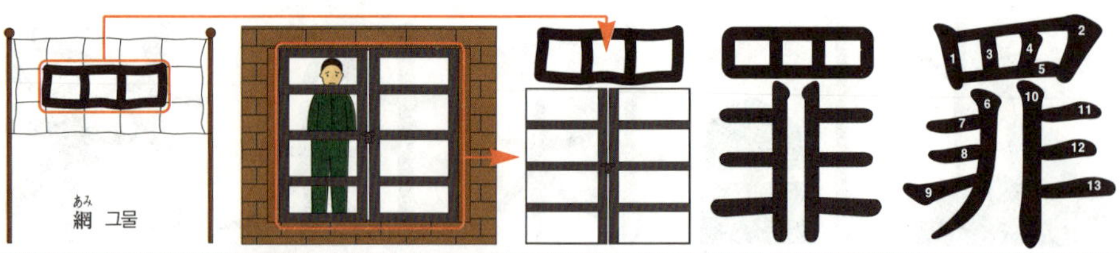

0713
部首 罒(あみがしら)
総画 13画

法の網にかかって、行ってはいけない所で罪をつぐなう。

ことば
罪悪(죄악)・謝罪(사죄)・無罪(무죄)・罪深い(죄가 무겁다. 죄가 많다)

crime
법 그물에 걸려, 가서는 아니될 곳에서 속죄하다. (죄 죄)

おん ザイ
くん つみ

0714
部首 隹(ふるとり)
総画 14画

多くの(九つ)木の上に鳥たちが座って混雑する。

ことば
雑音(잡음)・雑誌(잡지)・複雑(복잡)・雑木林(잡목림)

mixed
많은(아홉) 나무 위에 새들이 앉아 섞이다. (섞일 잡)

おん ザツ ゾウ
くん —

0715
部首 酉(とりへん)
総画 14画

お酒が傷んだら酢のように酸っぱい。

ことば
酸化(산화)・塩酸(염산)・炭酸(탄산)・胃酸(위산)

acid
술이 맛 가니 초같이 시다. (초/실 산)

おん サン
くん (すい)

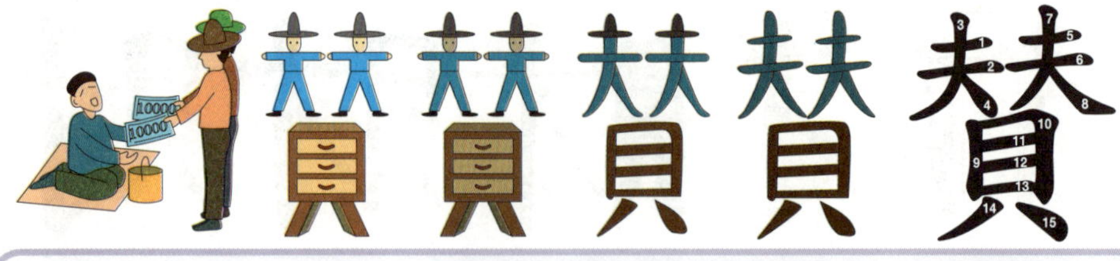

0716
部首 貝(こがい)
総画 15画

二人の夫が金箱からお金を出して助けることに賛成する。

ことば
賛成(찬성)・絶賛(절찬)・称賛(칭찬)・自画自賛(자화자찬)

assist
두 지아비가 돈통에서 돈을 내 돕기로 찬성하다. (도울/찬성할 찬)

おん サン
くん —

0717

部首 支(し)
総画 4画

割れた枝を取って支える。

おん シ
くん ささえる

ことば
支払う(지불하다)・支給(지급)・支配(지배)・身支度(치장.몸차림)

support / divide
갈라진 가지를 잡고 지탱하다. (지탱할 / 갈라질 지)

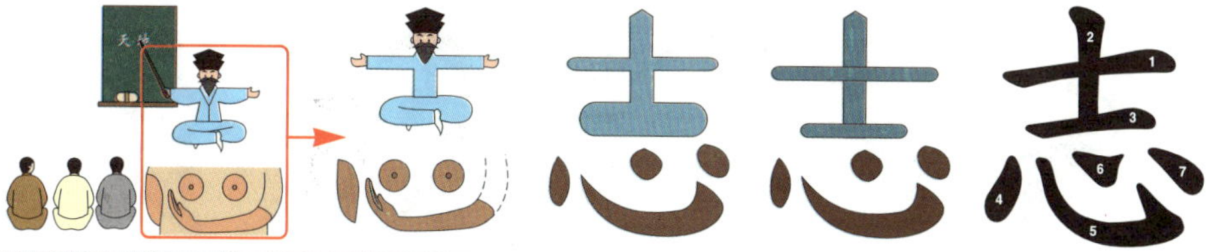

0718

部首 心(こころ)
総画 7画

士が心に持ったものが志である。

おん シ
くん こころざす
こころざし

ことば
志願(지원)・志望(지망)・意志(의지)・同志(동지)

intention
선비가 마음에 지닌 것이 뜻이다. (뜻 지)

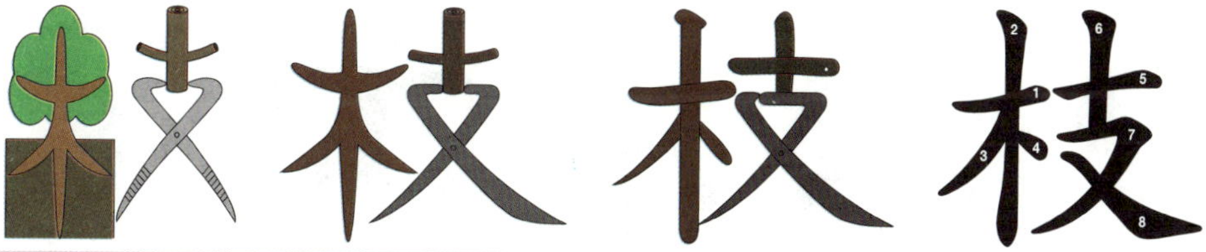

0719

部首 木(きへん)
総画 8画

木から分れて出てきたものが枝である。

おん (シ)
くん えだ

ことば
枝葉(지엽.가지와 잎)・枝豆(풋콩)・枝道(샛길)・枝毛(비어져 나온 머리털)

branch
나무에서 갈라져 나온 것이 가지다. (가지 지)

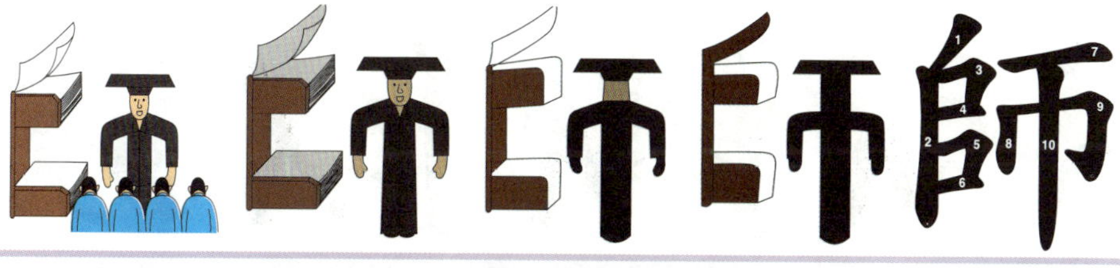

0720

部首 巾(はば)
総画 10画

たくさん積もった知識を教える者が師である。

おん シ
くん —

ことば
師弟(사제.스승과 제자)・医師(의사)・教師(교사)・牧師(목사)

teacher
많이 쌓인 지식을 가르치는 자가 스승이다. (스승 사)

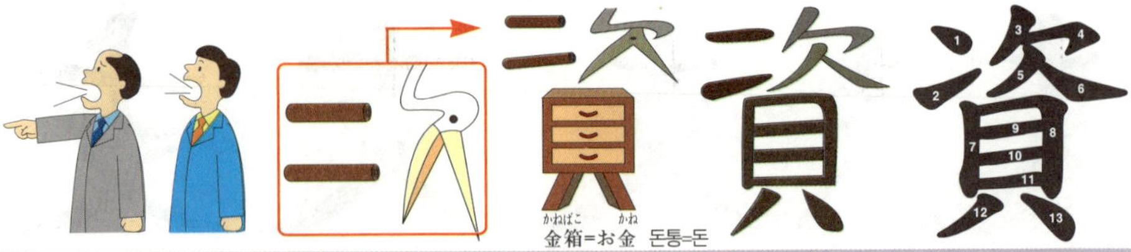

0721

部首 貝(こがい)
総画 13画

人(ひと)が健康(けんこう)の次(つぎ)に歓呼(かんこ)しながら儲(もう)けるお金(かね)が資金(しきん)。

おん シ
くん —

ことば
資金(しきん)(자금)・資本(しほん)(자본)・学資(がくし)(학자.학비)・物資(ぶっし)(물자)

property
사람이 건강 **다음으로 환호하며** 버는 돈이 재물. (재물 **자**)

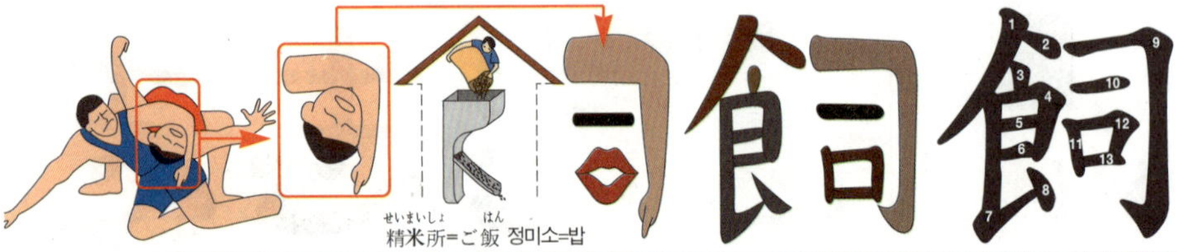

0722

部首 飠(しょくへん)
総画 13画

ご飯(はん)(食(た)べ物(もの))を人(ひと)に預(あず)けて、飼料(しりょう)にする。

おん シ
くん かう

ことば
飼育(しいく)(사육)・飼料(しりょう)(사료)・放(はな)し飼(が)い(방사.방목)・飼(か)い主(ぬし)(사육주.가축을 기르는 사람)

feed
밥(음식)을 사람에게 맡겨 사료로 만들다. (기를 **사**)

0723

部首 示(しめす)
総画 5画

祭祀膳(さいしぜん)を供(そな)えて神様(かみさま)に示(しめ)す。

おん ジ (シ)
くん しめす

ことば
図示(ずし)(도시)・暗示(あんじ)(암시)・展示(てんじ)(전시)・例示(れいじ)(예시)

exhibit
젯상을 차려 신께 **보이다.** (보일 / 젯상 **시**)

0724

部首 亻(にんべん)
総画 7画

人(ひと)がからすきで畑(はたけ)を耕(たがや)す姿(すがた)が似(に)ている。

おん (ジ)
くん にる

ことば
類似(るいじ)(유사)・相似(そうじ)(상사. 성질이나 형상이 서로 닮음)・空似(そらに)(혈연 관계가 없는 남남끼리 얼굴 생김새가 닮음)・似合(にあ)う(어울리다)

resemble
사람이 쟁기질하는 모습이 **비슷하다(같다).** (같을 / 비슷할 **사**)

0725

部首 言(ごんべん)
総画 19画

話し声を聞いて槍でそれを意識して刻む。

おん シキ
くん —

ことば 意識(의식)・博識(박식)・常識(상식)

recognize

말소리를 듣고 창으로 그 뜻을 알아 새기다. (알 식)

金箱=お金 돈통=돈

0726

部首 貝(こがい)
総画 15画

斧は値打ち(お金)の高いものが質が良い。

おん シツ (シチ) (チ)
くん —

ことば 資質(자질)・品質(품질)・人質(인질)・言質(언질)

quality

도끼는 값(돈) 비싼 것이 바탕(질)이 좋다. (바탕 질)

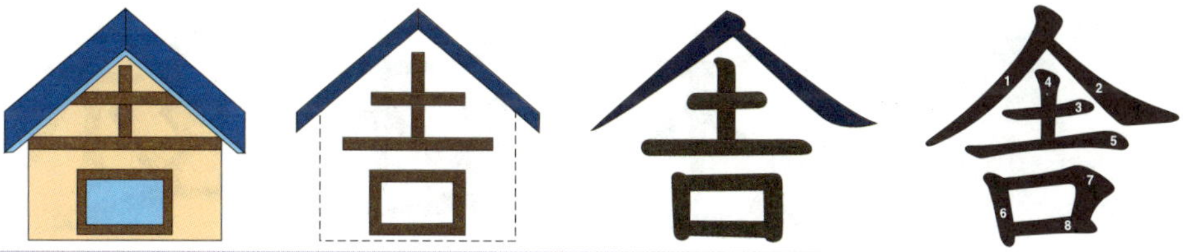

0727

部首 人(ひとやね)
総画 8画

舎の形状。

おん シャ
くん —

ことば 寄宿舎(기숙사)・駅舎(역사.정거장 건물)・官舎(관사)・田舎(시골.농촌)

house

집의 모양. (집 사)

0728

部首 言(ごんべん)
総画 17画

話を聞いて自ずから手を動かして謝る。

おん シャ
くん (あやまる)

ことば 謝罪(사죄)・謝礼(사례)・平謝り(무조건 사과함)

thank

말씀 듣고 몸소 손을 놀려 사례하다. (사례할 사)

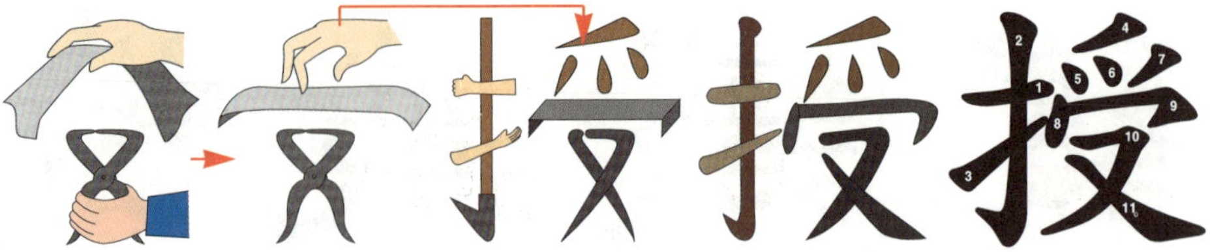

0729

部首 扌(てへん)
総画 11画

(他人の)手に自分の手で握った蓋とやっとこを授ける。

ことば 授賞(수상)・授与(수여)・教授(교수)・伝授(전수)

give

(타인의) 손에 손에 쥔 덮개와 집게를 주다. (줄 수)

おん ジュ
くん (さずける) (さずかる)

0730

部首 亻(にんべん)
総画 10画

人がかんざしをさして、髪形を修正する。

ことば 修行(수행)・修正(수정)・改修(개수)・研修(연수)

cultivate

사람이 비녀를 꽂아 머리결을 수정하다. (닦을 수)

おん シュウ (シュ)
くん おさめる おさまる

0731

部首 辶(しんにょう)
総画 8画

果樹の根が繋がっていくように文を繋いで述べる。

ことば 述語(술어)・記述(기술.글로 써서 나타냄)・著述(저술)・前述(전술)

write

과목의 뿌리가 이어가듯 글을 이어 짓다. (지을 술)

おん ジュツ
くん のべる

0732

部首 行(ぎょうがまえ)
総画 11画

街に果樹をうまく植えることも技術である。

ことば 学術(학술)・芸術(예술)・美術(미술)・話術(화술)

artifice

거리에 과일나무를 잘 심는 것도 재주다. (재주 술)

おん ジュツ
くん —

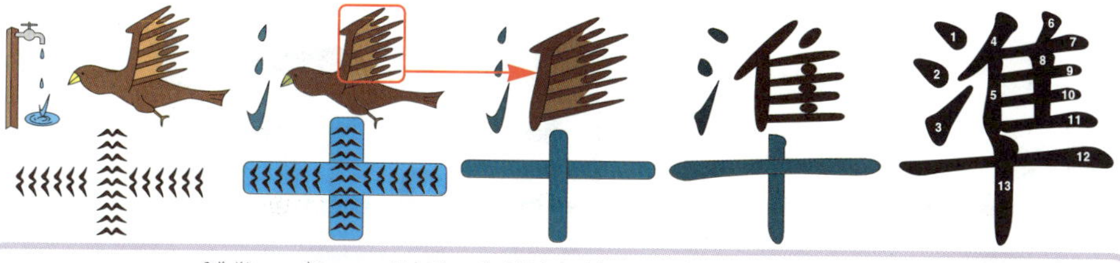

0733
部首 氵(さんずい)
総画 13画

水鳥の群れが十字に標準を守って飛ぶ。

ことば 準備(준비) • 水準(수준) • 標準(표준) • 準決勝(준결승)

rule 물 새 떼가 십자로 법도를 지켜 날다. (법도 준)

おん ジュン
くん —

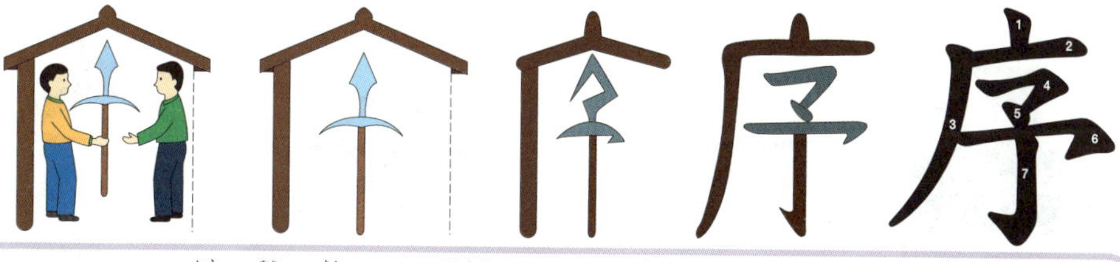

0734
部首 广(まだれ)
総画 7画

家で槍を与えたら順序にそって受ける。

ことば 序曲(서곡) • 序列(서열) • 序論(서론) • 順序(순서)

order 집에서 창을 주니 차례로 받다. (차례 서)

おん ジョ
くん —

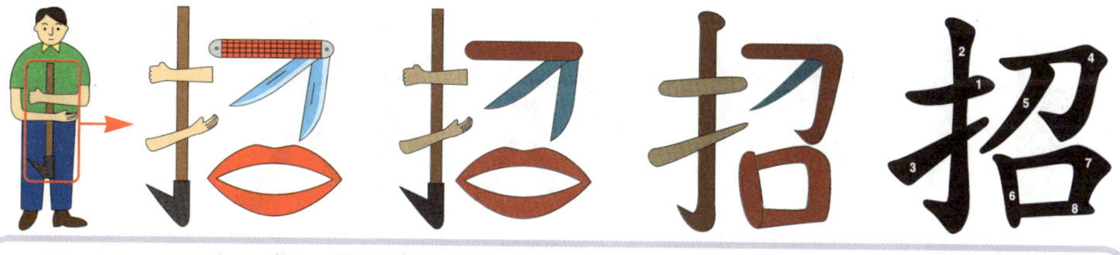

0735
部首 扌(てへん)
総画 8画

手に棒と刀を持って口で招く。

ことば 招集(소집,불러서 모음) • 招待(초대) • 招待状(초대장) • 手招き(손짓으로 부름)

call 손에 몽둥이와 칼을 들고 입으로 부르다. (부를 초)

おん ショウ
くん まねく

0736
部首 手(て)
総画 8画

漏斗で水を注いで満たすことを承る。

ことば 承知(알아들음.승낙.용서) • 承認(승인) • 承服(승복) • 伝承(전승)

inherit 깔대기로 물을 내려 채우는 것을 잇다. (이을 승)

おん ショウ
くん (うけたまわる)

5年

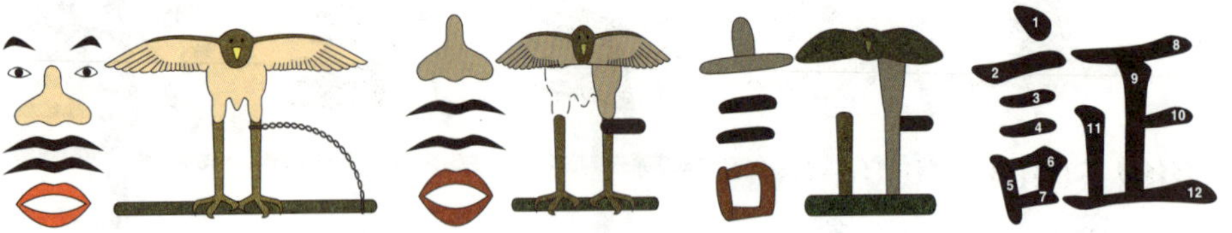

0737
部首 言(ごんべん)
総画 12画
ことば
evidence

言葉を正しく話して証言する。

証言(증언) • 検証(검증) • 保証(보증) • 学生証(학생증)

말을 바르게 올려 증언하다. (증거 / 증명 증)

おん ジョウ
くん ―

0738
部首 木(き)
総画 7画
ことば
branch

叩いた木の前に条件なく崩れる信条。

条件(조건) • 条文(조문) • 信条(신조)

두들기는 나무 앞에 조건없이 무너지는 신조. (조목 조)

おん ジョウ
くん ―

0739
部首 犬(いぬ)
総画 7画
ことば
form

丸太の木切れに犬の形象を刻んだ状態。

状態(상태) • 賞状(상장) • 年賀状(연하장) • 招待状(초대장)

통나무조각에 개 형상을 새겨 적은 문서. (형상 상 / 문서 장)

おん ジョウ
くん ―

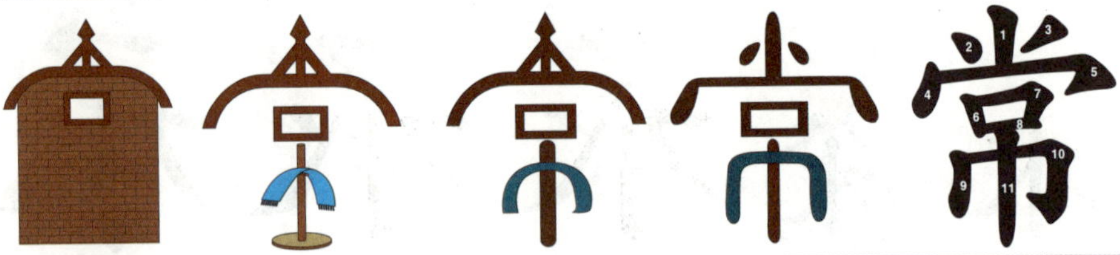

0740
部首 巾(はば)
総画 11画
ことば
always

高い者が布巾を身に常にまとう。

常識(상식) • 常日ごろ(늘.평소) • 常夏(상하.늘 여름임)

높은 자가 수건 천을 몸에 항상 걸치다. (항상 상)

おん ジョウ
くん つね (とこ)

0741

部首 忄(りっしんべん)
総画 11画

胸(むね)にある青(あお)い夢(ゆめ)が情(なさ)けである。

ことば 情景(じょうけい)(정경,정치와 경치) • 情報(じょうほう)(정보) • 表情(ひょうじょう)(표정) • 情(なさ)け深(ぶか)い(인정이 많다)

affection 가슴에 있는 푸른 꿈이 뜻이다. (뜻 정)

おん ジョウ (セイ)
くん なさけ

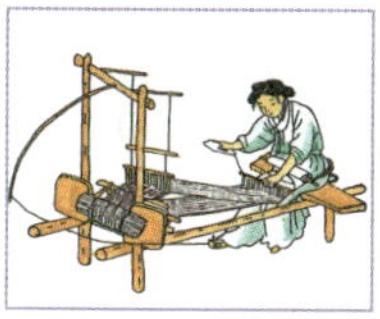

0742

部首 糸(いとへん)
総画 18画

糸(いと)で音(おと)を槍(やり)がぶつかるように出(だ)しながら機(はた)を織(お)る。

ことば 組織(そしき)(조직) • 織機(しょっき)(직기, 베틀) • 毛織物(けおりもの)(모직물)

weave 실로 소리를 창 부딪치듯 내며 베를 짜다. (짤 직)

おん (ショク) シキ
くん おる

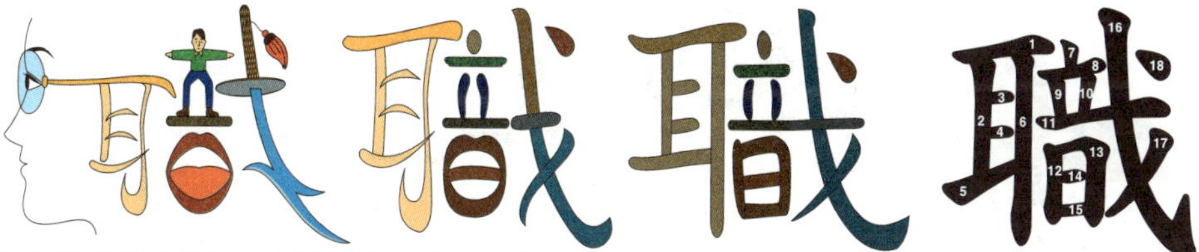

0743

部首 耳(みみへん)
総画 18画

耳(みみ)で聞(き)いた音(おと)を槍(やり)で刻(きざ)むことを職(しょく)とする。

ことば 職業(しょくぎょう)(직업) • 求職(きゅうしょく)(구직) • 退職(たいしょく)(퇴직)

position 귀로 들은 소리를 창으로 새기는 걸 맡다. (벼슬/맡을 직)

おん ショク
くん —

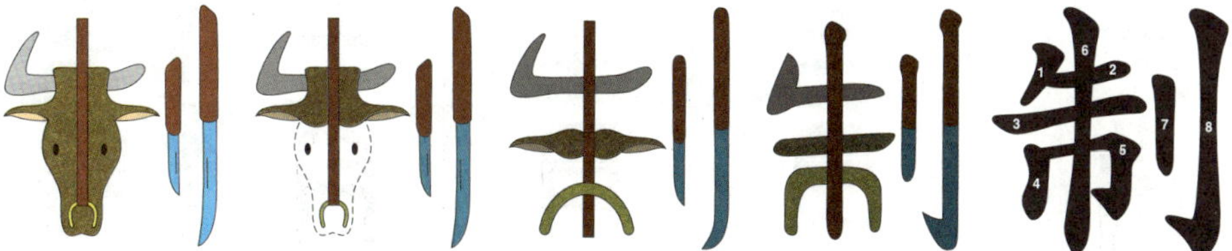

0744

部首 刂(りっとう)
総画 8画

牛(うし)の鼻輪(はなわ)を刀(かたな)できれいにして制(せい)する。

ことば 製作(せいさく)(제작) • 節制(せっせい)(절제) • 強制(きょうせい)(강제) • 体制(たいせい)(체제)

restrain 소 코뚜레를 칼로 다듬어 마르다. (마를 제)

おん セイ
くん —

0745
部首 忄(りっしんべん)
総画 8画
ことば
nature

胸(むね)からできてくるものが性格(せいかく)である。

理性(りせい)(이성)・特性(とくせい)(특성)・性分(しょうぶん)(성분.성질.태생)・気性(きしょう)(기질.타고난 성질)

가슴에서 생겨나는 것이 성품이다. (성품 성)

おん セイ (ショウ)
くん —

0746
部首 攵(ぼくにょう)
総画 9画
ことば
politics

過(あやま)ちを正(ただ)しく打(う)って政治(せいじ)する。

政権(せいけん)(정권)・政治(せいじ)(정치)・行政(ぎょうせい)(행정)・財政(ざいせい)(재정)

잘못을 바르게 쳐서 정사를 보다. (다스릴 / 정사 정)

おん セイ (ショウ)
くん (まつりごと)

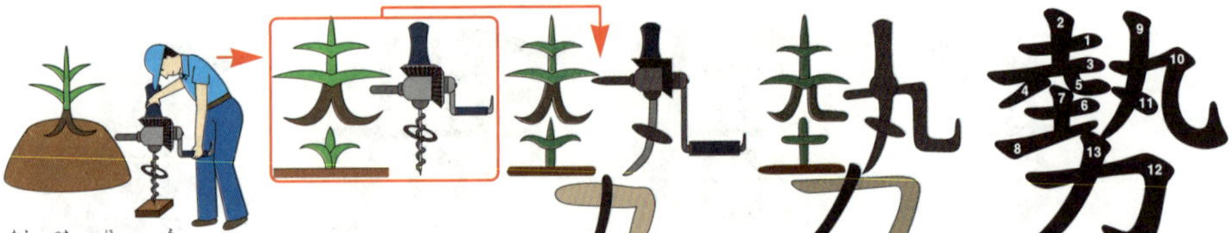

苗(なえ)を土(つち)を掘(ほ)って植(う)える. 모종을 흙을 파고 심다

0747
部首 力(ちから)
総画 13画
ことば
force

(味方(みかた)を)植(う)えて力(ちから)を得(え)て勢(いきお)いをつける。

勢力(せいりょく)(세력)・優勢(ゆうせい)(우세)・態勢(たいせい)(태세)・国勢調査(こくせいちょうさ)(국세조사)

(자기편을) 심어서 힘을 얻어 기세를 잡다. (기세 세)

おん セイ
くん いきおい

0748
部首 米(こめへん)
総画 14画
ことば
clean

米(こめ)を青(あお)い色(いろ)を帯(お)びるように精米(せいまい)する。

精読(せいどく)(정독.숙독)・精神(せいしん)(정예)・不精(ぶしょう)(게으름 부림.등한히 함)

쌀을 푸른 색이 나게 정미하다. (정미할 정)

おん セイ (ショウ)
くん —

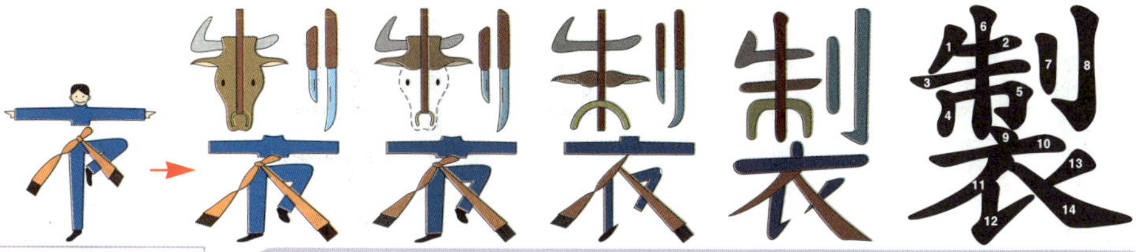

0749

部首 衣(ころも)
総画 14画

牛の鼻輪を刀できれいにするように衣を製作する。

おん セイ
くん —

ことば
製作(제작)・製本(제본)・特製(특제)

make
소 코뚜레를 칼로 다듬듯 옷을 만들다. (만들 제)

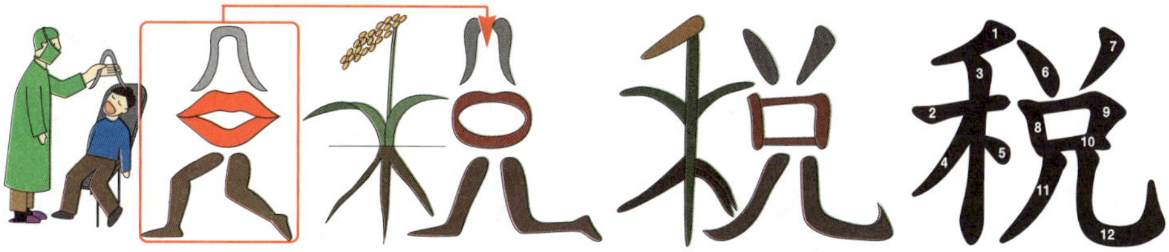

5年

0750

部首 禾(のぎへん)
総画 12画

(刈り入れた)稲の一部を歯を抜くように出すものが税。

おん ゼイ
くん —

ことば
税金(세금)・課税(과세)・納税(납세)・住民税(주민세)

tax
(추수한) 벼의 일부를 이를 뽑듯 해 내는 것이 세금. (세금 세)

金箱=お金 돈통=돈

0751

部首 貝(こがい)
総画 11画

草を育ててお金を儲けられなかった責任を問われる。

おん セキ
くん せめる

ことば
責任(책임)・責務(책무)・職責(직책)・責めを負う(책임을 지다)

reproach
풀 길러 돈을 벌지 못한 책임을 물어 꾸짖다. (꾸짖을 / 책임 책)

金箱=お金 돈통=돈

0752

部首 糸(いとへん)
総画 17画

糸草(綿)でお金になるように機織りをして功績を積む。

おん セキ
くん —

ことば
実績(실적)・成績(성적)・戦績(전적)・ぼう績(방적)

spin / thread
실 풀(목화)로 돈이 되게 길쌈해 공적을 쌓다. (길쌈할 / 공적 적)

0753
部首 扌（てへん）
総画 11画
ことば
join

手で立っている女（妾）を抱いて身に接する。

接近（접근）・応接室（응접실）・接ぎ木（접목）

손으로 서 있는 여자（첩）를 안아 몸에 접하다. (접할 접)

おん セツ
くん つぐ

0754
部首 言（ごんべん）
総画 11画
ことば
establish

言葉で叩いて打ちこんで設ける。

設計（설계）・設問（설문）・建設（건설）

말로 두드려 박도록 하여 세우다. (세울/베풀 설)

おん セツ
くん もうける

0755
部首 舌（した）
総画 6画
ことば
tongue

盾のような形で口の中にあるものが舌である。

毒舌（독설）・舌先（혀 끝）・舌打ち（혀를 참）・二枚舌（일구이언,거짓말을 함）

방패같이 생겨 입 안에 있는 것이 혀다. (혀 설)

おん （ゼツ）
くん した

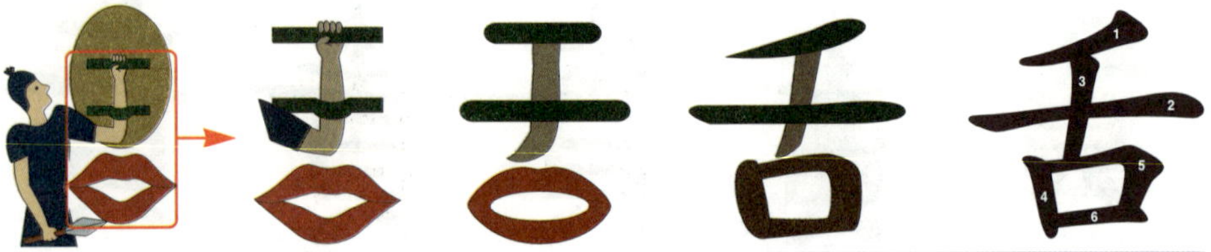

0756
部首 糸（いとへん）
総画 12画
ことば
cut

糸を人が蛇を切るように絶つ。

絶望（절망）・絶景（절경）・人気絶頂（인기절정）・気絶（기절）

실을 사람이 뱀 자르듯 끊다. (끊을 절)

おん ゼツ
くん たえる
たやす
たつ

0757

部首 釒(かねへん)
総画 14画
ことば
money

金(かね)が槍(やり)に引(ひ)き裂(さ)かれて小(ちい)さく作(つく)ったものが銭(ぜに)。

銭湯(せんとう)(공중 목욕탕) • 金銭(きんせん)(금전,돈,화폐) • 小銭入(こぜにい)れ(동전 지갑)

쇠로 창에 찢긴 조각처럼 작게 만든 것이 돈. (돈 전)

おん セン
くん ぜに

0758

部首 ネ(しめすへん)
総画 9画
ことば
grandfather

祭祀膳(さいしぜん)に重(かさ)ねられている神様(かみさま)が(先祖(せんぞ))祖(そ)である。

祖国(そこく)(조국) • 祖父(そふ)(조부) • 元祖(がんそ)(원조,시조) • 先祖(せんぞ)(선조)

젯상에 포개져 있는 신들이 (조상)할아비다. (할아비 조)

おん ソ
くん ―

0759

部首 糸(いと)
総画 10画
ことば
white

草(くさ)から抜(ぬ)いた糸(いと)の素(そ)は白(しろ)い。

簡素(かんそ)(간소) • 平素(へいそ)(평소) • 素顔(すがお)(화장기 없는 맨 얼굴) • 素人(しろうと)(아마추어)

풀에서 뽑은 실의 바탕은 희다. (흴 / 바탕 소)

おん ソ (ス)
くん ―

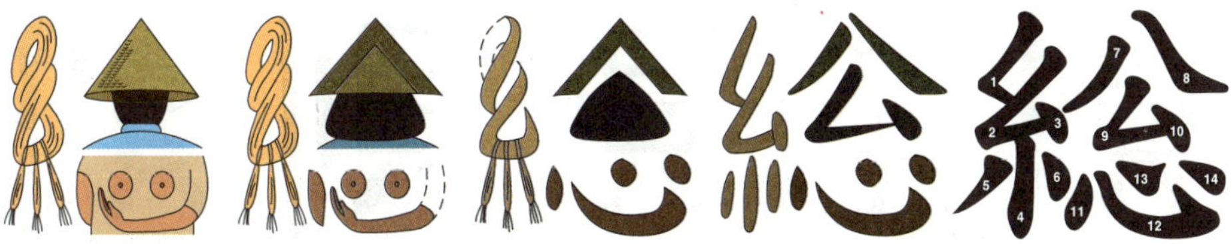

0760

部首 糸(いとへん)
総画 14画
ことば
all

糸(いと)で縛(しば)るように貴公子(きこうし)が心(こころ)を使(つか)って皆(みんな)を総括(そうかつ)する。

総会(そうかい)(총회) • 総理(そうり)(총리) • 総力(そうりょく)(총력)

실로 묶듯 귀공자가 마음써 모두를 거느리다. (모두 / 거느릴 총)

おん ソウ
くん ―

5年

0761

部首 辶(しんにょう)
総画 10画

牛を殺して神様に口で告げに行こうと食べ物を造る。

おん ゾウ
くん つくる

ことば
造花(조화)・改造(개조)・創造(창조)・無造作(무조작)

create
소 잡아 신께 입으로 고하려 가려고 음식을 짓다. (지을 조)

0762

部首 亻(にんべん)
総画 14画

(象を見たことのない)人が象の像を似せて描く。

おん ゾウ
くん —

ことば
映像(영상)・現像(현상)・想像(상상)・自画像(자화상)

figure
(코끼리를 못 본) 사람이 코끼리 형상을 닮게 그리다. (닮을/형상 상)

0763

部首 土(つちへん)
総画 14画

土を重ねて積んで増やす。

おん ゾウ
くん ます
ふえる
ふやす

ことば
増加(증가)・倍増(배증)・日増しに(나날이,날이 갈수록)

increase
흙을 포개어 쌓아 더하다. (더할 증)

0764

部首 刂(りっとう)
総画 9画

金箱のお金を刀で切って、規則とおりに分ける。

おん ソク
くん —

ことば
規則(규칙)・原則(원칙)・反則(반칙)

rule
돈통의 돈을 칼로 베듯 곧 법대로 나누다. (곧 즉/법/나눌 칙)

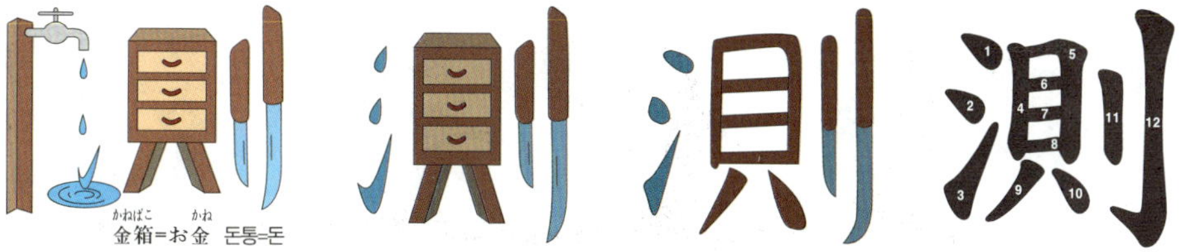

0765

部首 氵(さんずい)
総画 12画
ことば
measure

使った水のお金をもらおうと刀で切るように量を測る。

測定(측정)・測量(측량)・観測(관측)・推測(추측)

물 쓴 돈을 받으려고 칼로 베듯 양을 재다. (잴 측)

おん ソク
くん はかる

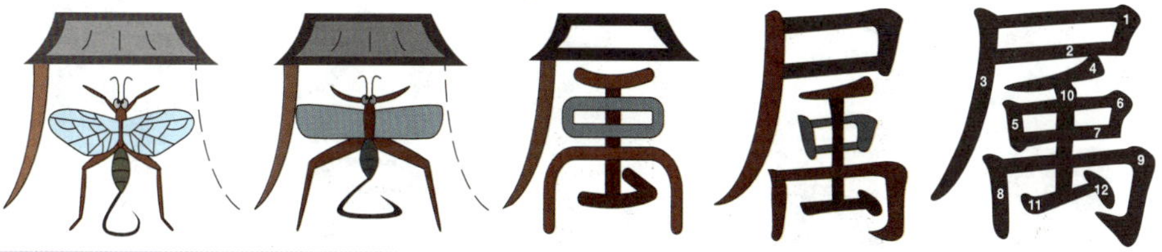

0766

部首 尸(しかばね)
総画 12画
ことば
belong to

家に虫が属する。

属性(속성)・従属(종속)・貴金属(귀금속)・付属(부속)

집에 벌레가 붙다. (붙을 속)

おん ゾク
くん —

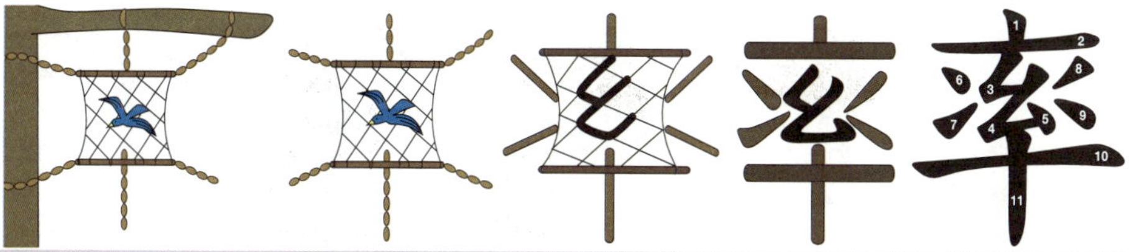

0767

部首 玄(げん)
総画 11画
ことば
lead / rate

新しい網の大きさの比率に合わせて、(かかった)鳥を率いる。

確率(확률)・比率(비율)・引率(인솔)・軽率(경솔)

새 그물이 크기 비율에 맞게(걸린) 새를 거느리다. (비율 률/거느릴 솔)

おん (ソツ) リツ
くん ひきいる

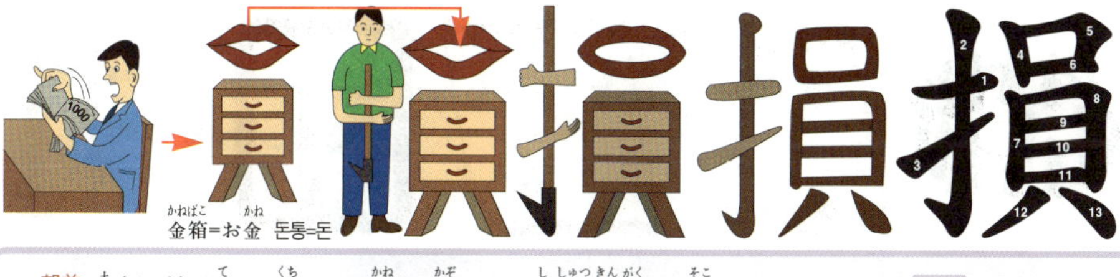

0768

部首 扌(てへん)
総画 13画
ことば
reduce

手と口でお金を数えて支出金額を損なう。

損失(손실)・損傷(손상)・破損(파손)・見損なう(잘못 보다)

손과 입으로 돈을 세어 지출 금액을 덜다. (덜 손)

おん ソン
くん (そこなう) (そこねる)

5年

0769
部首 辶(しんにょう)
総画 9画
ことば
withdraw

脱穀を止めて後ろへ走って退く。

退院(퇴원) • 退場(퇴장) • 早退(조퇴) • 辞退(사퇴)

탈곡을 멈추고 뒤로 달리어 물러나다. (물러날 퇴)

おん タイ
くん しりぞく
しりぞける

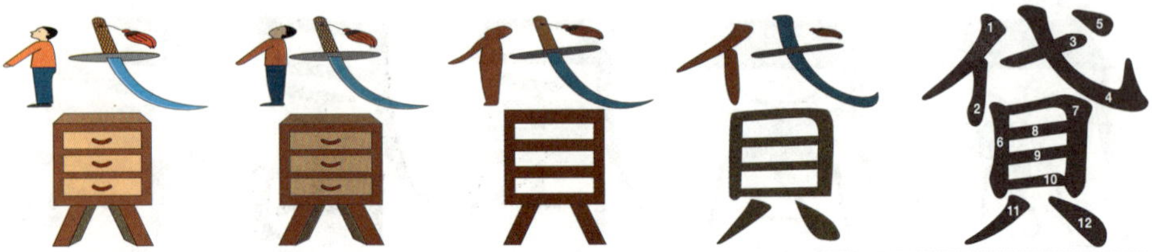

0770
部首 貝(こがい)
総画 12画
ことば
lend

人が矢と金箱のお金を貸す。

貸借(대차) • 賃貸(임대) • 前貸し(가불해줌.선대) • 貸し切り(전세.대절)

사람이 주살과 돈통의 돈을 빌리다. (빌릴 대)

おん (タイ)
くん かす

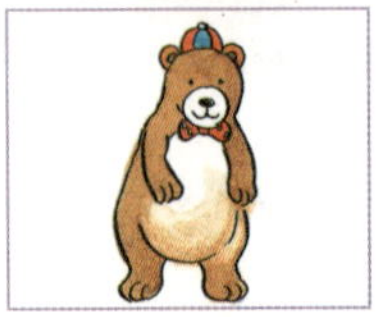

0771
部首 心(こころ)
総画 14画
ことば
posture

才能のある熊が思いきり態度を変える。

態度(태도) • 生態(생태) • 変態(변태)

재주가 있는 곰이 마음껏 태도를 바꾸다. (태도 태)

おん タイ
くん —

0772
部首 囗(くにがまえ)
総画 6画
ことば
round

囲もうと手を使って丸く団結する。

団体(단체) • 集団(집단) • 合唱団(합창단) • 布団(이부자리)

에워싸려고 손을 써 둥글게 모이다. (둥글 / 모일 단)

おん ダン
(トン)
くん —

0773

部首 斤(おのづくり)
総画 11画

米の入った箱を斧で断つ。

ことば
断固(단호) • 断面図(단면도) • 横断(횡단) • 判断(판단)

cut off
쌀이 든 통을 도끼로 끊다. (끊을 단)

おん ダン
くん (たつ) ことわる

0774

部首 ⺮(たけかんむり)
総画 16画

竹の取っ手をつけた木で土を固めて築く。

ことば
築造(축조) • 構築(구축) • 増築(증축) • 新築(신축)

build
대나무 손잡이를 단 나무로 흙을 다져 쌓다. (쌓을/다질 축)

おん チク
くん きずく

0775

部首 弓(ゆみへん)
総画 11画

弦を長く張る。

ことば
拡張(확장) • 主張(주장) • 欲張る(지나치게 욕심을 부리다)

spread
활시위를 길게 잡아 당기다. (베풀/당길 장)

おん チョウ
くん はる

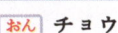

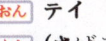

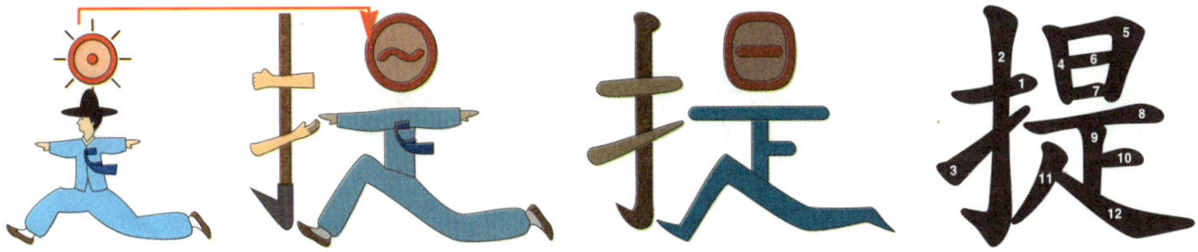

0776

部首 扌(てへん)
総画 12画

手を日の手足のように正しく伸ばして提げる。

ことば
提供(제공) • 提出(제출) • 手提げ(손에 들고 다니는 물건. 자루나 가방 등)

draw
손을 해의 손발같이 바르게 뻗어 들다. (들 제)

おん テイ
くん (さげる)

5年

0777

部首 禾(のぎへん)
総画 12画

稲(いね)わらを背負(せお)って見(み)せながら程(てい)の通(とお)りに測(はか)る。

おん テイ
くん (ほど)

ことば
程度(ていど)(정도) • 過程(かてい)(과정) • 程(ほど)よい(알맞다, 적당하다)

law
벼 짐을 짐지워 보이며 법도대로 헤아리다. (법도 정)

0778

部首 辶(しんにょう)
総画 14画

先祖(せんぞ)を祭(まつ)る祠(ほこら)に行(い)って祭祀(さいし)を行(おこな)うことは礼法(れいほう)に適(てき)する。

おん テキ
くん —

ことば
適応(てきおう)(적응) • 適切(てきせつ)(적절) • 快適(かいてき)(쾌적) • 最適(さいてき)(최적)

suit
조상을 모신 사당에 가서 제 지냄은 예법에 맞다. (맞을 적)

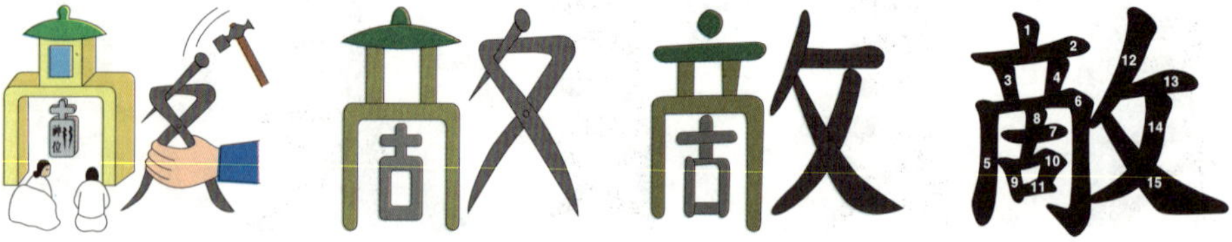

0779

部首 攵(ぼくにょう)
総画 15画

根(ね)(先祖(せんぞ))を祭(まつ)る祠(ほこら)を討(う)つ者(もの)は敵(かたき)である。

おん テキ
くん (かたき)

ことば
敵軍(てきぐん)(적군) • 敵対(てきたい)(적대) • 強敵(きょうてき)(강적) • 敵役(かたきやく)(연극에서 악인역, 미움받는 역할)

enemy
뿌리(조상)를 모신 사당을 치는 자는 원수다. (원수 적)

0780

部首 糸(いとへん)
総画 12画

糸(いと)を巻(ま)いて帽子(ぼうし)をかぶった人(ひと)が統合(とうごう)する。

おん トウ
くん (すべる)

ことば
統一(とういつ)(통일) • 統合(とうごう)(통합) • 血統(けっとう)(혈통)

govern
실을 감아 모자 쓴 사람이 통합하다. (합칠 통)

0781
部首 金(かねへん)
総画 14画
ことば
copper

金で城門が通じるように電気のよく通じるものが銅である。
銅像(동상)・銅板(동판.구리판)・分銅(분동.저울추)・青銅(청동)
쇠로 성문을 통하듯 전기가 잘 통하는 게 구리. (구리 동)

おん ドウ
くん —

0782
部首 寸(すん)
総画 15画
ことば
guide

頭を使って走って行く道を手で導く。
指導(지도)・誘導(유도)・導き出す(이끌어내다)
머리를 써 달려갈 길을 손으로 인도하다. (인도할 도)

おん ドウ
くん みちびく

5年

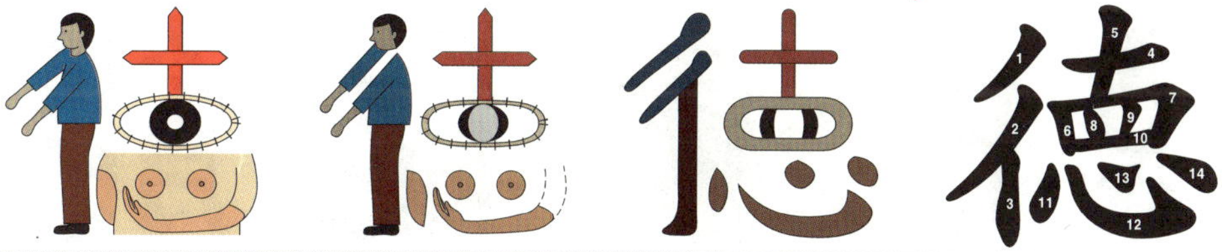

0783
部首 彳(ぎょうにんべん)
総画 14画
ことば
virtue

忙しく生きながら十字架だけを見て心に徳を積む。
悪徳(악덕)・道徳(도덕)・美徳(미덕)・公徳心(공덕심)
바삐 살아가며 십자가만 보고 마음에 덕을 쌓다. (덕 덕)

おん トク
くん —

0784
部首 犭(けものへん)
総画 9画
ことば
alone

犬と虫は専ら独りが好きだ。
独学(독학)・独身(독신)・単独(단독)・独り言(혼잣말)
개와 버러지는 오직 홀로만 안다. (홀로 독)

おん ドク
くん ひとり

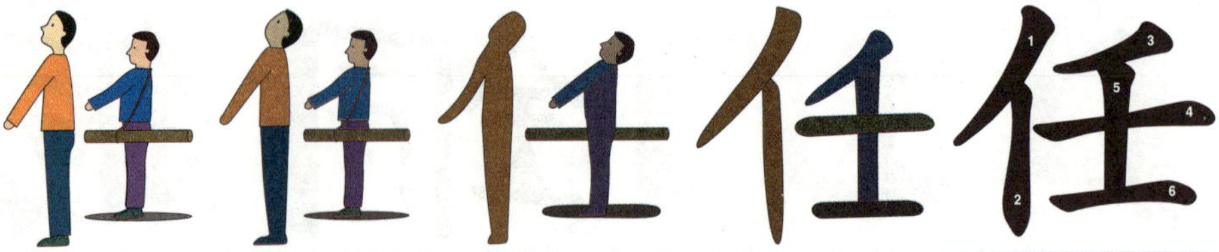

0785
部首 亻(にんべん)
総画 6画
ことば
charge

人に背負う仕事を任す。

任期(임기) • 任務(임무) • 担任(담임) • 人任せ(남에게 맡겨둠)

사람에게 짊어질 일을 맡기다. (맡길 임)

おん ニン
くん まかせる
まかす

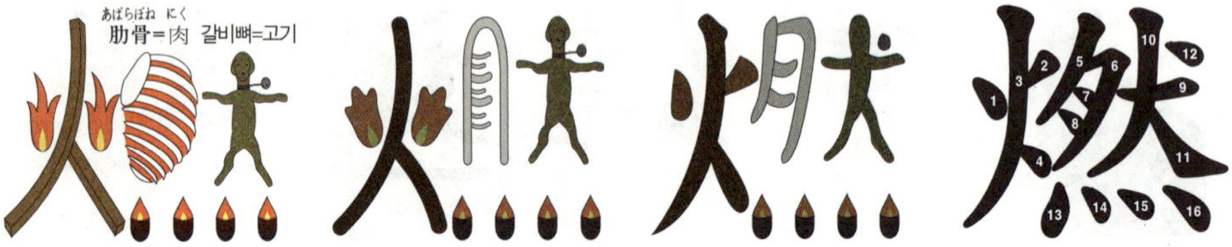

0786
部首 火(ひへん)
総画 16画
ことば
burn

火を起こして肉として使う犬を炭火で燃やす。

燃焼(연소) • 燃料(연료) • 燃え上がる(타오르다) • 燃え付く(불이 붙다.불길이 번지다)

불 피워 고기로 쓸 개를 숯 불에 그슬리다. (불사를/그슬릴 연)

おん ネン
くん もえる
もやす
もす

0787
部首 月(にくづき)
総画 10画
ことば
able

(熊の形状) 熊は芸をする能力がある。

能率(능률) • 能力(능력) • 本能(본능) • 放射能(방사능)

(곰의 모양) 곰은 재주부리는 능력이 있다. (능할 능)

おん ノウ
くん —

0788
部首 石(いしへん)
総画 10画
ことば
break

石の皮(表面)を破る。

破格(파격) • 破片(파편) • 打破(타파) • 型破り(격식을 벗어남. 상식을 벗어남)

돌의 가죽(표면)을 깨뜨리다. (깨뜨릴 파)

おん ハ
くん やぶる
やぶれる

0789

部首 犭(けものへん)
総画 5画
ことば
commit

犬が曲がっている者を犯す。

犯行(범행) • 犯罪(범죄) • 防犯(방범) • 現行犯(현행범)

개가 구부리고 있는 자를 범하다. (범할 범)

おん ハン
くん (おかす)

家を半分に割る 집을 절반으로 나누다

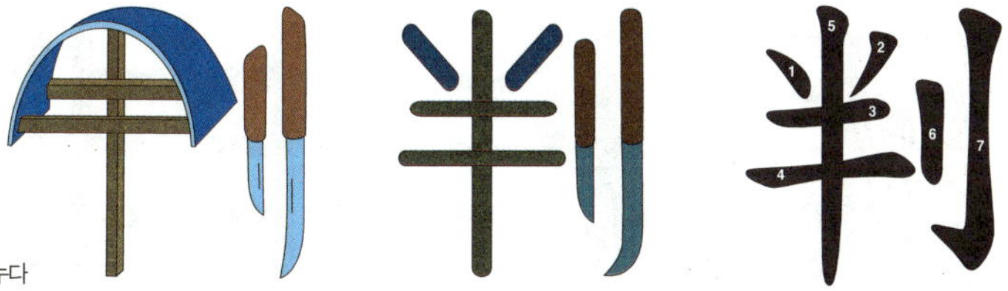

0790

部首 刂(りっとう)
総画 7画
ことば
judge

家を半分になるように刀で判断して割る。

判決(판결) • 判定(판정) • 裁判(재판)

집을 반이 되게 칼로 판단하여 쪼개다. (판단할 / 쪼갤 판)

おん ハン
バン
くん —

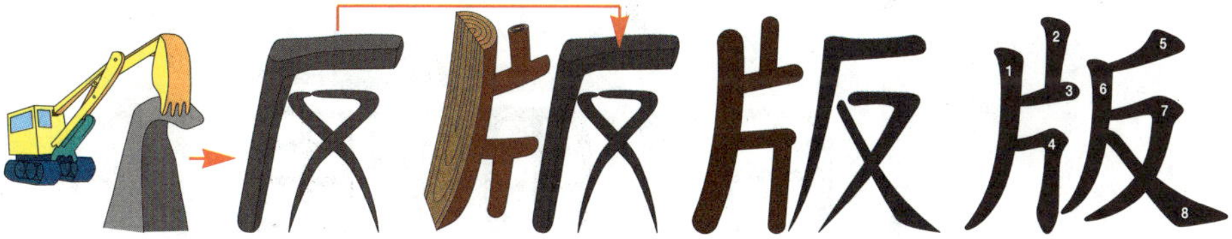

0791

部首 片(かたへん)
総画 8画
ことば
board

木片に、岩をうら反すように反して刻んだ版。

版画(판화) • 版権(판권) • 出版(출판) • 初版(초판)

나무판을 바위를 잡고 뒤집듯 뒤집어 새긴 판목. (판목 판)

おん ハン
くん —

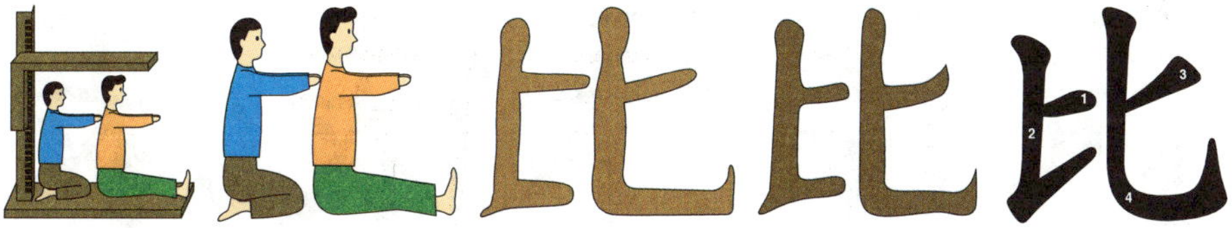

0792

部首 比(ならびひ)
総画 4画
ことば
compare

背を比べる。

比較(비교) • 反比例(반비례) • 力比べ(힘겨루기) • 背比べ(키 대보기)

키를 견주다. (견줄 비)

おん ヒ
くん くらべる

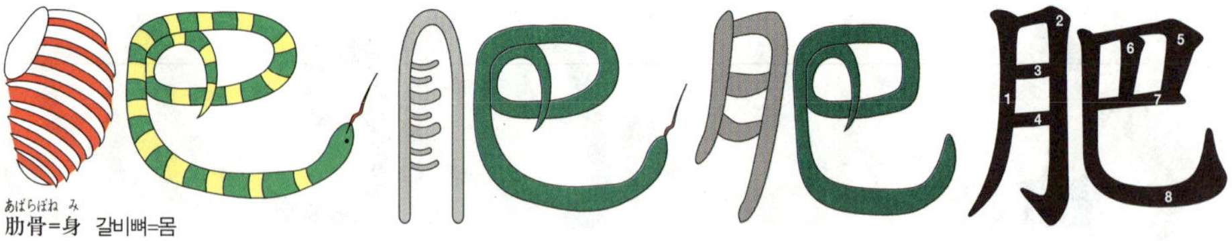

0793
部首 月(にくづき)
総画 8画

み へび く こ
身が蛇を食って肥える。

ことば
ひだい ひまん ひ しもごえ
肥大(비대) • 肥満(비만) • たい肥(퇴비) • 下肥(인분뇨의 거름)

fatten
몸이 뱀을 잡아 먹고 살찌다. (살찔 비)

おん ヒ
くん こえる
こえ
こやす
こやし

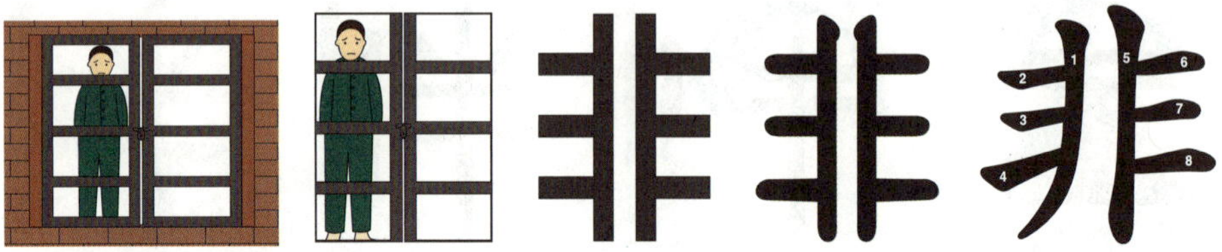

0794
部首 非(あらず)
総画 8画

い ところ と ひじゆう み
行ってはいけない所に閉じこめられて非自由の身である。

ことば
ひなん ぜひ ひかぜい ひばいひん
非難(비난) • 是非(시비.좋고 나쁨) • 非課税(비과세) • 非売品(비매품)

not
가서는 아니될 곳에 갇혀 자유의 몸이 아니다. (아닐 비)

おん ヒ
くん —

0795
部首 亻(にんべん)
総画 12画

ひと くさ いわ もち そな
人が草と岩を用いるために備える。

ことば
びこう じゅんび しゅび よび
備考(비고) • 準備(준비) • 守備(수비) • 予備(예비)

prepare
사람이 풀과 바위를 쓰려고 갖추다. (갖출 비)

おん ビ
くん そなえる
そなわる

0796
部首 亻(にんべん)
総画 10画

ひと つち ころも こめ いっ ぴょう
人に土と衣と米一俵をあげる。

ことば
こめ いっ ぴょう ど ひょう こめ だわら すみ だわら
米一俵(쌀 한 섬) • 土俵(흙을 담은 가마니, 씨름판) • 米俵(쌀섬) • 炭俵(숯섬)

share
사람에게 땅과 옷과 쌀 한 섬을 주다. (나누어줄 표)

おん ヒョウ
くん たわら

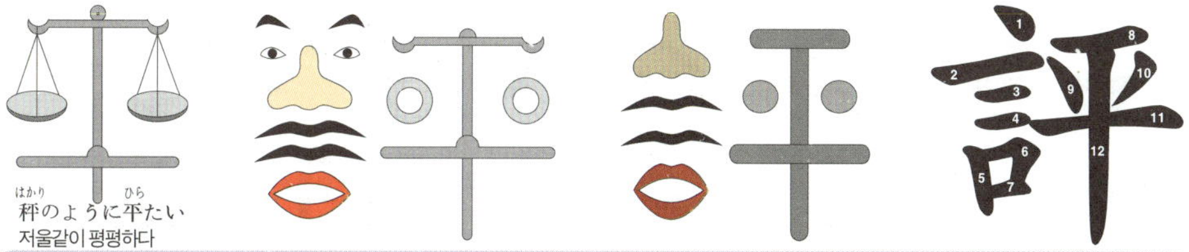

0797

部首 言(ごんべん)
総画 12画

言葉を秤のように平たくして評する。

おん ヒョウ
くん —

ことば
評価(평가)・悪評(악평)・批評(비평)・評議会(평의회)

comment
말을 저울같이 **평평하게** 하여 **평론하다**. (평론할 **평**)

0798

部首 貝(こがい)
総画 11画

丸太を刀で分けるようにお金を分けたら貧しい。

おん (ヒン) ビン
くん まずしい

ことば
貧血(빈혈)・貧富(빈부)・貧乏(빈핍)・清貧(청빈)

poor
통나무를 칼로 나누듯 돈을 나누니 가난하다. (가난할 **빈**)

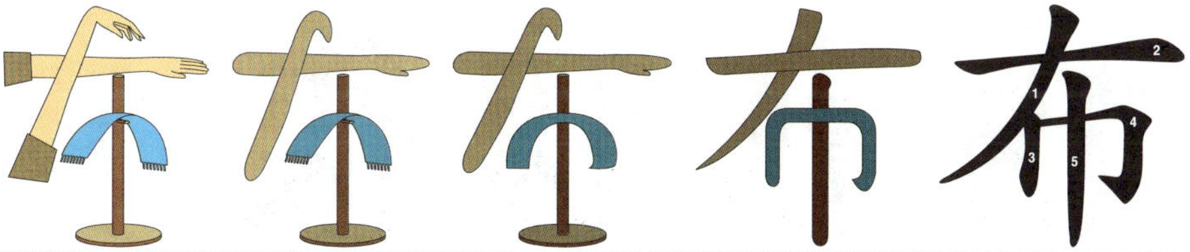

0799

部首 巾(はば)
総画 5画

両手に持ったものが布巾である。

おん フ
くん ぬの

ことば
布教(포교)・配布(배포)・布地(옷감, 직물)・布目(옷감의 결)

cloth / hemp
양 손에 든 **수건**이 **베**(수건이)다. (**베 포**)

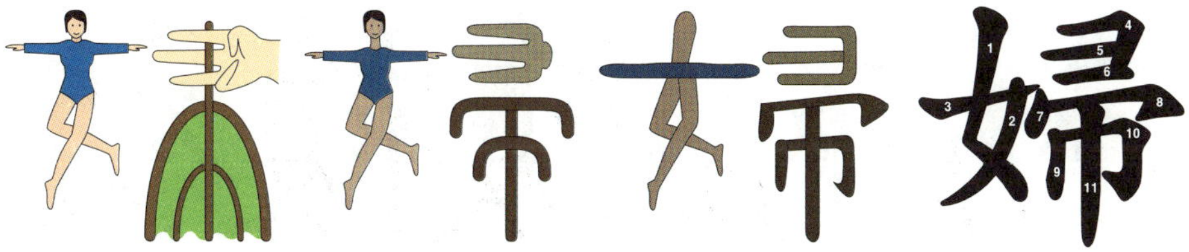

0800

部首 女(おんなへん)
総画 11画

女で、掃除をする者が婦人である。

おん フ
くん —

ことば
主婦(주부)・新婦(신부)・看護婦(간호원)・産婦人科(산부인과)

wife / daughter-in-law
여자로 **비**질하는 **자**가 **며느리**나 **아내**다. (**아내 / 며느리 부**)

5年

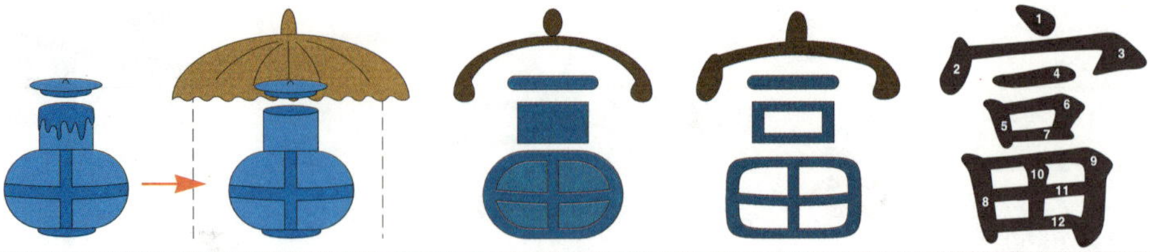

0801

部首 宀(うかんむり)
総画 12画
ことば
rich

家に財物がいっぱいになって溢れたら富む。

富強(부강)・貧富(빈부)・豊富(풍부)・富貴(부귀)

집에 재물이 가득차 넘치니 부하다. (부할 부)

おん フ (フウ)
くん とむ とみ

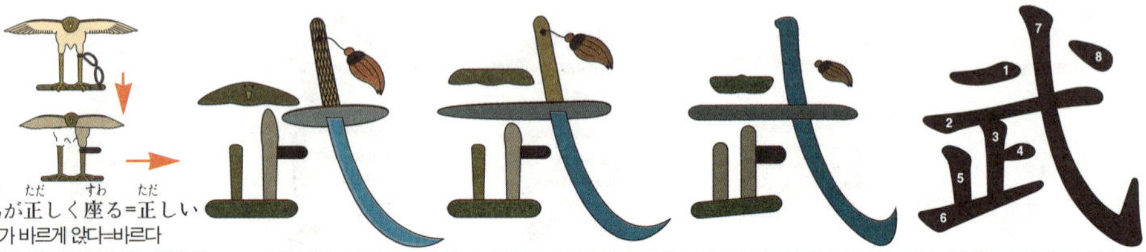

0802

部首 止(とめる)
総画 8画
ことば
military

正しく矢を持った者が武士である。

武器(무기)・武術(무술)・武者(무사)

바르게 주살을 든 자가 군사(호반이)다. (군사 / 호반 무)

おん ブ ム
くん —

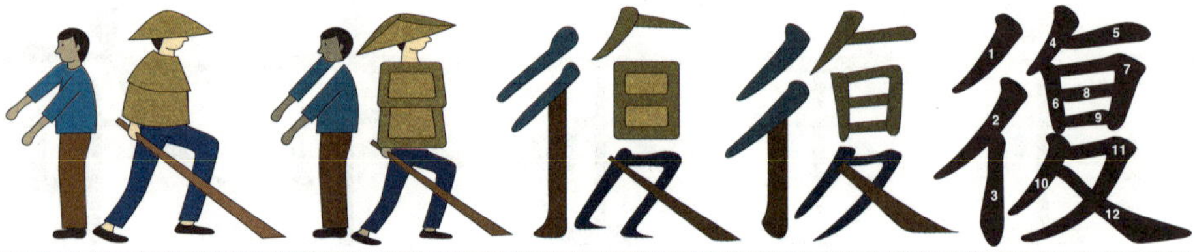

0803

部首 彳(ぎょうにんべん)
総画 12画
ことば
recover / again

急いで歩いて折り返すことを反復する。

復習(복습)・復活(부활)・反復(반복)・報復(보복)

바삐걸어 돌아갈 반환점을 다시 반복하다. (회복할 복 / 다시 부)

おん フク
くん —

0804

部首 衤(ころもへん)
総画 14画
ことば
double

衣を着回しできるよう複数持つ。

複雑(복잡)・複数(복수)・複合語(복합어)

옷을 여러가지 스타일로 입을 수 있도록 복수로 가지고 있다. (겹칠 복)

おん フク
くん —

0805

部首 亻(にんべん)
総画 4画

人(ひと)の心(こころ)を善良(ぜんりょう)に変(か)えてくれるのが仏(ほとけ)である。

おん ブツ
くん ほとけ

ことば
仏教(ぶっきょう)(불교)・仏堂(ぶつどう)(불당)・仏様(ほとけさま)(부처님)

buddha
사람의 마음을 어질게 갈아주는 것이 부처다. (부처 불)

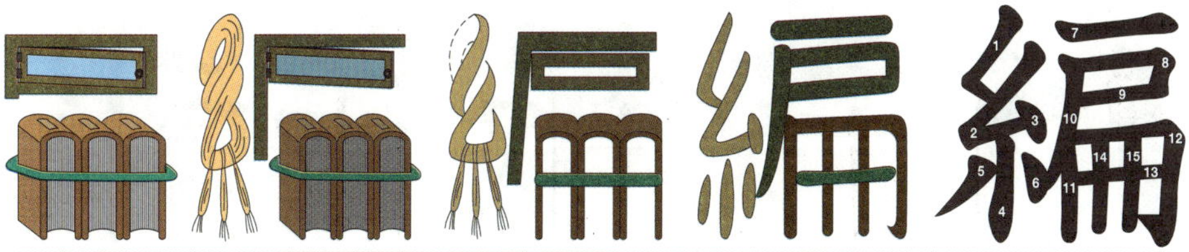

0806

部首 糸(いとへん)
総画 15画

糸(いと)で戸(と)の前(まえ)で本(ほん)を編(あ)む。

おん ヘン
くん あむ

ことば
編曲(へんきょく)(편곡)・編入(へんにゅう)(편입)・続編(ぞくへん)(속편)・編み物(あみもの)(편물.니트)

knit
실로 창문 앞에서 책을 엮다. (엮을 편)

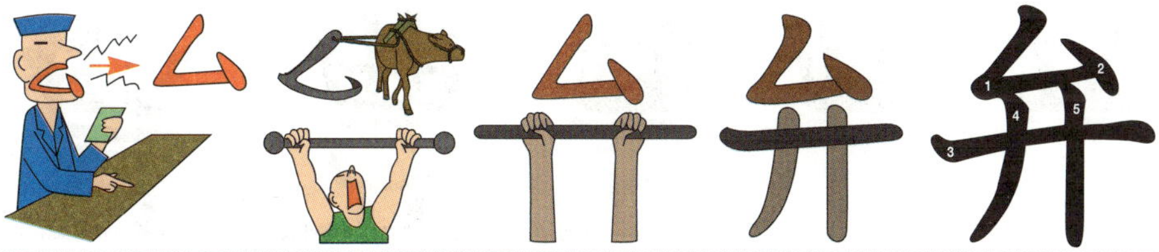

0807

部首 廾(にじゅうあし)
総画 5画

からすきのように口(くち)を開(あ)けて証拠(しょうこ)を持(も)って弁(べん)する。

おん ベン
くん —

ことば
弁護(べんご)(변호)・弁明(べんめい)(변명)・答弁(とうべん)(답변)・熱弁(ねつべん)(열변)

elquent
쟁기같이 입을 벌리고 증거를 들고 따지다. (따질 변)

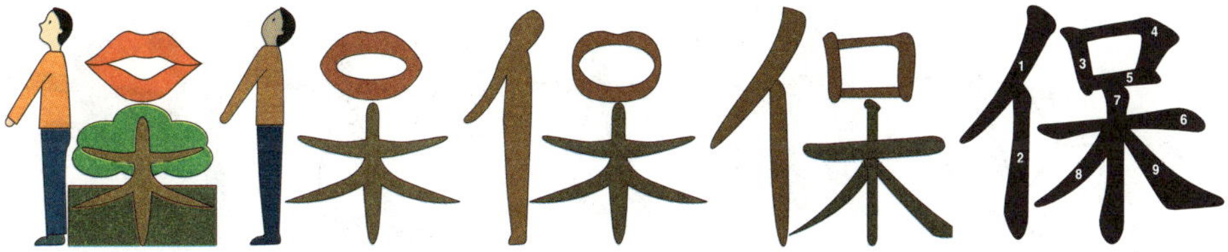

0808

部首 亻(にんべん)
総画 9画

人(ひと)が言葉(ことば)(口(くち))と行動(こうどう)で木(き)を保(たも)つ。

おん ホ
くん たもつ

ことば
保険(ほけん)(보험)・保留(ほりゅう)(보류)・保管(ほかん)(보관)・確保(かくほ)(확보)

keep
사람이 말(입)과 행동으로 나무를 보호하다. (보호할 보)

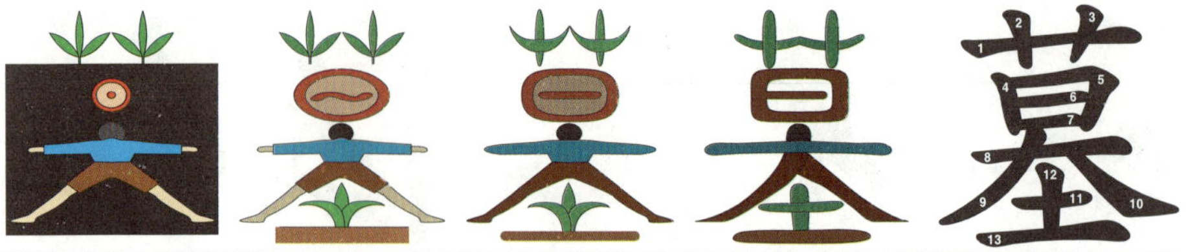

0809

部首 土(つち)
総画 13画

草原に日が暮れるように大きい死体を土に埋めたものが墓。

おん ボ
くん はか

ことば
墓地(묘지) • 墓石(묘석) • 墓場(묘지) • 墓参り(성묘)

grave
초원에 해가 지듯 큰 시체를 흙에 묻은 게 무덤. (무덤 묘)

0810

部首 土(つち)
総画 12画

土にいたとんぼを網で捕まえたことを報告する。

おん ホウ
くん (むくいる)

ことば
報告(보고) • 報復(보복) • 速報(속보) • 誤報(오보)

repay
흙에 잠자리를 채로 잡았음을 알리다. (알릴 / 갚을 보)

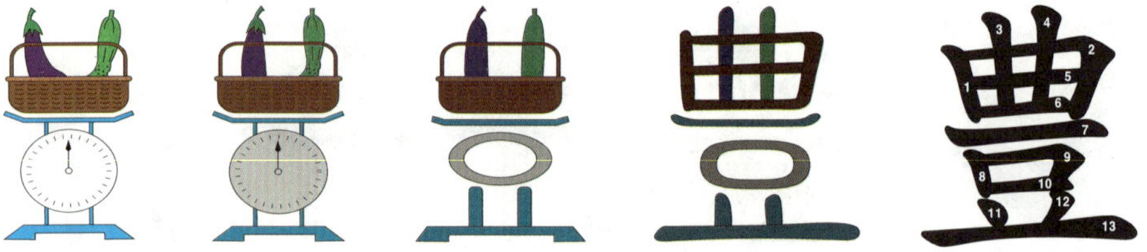

0811

部首 豆(まめ)
総画 13画

満ちた籠を乗せた秤が豊かである。

おん ホウ
くん ゆたか

ことば
豊作(풍작) • 豊年(풍년) • 豊富(풍부) • 心豊か(마음이 풍요로움)

abundant
꽉찬 광주리를 얹은 저울이 풍성하다. (풍성할 풍)

(左)杖=丘=阝 지팡이=언덕

0812

部首 阝(こざとへん)
総画 7画

丘の四方をからすきで耕して道を防ぐ。

おん ボウ
くん ふせぐ

ことば
防衛(방위) • 防犯(방범) • 予防(예방) • 消防車(소방차)

protect
언덕의 사방을 쟁기로 갈아 길을 막다. (막을 방)

0813
部首 貝(こがい)
総画 12画
ことば
trade

兎を、お金と交換して売って貿易する。

貿易(무역)・貿易港(무역항)・貿易商(무역상)・貿易風(무역풍)

토끼를 돈을 받고 팔아 무역하다. (무역할 무)

おん ボウ
くん ―

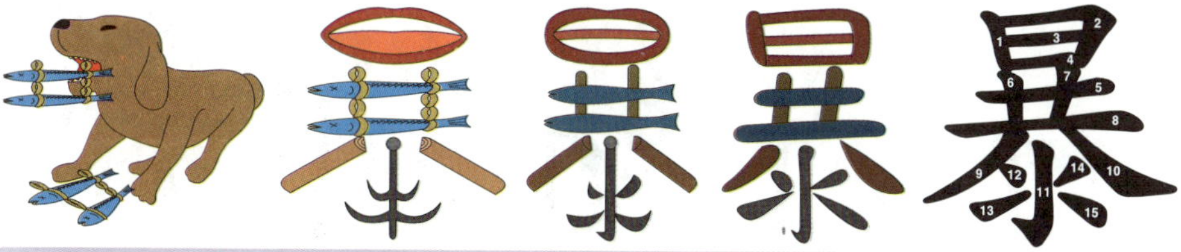

0814
部首 日(ひ)
総画 15画
ことば
wild

口に魚をくわえて裂く姿が乱暴だ。

暴言(폭언)・暴落(폭락)・暴走(폭주)・乱暴(난폭)

입에 생선을 물고 찢어 당김이 사납다. (사나울 폭)

おん ボウ (バク)
くん (あばく) あばれる

0815
部首 力(ちから)
総画 11画
ことば
endeavour

槍で打つことに力をつくして務める。

勤務(근무)・任務(임무)・税務署(세무서)・外務大臣(외무대신)

창으로 두들겨 치듯 힘써 일하다. (힘쓸/일할 무)

おん ム
くん つとめる

0816
部首 夕(ゆう)
総画 13画
ことば

草の中で目を閉じて寝ながら夕に夢を見る。

夢想(몽상)・悪夢(악몽)・夢見る(꿈꾸다, 공상하다)・夢物語(꿈이야기, 꿈같은 이야기)

풀 속에서 눈을 덮고(감고) 자며 저녁에 꿈꾸다. (꿈 몽)

おん ム
くん ゆめ

0817

部首 辶(しんにょう)
総画 9画
ことば
confused

(八方にできた)米の字の道を走っていく途中に迷う。

迷信(미신)・昏迷(혼미)・血迷う(너무 흥분해서 이성을 잃다)・迷子(미아)

(팔방으로 난) 쌀미자 길을 달려가다 헤매다. (미혹할/헤맬 미)

おん (メイ)
くん まよう

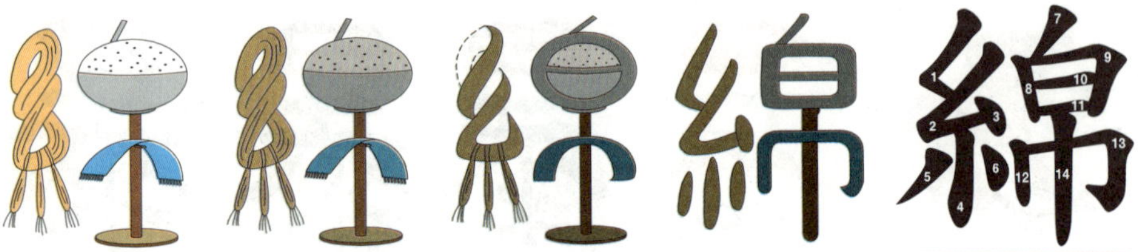

0818

部首 糸(いとへん)
総画 14画
ことば
cotton

糸またはご飯のように白い布の原料が綿である。

綿密(면밀)・綿織物(면직물)・綿毛(솜털)・綿入れ(솜옷)

실 또는 밥같이 흰 천의 원료가 솜이다. (솜 면)

おん メン
くん わた

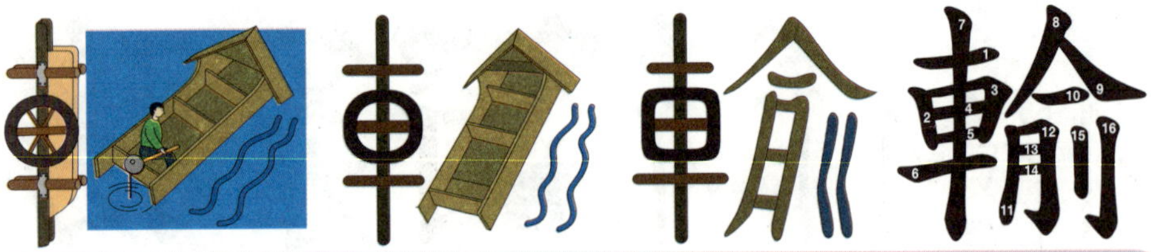

0819

部首 車(くるまへん)
総画 16画
ことば
transport

車や伝馬船に乗せて輸送する。

輸血(수혈)・輸送(수송)・運輸(운수)・密輸(밀수)

수레나 거룻배로 실어 보내다. (보낼 수)

おん ユ
くん —

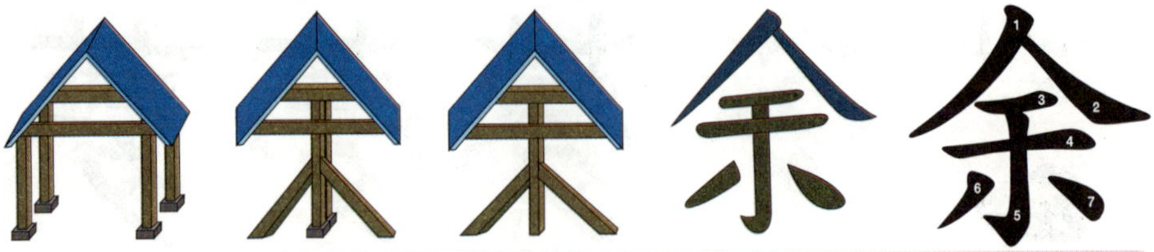

0820

部首 人(ひとやね)
総画 7画
ことば
remain

(家を)二つの柱の家を建てれば柱が余る。

余暇(여가)・余談(여담)・余白(여백)・余り物(여분.나머지)

(집을) 두기둥 집을 지으면 기둥이 남다. (남을 여)

おん ヨ
くん あまる
あます

0821 部首 頁(おおがい)　総画 13画

槍(やり)を与(あた)える時(とき)に頭(あたま)で予(あらかじ)め預言(よげん)する。

ことば　預金(よきん)(예금)・預貯金(よちょきん)(예금과 저금)・預言(よげん)(예언)・お預(あず)け(보류됨. 연기됨)

beforehand　창을 줄때 머리로 미리 예언하다. (미리 예)

おん　ヨ
くん　あずける
あずかる

0822 部首 宀(うかんむり)　総画 10画

容(よう)の形状(けいじょう)。

ことば　容器(ようき)(용기. 기구)・容積(ようせき)(용적. 부피)・許容(きょよう)(허용)・美容(びよう)(미용)

face　얼굴의 모양. (얼굴 용)

おん　ヨウ
くん　—

0823 部首 田(たへん)　総画 11画

畑(はたけ)を各々(おのおの)足(あし)つきで簡略(かんりゃく)して分(わ)ける。

ことば　略称(りゃくしょう)(약칭)・簡略(かんりゃく)(간략)・計略(けいりゃく)(계략)・略(りゃく)す(생략하다)

brief / omit　밭을 각각 걸음걸이로 대강 간략하게 나누다. (간략할 / 대강 략)

おん　リャク
くん　—

0824 部首 田(た)　総画 10画

兎(うさぎ)が田(た)んぼに留(と)まる。

ことば　留学(りゅうがく)(유학)・蒸留水(じょうりゅうすい)(증류수)・留守(るす)(부재)・留(と)め金(がね)(걸쇠. 연결용 금속)

stay　토끼가 풀밭에 머무르다. (머무를 류)

おん　リュウ
ル
くん　とめる
とまる

5年

0825

部首 頁(おおがい)
総画 14画

命令(めいれい)する頭(かしら)が領土(りょうど)を占(し)める。

おん リョウ
くん —

ことば
領海(りょうかい)(영해) • 領土(りょうど)(영토) • 横領(おうりょう)(횡령) • 要領(ようりょう)(요령)

lead
명령하는 우두머리가 영토를 차지하다. (차지할 령)

MEMO

6年でならう漢字181字

もくじ

0826

部首 田(た)
総画 11画

田と結んだ魚は分け方が異なる。

おん イ
くん こと

ことば
異議(이의) • 異常(이상) • 差異(차이) • 異なる(다르다)

different
밭과 엮은 고기는 나누는 법이 다르다. (다를 이)

0827

部首 辶(しんにょう)
総画 15画

貴いコイン差しと金箱を、死んだ後、遺品する。

おん イ (ユイ)
くん —

ことば
遺骨(유골) • 遺伝(유전) • 遺言(유언) • 遺失物(유실물)

bequeath
귀한 동전꽂이와 돈통을 죽은 후 남기다. (남길 유)

0828

部首 土(つちへん)
総画 11画

土を守ろうと槍で囲んだ最前線の域。

おん イキ
くん —

ことば
区域(구역) • 海域(해역) • 地域(지역) • 領域(영역)

boundary
땅을 지키려고 창으로 에워싼 최전선의 구역. (지경 역)

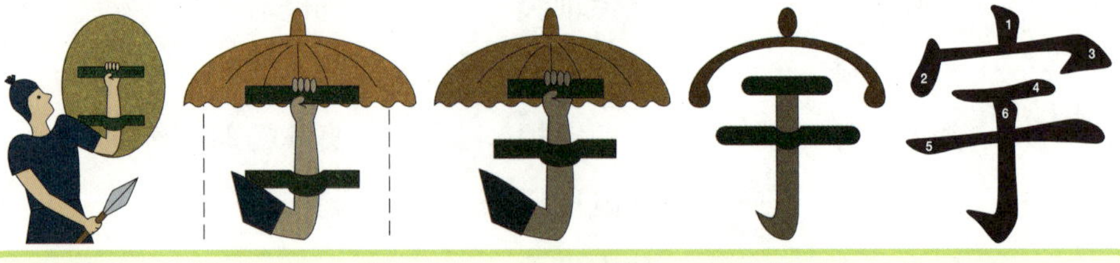

0829

部首 宀(うかんむり)
総画 6画

屋根を覆って盾みたいなもので遮ったものが宇。

おん ウ
くん —

ことば
宇宙(우주) • 宇宙飛行士(우주비행사) • 宇宙船(우주선) • 気宇(기우, 기개와 도량)

house
지붕을 덮고 방패같은 걸로 가린 게 집. (집 우)

0830

部首 日(ひへん)
総画 9画

日が中央でマフラーのように空に昇って映える。

ことば 映画(영화)・上映(상영)・反映(반영)・夕映え(저녁놀)

reflect 해가 가운데 목도리처럼 하늘에 떠 비추다. (비칠 영)

おん エイ
くん うつる うつす (はえる)

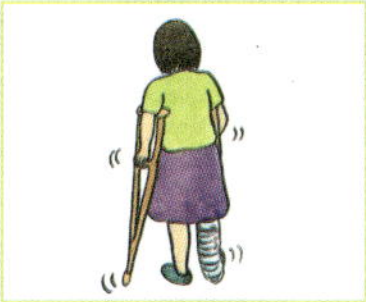

0831

部首 廴(えんにょう)
総画 8画

(身を)傾けてゆっくり歩こうと足を延ばす。

ことば 延期(연기)・順延(순연)・日延べ(연기, 정해진 날짜를 뒤로 미룸)

delay (몸을) 기우뚱이 해 천천히 걷느라 발을 끌다. (끌 연)

おん エン
くん のびる のべる のばす

6年

0832

部首 氵(さんずい)
総画 8画

水が沼に沿って流れる。

ことば 沿岸(연안)・沿道(연도)・海沿い(바닷가)・線路沿い(선로가)

go along 물이 늪을 따라 흐르다. (따를 연)

おん エン
くん そう

0833

部首 戈(ほこづくり)
総画 7画

手に槍を持って我を守る。

ことば 自我(자아)・無我(무아)・我先(남에게 지지 않으려고 각자 앞을 다투는 모양)・我が国(우리 나라)

손에 창을 쥐고 나를 지키다. (나 아)

おん (ガ)
くん われ (わ)

0834

部首 火(ひ)
総画 6画

手に持った火に燃えた残り物が灰である。

おん (カイ)
くん はい

ことば
石灰(석회)・灰皿(재떨이)・死灰(사회.불기운이 없는 차가운 재)・死の灰(죽음의 재. 원자 폭탄이 폭발할 때 생기는 방사능을 함유한 재)

ash
손에 잡히는 불탄 찌꺼기가 재다. (재 회)

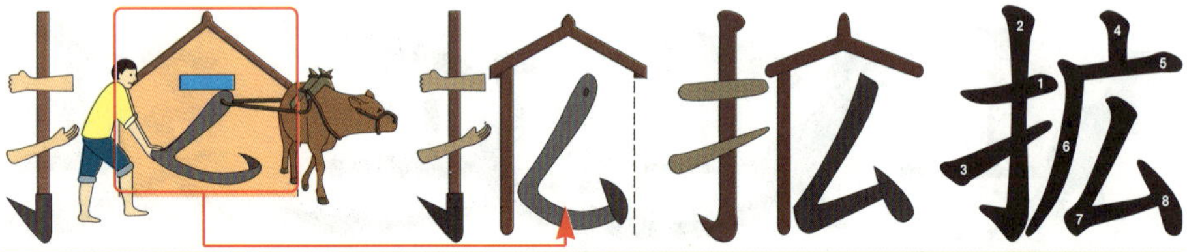

0835

部首 扌(てへん)
総画 8画

手を使って庭をからすきで拡大する。

おん カク
くん —

ことば
拡散(확산)・拡張(확장)・拡声器(확성기)・拡大(확대)

expand
손을 써 집뜰을 쟁기로 넓히다. (넓힐 확)

0836

部首 革(かくのかわ)
総画 9画

木の桟で革を乾かして直す。

おん カク
くん (かわ)

ことば
革新(혁신)・革命(혁명)・改革(개혁)・革ぐつ(가죽신)

leather
나뭇살로 가죽을 말리어 고치다. (가죽 / 고칠 혁)

0837

部首 門(もんがまえ)
総画 14画

門があって、多くの人が各々訪れる閣。

おん カク
くん —

ことば
閣議(각의)・閣下(각하)・入閣(입각)・天守閣(천수각. 성의 중심부인 아성의 중앙에 3층 또는 5층으로 제일 높게 만든 망루)

pavilion
문이 있고 많은 사람이 각각 찾는 누각. (누각 각)

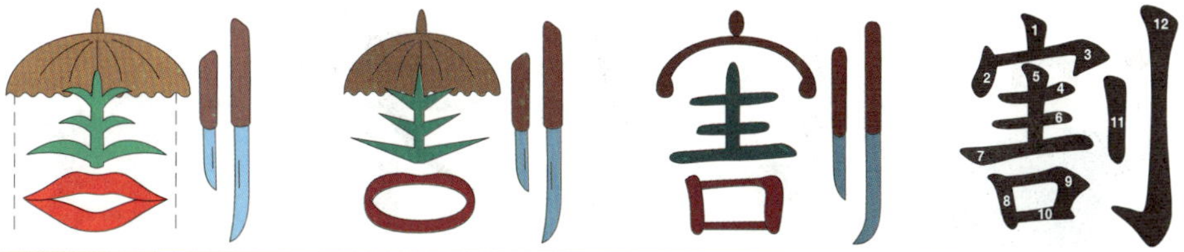

0838

部首 刂(りっとう)
総画 12画
ことば
divide

家の中を、雑草が悪口を言って害しながら刀で割る。

割愛(할애) • 分割(분할) • 役割(역할) • 割引(할인)

집안을 잡초무리가 헐뜯고 해치며 칼로 나누다. (나눌 할)

おん (カツ)
くん わる・わり
われる
(さく)

0839

部首 木(きへん)
総画 10画
ことば
stump

木に穴を開けてみれば朱色の幹が株である。

株価(주가) • 株券(주권) • 株主(주주)

나무를 뚫어보면 붉은 줄기가 그루다. (그루 주)

おん —
くん かぶ

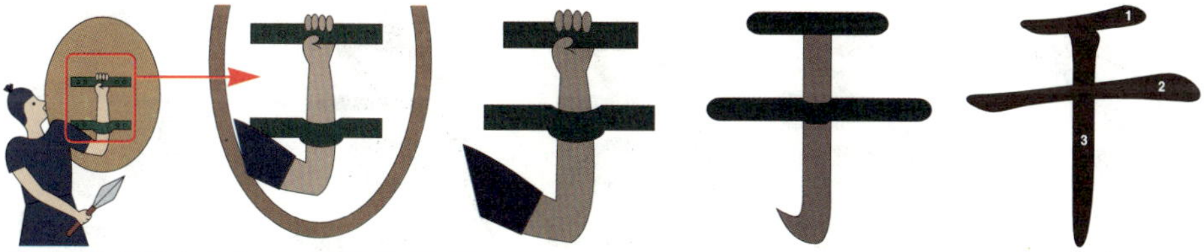

0840

部首 干(かん)
総画 3画
ことば
shield

盾を持っている形状。

干拓(간척) • 干渉(간섭) • 干物(건어물) • 潮干がり (개펄에서의 조개잡이)

방패를 잡고 있는 모양. (방패 간)

おん カン
くん ほす
(ひる)

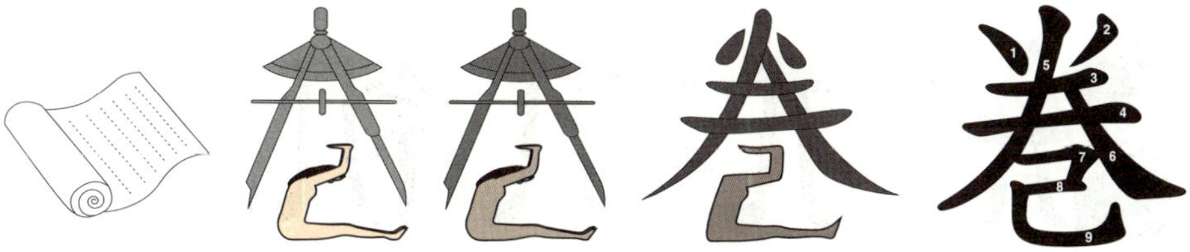

0841

部首 己(おのれ)
総画 9画
ことば
volume

コンパスで描いたように丸く身を巻いたものが巻き本である。

巻頭(권두) • 圧巻(압권, 책 가운데 가장 뛰어난 작품이나 부분) • 巻き尺(권척, 줄자) • 巻き物(권축, 두루마리)

콤파스로 그린 듯 둥글게 몸을 만 두루마리 책. (책 / 두루마리 권)

おん カン
くん まく
まき

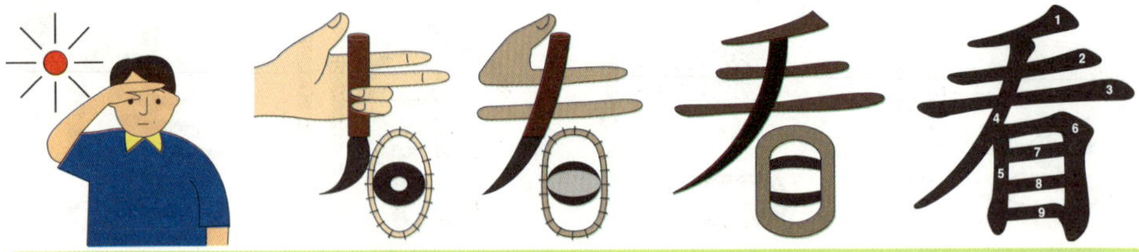

0842 部首 目(め)
総画 9画

手(て)を目(め)の上(うえ)に乗(の)せて看病(かんびょう)する。

おん カン
くん —

ことば
看板(かんばん)(간판) • 看病(かんびょう)(간병) • 看破(かんぱ)(간파) • 看護(かんご)(간호)

see
손을 눈 위에 얹고 보다. (볼 간)

0843 部首 ⺮(たけかんむり)
総画 18画

竹(たけ)を編(あ)んだものの間(あいだ)に書(か)いたのが簡略(かんりゃく)な手紙(てがみ)である。

おん カン
くん —

ことば
簡潔(かんけつ)(간결) • 簡素(かんそ)(간소) • 簡略(かんりゃく)(간략) • 書簡(しょかん)(서간.편지)

letter
대나무를 엮은 사이에 쓴 것이 간략한 편지다. (편지 / 간략할 간)

0844 部首 卩(ふしづくり)
総画 6画

人(ひと)が立(た)っている岩(いわ)の下(した)で曲(ま)げることは危(あぶ)ない。

おん キ
くん あぶない (あやうい) (あやぶむ)

ことば
危険(きけん)(위험) • 危難(きなん)(위난) • 危害(きがい)(위해) • 安危(あんき)(안위)

dangerous
사람이 선 바위 밑에 구부림은 위태하다. (위태할 위)

0845 部首 木(きへん)
総画 6画

木(き)で几字(きじ)の形状(けいじょう)に作(つく)ったものが机(つくえ)である。

おん (キ)
くん つくえ

ことば
机上(きじょう)の空論(くうろん)(탁상공론) • 文机(ふみづくえ(ふづくえ))(책상) • 学習机(がくしゅうづくえ)(공부 책상)

desk
나무로 几자 모양 만든 것이 책상이다. (책상 궤)

0846

部首 扌(てへん)
総画 12画
ことば
brandish

手で軍人たちを指揮する。
指揮(지휘)・指揮者(지휘자)・発揮(발휘)
손으로 군사들을 휘두르다. (휘두를 휘)

おん キ
くん —

0847

部首 貝(こがい)
総画 12画
ことば
honorable

コイン差しと金箱は貴い。
貴族(귀족)・貴重(귀중)・高貴(고귀)・貴婦人(귀부인)
동전 꽂이와 돈통은 귀하다. (귀할 귀)

おん キ
くん (たっとい)(たっとぶ)(とうとい)(とうとぶ)

0848

部首 疋(ひき)
総画 14画
ことば
doubt

殺そうと射る矢の中を、帽子をかぶって走ったと言ったら疑う。
疑似(의사.유사.매우 닮음)・疑問(의문)・容疑(용의.범죄를 범한 혐의)
죽게 쏘는 화살 속을 모자 쓰고 달렸다니 의심하다. (의심할 의)

おん ギ
くん うたがう

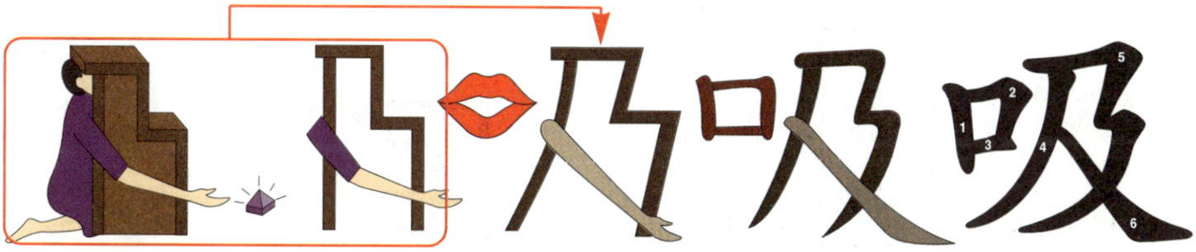

0849

部首 口(くちへん)
総画 6画
ことば
inhale

口で、肺に手が及ぶように空気を吸う。
吸引(흡인)・呼吸(호흡)・吸い取り紙(압지.흡묵지)
입으로 폐에 손이 미치게 숨을 들이쉬다. (숨 들이쉴 흡)

おん キュウ
くん すう

0850

部首 亻(にんべん)
総画 8画
ことば
offer

人が魚を分けて共に食べるように(漁夫が)供える。

供給(공급)・供養(공양)・供え物(제물.공물)・子供(어린이)

사람이 고기를 나누어 함께 먹게 (어부가) 이바지하다. (이바지할 공)

おん キョウ (ク)
くん そなえる とも

0851

部首 月(にくづき)
総画 10画
ことば
breast

身を鶏の首の骨で凶の形に包んだものが胸。

胸像(흉상)・胸部(흉부)・胸さわぎ(설렘,가슴이 두근거림)・胸がすく(가슴속이 후련해지다)

몸을 닭목같은 뼈로 흉하게 싼 것이 가슴. (가슴 흉)

おん キョウ
くん むね (むな)

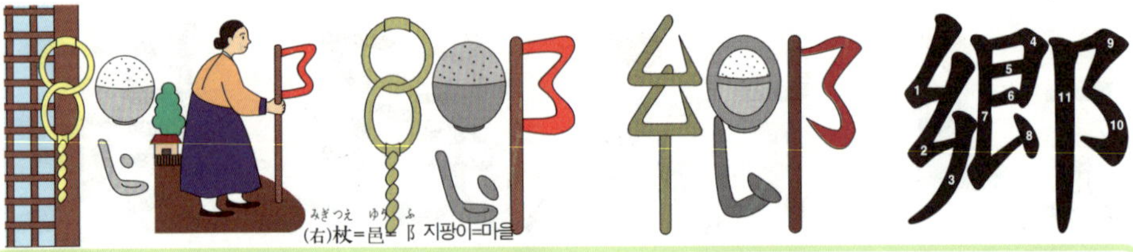

0852

部首 阝(おおざと)
総画 11画
ことば
country

取っ手の側に置いたご飯を食べてぶらついた村が故郷。

郷土(향토)・帰郷(귀향)・理想郷(이상향)・水郷(수향. 강가나 바닷가에 있는 촌락)

문 고리 옆에 둔 밥을 퍼먹고 거닐던 마을이 고향. (시골/고향 향)

おん キョウ (ゴウ)
くん —

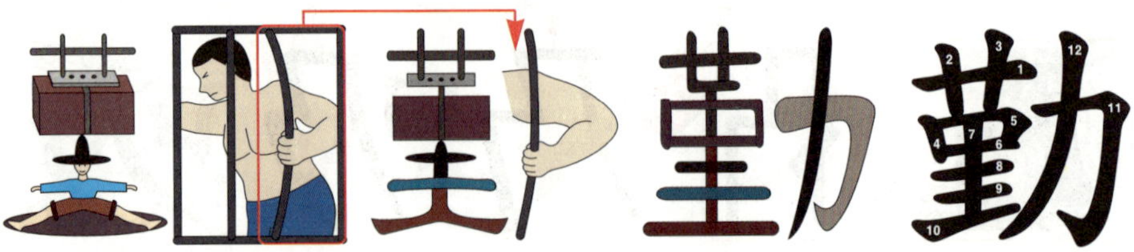

0853

部首 力(ちから)
総画 12画
ことば
diligent

箱を載せて泥土から出ようと力をつくす勤め人。

勤勉(근면)・転勤(전근)・勤め人(월급장이. 샐러리맨)・会社勤め(회사근무)

통을 이고 진흙에서 나오려고 힘씀이 부지런하다. (부지런할 근)

おん キン (ゴン)
くん つとめる つとまる

0854

部首 ⺮(たけかんむり)
総画 12画

竹の幹のように身に力をこめる時に出てくるものが筋。

おん キン
くん すじ

ことば
筋肉(근육)・鉄筋(철근)・筋書き(줄거리, 미리 꾸며놓은 계획)・背筋(등줄기, 등골)

muscle
대줄기같이 몸에 힘 줄 때 솟는 것이 힘줄. (힘줄 근)

0855

部首 糸(いと)
総画 7画

木に綱を系統的に結ぶ。

おん ケイ
くん —

ことば
系統(계통)・系列(계열)・体系(체계)・直系(직계)

connect
나무에 밧줄을 이어매다. (이을 / 맬 계)

0856

部首 攵(ぼくにょう)
総画 12画

草の中の鶏のように打たれるか心配していたら尊敬された。

おん ケイ
くん うやまう

ことば
敬意(경의)・敬礼(경례)・尊敬(존경)・敬老の日(경로의 날)

respect
풀 속에 닭처럼 두들겨 맞을까 조심하니 공경하다. (조심할 / 공경할 경)

0857

部首 言(げん)
総画 19画

草の中の鶏を打つように控え目に言いながら警戒する。

おん ケイ
くん —

ことば
警戒(경계)・警察(경찰)・警備(경비)・夜警(야경, 야간의 경비)

warn / watch
풀 속에 닭을 두들기듯 조심해 말하며 경계하다. (경계할 경)

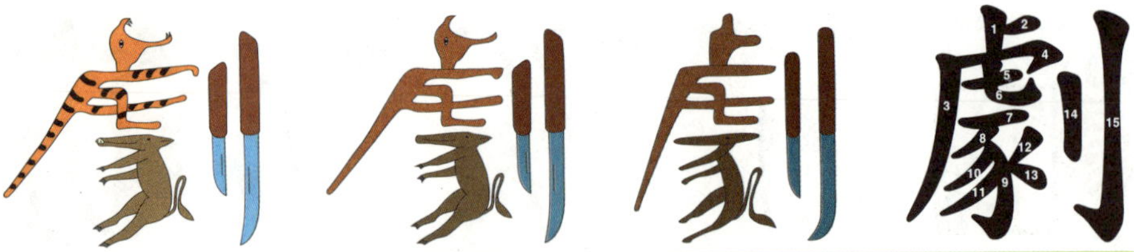

0858

部首 刂(りっとう)
総画 15画
ことば
drama / violent

虎(とら)と豚(ぶた)のけんかが刀(かたな)で劇(げき)をするようだ。

劇場(げきじょう)(극장) • 演劇(えんげき)(연극) • 劇作家(げきさっか)(극작가)

호랑이와 돼지의 싸움이 칼로 연극을 하는 것 같다. (심할/연극 극)

おん ゲキ
くん —

0859

部首 氵(さんずい)
総画 16画
ことば
violent

水(みず)の白(しろ)い波(なみ)がからすきで壊(こわ)すように激(はげ)しい。

激増(げきぞう)(격증) • 過激(かげき)(과격) • 激動(げきどう)(격동) • 急激(きゅうげき)(급격)

물의 흰 파도가 쟁기로 부수듯 과격하다. (과격할 격)

おん ゲキ
くん はげしい

0860

部首 穴(あな)
総画 5画
ことば
hole

穴(あな)の形状(けいじょう)。

穴居(けっきょ)(혈거, 동굴에서 삶) • 墓穴(ぼけつ)(묘혈, 무덤) • 横穴(よこあな)(가로 방향으로 판 굴이나 구멍) • 落(お)とし穴(あな)(함정, 모함)

굴의 모양. (굴/구멍 혈)

おん (ケツ)
くん あな

0861

部首 糸(いとへん)
総画 13画
ことば
silk

糸(いと)を口(くち)から出(だ)して身(み)を包(つつ)んだものが絹(きぬ)。

正絹(しょうけん)(본견, 비단) • 純絹(じゅんけん)(순견, 본견) • 絹織物(きぬおりもの)(견직물) • 絹紗(きぬいと(けんし))(견사)

실을 입에서 내서 몸을 싼 (누에)고치로 짠 게 비단. (비단 견)

おん ケン
くん きぬ

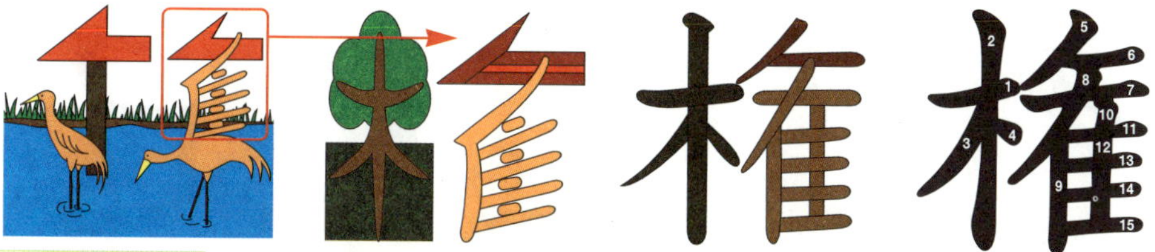

0862
部首 木(きへん)
総画 15画
ことば
authority

木の上のこうのとりが権利を持つ。
権限(권한)・政権(정권)・人権(인권)
나무에 황새가 권세를 잡다. (권세 권)

おん ケン (ゴン)
くん —

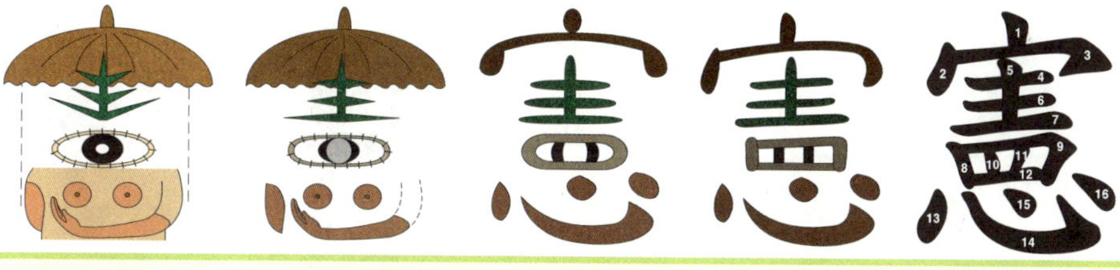

0863
部首 心(こころ)
総画 16画
ことば
constitution

家の雑草みたいな紛争を見て正直に選り分けるのが憲法。
憲法(헌법)・立憲政治(입헌정치)・官憲(관헌)・護憲(호헌. 헌법이나 입헌정치를 수호하는 일)
집에 잡초같은 분쟁을 보고 양심껏 가리는 게 법. (법 헌)

おん ケン
くん —

0864
部首 氵(さんずい)
総画 13画
ことば
source

水が岩からご飯を炊くように湧く所が泉の源。
源泉(원천)・基源(기원)・財源(재원)・電源(전원)
물이 바위에서 밥 짓게 솟는 곳이 샘의 근원. (샘 / 근원 원)

おん ゲン
くん みなもと

0865
部首 ⺍(つかんむり)
総画 17画
ことば
strict

険しい岩の下でくぎを耳に打って厳しくしかる。
厳格(엄격)・厳禁(엄금)・尊厳(존엄)・時間厳守(시간엄수)
험한 바위 밑에서 못을 귀에 박으니 엄하게 꾸짖다. (엄할 엄)

おん ゲン (ゴン)
くん (おごそか) きびしい

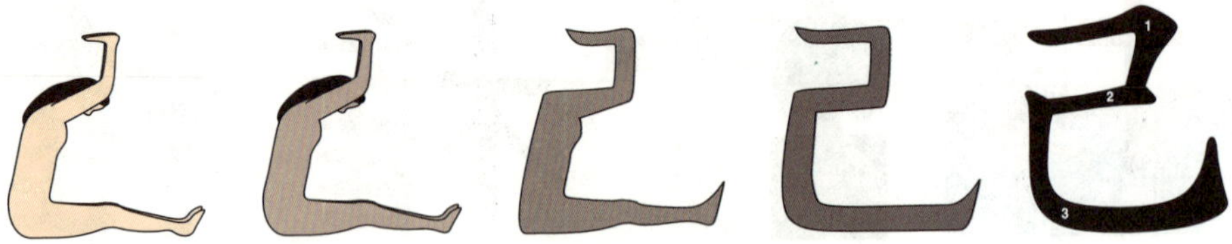

0866

部首 己(おのれ)
総画 3画

己の形状。

ことば
自己(자기) ・ 自己本位(자기본위) ・ 知己(지기, 아는 사람, 아는 사이) ・ 利己的(이기적)

body

몸의 모양. (몸 기)

おん コ (キ)
くん (おのれ)

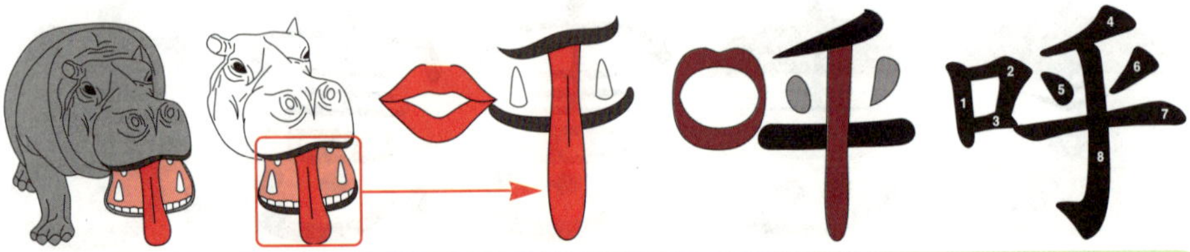

0867

部首 口(くちへん)
総画 8画

口を開けて呼ぶ。

ことば
呼吸(호흡) ・ 呼応(호응) ・ 呼び名(통칭) ・ 呼び捨て(경칭을 붙이지 않고 이름을 막 부름)

call

입을 벌리고 부르다. (부를 호)

おん コ
くん よぶ

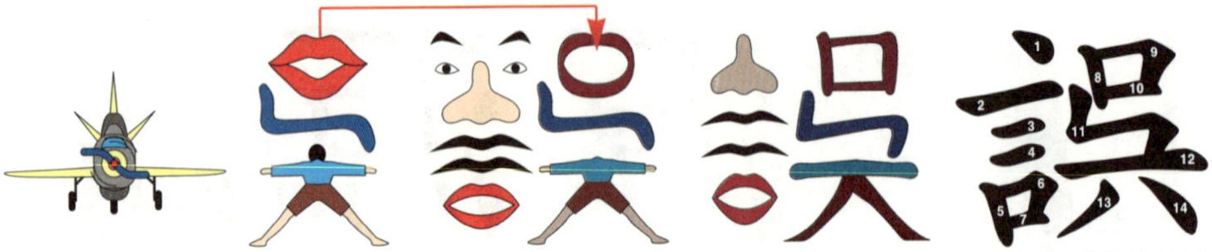

0868

部首 言(ごんべん)
総画 14画

口だけでプロペラが回るように大口をたたいて事を誤る。

ことば
誤解(오해) ・ 誤用(오용) ・ 誤字(오자) ・ 読み誤る(잘못 읽다)

mistaken

말로만 프로펠러 돌듯 큰 소리 쳐 일을 그르치다. (그르칠 오)

おん ゴ
くん あやまる

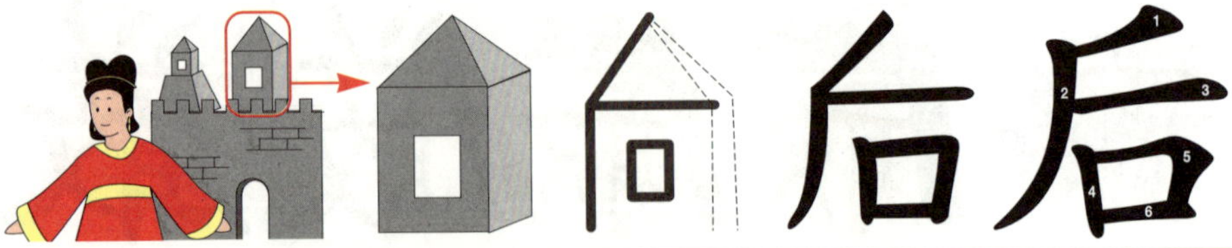

0869

部首 口(くち)
総画 6画

皇后の留まる王宮の形状。

ことば
皇后(황후) ・ 皇后陛下(황후폐하) ・ 皇太后(황태후)

empress

왕비가 거하는 궁성 모양. (왕비 후)

おん コウ
くん ―

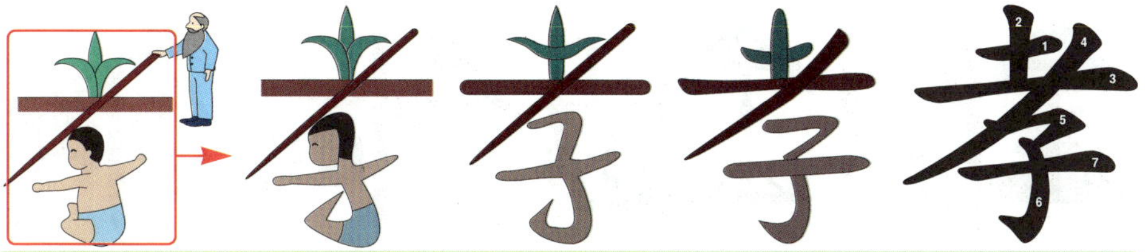

0870

部首 子(こ)
総画 7画
ことば
filial piety

老(お)いた親(おや)によく仕(つか)える子(こ)の孝行(こうこう)。

孝養(こうよう)(효양.부모를 봉양하고 효도함)・孝行(こうこう)(효행)・不孝(ふこう)(불효)・親不孝(おやふこう)(불효함. 또는 그런 사람)

늙은 부모를 잘 섬기는 아들의 효도. (효도 효)

おん コウ
くん —

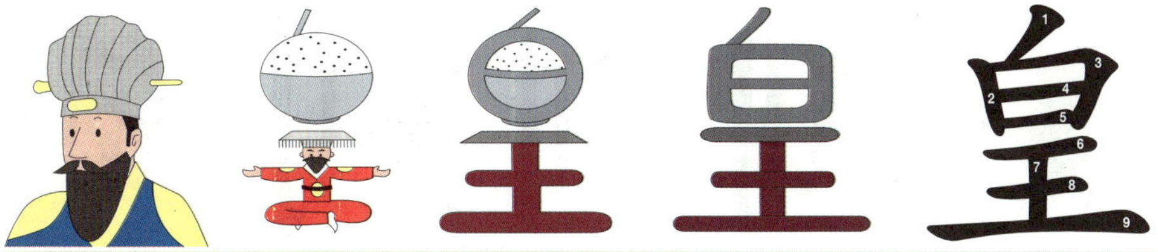

0871

部首 白(しろ)
総画 9画
ことば
King

ご飯(はん)のように白(しろ)い白金(はっきん)の冠(かん)をかぶった王(おう)が皇(こう)である。

皇居(こうきょ)(천황이 사는 곳)・皇帝(こうてい)(황제)・天皇(てんのう)(천황)・皇子(おうじ)(황자. 천황의 아들)

밥같이 흰 백금관을 쓴 왕이 임금이다. (임금 황)

おん コウ
オウ
くん —

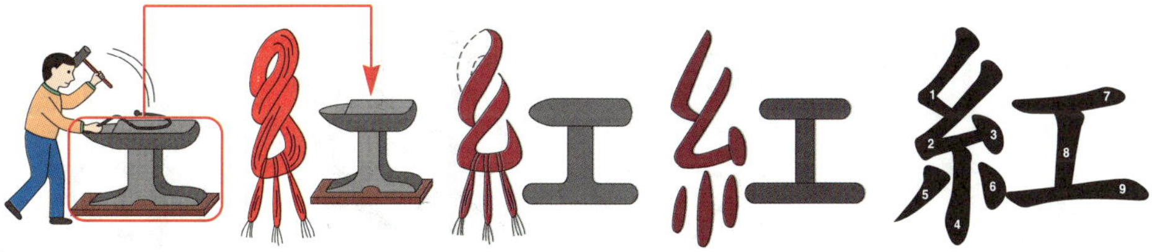

0872

部首 糸(いとへん)
総画 9画
ことば
red

糸(いと)をうまく作(つく)ろうと染(そ)めて紅色(べにいろ)になる。

紅茶(こうちゃ)(홍차)・真紅(しんく)(진홍. 짙은 빨간색)・紅色(べにいろ)(선홍색)・口紅(くちべに)(립스틱)

실을 좋게 만들려고 물들여 붉은 색이 되다. (붉을 홍)

おん コウ
(ク)
くん べに
(くれない)

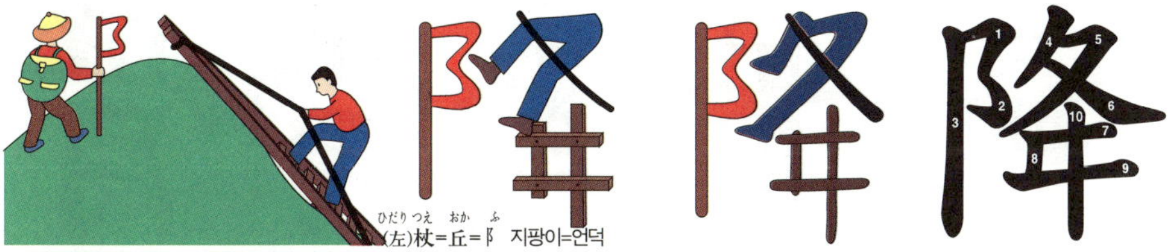

(左(ひだり))杖(つえ)=丘(おか)=阝(ふ) 지팡이=언덕

0873

部首 阝(こざとへん)
総画 10画
ことば
surrender

丘(おか)をゆっくり歩(ある)いて梯子(はしご)を踏(ふ)んで降(お)りる。

降雨(こうう)(강우)・降伏(こうふく)(항복)・以降(いこう)(이후)・小降(こぶ)り(눈이나 비가 적게 내림)

언덕을 천천히 걸어 사다리를 밟고 내리다. (내릴 강)

おん コウ
くん おりる
おろす
ふる

0874
部首 金(かねへん)
総画 16画
ことば
steel

金(かね)が網(あみ)みたいに伸(の)びた岡(おか)のように強(つよ)いものが鋼(はがね)。

鋼鉄(こうてつ)(강철) • 鋼材(こうざい)(강재, 공업용으로 사용되는 철강) • 鉄鋼(てっこう)(철강) • 製鋼(せいこう)(제강)

쇠가 그물처럼 뻗은 산등성이같이 굳센 게 강철. (강철 강)

おん コウ
くん (はがね)

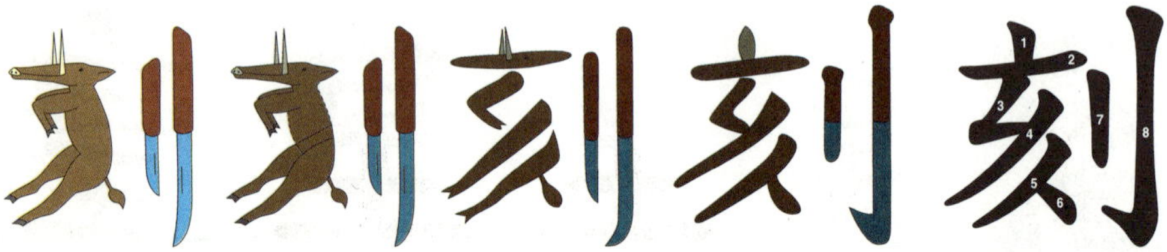

0875
部首 刂(りっとう)
総画 8画
ことば
carve

豚(ぶた)の模型(もけい)を刀(かたな)で刻(きざ)む。

刻印(こくいん)(각인) • 深刻(しんこく)(심각) • 小刻み(こきざみ)(잘게 썲, 잘게 저밈) • 刻み付ける(きざみつける)(조각하다, 새겨서 형적을 남기다)

돼지의 모형을 칼로 새기다. (새길 각)

おん コク
くん きざむ

0876
部首 禾(のぎへん)
総画 14画
ことば
grain

士(し)が覆(おお)い被(かぶ)って稲束(いなたば)を叩(たた)いて得(え)た穀(こく)。

穀倉(こくそう)(곡창) • 穀類(こくるい)(곡류) • 雑穀(ざっこく)(잡곡)

선비가 덮어쓰고 벼단을 두들겨 얻은 곡식. (곡식 곡)

おん コク
くん —

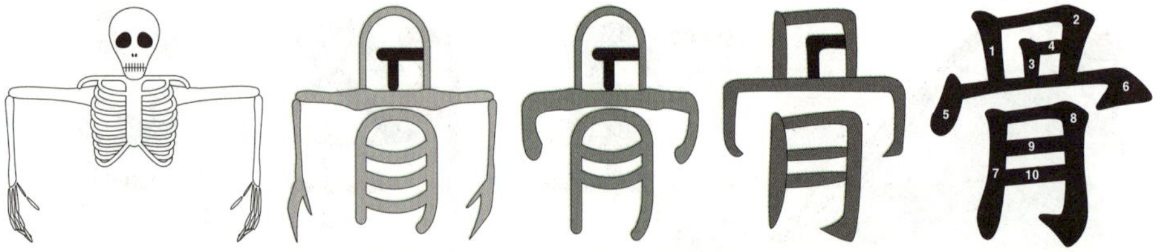

0877
部首 骨(ほね)
総画 10画
ことば
bone

骨(ほね)の形状(けいじょう)。

骨格(こっかく)(골격) • 鉄骨(てっこつ)(철골) • 背骨(せぼね)(척추) • 骨折り(ほねおり)(열심히 일함, 수고, 노력)

뼈의 모양. (뼈 골)

おん コツ
くん ほね

0878 部首 囗(くにがまえ)
総画 7画

囲まれた木は育つのが困難だ。

おん コン
くん こまる

ことば
困難(곤란)・貧困(빈곤)・困り者(곤란한 자)・困り果てる(곤란함이 극에 달하다)

difficult
에워싸인 나무는 자라기가 곤란하다. (곤할 / 곤란할 곤)

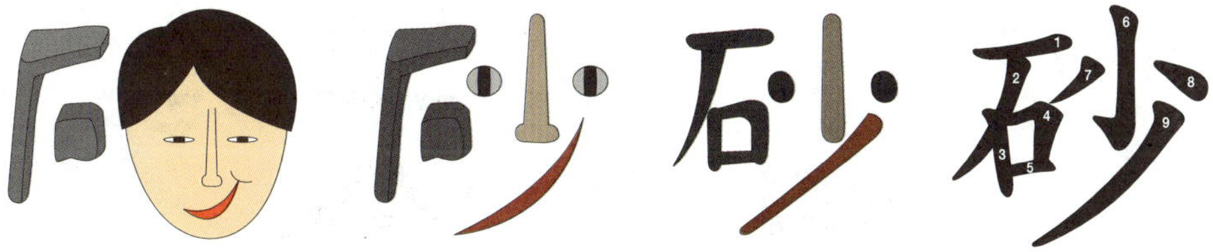

0879 部首 石(いしへん)
総画 9画

石が目、鼻、口に入るほど小さくなったものが砂。

おん サ (シャ)
くん すな

ことば
砂糖(설탕)・土砂(토사)・砂利(자갈)・砂時計(모래시계)

sand
돌이 눈, 코, 입에 들어갈 만큼 작게 된 게 모래. (모래 사)

0880 部首 广(まだれ)
総画 10画

家で二人が土の床に座を取る。

おん ザ
くん (すわる)

ことば
座席(좌석)・座談会(좌담회)・銀行口座(은행구좌)・射手座(궁수자리)

seat
집에서 두 사람이 흙바닥에 자리를 잡다. (자리 좌)

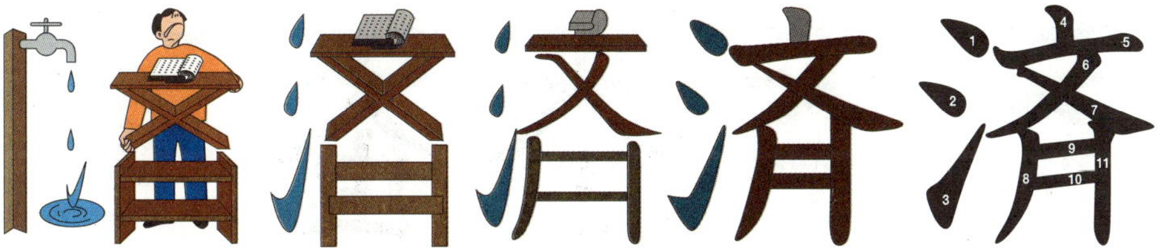

0881 部首 氵(さんずい)
総画 11画

水にぬれた机と陳列台は用済みになる。

おん サイ
くん すむ すます

ことば
救済(구제)・経済(경제)・用済み(일이 끝남, 필요 없게 됨)・届け済み(신고필)

cross
물에 젖은 책상과 진열대는 필요 없게 되다. (건널 / 이룰 제)

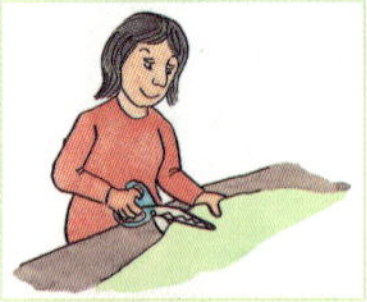

0882

部首 衣(ころも)
総画 12画

草(くさ)みたいな衣(ころも)の布(ぬの)を槍(やり)で切(き)って裁(さば)く。

ことば cut

裁判(さいばん)(재판)・決裁(けっさい)(결재)・裁(た)ちばさみ(재단가위)

풀같은 옷감을 창칼질해 마르다. (마를 재)

おん サイ
くん (たつ) さばく

0883

部首 ⺮(たけかんむり)
総画 12画

竹針(たけはり)や棘(とげ)のある木(き)で策(さく)を立(た)てて刺(さ)す。

ことば plan

策略(さくりゃく)(책략)・対策(たいさく)(대책)・得策(とくさく)(득책)・方策(ほうさく)(방책)

대나무침이나 가시나무로 꾀를 써 찌르다. (꾀 책)

おん サク
くん —

0884

部首 冂(どうがまえ)
総画 5画

本(ほん)を縛(しば)った形状(けいじょう)。

ことば book

冊子(さっし)(책자)・一冊(いっさつ)(한 권)・別冊(べっさつ)(별책)・短冊(たんざく)(글씨를 쓰거나 물건을 매는 좁은 종이)

책을 묶은 모양. (책 책)

おん サツ (サク)
くん —

0885

部首 虫(むし)
総画 10画

天(てん)が人間(にんげん)のために与(あた)えた虫(むし)が蚕(かいこ)である。

ことば silkworm

蚕食(さんしょく)(잠식)・養蚕(ようさん)(양잠)・養蚕農家(ようさんのうか)(양잠농가)・蚕(かいこ)を飼(か)う(누에를 치다)

하늘이 인간을 위해 준 벌레가 누에다. (누에 잠)

おん サン
くん かいこ

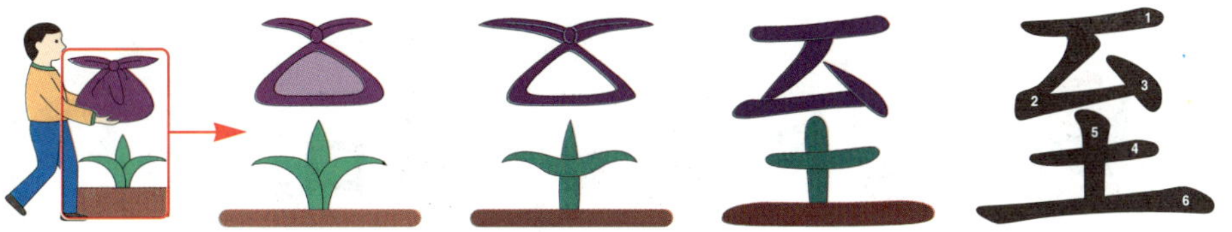

0886

部首 至(いたる)
総画 6画

包(つつ)みを持(も)って目的地(もくてきち)の土(つち)に至(いた)る。

おん シ
くん いたる

ことば
至急(しきゅう)(지급. 매우 급한 일) • 冬至(とうじ)(동지) • 至(いた)って(극히. 매우)

reach
보따리를 들고 목적지 땅에 이르다. (이를 지)

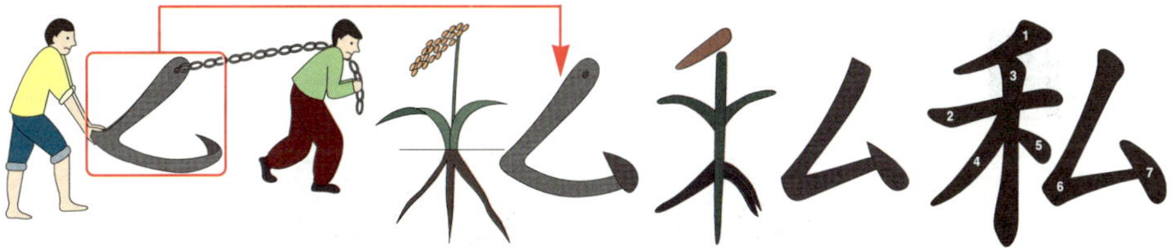

0887

部首 禾(のぎへん)
総画 7画

稲(いね)を刈(か)ったりからすきで田(た)を耕(たがや)すことは私的(してき)な仕事(しごと)。

おん シ
くん わたくし

ことば
私鉄(してつ)(사철.민영철도) • 私有(しゆう)(사유) • 公私(こうし)(공사) • 私事(わたくしごと(しじ))(사사. 개인적인 일)

private
벼를 베거나 쟁기질함은 사사로운 일. (사사 사)

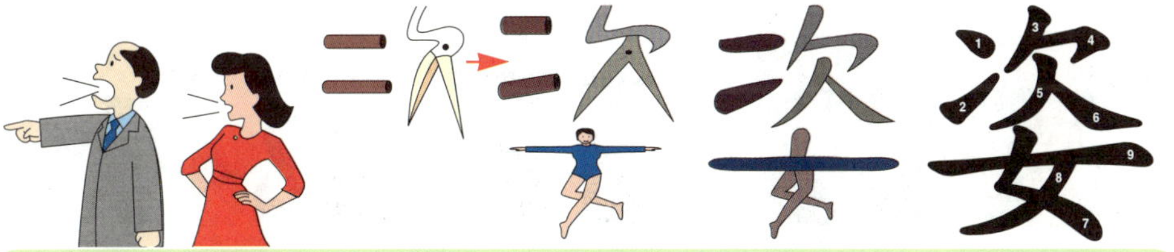

0888

部首 女(おんな)
総画 9画

二番目(にばんめ)に大口(おおぐち)を叩(たた)く女(おんな)(妾(めかけ))の姿(すがた)。

おん シ
くん すがた

ことば
姿勢(しせい)(자세) • 姿態(したい)(자태) • 後(うし)ろ姿(すがた)(뒷모습) • 立(た)ち姿(すがた)(서 있는 모습)

figure
두 번째로 큰 소리치는 여자(첩)의 맵시. (맵시 자)

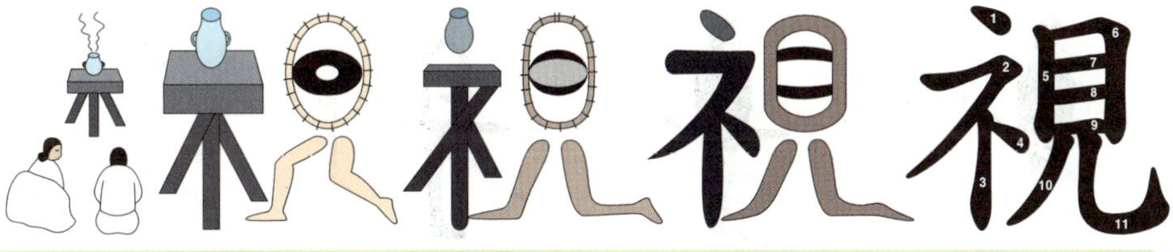

0889

部首 見(みる)
総画 11画

祭祀膳(さいしぜん)を見(み)て、また注視(ちゅうし)する。

おん シ
くん ―

ことば
視覚(しかく)(시각) • 視察(しさつ)(시찰) • 重視(じゅうし)(중시) • 注視(ちゅうし)(주시)

look at
젯상을 보고 또 보다. (볼 시)

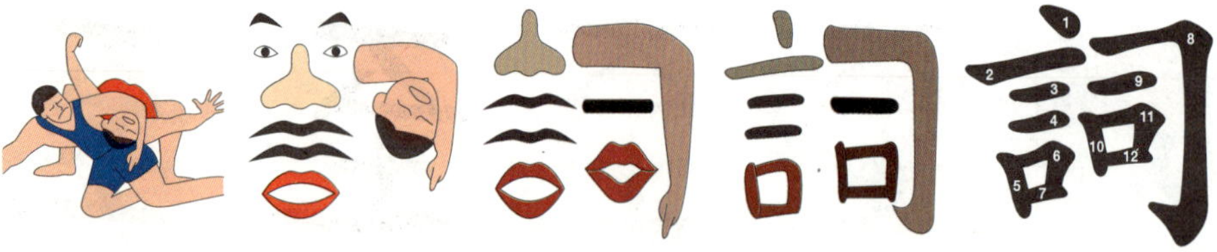

0890
部首 言(ごんべん)
総画 12画
ことば
language

言葉で司どった相手について祝詞する。
名詞(명사) • 歌詞(가사) • 祝詞(축문. 신 앞에 고하여 비는 말) • 作詞(작사)
말로 맡은 상대에 관하여 말하다. (말 사)

おん シ
くん —

0891
部首 言(ごんべん)
総画 14画
ことば
record

言うように士が心に決めた志を日誌に書く。
誌面(지면) • 雑誌(잡지) • 日誌(일지) • 月刊誌(월간지)
말하듯 선비가 마음먹은 뜻을 기록하다. (기록할 지)

おん シ
くん —

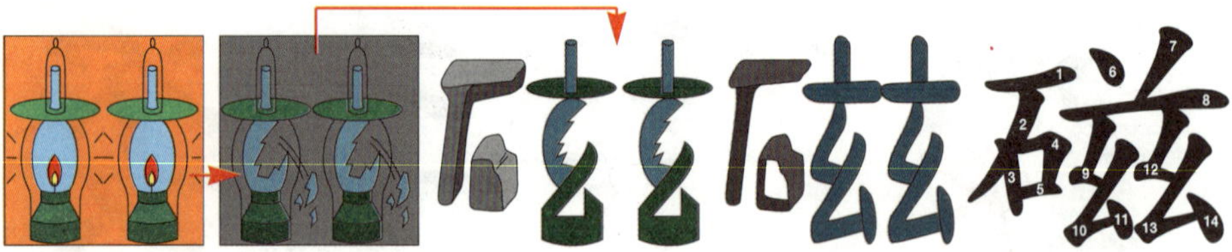

0892
部首 石(いしへん)
総画 14画
ことば
magnet

石みたいで、割れた灯のように黒い金を引き寄せるものが磁石。
磁石(자석) • 磁場(자장) • 白磁(백자) • 磁力(자력)
돌같고 깨진 등같이 검은 철을 당기는 것이 자석. (자석 자)

おん ジ
くん —

0893
部首 寸(すん)
総画 10画
ことば
shoot

身を支えて手で射る。
注射(주사) • 反射(반사) • 放射能(방사능)
몸을 가누고 손으로 쏘다. (쏠 사)

おん シャ
くん いる

0894
部首 扌(てへん)
総画 11画
ことば
throw away

手に取ったものを舎の外に捨てる。
取捨(취사)・捨て子(버려진 아이)・使い捨て(1회용)
손에 든 것을 집 밖으로 버리다. (버릴 사)

おん シャ
くん すてる

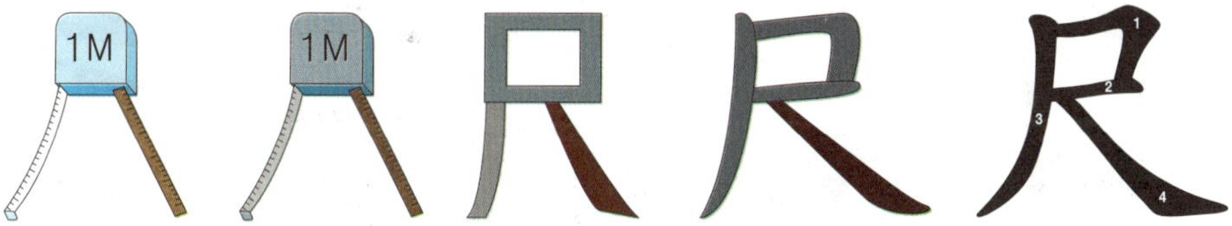

0895
部首 尸(しかばね)
総画 4画
ことば
measure

巻き尺と竹尺の形状。
尺度(척도)・尺八(퉁소, 피리)・縮尺(축척)・巻き尺(줄자, 권척)
줄자와 대나무자의 모양. (자 척)

おん シャク
くん ―

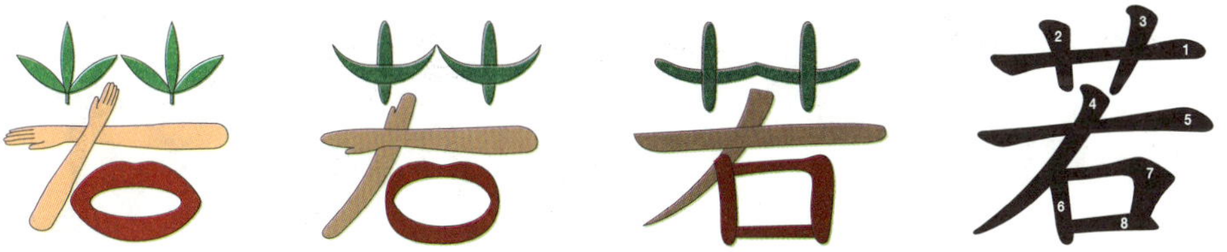

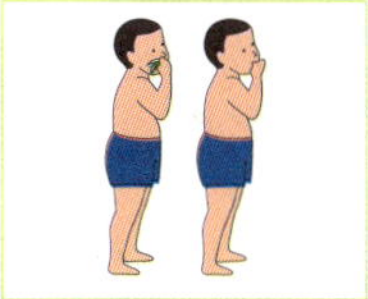

0896
部首 艹(くさかんむり)
総画 8画
ことば
like

草と手を口で吸う若い者は皆同じである。
若干(약간)・若者(젊은이, 청년)・老若(노약)
풀과 손을 입으로 빠는 어린 아이는 다 같다. (같을 약)

おん (ジャク)(ニャク)
くん わかい (もしくは)

0897
部首 木(きへん)
総画 16画
ことば
tree

樹木を太鼓を手で立てるように植える。
樹木(수목)・樹立(수립)・果樹(과수)
나무를 북을 손으로 세우듯 심다. (심을/나무 수)

おん ジュ
くん ―

0898

部首 又(また)
総画 4画
ことば
gather

絡んだ蔓を取って打って収める。

収穫(수확)・収納(수납)・買収(매수)・収容所(수용소)

얽힌 덩굴을 잡고 쳐서 거두다. (거둘 수)

おん シュウ
くん おさめる おさまる

0899

部首 宀(うかんむり)
総画 8画
ことば
ancestral

家に祭祀膳を用意する所が最高の宗である。

宗門(종문, 종파)・宗派(종파)・改宗(개종)・宗家(종가)

집에 젯상을 차리는 곳이 으뜸가는 마루다. (으뜸 / 마루 종)

おん シュウ (ソウ)
くん —

0900

部首 尢(だいのまげあし)
総画 12画
ことば
achieve

京に犬まで行って志を成就させる。

就学(취학)・就任(취임)・去就(거취, 진퇴)・成就(성취)

서울로 개까지 나아가 뜻을 이루다. (이룰 / 나아갈 취)

おん シュウ (ジュ)
くん (つく) (つける)

0901

部首 血(ち)
総画 12画
ことば
multitude

血で結ばれた人たちの集まりが民衆である。

観衆(관중)・民衆(민중)・公衆道徳(공중도덕)・合衆国(합중국)

피로 맺어진 사람들의 모임이 무리다. (무리 중)

おん シュウ (シュ)
くん —

0902
部首 彳(ぎょうにんべん)
総画 10画
ことば
obey

急いで行く者の後を追って走って従う。

従業員(종업원)・従事(종사)・従属(종속)・追従(추종)

바삐가는 자를 뒤따라 달려 좇다. (좇을 종)

おん ジュウ (ショウ)・(ジュ)
くん したがう したがえる

0903
部首 糸(いとへん)
総画 16画
ことば
vertical

糸が続けて従って縦に垂れる。

縦断(종단)・操縦(조종)・縦書き(세로쓰기)・縦割り(세로로 쪼갬. 종적 관계)

실이 계속 뒤좇아(따라) 세로로 늘어지다. (늘어질 / 세로 종)

おん ジュウ
くん たて

6年

0904
部首 糸(いとへん)
総画 17画
ことば
shrink

糸を濡らして家に人が百時間おくと縮む。

縮小(축소)・圧縮(압축)・軍縮(군축)・縮れ毛(고수머리, 곱슬머리)

실을 적셔 집에 사람이 백시간 재우면 오그라든다. (오그라들 축)

おん シュク
くん ちぢむ ちぢまる ちぢめる ちぢれる ちぢらす

0905
部首 灬(れんが)
総画 15画
ことば
ripe

高い温度になるよう子が丸いファンに火をつけて熟れる。

熟語(숙어)・熟練(숙련)・円熟(원숙)・成熟(성숙)

높은 온도 되게 아들이 둥근 팬으로 불 돋워 익히다. (익을 / 익힐 숙)

おん ジュク
くん (うれる)

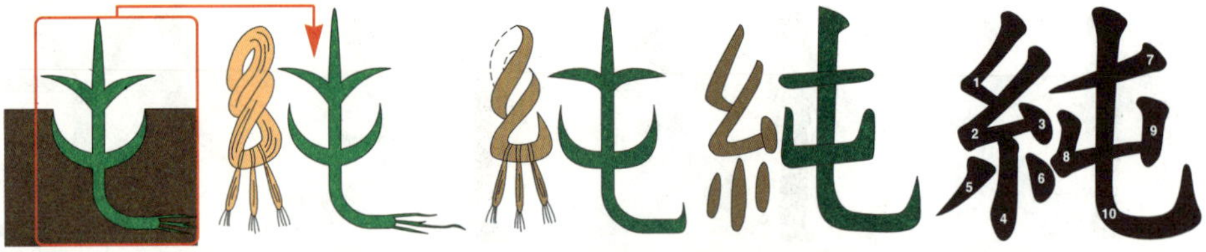

0906
部首 糸(いとへん)
総画 10画

糸が出たばかりの若芽のように純である。

ことば 純金(순금)・純真(순진)・清純(청순)・不純物(불순물)

pure 실이 갓 나온 새싹같이 순수하다. (순수할 순)

おん ジュン
くん —

0907
部首 几(つくえ)
総画 5画

ゆっくり歩いて切り株を処分する。

ことば 処置(처치)・処方(처방)・善処(선처)・対処(대처)

place 천천히 걸어가서 그루터기를 처리하다. (처할 처)

おん ショ
くん —

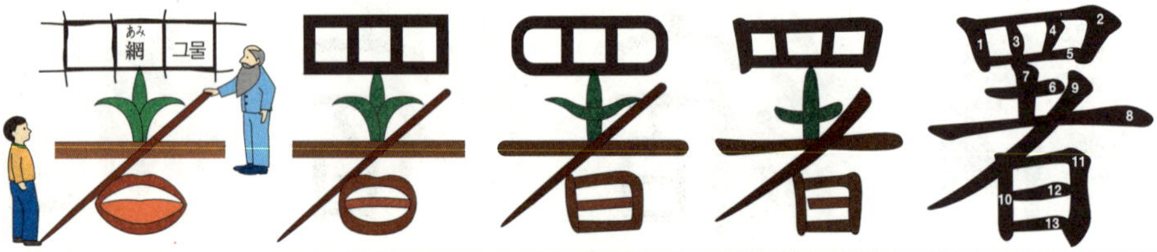

0908
部首 罒(あみがしら)
総画 13画

法の網を張っておしゃべりな者(罪人)を捕まえる部署。

ことば 署名(서명)・部署(부서)・警察署(경찰서)・税務署(세무서)

office 법 망을 치고 말 많은 자(죄인)을 잡는 부서. (관청 서)

おん ショ
くん —

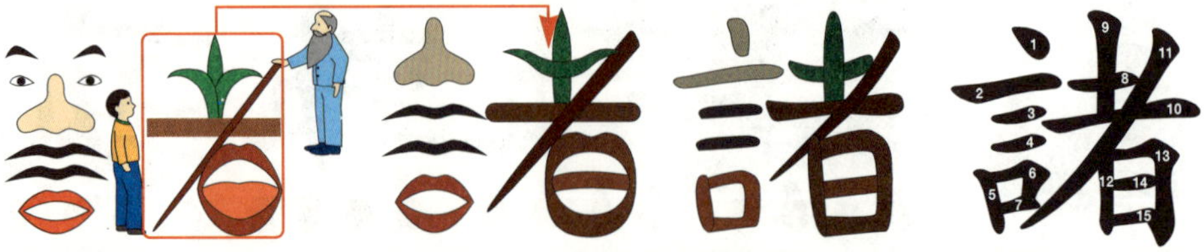

0909
部首 言(ごんべん)
総画 15画

言葉で(話)多い者を呼ぶ時に諸君という。

ことば 諸君(제군)・諸国(제국)・諸説(제설. 여러 가지 설)・諸島(제도. 여러 섬)

all / every 말로(말) 많은 자들을 부를 때 모두라 한다. (모두 제)

おん ショ
くん —

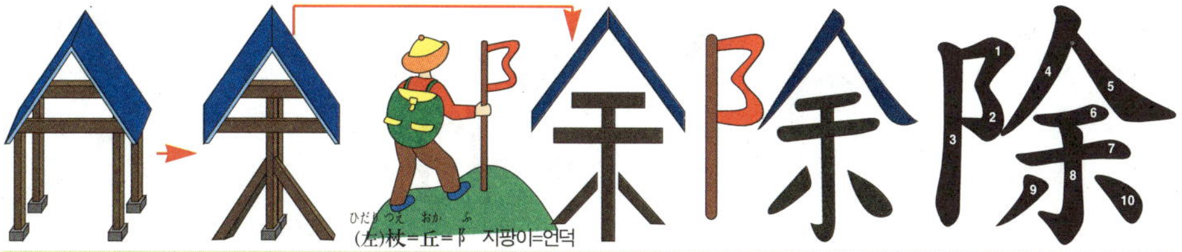

0910 部首 阝(こざとへん) 総画 10画

丘(おか)に二(ふた)つの柱(はしら)の家(いえ)を建(た)てて残(のこ)ったものを除(のぞ)く。

ことば 除外(じょがい)(제외)・解除(かいじょ)(해제)・掃除(そうじ)(청소)・取(と)り除(のぞ)く(제거하다)

remove 언덕에 두 기둥 집을 짓고 남은 것을 버리다. (버릴 / 덜 제)

おん ジョ (ジ)
くん のぞく

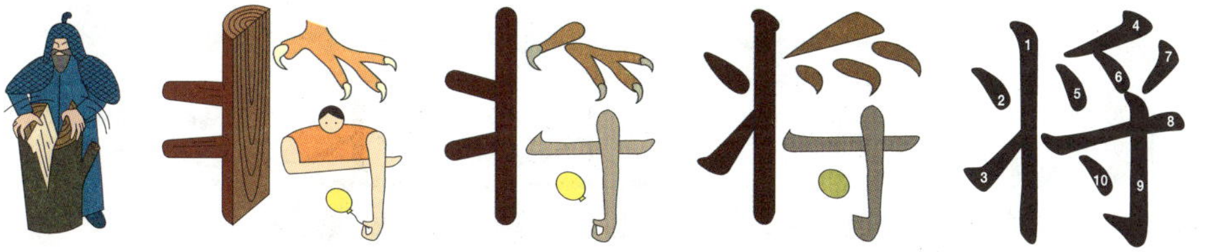

0911 部首 寸(すん) 総画 10画

丸太(まるた)を爪(つめ)と手(て)で割(わ)ったら将軍(しょうぐん)になる。

ことば 将軍(しょうぐん)(장군)・将来(しょうらい)(장래)・主将(しゅしょう)(주장)・名将(めいしょう)(명장)

general 통나무를 손톱과 손으로 쪼개니 장수다. (장수 장)

おん ショウ
くん —

6年

0912 部首 亻(にんべん) 総画 13画

人(ひと)が人(ひと)を日(ひ)差(ざ)しが広(ひろ)がるようにたたいて傷(きず)つける。

ことば 傷害(しょうがい)(상해)・負傷(ふしょう)(부상)・切(き)り傷(きず)(베인 상처)

injure 사람이 사람을 햇살 퍼지듯 패서 상하다. (상할 상)

おん ショウ
くん きず (いたむ) (いためる)

0913 部首 阝(こざとへん) 総画 14画

丘(おか)に立(た)っている看板(かんばん)の章(しょう)が出入(でい)りに障(さわ)る。

ことば 障害(しょうがい)(장해)・故障(こしょう)(고장)・差(さ)し障(さわ)り(장해, 지장)

clogged 언덕에 서 있는 간판글이 출입을 막다. (막힐 / 막을 장)

おん ショウ
くん (さわる)

0914

部首 土(つちへん)
総画 9画
ことば
castle

土に武士が槍で守ろうと成しておいたものが城。

城主(성주)・根城(근거지)・山城(산성)

땅에 무사가 창으로 지키려고 이루어 놓은 게 성. (재/성 성)

おん ジョウ
くん しろ

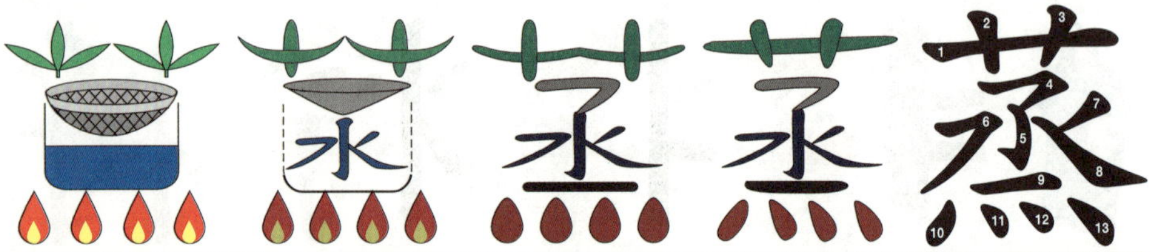

0915

部首 艹(くさかんむり)
総画 13画
ことば
steam

ナムルの蒸し器を水槽に入れて火で蒸す。

蒸気(증발)・水蒸気(수증기)・蒸留水(증류수)・蒸し暑い(무덥다)

나물 찜통을 물통에 넣고 불로 찌다. (찔 증)

おん ジョウ
くん (むす) (むれる) (むらす)

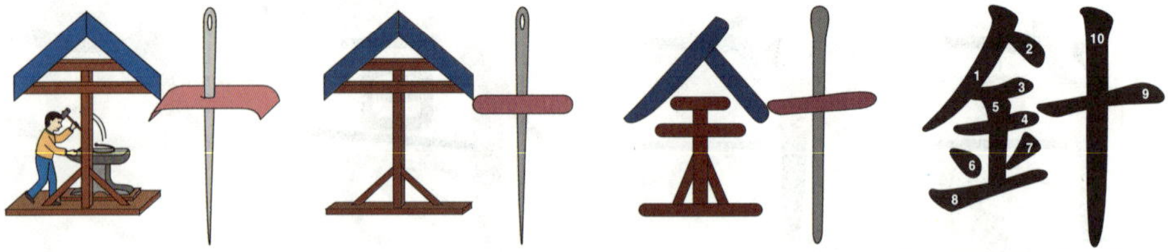

0916

部首 金(かねへん)
総画 10画
ことば
needle

金で作られて布と十字を成したものが針。

指針(지침)・秒針(초침)・方針(방침)・針金(철사)

쇠로 되어 옷감과 십자를 이룬 것이 바늘. (바늘 침)

おん シン
くん はり

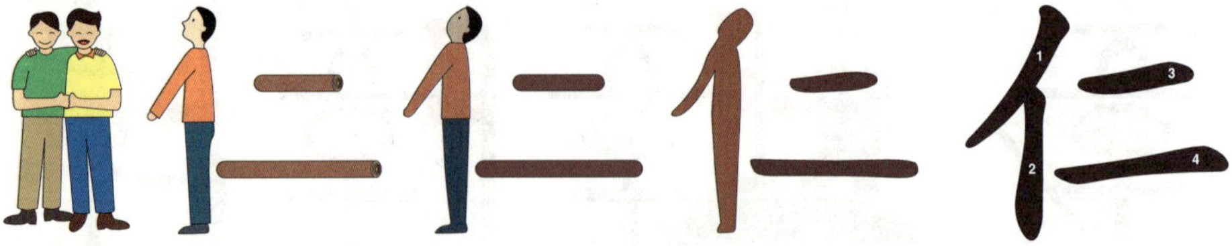

0917

部首 亻(にんべん)
総画 4画
ことば
merciful

二人が仲良く過ごしたら仁である。

仁愛(인애)・仁義(인의)・仁術(인술, 의술)・仁政(인정, 어진 정치)

사람 둘이 의좋게 지내니 어질다. (어질 인)

おん ジン (ニ)
くん —

0918
部首 土(つち)
総画 8画
ことば
hang down

船(ふね)に錨(いかり)を垂(たら)した形状(けいじょう)。
垂直(すいちょく)(수직)・垂(た)れ幕(まく)(드리운 막)・雨垂(あまだ)れ(낙숫물, 낙수)
배에 돛을 드리운 모양. (드리울 수)

おん スイ
くん たれる
たらす

0919
部首 扌(てへん)
総画 11画
ことば
push

手(て)を上(あ)げて鳥(とり)を推(お)す。
推移(すいい)(추이)・推測(すいそく)(추측)・推論(すいろん)(추론)
손에 들고 새를 밀다. (옮길/밀 추)

おん スイ
くん (おす)

0920
部首 寸(すん)
総画 3画
ことば
inch

つかんでいる手(て)の形状(けいじょう)。
寸劇(すんげき)(촌극)・寸志(すんし)(촌지, 변변치 않은 선물)・寸前(すんぜん)(촌전, 직전)・寸法(すんぽう)(길이, 치수, 척도)
잡고 있는 손(손 마디)의 모양. (손/마디 촌)

おん スン
くん ―

0921
部首 皿(さら)
総画 11画
ことば
thriving

武士(ぶし)が槍(やり)でこねた食(た)べ物(もの)が皿(さら)に大盛(おおも)りである。
盛大(せいだい)(성대)・目盛(めも)り(계량기의 눈금)・花盛(はなざか)り(꽃이 만발한 시기)
무사가 창칼로 빚어 이룬 음식이 그릇에 (풍)성하다. (성할 성)

おん (セイ)
(ジョウ)
くん もる
(さかる)
(さかん)

0922 部首 耳（みみ） 総画 13画

耳と口が荷物を背負ったように重い者が聖者である。

おん セイ　くん —

ことば：聖火(성화)・聖書(성서)・楽聖(악성. 뛰어나게 훌륭한 음악가)・神聖(신성)

saint　귀와 입이 짐을 짊어진 듯 무거운 자가 성인. (성인 성)

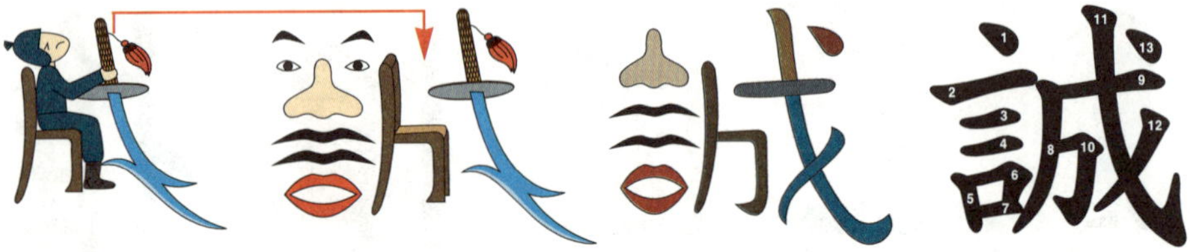

0923 部首 言（ごんべん） 総画 13画

言ったことを武士が槍で成そうと誠を尽くす。

おん セイ　くん （まこと）

ことば：忠誠(충성)・誠実(성실)・誠に(매우. 진실로)・誠しやか(진짜같음. 그럴듯함)

sincere　말한 것을 무사가 창으로 이루려고 정성을 쏟다. (정성 성)

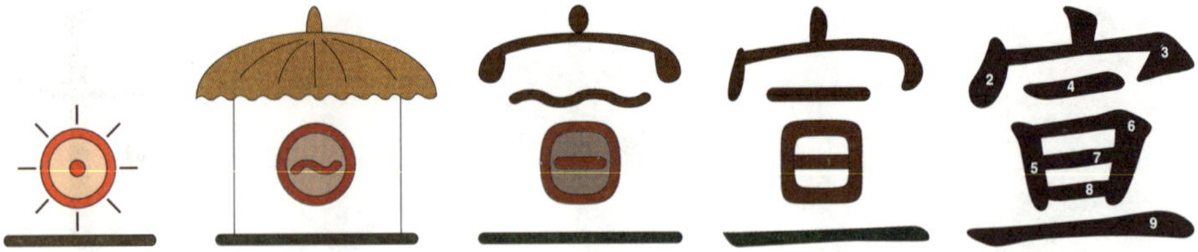

0924 部首 宀（うかんむり） 総画 9画

家の天井まで日差しが入って暖かさを宣言する。

おん セン　くん —

ことば：宣言(선언)・宣告(선고)・宣伝(선전)・宣戦布告(선전포고)

proclaim　집 천정까지 햇볕이 따스함을 베풀다. (베풀 선)

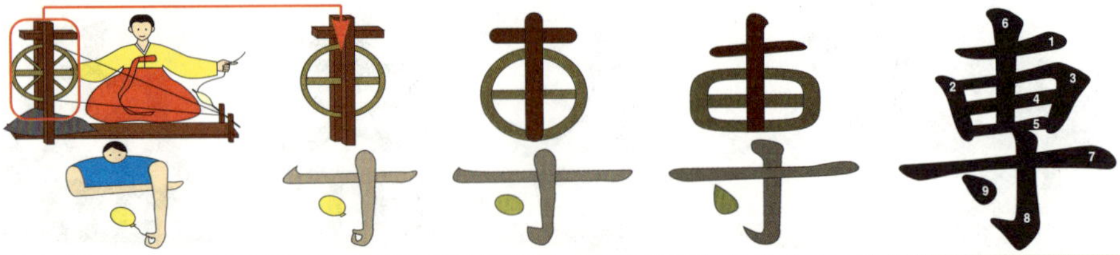

0925 部首 寸（すん） 総画 9画

糸車を手で回して専ら糸だけを紡ぐ。

おん セン　くん （もっぱら）

ことば：専属(전속)・専念(전념)・専用(전용)・専制政治(전제정치)

only　물레를 손으로 돌려 오로지 실만 잣다. (오로지 전)

0926
部首 水(みず)
総画 9画

ご飯(はん)を炊(た)く白(しろ)い水(みず)の湧(わ)く所(ところ)が泉(いずみ)である。

おん セン
くん いずみ

ことば 温泉(おんせん)(온천)・源泉(げんせん)(원천)・鉱泉(こうせん)(광천)・知識(ちしき)の泉(いずみ)(지식의 샘, 지식의 원천)

spring 밥 짓는 **흰 물**이 솟는 곳이 **샘**이다. (샘 천)

0927
部首 氵(さんずい)
総画 9画

水(みず)に、牛(うし)より人(ひと)が先(さき)に入(はい)って洗(あら)う。

おん セン
くん あらう

ことば 洗顔(せんがん)(세안)・洗練(せんれん)(세련)・洗面所(せんめんじょ)(세면소, 화장실)

wash 물에 **소보다 사람이 먼저** 들어가 **씻다**. (씻을 세)

0928
部首 木(き)
総画 9画

(染(そ)め付(つ)け)水(みず)に何回(なんかい)(九回(くかい))も木(き)をかき混(ま)ぜて染(そ)める。

おん (セン)
くん そめる そまる (しみる) (しみ)

ことば 染色(せんしょく)(염색)・伝染(でんせん)(전염)・染(そ)め糸(いと)(염색한 실, 색실)・すみ染(ぞ)め(먹 빛깔, 잿빛 상복)

dye (염색)**물**에 **여러 번**(아홉 번) **나무**를 저어 **물들이다**. (물들일 염)

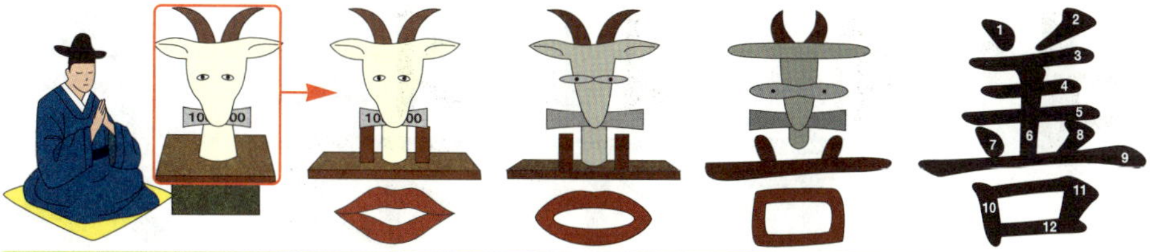

0929
部首 口(くち)
総画 12画

羊(ひつじ)を支(ささ)えておいて口(くち)で祭祀(さいし)を行(おこ)なったら善(よ)い。

おん ゼン
くん よい

ことば 善悪(ぜんあく)(선악)・最善(さいぜん)(최선)・親善(しんぜん)(친선)・善男善女(ぜんなんぜんにょ)(선남선녀)

good 양을 **받쳐놓고 입**으로 제 지내니 **착하다**. (착할 선)

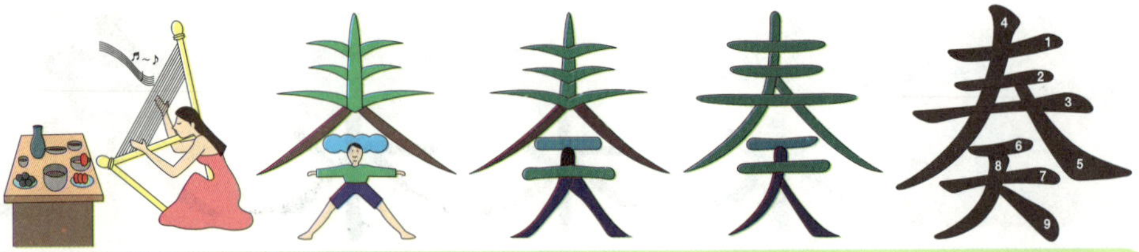

0930
部首 大(だい)
総画 9画
ことば
inform

盛大に用意して天に奏でる。
演奏(연주) • 合奏(합주) • 独奏(독주) • 伴奏(반주)
무성(푸짐)하게 차리고 하늘에 연주하다. (아뢸 / 연주할 주)

おん ソウ
くん (かなでる)

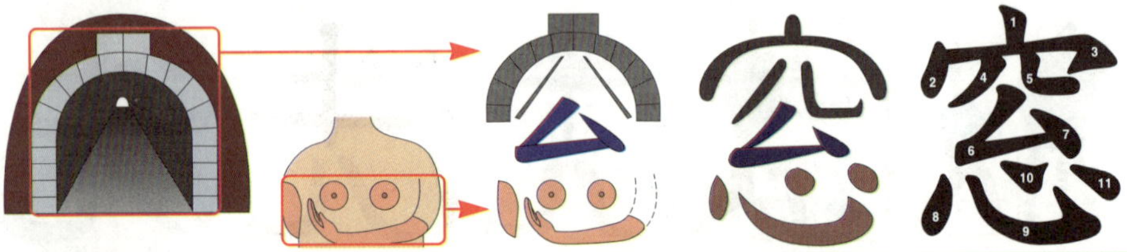

0931
部首 穴(あなかんむり)
総画 11画
ことば
window

穴みたいに開けて心で呼吸する所が窓。
学窓(학창) • 同窓会(동창회) • 窓口(창구)
굴같이 뚫고 가슴으로 숨 쉬는 곳이 창. (창 창)

おん ソウ
くん まど

0932
部首 刂(りっとう)
総画 12画
ことば
begin

倉と刀で創業する。
創業(창업) • 創始(창시) • 独創(독창) • 創立者(창립자)
창고와 칼로 창업을 시작하다. (비롯할 / 시작할 창)

おん ソウ
くん —

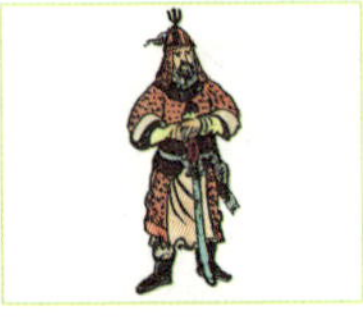

0933
部首 衣(ころも)
総画 12画
ことば
decorate

木切れを持つ士が雄雄しい衣で装う。
装置(장치) • 装備(장비) • 服装(복장)
나뭇조각을 드는 선비가 씩씩한 옷으로 꾸미다. (꾸밀 장)

おん ソウ (ショウ)
くん (よそおう)

0934

部首 尸(しかばね)
総画 14画

戸を重ねて建てた家が層である。

おん ソウ
くん —

ことば 階層(계층. 계단) ・ 断層(단층) ・ 読者層(독자층)

storey 집을 거듭 포개어 지은 집이 층이다. (층 층)

0935

部首 扌(てへん)
総画 16画

手でうるさく鳴く鳥を操る。

おん ソウ
くん (みさお) (あやつる)

ことば 操縦(조종) ・ 節操(절조. 절개와 지조) ・ 操り人形(꼭둑각시 인형)

grasp 손으로 시끄럽게 우는 새를 잡다. (지조 / 잡을 조)

0936

部首 艹(くさかんむり)
総画 15画

王様にお目にかかる時、草と板の下に槍を臣下が秘蔵する。

おん ゾウ
くん (くら)

ことば 蔵書(장서. 서적을 가지고 있음) ・ 秘蔵(비장) ・ 貯蔵(저장) ・ 冷蔵庫(냉장고)

conceal / store (임금을 뵈올 때) 풀과 판자 밑에 창을 신하가 감추다. (감출 / 곳집 장)

0937

部首 月(にくづき)
総画 19画

身の中に貯蔵されているものが内臓である。

おん ゾウ
くん —

ことば 臓器(장기) ・ 臓器移植(장기이식) ・ 心臓(심장) ・ 内臓(내장)

viscera 몸 속에 감추어 있는 것이 오장이다. (오장 장)

0938

部首 子(こ)
総画 6画
ことば
exist

(親(おや)が)芸(さい)をして子(こ)が存在(そんざい)する。
存続(そんぞく)(존속)・存亡(そんぼう)(존망)・生存(せいぞん)(생존)・保存(ほぞん)(보존)
(부모가) 재주 부려 아들이 있다. (있을 존)

おん ソン
ゾン
くん —

0939

部首 寸(すん)
総画 12画
ことば
high

覆(おお)ってよく発酵(はっこう)されたお酒(さけ)を手(て)に持(も)って尊(とうと)い方(かた)に差(さ)し上(あ)げる。
尊敬(そんけい)(존경)・尊厳(そんげん)(존엄)・尊重(そんちょう)(존중)
덮어 잘 익은 술을 손에 들고 높은 분께 드림. (높을 존)

おん ソン
くん たっとい
とうとい
たっとぶ
とうとぶ

0940

部首 宀(うかんむり)
総画 6画
ことば
house

屋根(やね)の下(した)に穂(ほ)のように身(み)を寄(よ)せる所(ところ)が宅(たく)。
宅地(たくち)(택지)・自宅(じたく)(자택)・住宅(じゅうたく)(주택)・宅配便(たくはいびん)(택배편)
지붕밑에 이삭처럼 몸을 의지하는 곳이 집. (집 택)

おん タク
くん —

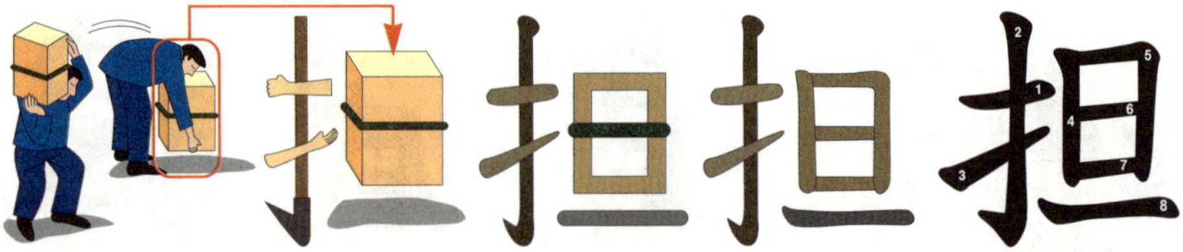

0941

部首 扌(てへん)
総画 8画
ことば
bear

手(て)で荷物(にもつ)を加(くわ)えて肩(かた)に担(かつ)ぐ。
担当(たんとう)(담당)・分担(ぶんたん)(분담)・担(にな)い手(て)(담당자)
손으로 짐을 보태어 어깨에 메다. (멜 담)

おん タン
くん (かつぐ)
(になう)

0942
部首 扌(てへん)
総画 11画

手で天幕を支える木を探す。

ことば
探険(탐험)・探訪(탐방)・手探り(손으로 더듬음. 감으로 찾음)・宝探し(보물찾기)

search
손으로 천막을 받칠 나무를 찾다. (찾을 탐)

おん タン
くん (さぐる) さがす

0943
部首 言(ごんべん)
総画 15画

苦痛の言葉を身を傾けて延びたら子が誕生する。

ことば
誕生(탄생)・誕生日(생일)・生誕(탄생)

born
고통의 말을 몸을 기울여 끌더니 애가 태어나다. (태어날 탄)

おん タン
くん —

0944
部首 殳(るまた)
総画 9画

くしを叩いて段が生じるように切る。

ことば
段階(단계)・階段(계단)・手段(수단)・値段(가격)

stair / section
빗을 두들겨 쳐서 층지게 조각내다. (조각 / 층계 단)

おん ダン
くん —

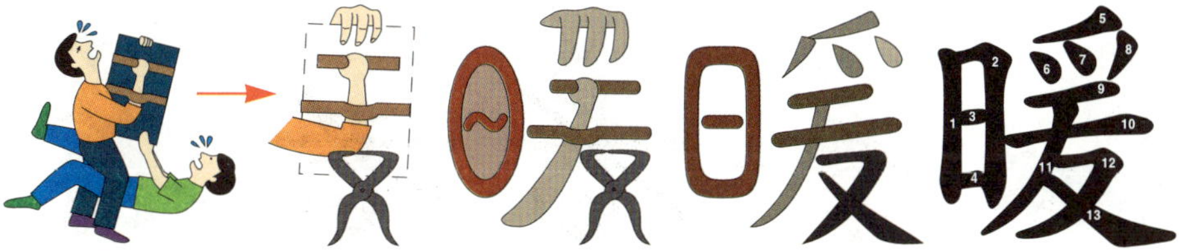

0945
部首 日(ひへん)
総画 13画

日差しを、盾を引っ張るように引き入れたら暖かい。

ことば
暖流(난류)・暖色(난색. 따뜻한 빛깔)・温暖(온난)・寒暖(한난)

warm
햇볕을 방패를 당기듯 끌어들이니 따뜻하다. (따뜻할 난)

おん ダン
くん あたたか あたたかい あたたまる あたためる

0946

部首 亻(にんべん)
総画 10画

人が教会の十字架の直立した価値を知る。

ことば 価値(가치) • 平均値(평균치) • 値上げ(가격인상) • 値打ち(가치, 값어치)

value

사람이 교회 십자가의 곧은 가치(값)를 알다. (가치 / 값 치)

おん チ
くん ね (あたい)

0947

部首 宀(うかんむり)
総画 8画

空を遮った宙の形状。

ことば 宇宙(우주) • 宇宙旅行(우주여행) • 宙返り(공중회전)

heaven / house

하늘을 가린 집의 모양. (하늘 / 집 주)

おん チュウ
くん —

0948

部首 心(こころ)
総画 8画

(身)の中で生ずる心が忠誠心である。

ことば 忠犬(충견) • 忠告(충고) • 忠臣(충신) • 不忠(불충, 충실하지 못함)

loyalty

(몸)가운데에서 생기는 마음이 충성심이다. (충성 충)

おん チュウ
くん —

0949

部首 艹(くさかんむり)
総画 11画

草について多くの者が口で文を著す。

ことば 著作(저작) • 著者(저자) • 共著(공저) • 名著(명저, 훌륭한 저서)

write

풀에 관해 많은 자가 입으로 글을 짓다. (지을 저)

おん チョ
くん (あらわす) (いちじるしい)

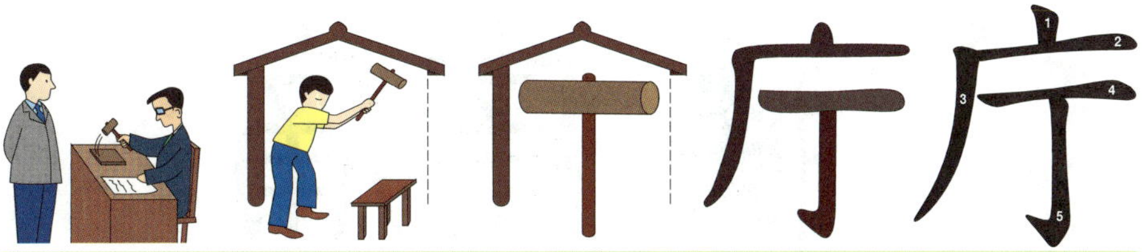

0950
部首 广(まだれ)
総画 5画
ことば
public office

家で議事棒を叩く所が官庁。

庁舎(청사)・官庁(관청)・検察庁(검찰청)・気象庁(기상청)

집에서 의사봉을 두들기는 곳이 관청. (관청 청)

おん チョウ
くん —

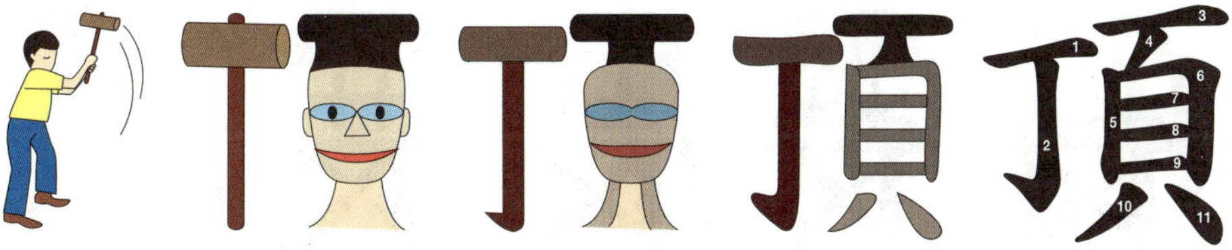

0951
部首 頁(おおがい)
総画 11画
ことば
summit / top

えぶりの頭と人体の頭は頂上。

頂上(정상. 꼭대기)・登頂(등정)・頂き物(얻은 물건(もらいもの)의 공손한 말)

고무래의 머리와 인체의 머리는 꼭대기. (꼭대기 정)

おん チョウ
くん いただく
いただき

0952
部首 氵(さんずい)
総画 15画
ことば
tide

海の水が日が出て月が沈む朝に行き交うものが潮。

干潮(간조)・最高潮(최고조)・潮風(갯바람.바닷바람)

바닷물이 해 돋고 달 지는 아침에 오가는 게 조수. (조수 조)

おん チョウ
くん しお

金箱=お金　돈통=돈

0953
部首 貝(こがい)
総画 13画
ことば
wage

人が負う事を任せてお金をもらう賃仕事をする。

賃金(임금)・賃貸(임대)・運賃(운임)・賃上げ(임금인상)

사람이 짊어질 일을 맡고 돈 받는 품팔이 하다. (품팔이 임)

おん チン
くん —

0954

部首 疒(やまいだれ)
総画 12画

病人の痛みは亀の首が突き上がるようにわきおこる。

ことば 痛快(통쾌) • 苦痛(고통) • 痛手(깊은 상처, 중상) • 痛ましい(가련하다, 불쌍하다)

painful

병자의 아픔이 거북 목이 솟구치듯 솟아 오르다. (아플 통)

おん ツウ
くん いたい いたむ いためる

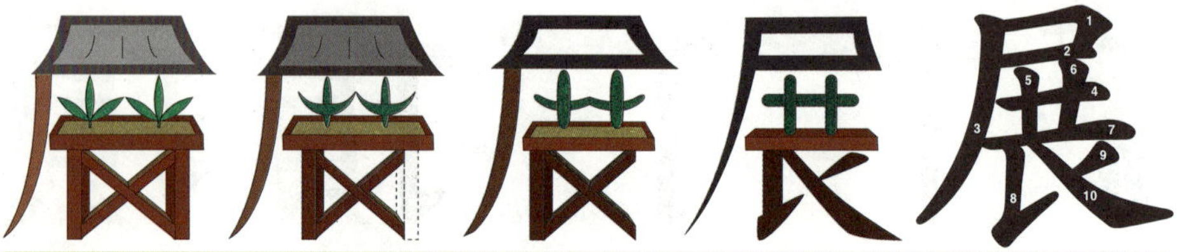

0955

部首 尸(しかばね)
総画 10画

家で草花を陳列台の上に展示しておく。

ことば 展開(전개) • 展望(전망) • 発展(발전) • 展覧会(전람회)

spread / open

집에서 화초를 진열대 위에 펴 놓다. (펼 전)

おん テン
くん —

0956

部首 言(ごんべん)
総画 10画

言葉で問い詰めて手で討つ。

ことば 討議(토의) • 検討(검토) • 敵討ち(복수, 원수를 갚음) • 討ち死に(전사, 적과 싸우다 죽음)

attack / quell

말로 따지고 손으로 치다. (칠 토)

おん トウ
くん (うつ)

0957

部首 儿(ひとあし)
総画 10画

家の中に集まった多くの人の党。

ことば 党員(당원) • 党派(당파) • 政党(정당) • 与党(여당)

party

집 안에 모인 많은 사람의 무리. (무리 당)

おん トウ
くん —

0958
部首 米(こめへん)
総画 16画
ことば
sugar

米のおかゆに麦芽を家で和えて作ったものが糖。
糖分(당분)・砂糖(설탕)・麦芽糖(맥아당)・ぶどう糖(포도당)
쌀 죽에 엿기름을 집에서 버무려 만든 것이 사탕. (사탕 당)

おん トウ
くん —

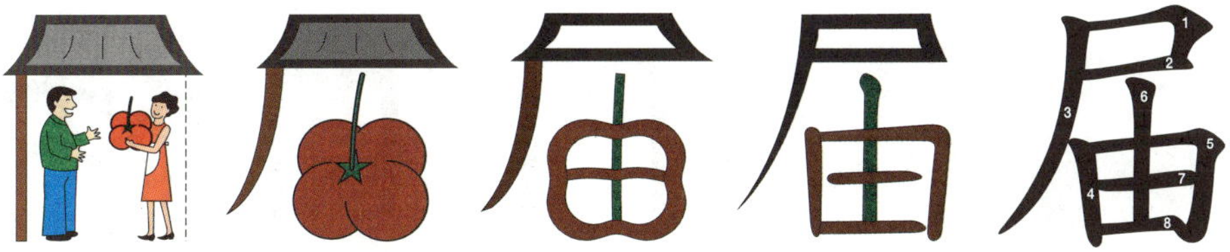

0959
部首 尸(しかばね)
総画 8画
ことば
reach

家に果物をあげながら引っ越して来たことを届ける。
届け先(보낼 곳, 송달처)・届け出(신고)・無届け(신고하지 않음)
집에 과일을 드리며 이사옴을 신고하다. (이를/신고할 계)

おん —
くん とどける
とどく

6年

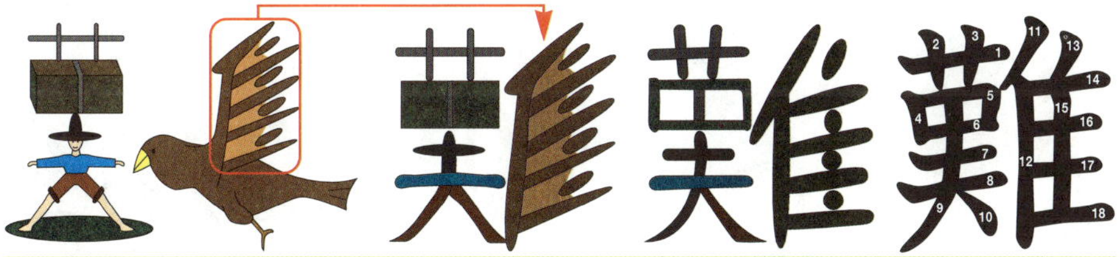

0960
部首 隹(ふるとり)
総画 18画
ことば
difficult

箱を載せて泥土に落ちてしまった鳥は生き難い。
難易(난이, 어려움과 쉬움)・難関(난관)・災難(재난)・有り難い(고맙다)
통을 이고 진흙에 빠져버린 새는 살기 어렵다. (어려울 난)

おん ナン
くん (かたい)
むずかしい

0961
部首 乚(おつ)
総画 8画
ことば
milk

手を子が曲げて乳を飲む。
乳歯(유치)・牛乳(우유)・母乳(모유)・乳母(유모)
손을 아들이 구부려 젖을 먹다. (젖 유)

おん ニュウ
くん ちち
(ち)

0962

部首 言(ごんべん)
総画 14画

ことば　い み　むね　いた　た　みと
言葉の意味を、胸がさされるような痛みに耐えて認める。

おん (ニン)
くん みとめる

ことば
にんか　にんしき　しょうにん　みと　いん
認可(인가)・認識(인식)・承認(승인)・認め印(도장)

recognize
말뜻을 가슴 찌르는 고통을 참듯 참고 들어 알다. (알 인)

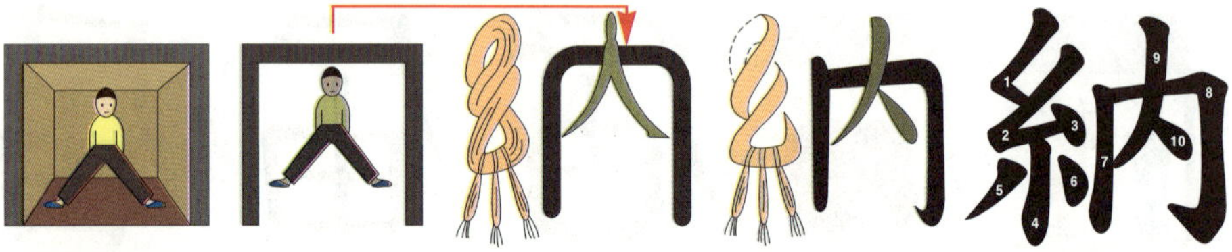

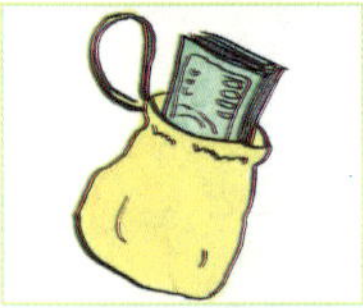

0963

部首 糸(いとへん)
総画 10画

いと ふくろ　なか　かね　おさ
糸(袋)の中にお金を納める。

おん ノウ・(ナッ)(ナ)・(ナン)・(トウ)
くん おさめる おさまる

ことば
のうぜい　なっとく　すいとう
納税(납세)・納得(납득)・出納(출납)

receive
실 (주머니) 안에 돈을 받아들이다. (들일 / 받을 납)

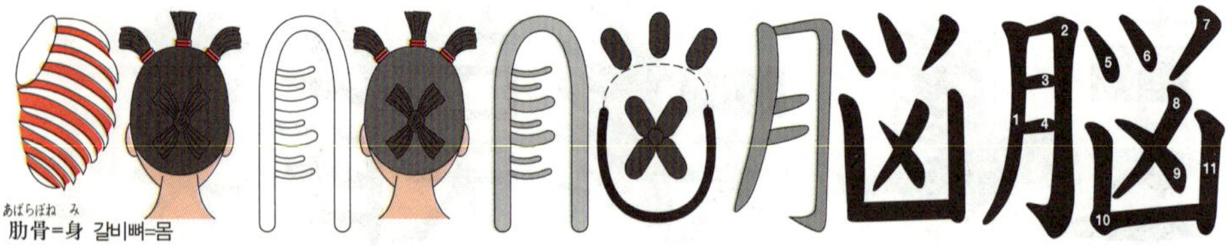

あばらぼね み
肋骨=身 갈비뼈=몸

0964

部首 月(にくづき)
総画 11画

み　あたま　とうはつ　けいじょう
身の頭(頭髪)の形状。

おん ノウ
くん —

ことば
のうそっちゅう　のうは　ずのう　しょうのう
脳卒中(뇌졸중)・脳波(뇌파)・頭脳(두뇌)・小脳(소뇌)

brain
몸에 머리(두발) 모양. (뇌 뇌)

0965

部首 氵(さんずい)
総画 9画

みず　わ　なが　は
水が分かれて流れるのが派である。

おん ハ
くん —

ことば
はへい　はしゅつじょ　とうは　とくはいん
派兵(파병)・派出所(파출소)・党派(당파)・特派員(특파원)

branch
물이 갈라져 흐르는 것이 물갈래다. (물갈래 파)

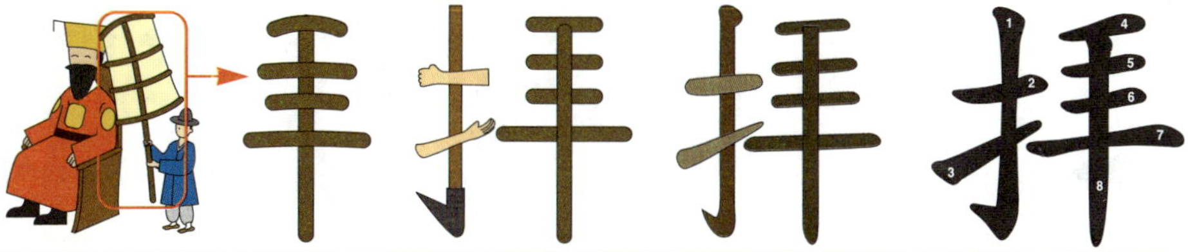

0966
部首 扌(てへん)
総画 8画
ことば
bow

手に芭蕉扇を持って拝みながら敬う。
拝見(배견)・参拝(참배)・礼拝(예배)・拝みたおす(간청하여 억지로 승낙시키다)
손에 파초선을 들고 절하며 공경하다. (절/공경할 배)

おん ハイ
くん おがむ

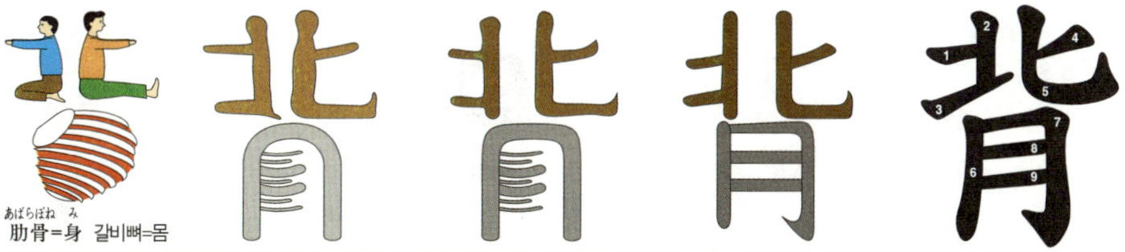

0967
部首 月(にくづき)
総画 9画
ことば
back

お互いに後を向いて突き合わせた身の部分が背。
背泳(배영)・背後(배후)・背中(등)・背比べ(키재기)
서로 뒤를 돌리고 맞댄 몸의 부분이 등. (등 배)

おん ハイ
くん せ・せい (そむく) (そむける)

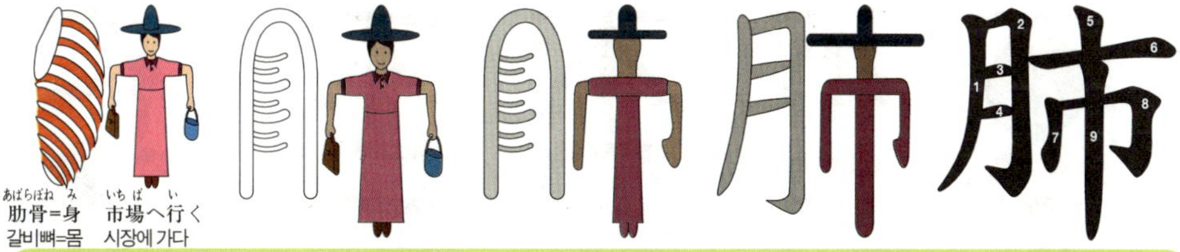

0968
部首 月(にくづき)
総画 9画
ことば
lungs

身の中で市場のように空気の混む所が肺である。
肺えん(폐렴)・肺臓(폐장)・肺活量(폐활량)・人工心肺(인공 심폐)
몸에서 시장처럼 공기가 붐비는 곳이 폐다. (허파 폐)

おん ハイ
くん ―

0969
部首 亻(にんべん)
総画 10画
ことば
actor

人の横の牢屋で演劇する者が俳優。
俳句(하이쿠, 일본의 5・7・5의 3구 17음으로 되는 단형시)・俳人(하이쿠를 짓는 사람)・俳優(배우)
사람 옆의 감옥에서 연극하는 자가 배우. (광대/배우 배)

おん ハイ
くん ―

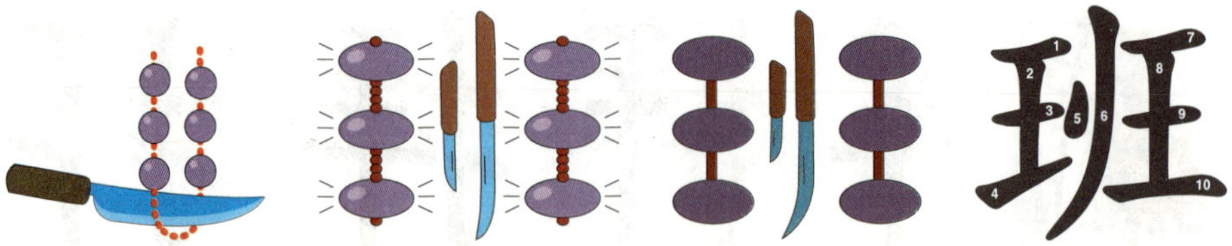

0970
部首 王(おうへん)
総画 10画
ことば
divide

玉(たま)を刀(かたな)で切(き)って班(はん)に分(わ)ける。

第一班(だいいっぱん)(제1반) • 班長(はんちょう)(반장) • 救護班(きゅうごはん)(구호반) • 研究班(けんきゅうはん)(연구반)

구슬을 칼로 잘라 나누다. (나눌 반)

おん ハン
くん —

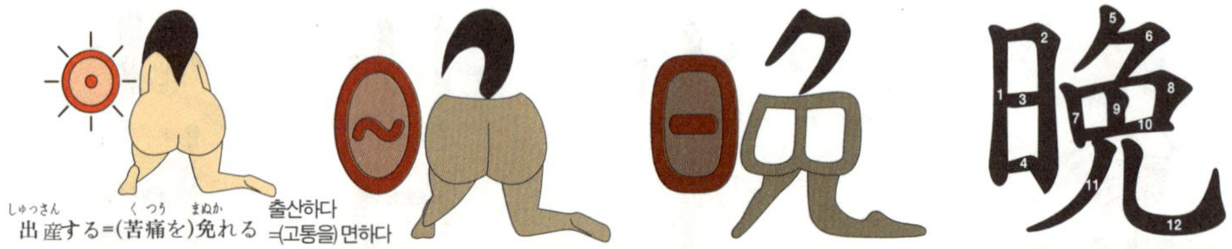

0971
部首 日(ひへん)
総画 12画
ことば
late

日差(ひざ)しを免(まぬか)れる時(とき)が夕方(ゆうがた)の晩(ばん)の時(とき)である。

晩秋(ばんしゅう)(만추) • 今晩(こんばん)(오늘 밤, 금야) • 早晩(そうばん)(조만간에)

햇볕을 면할 때가 저녁 늦을 때다. (늦을 만)

おん バン
くん —

0972
部首 口(くち)
総画 7画
ことば
deny / not

不咲(ふさ)きの花(はな)をつついて口(くち)で否定(ひてい)する。

否決(ひけつ)(부결) • 否定(ひてい)(부정) • 安否(あんぴ)(안부)

아니 핀 꽃을 짚으며 입으로 아니 피었다 하다. (아닐 / 아니 부)

おん ヒ
くん (いな)

0973
部首 扌(てへん)
総画 7画
ことば
criticize

手(て)で並(なら)んで座(すわ)らせて批評(ひしょう)する。

批正(ひせい)(비정) • 批判(ひはん)(비판) • 批評(ひひょう)(비평) • 批評家(ひひょうか)(비평가)

손으로 나란히 앉히고 비평하다. (비평할 비)

おん ヒ
くん —

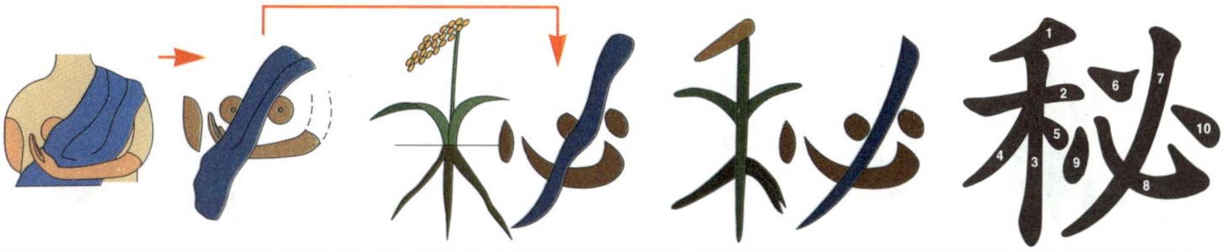

0974

部首 禾(のぎへん)
総画 10画

稲を収めて胸を覆うように必ず秘密がある。

おん ヒ
くん (ひめる)

ことば 秘策(비책)・極秘(극비)・神秘(신비)・秘め事(숨기는 일)

hide

벼를 거둬 가슴을 가린듯 반드시 비밀이 있다. (숨길 / 비밀 비)

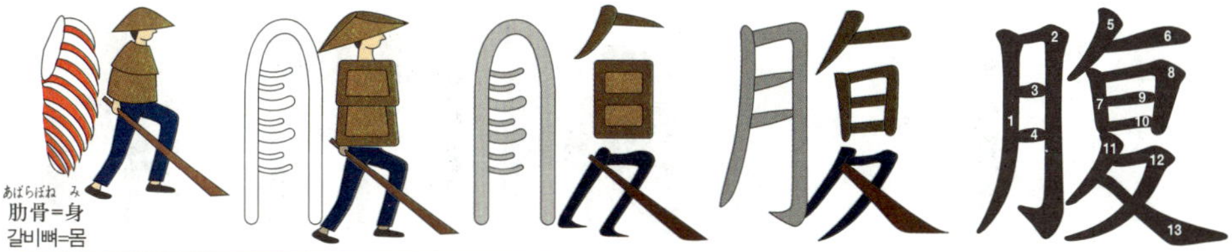

0975

部首 月(にくづき)
総画 13画

身の中で食べ物が回る所が腹である。

おん フク
くん はら

ことば 腹案(복안. 마음에 먹은 생각)・腹黒い(속이 검다. 심보가 나쁘다)・片腹痛い(곁에서 보기에도 딱하다. 가소롭다. 우습다)

belly

몸 속에서 음식물이 돌아가는 곳이 배다. (배 복)

6年

0976

部首 大(だい)
総画 16画

大きい鳥が田で飛ぼうと力を奮う。

おん フン
くん ふるう

ことば 奮起(분기)・奮発(분발)・興奮(흥분)・奮い立つ(분기하다. 분발하다)

rouse up

큰 새가 밭에서 날려고 힘을 떨치다. (떨칠 분)

0977

部首 一(いち)
総画 8画

二人が共に並んで立って身を並べる。

おん (ヘイ)
くん なみ
ならべる
ならぶ
ならびに

ことば 並行(병행)・並列(병렬)・歯並び(치열. 이가 나란히 박힌 짜임새)・山並み(산맥)

parallel

둘이 함께 나란히 서서 몸을 아우르다. (나란히 설 / 아우를 병)

0978

部首 阝(こざとへん)
総画 10画

丘を並んで上がるように土に敷いて置いて陛下を迎える。

ことば 天皇陛下(천황폐하)・皇后陛下(황후폐하)

steps

언덕을 나란히 오르게 흙에 깔고 폐하를 맞이하다. (층계/폐하 **폐**)

おん ヘイ
くん —

0979

部首 門(もんがまえ)
総画 11画

門で踊って閉める。

ことば 閉館(폐관)・閉幕(폐막)・閉門(폐문)・開閉(개폐)

shut

문에서 춤추며 닫다. (닫을 **폐**)

おん ヘイ
くん とじる (とざす) しめる しまる

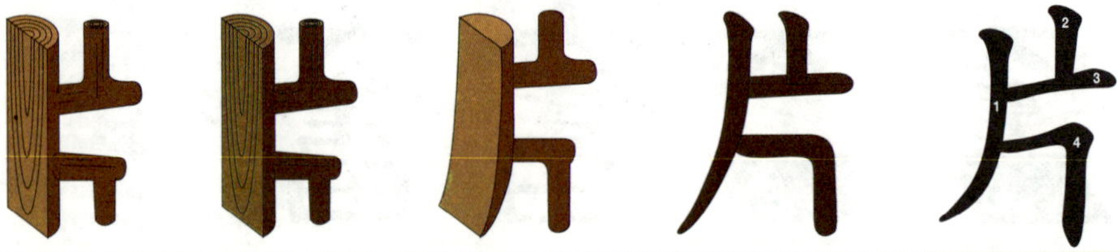

0980

部首 片(かた)
総画 4画

丸太を割った片。

ことば 断片(단편)・破片(파편)・片道(편도)・片面(한쪽 면)

splinter

통나무를 쪼갠 조각. (조각/절반 **편**)

おん (ヘン)
くん かた

0981

部首 衤(ころもへん)
総画 12画

衣に水門のように大きい布切れをつけて補う。

ことば 補給(보급)・補助(보조)・候補(후보)

repair

옷에 수문같이 큰 조각을 대어 깁다. (기울 **보**)

おん ホ
くん おぎなう

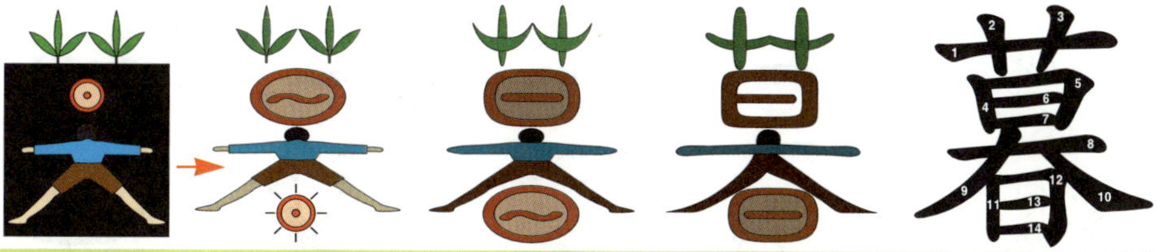

0982
部首 日(ひ)
総画 14画
ことば
sunset

地平線(ちへいせん)へ日(ひ)の大(おお)きい姿(すがた)が消(き)えて日(ひ)が暮(く)れる。

暮春(ぼしゅん)(만춘. 늦봄) • 暮色(ぼしょく)(모색. 날이 저물어 가는 어스레한 빛) • 夕暮(ゆうぐ)れ(해질녘. 황혼)

지평선으로 해의 큰 모습이 사라져 해가 저물다. (저물 모)

おん (ボ)
くん くれる
くらす

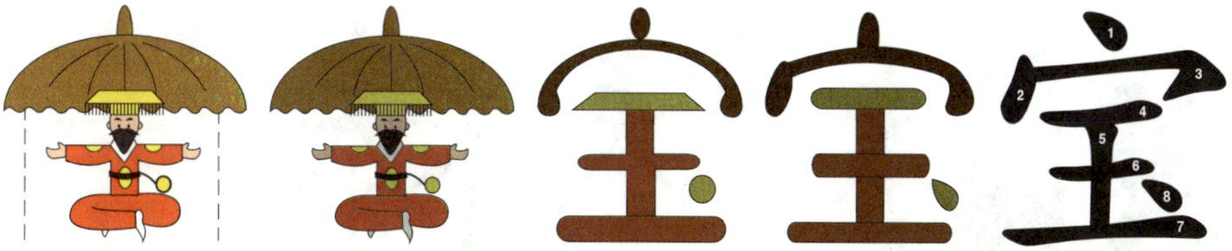

0983
部首 宀(うかんむり)
総画 8画
ことば
treasure

家(いえ)にある玉(たま)が宝(たから)である。

宝庫(ほうこ)(보고. 보물을 넣어두는 창고) • 家宝(かほう)(가보) • 宝物(たからもの(ほうもつ))(보물) • 宝探(たからさが)し(보물찾기)

집 안에 있는 구슬이 보배다. (보배 보)

おん ホウ
くん たから

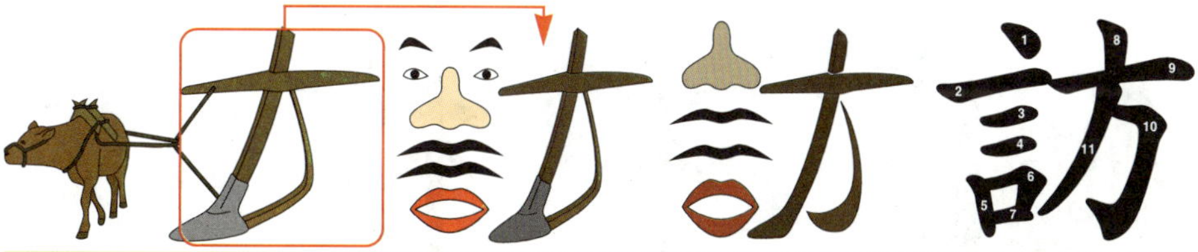

0984
部首 言(ごんべん)
総画 11画
ことば
visit

(遺物(いぶつ)を)言葉(ことば)で聞(き)いてからすきで四方(しほう)を耕(たがや)しながら訪(たず)ねる。

訪問(ほうもん)(방문) • 探訪(たんぼう)(탐방) • 歴訪(れきほう)(역방. 차례로 방문함) • 春(はる)の訪(おとず)れ(봄이 찾아옴)

(유물을) 말로 묻고 쟁기로 사방을 갈듯 해 찾다. (찾을 방)

おん ホウ
くん (おとずれる)
たずねる

0985
部首 亠(なべぶた)
総画 3画
ことば
lose / ruin

刀(かたな)をかぶってろう獄(ごく)に閉(と)じこめられて死亡(しぼう)する。

亡命(ぼうめい)(망명) • 興亡(こうぼう)(흥망) • 亡者(もうじゃ)(망자. 죽은 사람) • 亡(な)き人(ひと)(죽은 사람. 고인)

칼을 쓰고 감옥에 갇혀 사망하다. (망할 망)

おん ボウ
(モウ)
くん (ない)

6年

0986

部首 心(こころ)
総画 7画
ことば
forget

友人が死亡して心に決めた事をすべて忘れる。

忘恩(망은. 은혜를 저버리는 일) • 度忘れ(깜빡 잊어버림) • 忘れっぽい(잘 잊어버리다)

친구가 사망해서 마음 먹은 일을 다 잊다. (잊을 망)

おん (ボウ)
くん わすれる

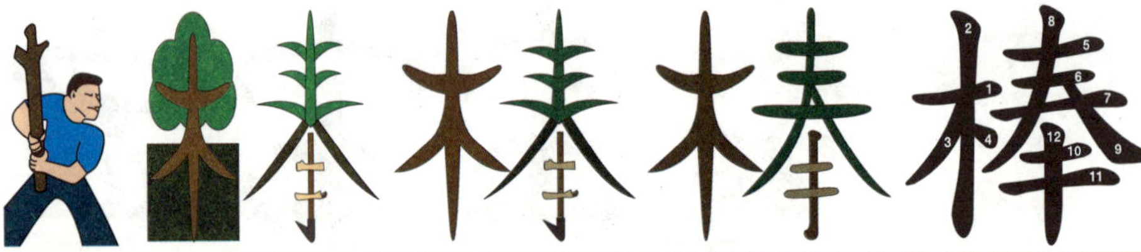

0987

部首 木(きへん)
総画 12画
ことば
club

木の枝を切って手に持ったものが棒である。

鉄棒(철봉) • 用心棒(호위꾼. 신변 보호인) • 棒暗記(이해도 못하면서 무턱대고 외움)

나무의 무성한 가지를 쳐 손에 든 것이 몽둥이다. (몽둥이 봉)

おん ボウ
くん —

0988

部首 木(きへん)
総画 8画
ことば
piece

木の枝で叩くように打ちながら枚を数える。

枚数(매수. 장수) • 一枚(1장) • 二枚舌(일구이언. 거짓말을 함)

나무 줄기로 두들기듯 치며 낱개를 세다. (낱/줄기 매)

おん マイ
くん —

0989

部首 巾(はば)
総画 13画
ことば
curtain

草と日差しを覆う大きい布巾が幕である。

暗幕(암막. 방을 어둡게 하기 위해 치는 검은 막) • 開幕(개막) • 幕府(막부)

풀과 햇볕을 가리는 큰 천이 휘장이다. (휘장/막 막)

おん マク
バク
くん —

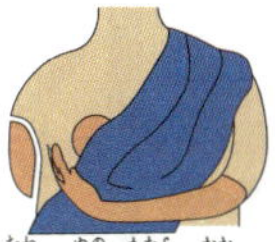
胸は布で必ず覆う
가슴은 천으로 반드시 가리다

0990
部首 宀(うかんむり)
総画 11画
ことば
thick

家を建てる木を必ず植えて山が密になる。

密室(밀실)・密着(밀착)・厳密(엄밀)・精密(정밀)

집 지을 나무를 반드시 심어 산이 빽빽하다. (빽빽할 밀)

おん ミツ
くん —

0991
部首 皿(さら)
総画 13画
ことば
oath

日と月になろうと皿を置いて盟約する。

盟約(맹약. 맹세하고 약속함)・盟友(맹우. 굳은 약속을 한 벗)・加盟(가맹)

햇님 달님 되기로 물 그릇 놓고 맹세하다. (맹세할 맹)

おん メイ
くん —

6年

0992
部首 木(きへん)
総画 14画
ことば
form

木と草を毎日土器に大きく模写する。

模型(모형)・模写(모사)・模様(모양)・規模(규모)

나무와 풀을 날마다 토기에 크게 본뜨다. (본뜰 모)

おん モ ボ
くん —

0993
部首 言(ごんべん)
総画 11画
ことば
interpret

外国語を定規で測ったように正確に訳する。

訳者(역자. 번역한 사람)・通訳(통역)・訳文(역문. 번역한 문장)・言い訳(변명. 사과)

외국 말을 자로 잰듯 정확히 번역하다. (번역할 역)

おん ヤク
くん わけ

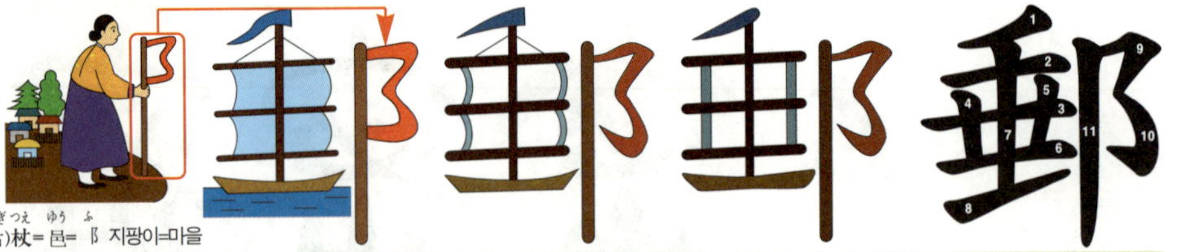

(右)杖=邑= 阝 지팡이=마을

0994
部首 阝(おおざと)
総画 11画
ことば
mail

錨を上げて村へ郵便配達をする。

郵券(우표) • 郵送(우송) • 郵便(우편) • 郵便切手(우표)

돛을 올리고 마을로 우편배달 하다. (우편 우)

おん ユウ
くん ―

心重く歩く=憂い
마음 무겁게 걷다=근심

0995
部首 亻(にんべん)
総画 17画
ことば
ample

人の憂いを解いてくれる俳優は優しい。

優勢(우세) • 優勝(우승) • 優待券(우대권) • 俳優(배우)

사람의 근심을 풀어주는 배우는 넉넉하다. (배우 / 넉넉할 우)

おん ユウ
くん (やさしい)
(すぐれる)

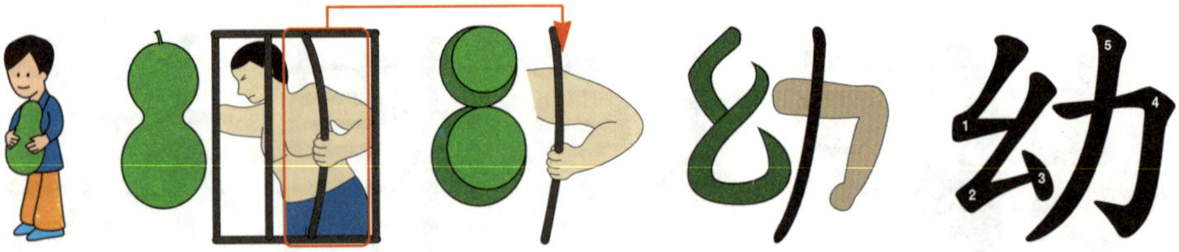

0996
部首 幺(いとがしら)
総画 5画
ことば
infantile

小さな瓢箪を持つ力だけだから幼い。

幼虫(유충) • 幼児(유아) • 幼心(동심) • 幼なじみ(소꿉동무)

작은 조롱박을 들 힘 뿐이니 어리다. (어릴 유)

おん ヨウ
くん おさない

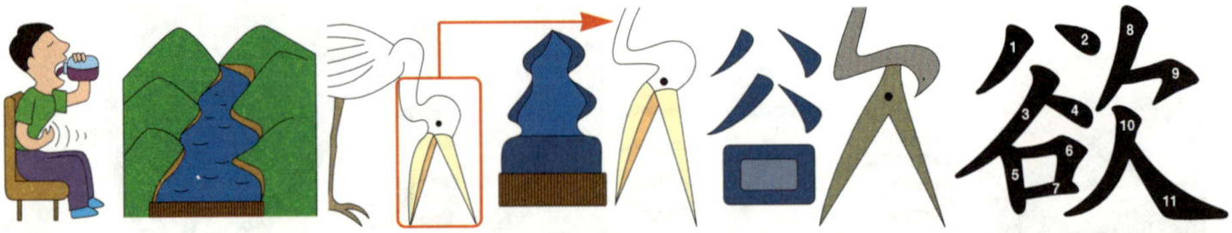

0997
部首 欠(あくび)
総画 11画
ことば
desire

お腹に谷ができたら口を開けて食べ物を欲しがる。

欲望(욕망) • 欲張る(지나치게 욕심을 내다) • 欲しがる(갖고싶어하다. 탐내다)

배가 골이 지니 입을 벌리고 포식하고자 하다. (하고자 할 욕)

おん ヨク
くん (ほっする)
(ほしい)

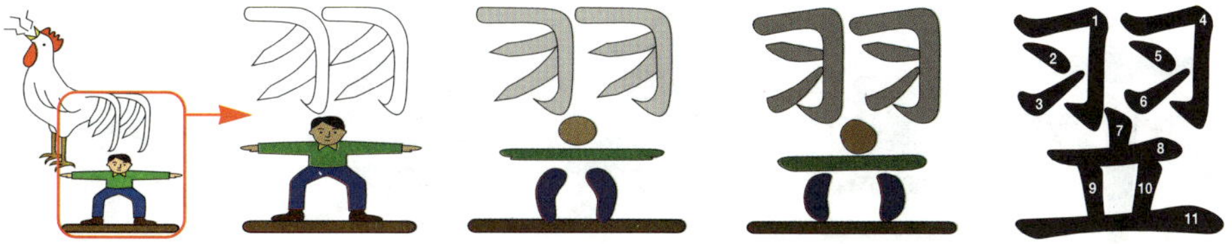

0998

部首 羽(はね)
総画 11画
ことば
next day

鳥(とり)が羽毛(うもう)を立(た)てて飛(と)ぶ時(とき)が翌日(よくじつ)である。

翌日(よくじつ)(내일) • 翌週(よくしゅう)(다음 주) • 翌春(よくしゅん)(이듬해 봄)

새가 **깃**을 **세우고** 날 때가 **이튿날**이다. (**이튿날 익**)

おん ヨク
くん —

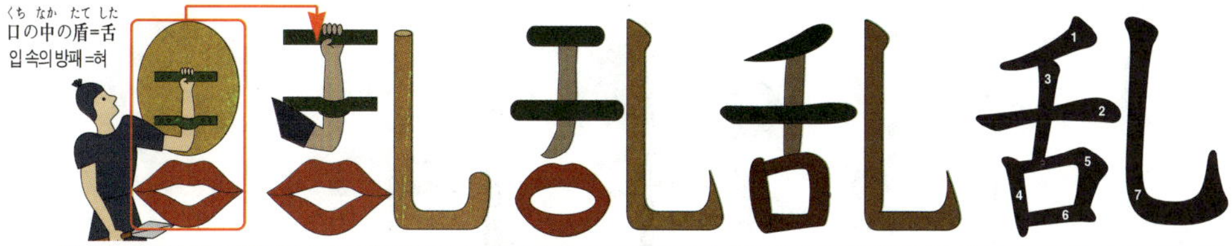

0999

部首 乚(おつ)
総画 7画
ことば
disorderly

舌(した)で曲(ま)がった(うそ)言葉(ことば)だけ言(い)ってすべてのことが乱(みだ)れる。

乱雑(らんざつ)(난잡) • 乱暴(らんぼう)(난폭) • 反乱(はんらん)(반란) • 乱(みだ)れ髪(がみ)(마구 흐트러진 머리)

혀로 **구부러진(거짓)** 말만 해 모든 게 **어지럽다**. (**어지러울 란**)

おん ラン
くん みだれる
みだす

6年

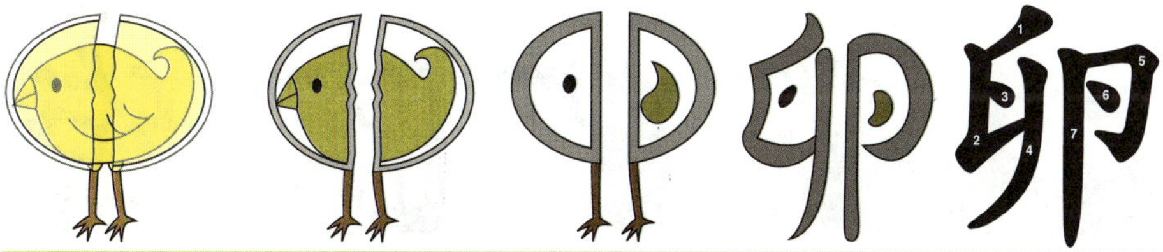

1000

部首 卩(ふしづくり)
総画 7画
ことば
egg

卵(たまご)が割(わ)れる形状(けいじょう)。

卵黄(らんおう)(난황, 계란의 노른자위) • 産卵(さんらん)(산란) • 卵焼(たまごや)き(달걀부침) • 半熟卵(はんじゅくたまご)(반숙란)

알이 까이는 모양. (**알 란**)

おん (ラン)
くん たまご

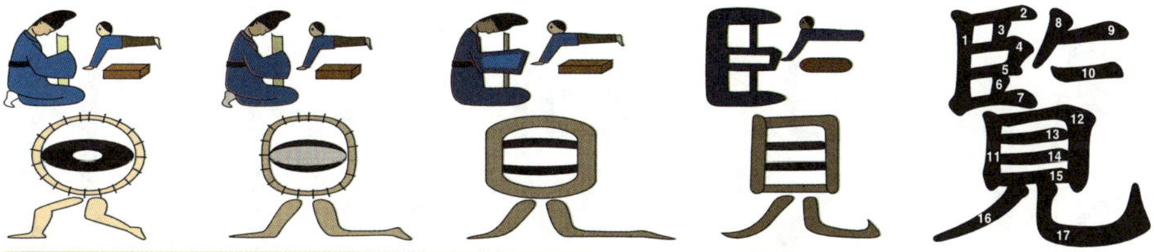

1001

部首 見(みる)
総画 17画
ことば
view

臣下(しんか)の人(ひと)のように平面(へいめん)になるよう伏(ふ)せて見(み)てご覧(らん)になる。

一覧(いちらん)(일람) • 回覧(かいらん)(회람) • 博覧会(はくらんかい)(박람회) • 遊覧船(ゆうらんせん)(유람선)

신하된 **사람**같이 **평면**이 되게 엎드려 **보고 보다**. (**볼 람**)

おん ラン
くん —

裏 裏 裏

部首 衣(ころも)	おん (リ)
総画 13画	くん うら

衣を里の人が裏に着こむ。

ことば　表裏(표리)・脳裏(뇌리)・裏口(뒷문, 부엌문, 정당하지 못한 부정한 수단)・裏切る(배반하다)

inside　옷을 마을 사람이 속에 껴입다. (속리)

律 律 律

部首 彳(ぎょうにんべん)	おん リツ (リチ)
総画 9画	くん ─

(人間が)歩いて行くところを筆で書いておいたものが律。

ことば　一律(일률)・調律(조율)・法律(법률)・律動感(율동감)

law　(인간이) 걸어갈 바를 붓으로 써 놓은 것이 법. (법률)

臨 臨 臨

部首 臣(しん)	おん リン
総画 18画	くん (のぞむ)

臣下の人のように伏せて品の前に臨む。

ことば　臨時(임시)・臨終(임종)・君臨(군림)・臨機応変(임기응변)

confront　신하된 사람같이 엎드려 물건 앞에 임하다. (임할 림)

朗 朗 朗

部首 月(つき)	おん ロウ
総画 10画	くん (ほがらか)

米を良く精米できるほど月が朗らかである。

ことば　朗唱(낭송, 소리내어 읽음)・朗読(낭독)・朗報(낭보, 희소식)・明朗(명랑)

bright　쌀을 좋게 정미할수 있을 만큼 달이 밝다. (밝을 랑)

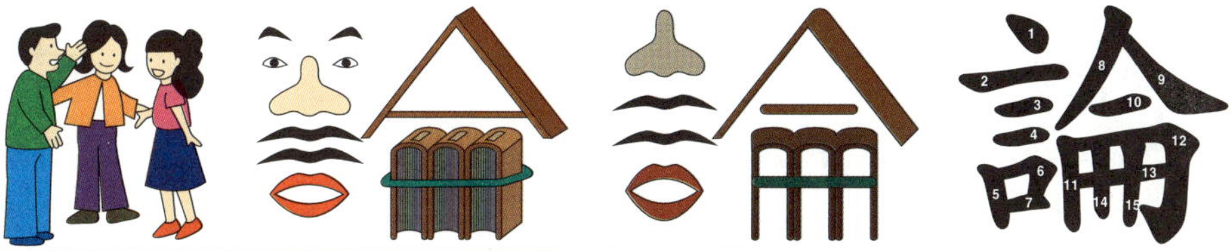

1006

部首 言(ごんべん)
総画 15画

言葉を家に本を縛るように縛ろうと議論する。

おん ロン
くん —

ことば
論争(논쟁) • 結論(결론) • 反論(반론) • 討論(토론)

discuss
말을 집에 책을 묶듯 묶으려고 논의하다. (논의할 론)

部首の名前

一画

部首	名前	漢字の例
一	いち	下・世
丨	ぼう(たてぼう)	中
丶	てん	丸・主
丿	の(はらいぼう)	久・乗
乙・乚	おつ・おつにょう	九・乳
亅	はねぼう	予・事

二画

部首	名前	漢字の例
二	に	二・五
亠	なべぶた	亡・交
人・𠆢・亻	ひと・ひとやね・にんべん	人・今・休
儿	ひとあし(にんにょう)	兄・光
入	いる	入
八	はち	六・具
冂	どうがまえ	円・再
冖	わかんむり	写
冫	にすい	冷・冬
几	つくえ	処
凵	うけばこ	出
刀・刂	かたな・りっとう	分・制
力	ちから	加・功
勹	つつみがまえ	包
匕	ひ	化・北
匚	かくしがまえ(はこがまえ)	区・医
十	じゅう	午・南
卩	ふしづくり	印・危
厂	がんだれ	厚・原
厶	む	去・参
又	また	友・反

三画

部首	名前	漢字の例
口・口	くち・くちへん	古・味
囗	くにがまえ	四・回
土・土	つち・つちへん	墓・圧
士	さむらい	士・声
夂	すいにょう	夏・変
夕	ゆう(ゆうべ、た)	外・夜
大	だい	天・央
女・女	おんな・おんなへん	姿・始
子・子	こ・こへん	字・孫
宀	うかんむり	守・安
寸	すん	寺・導
小	しょう	小・少
尢	だいのまげあし	就
尸	しかばね	尺・居
山	やま	岸・島
川	かわ	川・州
工	こう(え、たくみ)	工・左
己	おのれ(き)	己・巻
巾	はば・きんべん	市・師
干	かん(いちじゅう、ひる)	平・年
幺	いとがしら(よう)	幼
广	まだれ	広・度
廴	えんにょう	延・建
廾	にじゅうあし	弁
弋	しきがまえ	式
弓・弓	ゆみ・ゆみへん	弟・弱
彡	さんづくり	形
彳	ぎょうにんべん	後・徳
艹	くさかんむり	花・葉
辶	しんにょう(しんにゅう)	返・道
阝	こざとへん[左]	防・陸
阝	おおざと[右]	郡・都
⺍	つかんむり(つ)	単・営

四画

部首	名前	漢字の例
心・忄	こころ・りっしんべん	必・快
戈	ほこづくり	成・我
戸	と	戸・所
手・扌	て、てへん	承・持

支	し	支
攵	ぼくにょう(のぶん)	放・整
文	ぶん	文
斗	とます	料
斤	おのづくり	新・断
方・方	ほう・かたへん (ほうへん)	方・旗
日・日	ひ・ひへん	早・明
曰	ひらび	曲・書
月・月	つき・つきへん	有・朝
木・木	き・きへん	査・校
欠	あくび(けつ)	次・欲
止	とまる(とめる)	正・武
歹	かばねへん	死・残
殳	るまた	段・殺
毋	なかれ (はは、はははのかん)	母・毒
比	ならびひ	比
毛	け	毛
氏	うじ	氏・民
水・氵	みず(したみず)・ さんずい	永・求
火・火・灬	ひ・ひへん・ れんが	炭・焼・然
气	きがまえ	気
父	ちち	父
片・片	へん・かたへん	片・版
牛・牛	うし・うしへん	牛・物
犬・犭	いぬ・けものへん	状・犯
耂	おいかんむり	老・考

五画

玄	げん	率
玉・王	たま・おうへん	玉・理
生	うまれる(せい)	生・産
用	もちいる(よう)	用
田・田	た・たへん	由・男
疋	ひき	疑
疒	やまいだれ	病・痛
癶	はつがしら	発・登
白	しろ	白・皇
皮	けがわ	皮
皿	さら	盛・盟
目・目	め・めへん	直・眼
矢・矢	や・やへん	矢・知
石・石	いし・いしへん	石・砂
示・礻	しめす・しめすへん	祭・神
禾・禾	のぎへん	秋・科
穴・穴	あな・あなかんむり	穴・空
立	たつ	章・競
罒	あみがしら (あみめ、よこめ)	置・罪

六画

竹・⺮	たけ・たけかんむり	竹・算
米・米	こめ・こめへん	米・粉
糸・糸	いと・いとへん	系・組
羊	ひつじ	美・群
羽	はね	羽・習
耒	すきへん	耕
耳・耳	みみ・みみへん	聞・職
肉・月	にく・にくづき	肉・育・腹
自	みずから	自
至	いたる	至
臼	うす	興
舌	した	舌
舟	ふねへん	船・航
艮	こんづくり	良
色	いろ	色
虫	むし	虫・蚕
血	ち	血・衆
行	いく・ぎょうがまえ	行・街
衣・衤	ころも・ころもへん	表・複
西	にし	西・要

部首(ぶしゅ)の名前(なまえ)

七画

見	みる	覚・規
角・⻆	つの・つのへん	角・解
言・訁	げん・ごんべん	言・計
谷	たに	谷
豆	まめ	豆・豊
豕	いのこ(ぶた)	象
貝・貝	かい(こがい)・かいへん	貝・買
赤	あか	赤
走・走	はしる・そうにょう	走・起
足・⻊	あし・あしへん	足・路
身	み	身
車・車	くるま・くるまへん	軍・転
辛	からい	辞
辰	しんのたつ	農
酉・酉	ひよみのとり・とりへん	酒・配
里・里	さと・さとへん	量・野
臣	しん	臣・臨
麦	むぎ	麦

八画

金・釒	かね・かねへん	金・銀
長	ながい	長
門	もん・もんがまえ	門・間
隹	ふるとり	集・難
雨・⻗	あめ・あめかんむり	雨・雪
青	あお	青・静
非	あらず	非

九画

面	めん	面
革	かくのかわ	革
音	おと	音
頁	おおがい	頂・頭
風	かぜ	風
飛	とぶ	飛
食・飠	しょく・しょくへん	養・飼
首	くび	首

十画 ~ 十四画

馬・馬	うま・うまへん	馬・駅
骨	ほね	骨
高	たかい	高
魚	うお	魚
鳥	とり	鳥・鳴
黄	き	黄
黒	くろ	黒
歯	は	歯
鼻	はな	鼻

漢字の横にあるだいだいいろの1~6の数字は、その漢字を学ぶ学年を示します。
その横の灰いろの数字は、ページ数を示します。

七画

八画

九画

総画さくいん

カタカナは音読み、ひらがなは訓読み、細字はおくりがなです。
漢字の横にあるだいだいいろの1~6の数字は、その漢字を学ぶ学年を示します。だいだいいろの数字のない漢字は、中学校以上で習う読みです。その横の灰いろの数字はページ数を示します。

音訓さくいん

	移	5	174
	意	3	71
	遺	6	222
いう	言	2	37
いえ	家	2	30
いかす	生	1	16
イキ	域	6	222
いき	息	3	97
いきおい	勢	5	200
いきる	生	1	16
イク	育	3	71
いく	行	2	40
いくさ	戦		150
いけ	池	2	54
いける	生	1	16
いさぎよい	潔		185
いさむ	勇	4	167
いし	石	1	17
いずみ	泉	6	247
いそぐ	急	3	77
いた	板	3	108
いたい	痛	6	254
いただき	頂	6	253
いただく	頂	6	253
いたむ	痛	6	254
	傷		243
いためる	痛	6	254
	傷		243
いたる	至	6	237
イチ	一	1	6
いち	市	2	43
いちじるしい	著		252
イッ	一	1	6
いつ	五	1	11
いつつ	五	1	11
いと	糸	1	13
いとなむ	営	5	175
いな	否		258
いぬ	犬	1	10
いのち	命	3	113
いま	今	2	42
いもうと	妹	2	64
いる	入	1	22
	居	5	183
	要		167
	射	6	238
いれる	入	1	22
いろ	色	2	48
いわ	岩	2	33
いわう	祝	4	145
イン	引	2	28
	印	4	123
	因	5	174
	音		7
	員	3	71
	院	3	72
	飲	3	72

う

ウ	右	1	6
	宇	6	222
	有		115
	羽		28
	雨	1	6
うい	初		145
うえ	上	1	15
うえる	植	3	94
うお	魚	2	35
うかる	受	3	89
うけたまわる	承		197
うける	受	3	89
うごかす	動	3	105
うごく	動	3	105
うし	牛	2	34
うじ	氏		142
うしなう	失	4	144
うしろ	後	2	38
うた	歌	2	30
うたう	歌	2	30
うたがう	疑	6	227
うち	内	2	59
うつ	打	3	98
	討		254
うつくしい	美	3	109
うつす	写	3	88
	映	6	223
	移	5	174
うつる	写	3	88
	映	6	223
	移	5	174
うつわ	器		130
うぶ	産		141
うま	馬	2	60
うまれる	生	1	16
	産	4	141
うみ	海	2	31
うむ	生	1	16
	産	4	141
うめ	梅	4	159
うやまう	敬	6	229
うら	裏	6	266
うる	売	2	60
	得		158
うれる	売	2	60
	熟		241
うわ	上	1	15
うわる	植	3	94
ウン	運	3	72
	雲	2	28

え

エ	会		31
	回		30
	絵	2	31
え	重		91
エイ	永	5	174
	泳	3	72
	英	4	124
	映	6	223
	栄	4	124
	営	5	175
	衛	5	175
エキ	役		114
	易	5	175
	益	5	175
	液	5	176
	駅	3	73
えだ	枝	5	193
えむ	笑		146
えらぶ	選	4	150
える	得	4	158
エン	円	1	6
	延	6	223

	買	2	60
	飼	5	194
かえす	返	3	112
	帰	2	34
かえりみる	省		148
かえる	代	3	99
	変	4	164
かえる	返	3	112
	帰	2	34
かお	顔	2	33
かがみ	鏡	4	133
かかり	係	3	81
かかる	係	3	81
かぎる	限	5	186
カク	各	4	127
	角	2	32
	画	2	30
	拡	6	224
	客		77
	革	6	224
	格	5	179
	覚	4	127
	閣	6	224
	確	5	179
かく	欠	4	135
	書	2	47
ガク	学	1	8
	楽	2	32
	額	5	180
かける	欠	4	135
かこう	囲	4	123
かこむ	囲	4	123
かざ	風	2	62
かさなる	重	3	91
かさねる	重	3	91
かしら	頭		58
かす	貸	5	206
かず	数	2	49
かぜ	風	2	62
かぞえる	数	2	49
かた	方	2	63
	片	6	260
	形	2	36
	型	4	135
かたい	固	4	137
	難		255
かたき	敵		208
かたち	形	2	36
かたな	刀	2	57
かたまる	固	4	137
かためる	固	4	137
かたらう	語	2	38
かたる	語	2	38
カツ	活	2	32
	割		225
かつ	勝	3	93
カッ	合	2	41
ガツ	月	1	10
ガッ	合	2	41
かつぐ	担		250
かど	角	2	32
	門		65
かな	金	1	9
かなしい	悲	3	109
かなしむ	悲	3	109
かなでる	奏		248
かならず	必	4	161
かね	金	1	9
かぶ	株	6	225
かまう	構	5	189
かまえる	構	5	189
かみ	上	1	15
	神	3	94
	紙	2	44
かよう	通	2	56
から	空	1	10
からだ	体	2	53
かり	仮	5	177
かりる	借	4	144
かるい	軽	3	81
かろやか	軽		81
かわ	川	1	18
	皮	3	108
	河	5	178
	革		224
	側	4	152
かわす	交		39
かわる	代	3	99
	変	4	164
カン	干	6	225
	刊	5	180
	完	4	127
	官	4	128
	巻	6	225
	看	6	226
	寒	3	75
	間	2	32
	幹	5	180
	感	3	75
	漢	3	76
	慣	5	180
	管	4	128
	関	4	128
	館	3	76
	簡	6	226
	観	4	128
かん	神		94
ガン	丸	2	33
	元	2	37
	岸	3	76
	岩	2	33
	眼	5	181
	顔	2	33
	願	4	129
かんがえる	考	2	40

き

キ	己		232
	危	6	226
	机		226
	気	1	8
	希	4	129
	汽	2	33
	季	4	129
	紀	4	129
	帰	2	34
	記	2	34
	起	3	76
	基	5	181
	寄	5	181
	規	5	181
	喜	4	130
	揮	6	227
	期	3	77

く

音訓さくいん

くらべる	比	5	211
くる	来	2	67
くるしい	苦	3	80
くるしむ	苦	3	80
くるしめる	苦	3	80
くるま	車	1	14
くれない	紅		233
くれる	暮	6	261
くろ	黒	2	42
くろい	黒	2	42
くわえる	加	4	125
くわわる	加	4	125
クン	君	3	81
	訓	4	134
グン	軍	4	134
	郡	4	134
	群	5	184
け			
ケ	化		74
	仮		177
	気	1	8
	家	2	30
け	毛	2	65
ゲ	下	1	7
	外		31
	夏		29
	解		179
ケイ	兄		36
	形	2	36
	系	6	229
	京		35
	径	4	134
	係	3	81
	型	4	135
	計	2	36
	経	5	185
	敬	6	229
	景	4	135
	軽	3	81
	境		183
	警	6	229
	競	4	133
ゲイ	芸	4	135
ゲキ	劇	6	230
	激	6	230
けす	消	3	92
ケツ	欠	4	135
	穴		230
	血	3	81
	決	3	82
	結	4	136
	潔	5	185
ゲツ	月	1	10
けわしい	険	5	186
ケン	犬	1	10
	件	5	185
	見	1	10
	券	5	185
	建	4	136
	県	3	82
	研	3	82
	健	4	136
	険	5	186
	検	5	186
	間	2	32
	絹		230
	権	6	231
	憲	6	231
	験	4	136
ゲン	元	2	37
	言	2	37
	限	5	186
	原	2	37
	現	5	186
	眼		181
	減	5	187
	源	6	231
	厳	6	231
	験		136
こ			
コ	己	6	232
	戸	2	37
	去	3	78
	古	2	38
	呼	6	232
	固	4	137
	故	5	187
	個	5	187
	庫	3	82
	湖	3	83
こ	小	1	15
	子	1	12
	木	1	24
	粉	4	163
	黄		41
ゴ	五	1	11
	午	2	38
	後	2	38
	期		77
	語	2	38
	誤	6	232
	護	5	187
コウ	口	1	11
	工	2	39
	公	2	39
	功	4	137
	広	2	39
	交	2	39
	光	2	40
	向	3	83
	后	6	232
	好	4	137
	考	2	40
	行	2	40
	孝	6	233
	効	5	188
	幸	3	83
	厚		188
	後	2	38
	皇	6	233
	紅	6	233
	候	4	137
	降	6	233
	格		179
	校	1	11
	耕	5	188
	航	4	138
	高	2	40
	康	4	138
	黄		41
	港	3	83
	鉱	5	188
	構	5	189

さ

す

音訓さくいん

す	州		89
	巣	4	151
ズ	図	2	49
	豆	3	104
	事		87
	頭	2	58
スイ	水	1	16
	出		14
	垂	6	245
	推	6	245
すい	酸		192
スウ	数	2	49
すう	吸	6	227
すえ	末	4	165
すがた	姿	6	237
すぎる	過	5	178
すく	好	4	137
すくう	救	4	131
すくない	少	2	47
すぐれる	優		264
すけ	助		92
すこし	少	2	47
すごす	過	5	178
すこやか	健		136
すじ	筋	6	229
すすむ	進	3	95
すすめる	進	3	95
すてる	捨	6	239
すな	砂	6	235
すべる	統		208
すまう	住	3	91
すます	済	6	235
すみ	炭	3	100
すみやか	速		97
すむ	住	3	91
	済	6	235
する	刷	4	140
すわる	座		235
スン	寸	6	245

せ

セ	世	3	95
せ	背	6	257
セイ	世	3	95
	正	1	16
	生	1	16
	成	4	148
	西	2	50
	声	2	50
	制	5	199
	性	5	200
	青	1	17
	政	5	200
	星	2	50
	省	4	148
	情		199
	清	4	148
	盛		245
	晴	2	50
	勢	5	200
	聖	6	246
	誠	6	246
	精	5	200
	製	5	201
	静	4	148
	整	3	96
せい	背	6	257
ゼイ	税	5	201
	説		150
セキ	夕		17
	石	1	17
	赤	1	17
	昔		96
	席	4	149
	責	5	201
	積	4	149
	績	5	201
せき	関	4	128
セチ	節		149
セツ	切	2	51
	折	4	149
	殺		140
	接	5	202
	設	5	202
	雪	2	51
	節	4	149
	説	4	150
ゼツ	舌		202
	絶	5	202
ぜに	銭		203
せめる	責	5	201
せる	競		133
セン	千	1	18
	川		18
	先	1	18
	宣	6	246
	専	6	246
	泉	6	247
	洗	6	247
	浅		150
	染		247
	船	2	51
	戦	4	150
	銭	5	203
	選	4	150
	線	2	51
ゼン	全	3	96
	前	2	52
	善	6	247
	然	4	151

そ

ソ	祖	5	203
	素	5	203
	組	2	52
	想		97
ソウ	争	4	151
	早	1	18
	走	2	52
	宗		240
	奏	6	248
	草	1	19
	送	3	97
	相	3	96
	倉	4	151
	巣		151
	窓	6	248
	創	6	248
	装	6	248
	想	3	97
	層	6	249
	総	5	203
	操	6	249
そう	沿	6	223

た

音訓さくいん

なさけ	情	5	199
なす	成	4	148
なつ	夏	2	29
ナッ	納		256
なな	七	1	13
ななつ	七	1	13
なに	何	2	29
なの	七	1	13
なま	生	1	16
なみ	波	3	106
	並	6	259
ならう	習	3	90
ならす	慣	5	180
	鳴	2	65
ならびに	並	6	259
ならぶ	並	6	259
ならべる	並	6	259
なる	成	4	148
	鳴	2	65
なれる	慣	5	180
ナン	男	1	20
	南	2	59
	納		256
	難	6	255
なん	何	2	29

に

ニ	二	1	22
	仁		244
	児		143
に	荷	3	74
にい	新		49
にがい	苦	3	80
にがる	苦	3	80
ニク	肉	2	60
にし	西	2	50
ニチ	日	1	22
になう	担		250
ニャク	若		239
ニュウ	入	1	22
	乳	6	255
ニョ	女		15
ニョウ	女		15
にる	似	5	194
にわ	庭	3	102
ニン	人	1	16
	任	5	210
	認		256

ぬ

ぬし	主	3	88
ぬの	布	5	213

ね

ね	音	1	7
	値	6	252
	根	3	84
ねがう	願	4	129
ネツ	熱	4	159
ねる	練	3	119
ネン	年	1	22
	念	4	159
	然	4	151
	燃	5	210

の

の	野	2	66
ノウ	納	6	256
	能	5	210
	脳	6	256
	農	3	106
のこす	残	4	141
のこる	残	4	141
のせる	乗	3	93
のぞく	除	6	243
のぞむ	望	4	165
	臨		266
のち	後	2	38
のばす	延	6	223
のびる	延	6	223
のべる	延	6	223
	述	5	196
のぼす	上		15
のぼせる	上		15
のぼる	上	1	15
	登	3	105
のむ	飲	3	72
のる	乗	3	93

は

ハ	波	3	106
	派	6	256
	破	5	210
は	羽	2	28
	葉	3	116
	歯	3	86
バ	馬	2	60
ば	場	2	48
ハイ	拝	6	257
	肺	6	257
	背	6	257
	俳	6	257
	配	3	106
	敗	4	159
はい	灰	6	224
バイ	売	2	60
	倍	3	107
	梅	4	159
	買	2	60
はいる	入	1	22
はえ	栄		124
はえる	生	1	16
	栄		124
	映		223
はか	墓	5	216
ばかす	化	3	74
はがね	鋼		234
はからう	計	2	36
はかる	図		49
	計	2	36
	測	5	205
	量	4	169
ハク	白	1	23
	博	4	160
バク	麦		61
	博		160
	幕	6	262
	暴		217
はげしい	激	6	230
ばける	化	3	74
はこ	箱	3	107
はこぶ	運	3	72
はし	橋	3	79

へ

ほ

ま

	鳴	2	65
めし	飯	4	160
メン	面	3	114
	綿	5	218

も

モ	模	6	263
モウ	亡		261
	毛	2	65
	望		165
もうける	設	5	202
もうす	申	3	94
もえる	燃	5	210
モク	木	1	24
	目	1	24
もしくは	若		239
もす	燃	5	210
もちいる	用	2	66
モツ	物	3	112
もつ	持	3	87
もっとも	最	4	139
もっぱら	専		246
もと	下		7
	元	2	37
	本	1	24
	基		181
もとい	基		181
もとめる	求	4	131
もの	物	3	112
	者	3	88
もやす	燃	5	210
もり	守		88
もり	森	1	15
もる	盛	6	245
モン	文	1	23
	門	2	65
	問	3	114
	聞		62

や

ヤ	夜	2	65
	野	2	66
や	八	1	23
	矢	2	44
	屋	3	73
	家	2	30
ヤク	役	3	114
	約	4	167
	益		175
	訳	6	263
	薬	3	114
やく	焼	4	146
やける	焼	4	146
やさしい	易	5	175
	優		264
やしなう	養	4	167
やしろ	社	2	46
やすい	安	3	70
やすまる	休	1	9
やすむ	休	1	9
やすめる	休	1	9
やつ	八	1	23
やっつ	八	1	23
やど	宿	3	91
やどす	宿	3	91
やどる	宿	3	91
やぶる	破	5	210
やぶれる	破	5	210
	敗	4	159
やま	山	1	12
やまい	病	3	110
やむ	病		110
やめる	辞		143
やわらぐ	和		119
やわらげる	和		119

ゆ

ユ	由	3	115
	油	3	115
	遊		115
	輸	5	218
ゆ	湯	3	105
ユイ	由		115
	遺		222
ユウ	友	2	66
	右	1	6
	由	3	115
	有	3	115
	勇	4	167
	郵	6	264
	遊	3	115
	優	6	264
ゆう	結		136
ゆう	夕	1	17
ゆえ	故		187
ゆき	雪	2	51
ゆく	行	2	40
ゆたか	豊	5	216
ゆび	指	3	86
ゆみ	弓	2	34
ゆめ	夢	5	217
ゆるす	許	5	183
ゆわえる	結		136

よ

ヨ	予	3	116
	余	5	218
	預	5	219
よ	世	3	95
	代	3	99
	四	1	12
	夜	2	65
よい	良	4	168
	善	6	247
ヨウ	幼	6	264
	用	2	66
	羊	3	116
	洋	3	116
	要	4	167
	容	5	219
	葉	3	116
	陽	3	117
	様	3	117
	養	4	167
	曜	2	66
よう	八	1	23
ヨク	浴	4	168
	欲	6	264
	翌	6	265
よこ	横	3	73
よし	由		115
よせる	寄	5	181
よそおう	装		248

よつ	四	1	12
よっつ	四	1	12
よぶ	呼	6	232
よむ	読	2	59
よる	因		174
	寄	5	181
よる	夜	2	65
よろこぶ	喜	4	130
よわい	弱	2	46
よわまる	弱	2	46
よわめる	弱	2	46
よわる	弱	2	46
よん	四	1	12

ら

ライ	礼		118
	来	2	67
ラク	落	3	117
	楽	2	32
ラン	乱	6	265
	卵		265
	覧	6	265

り

り	利	4	168
	里	2	67
	理	2	67
	裏		266
リキ	力	1	25
リク	陸	4	168
リチ	律		266
リツ	立	1	25
	律	6	266
	率	5	205
リャク	略	5	219
リュウ	立		25
	流	3	117
	留	5	219
リョ	旅	3	118
リョウ	両	3	118
	良	4	168
	料	4	169
	量	4	169
	漁	4	132
	領	5	220
リョク	力	1	25
	緑	3	118
リン	林	1	25
	輪	4	169
	臨	6	266

る

ル	流		117
	留	5	219
ルイ	類	4	169

れ

レイ	令	4	170
	礼	3	118
	冷	4	170
	例	4	170
レキ	歴	4	170
レツ	列	3	119
レン	連	4	171
	練	3	119

ろ

ロ	路	3	119
ロウ	老	4	171
	労	4	171
	朗	6	266
ロク	六	1	25
	緑		118
	録	4	171
ロン	論	6	267

わ

ワ	和	3	119
	話	2	67
わ	我		223
	輪	4	169
わかい	若	6	239
わかつ	分	2	62
わかる	分	2	62
わかれる	分	2	62
わかれる	別	4	163
わけ	訳	6	263
わける	分	2	62
わざ	技		182
	業		79
わざわい	災		190
わすれる	忘	6	262
わた	綿	5	218
わたくし	私	6	237
わらう	笑	4	146
わらべ	童		106
わり	割	6	225
わる	割	6	225
わるい	悪	3	70
われ	我	6	223
われる	割	6	225

小學漢字博士(1006)

2006년 8월 1일 초판인쇄
2022년 10월 15일 11판인쇄

編 著 | 嚴基昌
發行人 | 盧富江
發行處 | 퀸 출판사

주 소 | 서울특별시 영등포구 신길로 15가길 8
등 록 | 1999년 10월 25일(제12-268호)
전 화 | (02) 848-7618, FAX (02) 832-0618
핸드폰 | 010-9112-7618, 010-6668-7618

값 10,000원